市场营销学

编著　石忠义　周一佳

天津大学出版社
TIANJIN UNIVERSITY PRESS

图书在版编目（CIP）数据

市场营销学 / 石忠义，周一佳编著. -- 天津：天津大学出版社，2023.8
ISBN 978-7-5618-7544-5

Ⅰ.①市… Ⅱ.①石… ②周… Ⅲ.①市场营销学 Ⅳ.①F713.50

中国国家版本馆CIP数据核字(2023)第127276号

出版发行 天津大学出版社
地　　址 天津市卫津路92号天津大学内（邮编：300072）
电　　话 发行部：022-27403647
网　　址 www.tjupress.com.cn
印　　刷 天津泰宇印务有限公司
经　　销 全国各地新华书店
开　　本 787mm×1092mm　1/16
印　　张 19.75
字　　数 493千
版　　次 2023年8月第1版
印　　次 2023年8月第1次
定　　价 59.00元

本书编委会

前　言

市场营销是企业以满足消费者需求为中心进行的一系列活动,“市场营销学”是系统研究市场营销活动规律的一门学科,也是建立在经济学、管理学、心理学、社会学等理论的基础上的应用学科。目前,相关教材大多注重内容的全面性和适用的广泛性,而对创新型人才培养缺乏指导,本书注重理论与实践相结合,在全面、系统地阐述市场营销理论体系的基础上,注重语言的组织、案例的选择和市场营销方法的运用,对创新型人才培养有一定的帮助和指导作用。

随着互联网的快速普及,经济全球化、信息化、数字化、智能化的特点日益凸显,企业面临的营销环境发生了巨大的变化,对市场营销学的内容、范围、层次等方面都产生了较大的影响。

市场营销领域一直以来存在着营销理论与实践的冲突、变革、拓展、分化。为了满足新时代高等学校市场营销学课程教学的需要,更好地指导我国企业的营销实践,我们编写了这本教材。

本书坚持理论与实践相结合,同时以实践印证理论,以理论引导实践,在简明阐述经济与管理的基本理念的基础上,重点对市场实践中各个核心影响因子进行分类剖析,同时对各个因子之间相互作用、相互影响的关系作出深刻的阐述,从策略和方法着手,为市场实践提供相应的经验和指导,具有一定的创新性、前瞻性和较强的实用性。每章后的应用题、案例分析题、营销实训具有很强的实践指导性和思维启发性,方便学生进行拓展性学习和训练。本书最大的特色在于突出原理的实际应用,着力围绕基本原理与市场实践相结合的具体情况进行解析,注重对学生实践能力的培养;围绕各章节的“引例”展开主题内容,通过章节中大量引入的系统性的实例介绍,激发学生的求知欲,提高学生的分析能力,启迪学生的创新意识。此外,本书加大了营销实训组织与考核的比重,强调培养学生的综合素质和解决实际问题的能力。

与同类教材相比,本教材的特色主要体现在以下方面。

(1)本书由多位市场营销一线双师型实战派教师参与编写,大多数参与编写本教材的教师常年在大型企业任市场总监,对营销的理解较深。

(2)注重营销实战能力的培养。本书在编写过程中,注意选取具有典型性和代表意义的实战营销案例;在选择和改编案例时,特别注重案例自身的时效性、本土性及对学生国际视野的培养,力争让章节案例紧扣核心知识点,通过案例分析引导学生切实掌握教学内容。

(3)本书适应应用型本科院校对本科和专科人才的培养要求,既重视知识向技能的转化,又注重学生理论素养的培养。

（4）在内容安排上，本书严格按照市场营销工作流程将主要内容分为 11 章，包括市场营销学概述、市场营销环境、市场竞争战略、市场购买行为分析、市场营销调研与需求预测、目标市场营销战略、产品策略、价格策略、渠道策略、促销策略、市场营销新领域与网络营销。

本书的编写人员及分工如下：周一佳编写第四、六、七章并统筹设计全书的应用题；石忠义编写第三、九、十章并负责选取设计全书的案例分析题、营销实训等；钟家元编写第二章；刘芳编写第五章；梅颖杰编写第一章；高浩文编写第十一章；夏律编写第八章。

本书在编写和修订的过程中，得到了中国高等院校市场营销学会、电子商务学会的诸多专家、教授的关心和指导，并借鉴了近年来国内外市场营销学界、电子商务学界的研究成果；同时在修订的过程中，得到了胡晓峰教授、涂森教授、毛洪涛副教授、文薏涵副教授、李芝兰副教授，以及石函维、李恒琛、李爽、夏丹、刘蕾、陈鑫、刘爽、周文豪等同学的大力支持。在此，谨向营销学界的师友和先行者致以衷心的感谢。

由于作者学识有限，书中难免存在不足或不当之处，在此恳请广大读者批评、指正（勘误邮箱为 289455006@qq.com），以便我们进一步修正更新。

石忠义
2023 年 3 月

目　录

第一章　市场营销学概述

【本章重点】

1. 市场营销学的基本概念及相关的核心理念。
2. 市场营销观念的演变过程及各阶段的特点。
3. 顾客让渡价值及如何吸引顾客和培养顾客忠诚度。
4. 市场营销学的研究方法和对象。

【引例】

探店视频未标“广告”被罚　分享和营销应有界限

近年来，达人探店、达人种草等各类互联网分享行为在网上引流效果显著，但他们的一些行为也可能误导消费者，甚至涉嫌违法。日前，湖北省黄石市市场监管综合执法支队拟作出的一则行政处罚引发关注。因当地一家公司发布的达人探店推广短视频未标明“广告”字样，市场监管执法部门拟对其作出责令改正并处罚款1万元的行政处罚。

今年5月1日起实施的《互联网广告管理办法》明确规定，通过知识介绍、体验分享、消费测评等形式推销商品或者服务，并附加购物链接等购买方式的，广告发布者应当显著标明“广告”。这实际是在法律层面，给如今非常流行的互联网视频创作和新媒体广告营销划出了明确边界。此次相关达人探店推广短视频因未标明“广告”字样而被罚，就是对新规的执行。

在传统媒体时代，纸媒、电视等发布的内容，用户很容易辨认哪些是广告。在新媒体时代，广告内容和非广告内容的界限却要模糊得多。如果没有特别的提示，用户很容易产生混淆。在这种情况下，要求广告营销内容必须明确标注，既与时俱进地保护了消费者权益，也是规范新媒体营销活动的重要手段。

随着新媒体的流量效应被不断放大，视频媒介在个人生活中占据越来越重要的地位，成为广告营销的主战场和个人消费的重要入口。如今，很多人在消费之前，都习惯了在网上寻找相关“种草”视频。殊不知，这些“种草”视频，很多都是商家付费购买的营销内容，难免存在夸大、选择性推荐乃至虚假宣传的可能性。明确标注广告提醒，将有偿的探店行为和纯粹的个人分享区分开来，让广告的归广告，分享的归分享，确实很有必要。

其实，这也是达人探店、达人种草等新的营销模式发展到一定阶段，必须经历的“升级”。一方面，随着此类营销行为越来越多，如果一部分标注广告，一部分不标注，这实际也妨碍市场公平竞争，容易导致劣币驱逐良币；另一方面，不标注广告，也就意味着失去了责任约束和监督，这不可避免地会放大一些博主的侥幸心理，加剧虚假宣传倾向。于是，当越来越多的消费者发现这种探店模式不再具有真正的参考价值，相关营销模式的路子只会越走越窄。因此,严格标注广告标识,对探店营销的长远发展来说,其实是有利的,博主和平台方面都应该有长远眼光。

当然,规范达人探店等短视频营销活动,注明"广告"只是一个最低限度,也是最浅显的要求。对于虚假宣传行为,仅注明广告是不能免责的,从平台到监管部门都应加强把关,并根据该模式的特点探索新的市场治理方式。同时,短视频营销内容与正常的视频分享在现实中的界限也未必都非常清晰,在执法中如何判断,也考验着执法智慧。

(资料来源:中国青年报)

市场营销学是一门以经济科学、行为科学和现代管理学理论为基础,研究面向市场的一切个人和组织如何根据市场需求和竞争状态来构想和出售自己的产品和价值的学科。市场营销既是企业生产经营活动的起点,也是终点。它既是企业在竞争日趋激烈的市场中谋求生存与发展的管理利器,又是各种非营利性组织,如大学、医院、政府机构用以解决组织运行过程中诸多问题的法宝。

第一节 市场与市场营销的基本概念

如今,企业以消费者需求为导向,由消费者与企业共创的价值决定市场、价值的最高点,企业所有的生产、营销活动都必须围绕消费者及其需求进行。如消费者想要拥有高档汽车,那么他们的周围就出现了汽车制造商和经销商,出现了购车金融信贷和保险机构,出现了加油站和维修站,出现了汽车信息服务提供商和广告代理商等。这些活动都是围绕消费者购买汽车的需求进行的,企业与消费者通过互动共同创造价值,实现共赢。

一、市场的概念

(1)市场是商品交换的场所。早期,市场营销学界沿用了经济学对市场的定义,将市场定义为"一些买主和卖主发生作用的场所(地点)或地区"(美国市场营销协会定义委员会,1948)。"场所论"对市场的研究,主要是对参与市场交换活动的买卖双方及其交易条件的研究,在商品经济不发达时期或在某些具体物的营销中是可取的。

(2)市场是某种商品的购买者集合。市场营销学从企业营销的角度、从微观上去研究企业所经营的某种特定产品的市场。传统市场营销学单纯以消费者需求为导向,认为"市场是指一种商品或劳务的所有潜在购买者的需求总和"(美国市场营销协会,1960)。市场由具有购买意向、具有支付能力的人群组成,人群、购买意向和支付能力是构成市场的不可或缺的三个基本要素。"购买者论"者认为商品的供应者(卖方)构成行业,商品的购买者才构成市场,并按照市场上购买者的属性和购买目的将市场划分为消费者市场、生产者市场、中间商市场和政府市场四种类型。

(3)市场是卖方、买方、竞争者的集合。从企业经营的角度来看,市场是卖方、买方、竞争者的集合。对某种特定商品具有需求的购买者构成总体市场,企业相对其竞争者的优势大小则是企业市场大小的决定因素。

市场=对某种特定商品具有需求的购买者 × 企业优势/竞争者优势

(4)市场是利益攸关者的集合。从关系营销的角度,市场是由所有利益攸关者构成的集合。企业营销中所要研究的市场主要包括消费者市场、供应商市场、内部市场、竞争者市场、分销商市场等。

从营销的角度看待市场,市场是由人口、购买力和购买欲望(动机)有机组成的总体。它包含三个主要因素,即有某种需要的人,有满足这种需要的购买能力和购买欲望,用公式来表示就是:市场=人口+购买力+购买欲望。

(一)人口

人口是构成市场最基本的要素。凡有人居住的地方,就有各种各样的物质和精神方面的需求,从而才可能有市场,没有人就不存在市场。人口越多,需求就会越多,因为人的欲望是无穷的,而人的需求是可以引导的,营销的一个重要功能就是引导市场消费。许多外商会觉得中国是一个非常庞大的市场,这里的"大",主要指中国拥有约14亿人口,中国市场的现实需求量和潜在需求量都很大,基于这个着眼点,世界知名的跨国公司纷纷大举进入中国市场。

(二)购买力

购买力是消费者支付货币、购买商品或劳务的能力。购买力的高低决定了市场容量的大小。然而消费者购买力是由消费者的收入决定的。从人口方面来看,中国是一个无比庞大的市场,但从购买力来看,中国市场与一些发达国家市场相比则还不够发达。

(三)购买欲望

购买欲望是指消费者购买商品的动机、愿望或要求,是消费者把潜在购买力变成现实购买力的重要条件,因而也是构成市场的基本因素之一。人口再多,购买力水平再高,如果对某种商品没有需求,没有购买商品的欲望,也形成不了购买行为,这个商品市场实际上也就不存在。从这个意义上讲,购买欲望是决定市场容量最权威的因素。

总之,市场容量完全受上述三个因素的制约,这三个因素一个不少地有机结合,观念上的市场才能变为现实市场,市场的规模和容量才能确定。例如,一个国家或地区虽然人口众多,但收入很低,购买力就有限,就不能构成容量很大的市场。又如,购买力虽然很强,但人口很少,也不能成为很大的市场。一个国家或地区只有人口多、购买力强,才可能成为一个颇具潜力的大市场。另外,产品如果不能满足一个国家或地区的需求,就不能刺激人们的购买欲望,对销售者来说,该国家或地区仍然不能成为现实的市场。所以,市场是上述三因素的统一。

二、市场类型

从宏观角度来看,市场是所有交换关系活动的总和,其交换内容可以是有形的,如商品市场、金融市场、生产要素市场等;也可以是无形的,如服务市场。这些由交换连接而成的市场就构成了一个复杂的整体市场,如图1-1所示。

在整体市场中,生产者主要从资源市场(工业品市场)购买资源,将其生产出的商品或服务卖给中间商,中间商再将其出售给消费者,消费者则使用出卖劳动力所得到的报酬来购买其所需的商品和服务;政府构成另一种市场,它为公众提供需要的服务,向各市场征税,同时也从资源市场、生产者市场和中间商市场采购商品与服务。

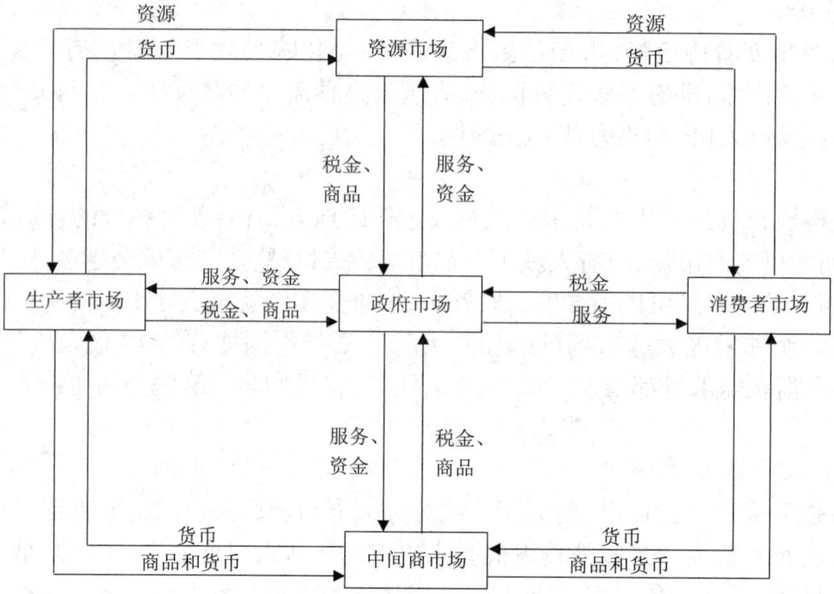

图 1-1 整体市场的流程结构

三、市场营销的概念

定义 1(美国市场营销协会，1960):“市场营销是将货物和劳务从生产者流转到消费者过程中的一切企业活动。”

定义 2(美国市场营销协会，1985):“市场营销是指通过对货物、劳务和思想(主意、计策)的构想、定价、分销、促销等方面的计划和实施,以实现个人和组织的预期目标的交换过程。”

定义 3(菲利普·科特勒，1994):“市场营销是个人和集体通过创造,并同别人交换产品和价值,以获得其所需所欲之物的一种社会和管理过程。”

定义 4(格隆罗斯，1990):“营销是在一种利益之下,通过相互交换和承诺,建立、维持、巩固与消费者及其他参与者的关系,实现各方的目的。”

市场营销研究如何能比竞争对手更好地满足消费者的需求,这是消费者面临多层次的多种选择的必然结果。生产力的发展带来了极为丰富的产品,而对于满足什么样的需求,人们就有了非常宽泛的选择余地。首先,人们有很多的需求,但谁也不可能满足自己的所有需求,这是愿望与需求之间的竞争。其次,人们要选择什么产品来满足自己的需求,这是产品之间的竞争。最后,人们必须决定选择哪个品牌,除了极少数垄断性产品,每种产品都有不同厂家生产的多个品牌可供选择,这是品牌之间的竞争。

在当今的消费格局中,消费人群以 70 后、80 后为主,近年来 90 后也开始影响市场发展。80 后、90 后人群,已成为最活跃的消费力量,而 70 后中的优秀分子已成为引领社会的精英,在各个层面发挥着重要作用。企业要观察 70 后、80 后和 90 后消费人群,了解他们的消费观念与消费行为;同时面向互联网时代的营销模式已经演变为 AISAS。这里第一个阶段 A 是引起注意(Attention),第二个阶段 I 是产生兴趣(Interest),第三个阶段 S 则是打开互联网搜索(Search)关键词,第四个阶段 A 是采取行动(Action),第五个阶段 S 则是进行分享(Share)。在互联网和移动互联网的影响下,市场中还产生了很多新的营销模式,如精准广告、网络社区、网络视频、微博、微信、网络电视等。这表明今天的市场营销是一个理解客户需求、满足客户需求,从而与客户共创价值的社会管理活动,而不是简单的商品买卖。由此可见,在互联网营销模式下,消费者行为模式已经发生了重大改变,分享和搜索成为非常容易实现、非常容易满足消费者需求的行为。

互联网营销强调企业营销要从"由内到外"的产品中心思维向"由外到内"的客户中心思维转变。企业之所以要转变思维方式,是因为市场营销领域主导权发生了转移。在互联网时代,由于信息透明、选择过剩,客户掌握了主导权,企业若无法满足客户的需求就将失去客户。在客户主导时代,占据主导地位的不是产品,而是客户需求。

根据以上定义,对于市场营销概念,可以归纳出以下要点。

(1)市场营销的终极目标是满足需求。

(2)市场营销的核心是交换,而交换过程是一个主动、积极寻找机会并满足双方需求的过程。

(3)交换过程的顺利程度,取决于营销者创造的产品和价值满足客户需求的程度和交换过程中管理的水平。

【案例 1-1】

让直播间老年消费更安心

打着帮人解决纠纷、调解家庭矛盾的名号,通过各种戏码塑造做"好人好事"的正面形象,博取老人信任,最终把压片糖果、固体饮料等普通产品夸大为"神药"兜售给老年人……央视曝光的一些直播间套路老年人的乱象,引发热议。其实,在一些维权平台,对这些专门以伪劣商品诱导老年人消费、侵害老年人合法权益行为的投诉并不鲜见。

在人们熟知的保健品骗局里,那些游走在社区、公园的不法分子通过套近乎、拉家常、送礼品、"时刻关心"老人身体和老年人拉近关系后,讨好老人以博得信任,让老年人跳入精心设计的消费陷阱中,高价买下一堆宣称"能治各种病""让人健康长寿"的保健品。而今,随着网络社交平台的发展,骗子们更新了行骗方式,穿上数字化的"马甲"继续将黑手伸向老年人。

数据显示,截至 2022 年末,我国 60 岁及以上人口达 2.800 4 亿人,占全国人口的 19.8%,其中 65 岁及以上人口 2.097 8 亿人,占全国人口的 14.9%。随着人们收入水平的提升和美好生活需要的日益增长,银发族成为消费重要的增长点。与此同时,社交平台刮起的直播风也吹向老年人,闲暇时间较多的老人很容易陷入直播间和短视频中,轻信一些主播的各种话术和套路,成为消费欺诈的受害者。

随着数字化场景逐步覆盖消费、出行、理财等多个消费场景和支付渠道,一些新型、复合型诈骗手法层出不穷,诈骗分子利用部分老年人对数字化场景缺乏深入了解的情况,打着各种旗号制造消费陷阱,给老年人造成较大的经济损失,严重损害了消费者的合法权益。

老年人频频在直播间被套路、被"收割",与其有养生需求、防范意识较弱、信息辨别能力不够强有关。有关部门要及时发布风险提示,提醒广大老年消费者擦亮眼睛,提高防范意识，增强过滤信息的能力，准确识别风险，远离非法诈骗活动的侵害。同时，也要从源头上遏制不法行为，加强涉老产品质量监管，督促直播平台整治违规直播。

我们也看到，有的主播被曝光、被封号后，换个账号，卷土重来。互联网不是法外之地，各大直播平台要充分运用技术手段，发挥好自治作用，履行监管责任，对可能存在损害消费者权益的行为进行预警，对各种欺诈行为进行严厉打击，营造良好的网络生态。有关主管部门应推出相应的规范和处罚措施，明确平台、带货主播、生产商等的责任，加大这一领域的执法力度和典型案件曝光力度，与时俱进进行反诈宣传，守护好老年人的"钱袋子"，更好维护老年人合法权益。

莫道桑榆晚，为霞尚满天。有人说，电商直播已不再只是年轻人的江湖。这本身当然不是坏事，越来越多银发族跨过数字鸿沟，熟练地使用智能手机、便捷地网购产品，他们的生活更加多姿多彩，自然是好事一桩。只是这个市场应少些套路，应持续净化，别让老年人成为贪婪的不法分子"围猎"的对象，让老年人舒心安心地消费，才能"最美不过夕阳红，温馨又从容"。

（资料来源：光明日报）

四、市场营销的相关概念

20世纪50年代以后，随着营销实践的发展，一些新的概念不断出现，促进了营销理论的不断发展。

（1）产品：任何能用以满足人类某种需要或欲望的东西。它包括产品实体、服务和创意等。

（2）交换：向市场提供他人所需所欲之物，以获取自己所需所欲之物的过程。

（3）需要、欲望与需求：需要是指没有得到满足而产生的客观感受。欲望是指为了得到满足而对具体物品的需要。需求是指有货币支付能力的欲望，即对具有购买意向、具有支付能力的具体物的需要。

（4）价值：消费者对产品满足各种需要的能力的评价（经济、安全、快捷等），或"在最低的获取、拥有、使用成本之下所要求的顾客满意"（德路斯）。

（5）市场营销组合（尼尔·鲍顿，1950；杰罗姆·麦卡锡，1960）：企业为实现预期目标，对营销中的可控因素进行的有机组合。

（6）产品生命周期（齐尔·迪安，1950）：产品从进入市场到退出市场的全过程，分为导入期、成长期、成熟期、衰退期等阶段。

（7）市场细分（温德尔·史密斯，1956）：根据消费者的购买行为及购买习惯的差异，将某种特定产品的整体市场划分为若干个消费者群，以确定目标市场的过程。

（8）品牌形象（西德尼·莱维，1955）：通过优良的质量、优质的服务、优秀的广告宣传建立的品牌形象。

（9）营销审计（艾贝·肖克曼，1959）：定期进行的营销方面的审计，用以检查企业战略、结构、制度是否与其最佳的市场机会相吻合。

（10）扩大营销概念（西德尼·莱维，菲利普·科特勒，1969）：营销学不仅适用于产品和服务，而且也适用于个人、组织、地方和意识形态。

（11）社会营销（杰拉尔德·泽尔曼，菲利普·科特勒，1971）：营销不仅要注重消费者利益、企业利益，而且要注重社会利益。

（12）低营销（西德尼·莱维，菲利普·科特勒，1971）：针对短缺经济，提出如何运用营销组合工具来降低市场需求。

（13）定位（阿尔·赖斯，杰克·特鲁塔，1972）：通过营销努力去创立产品在顾客心目中的特定形象的过程。

（14）服务营销（林思·休斯塔克，1977）：将服务产品的营销从一般产品的营销中解脱出来，进行专门的研究。

（15）营销战（雷维·辛格，菲利普·科特勒，1981）：重视军事理论在营销中的应用。

（16）内部营销（克里斯琴·格罗路斯，1982）：培养公司经理和雇员的以顾客为导向的观念，在公司创造一种营销文化的过程。

（17）全球营销（西奥多·莱维特，1983）：将全球看作一个大市场，试图在全球提供统一的产品，以统一的沟通手段进行的营销。

（18）关系营销（巴巴拉·本德·杰克逊，1985）：与关键成员（顾客、供应商、分销商）建立长期满意的关系，以保持长期的业务和绩效的活动过程。

（19）大营销（菲利普·科特勒，1986）：在贸易壁垒面前，企业的首要任务是进入市场并在那里从事业务经营，必须运用政治的、经济的、心理的、公共关系的手段，取得当地的理解和支持，才能实现预期目标。

（20）营销网络：所有公司利益攸关者，包括顾客、员工、供应商、分销商、零售商、广告代理人、大科学家及其他人所形成的网络。

第二节 营销观念的发展

【案例 1-2】

户外音乐节：提升文旅消费的动力引擎

今年以来，大型演唱会一场接着一场，户外音乐节热度持续飙升，音乐现场演出成为拉动城市文旅消费的新引擎。据中国演出行业协会发布的数据，2023 年上半年，大型演唱会、音乐节共演出 506 场，票房收入 24.97 亿元，观众 550.10 万人次。其中，二季度大型演唱会和户外音乐节演出 428 场，环比增长 448.72%；演出票房收入 22.31 亿元，环比增长 738.6%；观众 482.33 万人次，环比增长 611.71%。越来越多的旅游城市正在积极加入举办音乐节的行列，“音乐节+旅游”的组合打法也为城市文旅产业复苏注入新动力，成为刺激各地文旅消费的一匹黑马。

“来自各地的邀约很多，从音乐节的质量、演出水准、乐迷服务等方面我们积累了丰富的经验。音乐节为举办地带来人流，不仅拉动了消费，也提升了城市的知名度。”北京迷笛音乐学校校长、迷笛音乐节创始人张帆表示，“迷笛在选择举办地时一直保持审慎和克制的态度，尽量避免一年中在一个区域一个时间段过于密集地举办音乐节。频繁举办不仅不能为当地带来流量，还会伤害观众情感，降低乐迷对品牌的期待，直接影响市场刚刚恢复的活力与消费信心。”

音乐节已经成为一些年轻人文化生活的刚需。但在火热的音乐节背后，一再攀升的音乐节票价也遭到了吐槽，关于音乐节门票贵的话题一次次冲上热搜。

然而，山东烟台黄渤海迷笛音乐节3日通票仅售399元，打响了中国音乐节“平价运动”第一枪。张帆认为：“399元这个价格，在同期举行的别的音乐节上，仅是一天的票价。音乐节不是一个可以赚快钱、暴利的行业。让中国的年轻人有机会参加音乐节，能花得起钱来消费音乐节，才是培育潜在客户、长期观众的正确方式。按照年轻人平均月收入1/10左右定价，是比较合适的价位。”

音乐节不仅是年轻人的“心头好”，也成为拉升地方旅游经济的良方。如今城市营销，需要新鲜的内容。比起传统观念中的城市景点推介、“四时四景”营销等方式，演唱会、音乐节等具有感染力的现场演出，更容易触发年轻群体的消费需求。

（资料来源：中国文化报）

市场营销观念是企业开展市场营销工作的指导思想或经营思想。企业的市场营销活动是在特定的经营观念指导下进行的。它集中反映了企业以什么态度和思想方法去看待和处理企业、顾客和社会三者之间的利益关系。市场营销工作的指导思想正确与否对企业经营的成败具有决定性的意义。企业市场营销的指导思想是在一定的社会经济环境下形成的，并随着这种环境的变化而变化。当然，指导思想的变化会促进企业的组织结构以及业务经营程序和方法的调整和改变。一个世纪以来，西方企业的市场营销观念经历了一个漫长的演变过程，可总结为生产观念、产品观念、推销观念、市场营销观念和社会营销观念等五种不同的观念。生产观念、产品观念、推销观念是以企业为中心的观念；市场营销观念和社会营销观念分别是以市场为中心（顾客导向）的观念和以社会市场为中心（社会营销导向）的观念。

一、以企业为中心的营销观念

（一）生产观念

生产观念是一种传统的经营思想，产生于19世纪末20世纪初。生产观念是以产品生产为中心，以提高效率、增加产量、降低成本为重点的营销观念。

其主要特点如下。

（1）企业将主要精力放在产品的生产上，追求高效率、大批量、低成本。产品品种单一，生命周期长。

（2）企业对市场的关心，主要表现在关心市场上产品的有无和产品的多少，而不是市场上消费者的需求。

（3）企业管理中以生产部门作为主要部门。

生产观念在以下两种情况下是合理、可行的：

一是物资短缺条件下，市场商品供不应求时；

二是由于产品成本过高而导致产品的市场价格居高不下时。

（二）产品观念

产品观念是以产品的改进为中心，以提高现有产品的质量和功能为重点的营销观念。持产品观念的营销者认为，消费者喜欢那些质量优良、功能齐全、具有特色的产品。在产品观念指导下,企业两眼向内看,一手抓管理,一手抓质量。

产品观念也是一种"以产定销"的观念,表现为重产品生产轻产品销售,重产品质量轻顾客需求。其主要特点如下。

(1)企业把主要精力放在产品的改进和生产上,追求高质量、多功能。

(2)轻视推销,单纯强调以产品本身来吸引顾客,一味排斥其他的促销手段。

(3)企业管理中仍以生产部门为主要部门,但加强了生产过程中的质量控制。

美国哈佛大学的西奥多·莱维特教授指出,产品观念会导致企业患上"市场营销近视症"。"市场营销近视症"是指企业管理者在市场营销中缺乏远见,只注视其产品,认为只要生产出优质产品,顾客就必然会找上门,而不注重市场需求的变化趋势。

"市场营销近视症"的主要表现如下。

一是企业经营目标的"狭隘性"。

二是企业经营观念上的目光短浅。

预防和治疗"市场营销近视症"的"处方"为"企业逆向经营过程",即将传统的经营过程倒转过来:①了解消费者的需求;②分析消费者需求,找出企业能够满足的部分;③确定满足需求的具体产品形式;④购进必需的原材料;⑤确定生产工艺;⑥生产产品;⑦将产品推向市场,满足消费者需求。

(三)推销观念

推销观念是以产品的生产和销售为中心,以激励销售、促进购买为重点的营销观念。在产品供过于求的情况下,企业将自觉或不自觉地运用推销观念指导营销活动。持推销观念的营销者认为,企业的产品需要市场,而消费者在购买中往往表现出一定的惰性和消极性,没有一定的动力去促进,消费者通常不会足量地购买某一组织的产品。在推销观念指导下,营销者的主要任务是在狠抓产品生产的同时,抽出部分精力用于产品的推销。

推销观念仍然是一种"以产定销"的营销观念,其主要特点如下。

(1)产品不变。

(2)加强了推销。

(3)开始关注消费者,研究吸引消费者的方法与手段。

(4)开始设立销售部门,但销售部门仍处于从属地位。

推销观念在以下两种情况下是可行的:

一是当产品供大于求,产品大量积压时;

二是对于一些"非渴求商品"。

然而,推销观念注重的仍然是企业的产品和利润,不注重市场需求的研究和满足,不注重消费者利益和社会利益。强行推销不仅会引起消费者的反感,而且还可能使消费者在不自愿的情况下购买了不需要的商品,严重损害了消费者利益,这样,反过来又会给企业造成不良的后果。正如科特勒教授所指出的:"感到不满意的顾客不会再次购买该产品,更糟糕的情况是,感到满意的普通顾客仅会告诉其他三个人有关其美好的购物经历,而感到不满意的普通顾客会将其糟糕的经历告诉其他十个人。"

二、以市场为中心的营销观念

20 世纪 50 年代以后,资本主义发达国家的市场已经变成卖主之间竞争激烈,买主处于主导地位的买方市场。同时,科学技术发展,社会生产力得到了迅速提高,人们的收入水平和物质文化生活水平也在不断提高,消费者的需求向多样化发展并且变化频繁。在这种背景下,企业意识到传统的经营观念已不能有效地指导新形势下的企业营销管理工作,于是市场营销观念形成了。

市场营销观念是企业以消费者需求为中心,强调发现和满足消费者特定需求,奉行"顾客至上",强调四大支柱——目标市场、消费需求、整合营销、营利性(以需求的满足为前提)的观念。这种营销观念的具体表现是消费者需要什么,就卖什么。

市场营销观念的出现,是企业营销观念发展史上的一次革命,这主要表现在如下方面。

(1)市场营销观念把企业经营的重点放在消费者身上,一切营销努力都在于使消费者(顾客)满意。

(2)市场营销观念要求从市场的整体出发,运用各种市场营销方法,不断对市场动态进行预测和研究,以满足消费者需求为前提来组织全部营销活动。

(3)市场营销观念对利润的取得不拘泥于每一次交易,而是从市场全局考虑,着眼于长期的、综合的、最后的利益。

(4)市场营销观念要求企业的管理体制和组织结构要服从于满足消费者需求的共同目标,合理分工,协调行动,以经营或销售部门为核心部门,不允许各部门只根据本位利益而各自为政。在这种观念的指导下,"顾客至上","顾客是上帝","顾客永远是正确的","爱你的顾客而非产品","顾客才是企业的真正主人"等成为企业家的口号和座右铭。营销观念的形成,不仅从形式上,更从本质上改变了企业营销活动的指导原则,使企业经营指导思想从"以产定销"转变为"以销定产",第一次摆正了企业与顾客的位置,所以是市场观念的一次重大的转变。图 1-2 表现出了生产者导向观念与市场导向观念的区别。

由于市场营销观念符合"生产是为了消费"的基本原理,既能较好地满足市场需要,同时也提高了企业的环境适应能力和生存发展能力,因而被提出后便引起了广泛的关注,为众多企业所追捧,并成为当代市场营销学研究的主体。其对西方企业改善经营起了重要作用,取得了重大成就,可口可乐、万宝路、宝洁、IBM、麦当劳等公司都运用了市场营销观念并取得了成功。

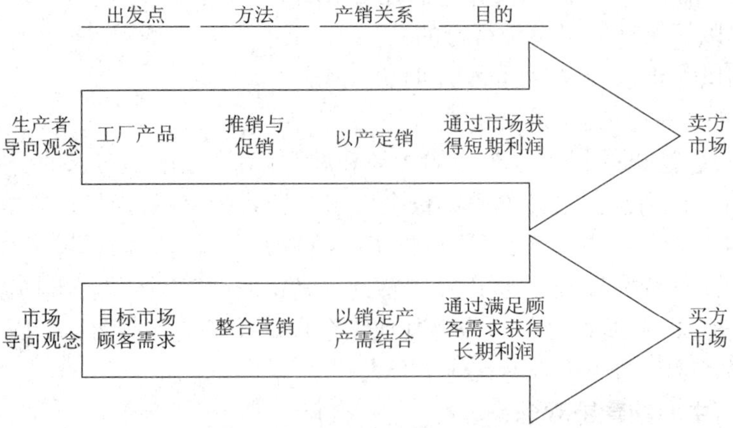

图 1-2 生产者导向观念与市场导向观念的区别

三、以社会市场为中心的营销观念

进入20世纪60年代以后,市场营销理念在美国等西方国家受到质疑。首先,不少企业为了最大限度地获取利润,迎合消费者,采用各种方式扩大生产和经营,而不顾对消费者以及社会整体利益的损害。只顾生产而忽视环境保护导致环境恶化、资源短缺等问题相当突出。如清洁剂生产企业满足了人们洗涤衣服的需要,但却严重污染了江河,导致大量鱼类死亡,破坏了生态平衡。其次,某些标榜自己奉行市场营销理念的企业以次充好、大搞虚假广告、牟取暴利,损害了消费者的权益。最后,某些企业只注重眼前需要,而不考虑长远需要。如化妆品企业生产的商品虽然短期内能美容,但有害元素含量过高;汉堡包、炸鸡等快餐食品虽然快捷、方便、可口,但脂肪与碳水化合物含量过高而不利于消费者的长期健康。这些质疑促使人们从不同角度对市场营销理念进行完善,如理智消费者的营销观念、生态营销观念等均属于社会营销观念。

【案例1-3】

老人想买票看电影,不该这么难

近日,据新民晚报报道,82岁的上海市民陆老伯辗转多家影城,居然都无法在线下购买电影票。他只有一台"老年机",没有上网功能,平时也不用手机付费,而且子女不在国内,影城现场也没有人帮他代买,最后他只得失望而归。

陆老伯的境遇并不是个案。春节期间也有不少新闻报道,老年人在线下购买电影票时,票价甚至高达300元一张,而同样的一场电影在线上App的优惠团购票价仅为40余元。不会线上买票,就这样让老年人"望票兴叹"。

当智能化、数字化的进步太快,一些弄巧成拙的现象就可能随之产生。就像线上买电影票,对于大部分人来说,既能足不出户,还享受了价格优惠,的确很方便。但没想到的是,这项服务,对于落后于技术更新速度的老年人群体来说,反而是非常不方便的。

智能移动端时代,老年人囿于过去积累的生活经验,对于新技术会存在一定的"学习壁垒"。因此,帮助老年人去适应互联网时代的公共服务、生活场景,这早已成为共识。但在实际生活中,在社会飞速发展的同时,我们却时常感受不到或者说很难主动想起他们的存在,类似的场景还有很多,比如老年人线上打车难、线上挂号难,老年人不会人脸识别、不会扫二维码……

当我们进入一个指尖轻触即可实现大部分需求的时代,以往定义的"无障碍设施"建设也应该随之更新,即线上线下服务都应该对所有群体"无障碍",当下推进的网络适老化改造就是其中一个部分。但部分适老化改造也只是停留在放大字号、简洁界面等"表层适老"阶段。

其实,适老化改造不仅是服务方式的扩充,或是"特事特办",这个过程中很重要的一点是:我们真的能够站在老年人的角度去感受每一个"新鲜"的生活场景,想象他们使用新技术时会遇到的阻碍。

回到看电影这个场景,其实想要解决老年人观影障碍也没那么难,影院可以设置线下服务专区,由工作人员帮助老年人现场购票,并享受网上平台的团购价格;电影场次也可以适当预留一些适宜观影的座位，开放给线下购票专区，以免老年人因为无法线上提前选座而选不到好位置。社区、家人也可以帮助教导老年人使用智能手机进行在线支付。

况且老年人群体实际上庞大得远超我们的想象，据预计，“十四五”时期，60 岁及以上老年人口总量将突破 3 亿，占比将超过 20%，我国将进入中度老龄化阶段。

对于影院这样提供大众娱乐服务的场所，银发经济市场潜能巨大，这五分之一人口的需求应该被看见。而一家服务机构能让每一位顾客具备同等完成操作的能力，本来就是最基础的服务意识，“让技术回归为人服务”也是技术进步的初心。

对老人来说，他们的线下空间不应被压缩和取消。适老化服务提供给老人的不仅是方便，更重要的是尊重，意味着他们还能够融入这个技术进步的社会，而在一个技术发展的社会中，不落下哪怕再小众的群体，让他们的生活也越来越便利，才是社会真正进步的体现。

（资料来源：光明网）

社会市场营销观念要求企业在确定营销策略时要权衡三方面的利益，即企业利润、消费者需求和社会利益。企业既要发挥特长，在满足消费者需求的基础上获取经济效益，又要维护社会利益，从而使企业具有强大的生命力。企业把社会市场营销看作改善企业形象、提升品牌知名度、增强顾客忠诚度、提高企业产品销售额以及增加新闻报道的机会。它们认为，随着环境与资源保护、健康意识的深入人心，消费者将逐渐地倾向于在提供理性和情感利益上具有良好形象的企业。从企业的长期经营看，社会营销观念将带给企业更大的利益，不顾社会长远利益的经营行为最终是要被禁止的。

第三节　顾客价值与顾客满意

【案例 1-4】

酷暑之下 湖北冰雪运动更“热”

室外骄阳似火，湖北的各大冰雪场馆开启了“冰雪”火热模式，来这里运动既能消夏避暑，还能锻炼身体、提高冰雪技能。首个体育宣传周期间，记者走访湖北咸宁、武汉等地的冰雪场馆，发现无论是室内滑雪场，还是真冰场，丰富多彩的冰雪运动给人们带来许多快乐。

北京冬奥会和冬残奥会成功举办后，国内冰雪运动氛围持续升温。湖北大力推进冰雪运动“南展示范区”建设，促进湖北冰雪运动“从小到大”“从冷运动到热经济”不断发展。

在咸宁际华冰雪·香城滑雪馆，室外的气温达到 36 摄氏度，馆内温度显示的是零下 5 摄氏度。馆内配备初、中、高级滑道，可以满足不同阶段滑雪者的需求。身着厚厚的棉服，来此游玩的人们不仅在专业级雪道上畅快滑雪，也能在冰上碰碰车、冰上滑滑梯等区域中快乐玩雪。

来自湖南长沙的 8 岁小朋友梁颖琛，受妈妈影响也爱上滑雪。他说：“因为妈妈爱滑雪，所以这个暑假带我出来滑，这里的雪很好，滑起来很顺畅。滑雪不仅长见识，也能让我的身体变强壮。”

据该馆负责人杨明鑫介绍，场馆建筑面积达 3.9 万平方米，目前是华中地区最大的室内综合性滑雪训练中心，集冰雪体验、极限运动、健康生活、亲子游乐、休闲娱乐、旅游度假为一体。自6月30日开业以来，该滑雪场已经接待了各方游客5 000人次以上。接下来，将进一步丰富和提升游客的消费体验，助力湖北冰雪运动的普及。

在武汉体育中心的冰上运动中心，有不少孩子正在进行冰上练习。今年11岁的朱丹妮告诉记者，她原来并不爱运动，一次偶然的机会，在武汉体育中心冰上运动中心看到花样滑冰的比赛后，就爱上了这项运动，来这里练习有五六年了。

该冰上运动中心主管伍林立介绍，这个场馆原为2019年第七届世界军人运动会期间建设的主媒体中心，在军运会后，场馆的一层被改建为一座1 800平方米的标准冰球场。场馆内配有更衣室、淋浴间、陆上训练房等配套管理用房以及420个观众席位，可满足花样滑冰、短道速滑、冰球、冰壶等冰上运动开展需求，自2021年5月投入运营以来，场馆已累计接待滑冰顾客23万余人次。目前开展的冰球、花滑、滑冰项目青训在训学生有500余人。

据了解，目前，湖北省已建成滑雪场和冰场合计37个，其中雪场20个、冰场17个，满足人民群众日益增长的冰雪运动需求，为湖北经济社会发展培育了新的动能、增添了新的活力。以这些场馆为载体，湖北省成功举办了中国青少年滑雪大奖赛（南方赛区）、全国大众冰雪季（湖北站）等一系列全国重要赛事活动，自主开展了多项湖北冰雪大会等省级赛事活动。

（资料来源：中国体育报）

市场竞争实际上就是争夺顾客的竞争，谁赢得了顾客，谁就赢得了市场。从最初以产品为中心单纯注重产品质量，到以“顾客为导向”争取“顾客满意”与“顾客忠诚”，只有那些以顾客为中心，为目标市场提供卓越价值的企业才能赢得市场，这些企业不仅善于制造产品，而且善于创造顾客。本节进一步具体分析企业如何赢得顾客并战胜竞争者。让顾客满意是现代营销的核心理念。

一、顾客价值

以麦当劳为例，人们离不开遍布世界的三万多家麦当劳，因为他们喜爱麦当劳的汉堡包。虽然其他一些餐馆能制作出味道更好的汉堡包，但顾客钟爱的并不是汉堡包本身，而是一种系统，一种遍及世界的高标准的被麦当劳称为QSCV（即Quality，质量；Service，服务；Cleanliness，整洁；Value，价值）的系统。麦当劳的所有经营者，包括供应商、特许经销代理商、职员和其他合作者都能有效地为顾客提供高品位的价值，这使麦当劳成为唯一一家能达到如此高效率的快餐店。价值能诱导出一种崭新的生活方式。

这就是以顾客为中心或导向的企业哲学和价值营销。现代管理学大师彼得·德鲁克就洞察到一个企业的首要任务是创造顾客。但是，今天的顾客面临着纷繁复杂的商品和品牌、价格和供应商，这就带来了一个问题：顾客是如何作出选择的？相信顾客是按最大价值进行估价的。在成本和有限的知识、流动性和收入等的限制范围内，顾客是价值最大化者，他们形成一种价值期望并照此行事。然后他们将得知某项供给是否符合他们的价值期望，这将影响他们的满意度，并将影响他们再购买的可能性。

（一）顾客让渡价值

顾客在购买的过程中，运用自己的知识、经验、努力和收入等等，按照价值最大化的原则，从众多的品牌和供应商中选择自己需要的产品。其中，价值最大化是顾客每次交易力争实现的目标，也是其评判交易的标准。

著名营销专家菲利普·科特勒以“顾客让渡价值”（Customer Delivered Value）概念，把顾客购买过程高度程式化，并使之成为营销学的基础理论。他指出顾客让渡价值是顾客获得的总价值与顾客获得这些总价值支付的总成本的差额。简言之，顾客让渡价值是指顾客总价值与顾客总成本的差额。顾客让渡价值的构成要素如图 1-3 所示。

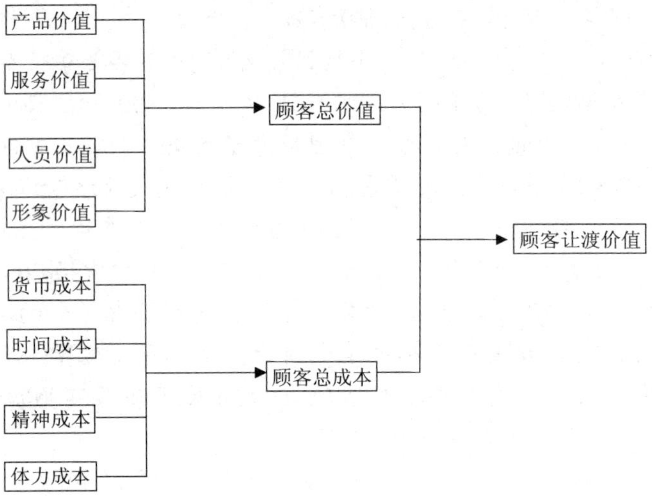

图 1-3　顾客让渡价值及其构成要素

（二）顾客总价值

顾客总价值是指顾客从购买的特定产品和服务中期望得到的所有利益。顾客总价值一般由如下部分构成。

（1）产品价值：顾客对产品各方面特征的总体评价，主要取决于产品所具有的功能、可靠性、耐用性等，还取决于品牌间的比较，信誉好、知名度高的品牌对顾客来说通常具有更高的价值。它是顾客满足需求的基本依据，因而既是顾客选购产品的首要因素，也是决定顾客总价值的主要因素。

（2）服务价值：企业向顾客提供的各种附加服务，包括使用产品的培训、安装、维修、调试和产品保证等所产生的价值。

（3）人员价值：顾客通过与企业中的训练有素的营销人员建立相互帮助的伙伴关系，或者能及时得到企业营销人员的帮助所感受到的价值。员工在与顾客面对面的交流中扮演着宣传企业品牌的角色，高素质的、充满活力和竞争力的员工队伍，比良好硬件设施，更能使顾客满意，进而创造优异的业绩。充分信任与尊重顾客，永远真诚地视顾客为朋友，给顾客以可靠的关怀和贴心的帮助才是面对顾客唯一正确的心态，只有这样才能赢得顾客。

（4）形象价值：企业及其品牌在社会公众中的总体形象所产生的价值。顾客通过购买产品与服务，使自己成为一个特定企业的顾客，如果企业具有良好的形象与声誉的话，顾客可能受到他人赞誉，或者与这样的企业发生联系而体现出一定的社会地位。形象对于企业来说是宝贵的无形资产，良好的企业形象会对企业的产品产生巨大的支持作用，带给顾客精神上和心理上的满足感、信任感，使顾客的需求获得更高层次和最大限度的满足，赋予产品较高的价值，从而增加顾客购买的总价值。

（三）顾客总成本

顾客在获得上述这一系列价值的时候，也要相应地付出一些代价，这体现为顾客总成本。顾客总成本是指顾客为购买某一产品所耗费的时间、精力、体力以及所支付的货币资金。

顾客总成本一般包括四种成本。

（1）货币成本：顾客购买一个产品或服务，首先就要支付货币，或者不能得到免费维修、调试等支出的服务价格。产品功能、品质相同时，顾客总是希望支付的货币成本越低越好。

（2）时间成本：顾客在选择产品的时候，学习使用、等待需要的服务等等所需付出的成本或损失。随着生活节奏的加快，一家企业能使顾客在购物时节省时间，那么它将更易赢得顾客的满意和忠诚。例如支付宝和微信的付款方式为顾客节省了大量的时间，并且不用找零，现在超市、商场乃至菜市场的小商贩都用这些方式收款，非常方便。

（3）精神成本：顾客为了学会使用与保养产品，为了联络营销企业的人员，或者为了安全使用产品所付出的担心，等等。

（4）体力成本：顾客在使用产品、保养维修产品等方面耗费的体力。

总的顾客价值越大，总的顾客成本越低，顾客让渡价值越大。

提高顾客让渡价值是提升顾客满意程度、吸引购买、扩大销售、提高经济效益、增强企业竞争力的重要途径。企业应努力提高顾客让渡价值，或者尽力提高顾客总价值，或者尽力降低顾客总成本，或者在提高顾客总价值和降低顾客总成本两个方向上都作出营销努力。

具体而言，提高顾客让渡价值的途径如下。

（1）在不改变顾客总成本的条件下，通过改进产品、改善服务、提高人员素质、提升企业形象来提高整体顾客总价值。

（2）在不改变顾客总价值的条件下，通过降低价格或减少顾客购买公司产品所花费的时间、精力、体力来降低顾客总成本。

（3）在提高顾客总价值的同时，提高顾客总成本，但要使两者的差值增大，从而使顾客让渡价值增加。

可见，顾客让渡价值取决于顾客总价值和顾客总成本的差值。顾客总价值的构成因素有产品价值、服务价值、人员价值和形象价值等，其中任何一项价值因素的变化都会引起顾客总价值的变化；顾客总成本的构成因素有货币成本、时间成本、精神成本和体力成本，其中任何一项成本因素的变化都会引起顾客总成本的变化。任何一项价值因素或成本因素的变化都不是孤立的，而是相互联系、相互作用的，会直接或间接引起其他价值因素或成本因素的变化，进而引起顾客让渡价值的变化。

二、顾客满意

顾客让渡价值，很好地说明了顾客的购买选择与行为取向。但顾客让渡价值，仅仅是他选择购买哪个厂家的产品时的一种价值判断。购买以后，顾客对于购买的评价，还要取决于顾客满意度。顾客满意是指顾客通过一个产品的可感知的效果（或结果）与他们的期望值相比较后所形成的感觉状态。

顾客满意的理论基础是“让客价值”理论。“让客价值”又称“顾客让渡价值”，企业要提高“让客价值”,可以从增加顾客总价值和降低顾客总成本两个方面入手。实现顾客满意的营销对策如下。

(1)合理确定目标顾客。

(2)建立顾客满意度监控体系。

(3)建立以培育和提高顾客忠诚度为目标的战略系统,该系统由产品和服务系统、内部员工管理系统、企业与顾客的沟通系统、绩效评估系统组成。

在很大程度上,他人的评价、介绍、厂家许诺等等,对形成顾客的期望价值有很大的影响。显然,顾客的满意是感知价值与期望价值的函数(图1-4)。

顾客满意 = f(感知价值,期望价值)
- 感知价值 > 期望价值——很满意
- 感知价值 = 期望价值——满意
- 感知价值 < 期望价值——不满意

图1-4 顾客满意的形成过程

对于奉行营销观念的企业,顾客满意是最高目标;对于想要争取更多的顾客并维护已有顾客的企业来说,最主要的努力方向就是使顾客满意。因此,从顾客满意的概念和形成机制可知,企业可以在降低期望价值、提高感知价值方面分别或综合性地作出营销努力,提高顾客的满意度。

(一)顾客满意战略

企业的生存和长期发展,必须建立在顾客满意的基础上。20世纪80年代后期,一些跨国公司陆续导入顾客满意战略(Customer Satisfaction,CS)。日本汽车业首先引入和推行顾客满意战略,大大增强了国际竞争力,取得了丰硕的成果。随后,日、美等国的电脑制造业、通信业、航空服务业、旅游业、银行和证券业等服务性行业都纷纷引入顾客满意战略。在我国,上海宝钢集团于1995年下半年推出了顾客满意战略,紧紧围绕质量、交货期、服务、价格、创新、环境六大要素制定了目标和对策,有效地增强了竞争实力和提高了整体管理水平。此外,国内许多著名企业如海尔集团、沈阳金杯汽车公司、格兰仕集团、上海三菱电梯公司等企业在推行顾客满意战略方面也是不遗余力并卓有成效。

(二)顾客维系

越来越激烈的市场竞争使企业正竭力同最终顾客形成更牢固的契约和忠诚关系。以往很多企业总是漫不经心地对待顾客。因为他们认为顾客或是没有很多可供选择的供应商,或是其他供应商无法提供达到一定质量和服务要求的产品,或是市场增长很快,企业无须使顾客充分满意。企业在竞争中可能一周损失100个顾客,而同时又获得另外100个顾客,从而认为销售额仍然是令人满意的。但是,这只是一种高度的“顾客交叉状态”,而且它所需要的成本要比保留住原有的100个顾客同时没有新顾客加入所需要的成本高得多。

顾客维系的一个更好的办法是传递高度的顾客满意,这样竞争者就很难运用低价和诱导转换等策略轻易打破各种壁垒。这种提高顾客忠诚度的方法即所谓的“关系营销”。

(三)关系营销

首先,我们需要区分与顾客之间的五种不同程度的关系。

（1）基本型。销售人员把产品销售出去就不再与顾客接触（例如汽车推销商仅仅推销汽车）。

（2）被动型。销售人员把产品销售出去并鼓励顾客在遇到问题或有意见时给企业打电话。

（3）负责型。销售人员在产品售出后不久打电话给顾客，询问产品是否符合顾客的期望。销售人员同时向顾客寻求有关产品改进的各种建议，以及发现任何特殊的缺陷与不足。这些信息能帮助企业不断地改进产品。

（4）主动型。企业销售人员不断给顾客打电话，请求顾客提供有关改进产品用途的建议或者关于新产品的有用的信息。

（5）伙伴型。企业不断地与顾客共同努力，寻求顾客合理开支的方法，或者帮助顾客更好地进行购买。

大多数企业在市场规模很大且单位边际利润很小的情况下，实行基本型营销（表1-1）。例如，宝洁公司就不可能给每位买主打电话，以表示对顾客购买本公司一次性纸尿裤产品的关注。宝洁公司最多建立一个顾客咨询服务台实行被动型营销。另外一个极端情况是市场上顾客很少而边际利润很高。在这种情况下，大多数销售商将转向伙伴型营销。例如，波音公司密切地同马来西亚航空系统合作，设计并保证波音飞机能充分满足马来西亚航空系统的要求。在这两种极端情况之间，其他各种关系市场营销的水平都是恰当的。

表1-1　关系营销水平

顾客/分销商数量	利润		
	高边际利润	中等边际利润	低边际利润
大量顾客/分销商	负责型	被动型	基本/被动型
适量顾客/分销商	主动型	负责型	被动型
少量顾客/分销商	伙伴型	主动型	负责型

当一个企业想培养紧密的顾客契约关系和获得较高的满意度时，应当运用什么特别的市场营销手段呢？白瑞和帕拉苏拉曼归纳了三种提高顾客价值的方法。

第一种方法主要是增加财务利益。例如，航空公司可以倡导对经常乘坐者给予奖励；旅店可对常客提供高级别的住宿条件；超级市场可以给予老主顾折扣；等等。尽管这些奖励计划能够培养顾客偏好，但很容易被竞争者模仿，因此常常不能长久地同其他公司的供给行为区别开来。

第二种方法是增加社会利益，同时也附加财务利益。在这种情况下，企业员工可以通过了解单个顾客的需要和愿望，并使其服务个性化和人格化，来增进企业与顾客的契约关系。

第三种方法是增加结构纽带，与此同时附加财务和社会利益。例如，企业可以为顾客提供特定的设备或计算机软件，以帮助顾客管理他们的订货、付款、存款等事务。一个优秀的典范是美国的强生医药公司，其员工帮助医院处理订货、购入以及商品存储等业务。

第四节　市场营销学的性质、特点及研究对象

市场营销学是一门以经济学和管理学为基础，多学科交叉渗透，研究以满足消费者需求为中心的企业营销活动及其规律性的综合性应用学科。事实上，市场营销学的发展经历了一个充分吸收相关学科研究成果、博采众家之长的跨学科演变过程，进而逐步形成了具有特定研究对象和研究方法的独立学科。

一、市场营销学的产生与发展

市场营销译自英文“marketing”一词，指企业的市场买卖活动，即企业的市场营销活动。为此，市场营销学不是观念的产物，而是企业活动的产物。市场营销学的产生与发展与企业的市场营销活动是紧密联系在一起的，企业营销实践活动为市场营销学的成长提供了条件，市场营销学的发展又被用于指导企业的营销实践。20 世纪初，随着商品经济的高度发展，市场营销学首先在美国从经济学中分离出来，逐步成为一门独立的学科。市场营销学的发展大体经历了初创阶段、功能研究阶段、现代市场营销学形成与发展阶段、营销扩展阶段和营销创新阶段五个阶段。

（1）初创阶段（1900—1920 年）。以传统经济学理论为依据、以供给为中心、以生产观念为导向，主要是在理论界进行研究。

（2）功能研究阶段（1920—1945 年）。将市场营销等同于销售或推销，研究范围局限于流通领域。市场营销理论研究与企业的市场营销实践研究结合起来，进入了应用研究阶段。

（3）现代市场营销学形成与发展阶段（1945—1980 年）。从对产品生产出来以后的流通过程的研究，发展到从生产前的市场调研和产品创意开始，到销售后的顾客服务和信息反馈为止的营销全过程的研究；从对营销实施过程的研究发展到对市场营销的分析、计划、实施、控制等营销管理过程的研究。市场营销学逐步从经济学中独立出来，吸收了行为科学、心理学、社会学、管理科学等学科的若干理论，形成了自身的理论体系；提出了营销的核心概念“交换”；其理论随着营销实践的发展而不断发展和完善，并受到世界各国营销理论界和实业界的重视，被世界各国广泛引进和运用。

（4）营销扩展阶段（1980—1990 年）。由对消费品的营销研究扩展到对生产资料、服务产品、精神产品及资本、价值的营销研究；由对企业等营利性组织的营销活动的研究扩展到对一切面向市场的营利性组织、非营利性组织及个人的市场营销活动的研究。

（5）营销创新阶段（1990 年以后）。欧洲关系营销学派的兴起，打破了美国营销管理学派一统天下的局面。这一阶段，开始质疑传统的营销管理理论，并开始研究市场营销的新视角、新理论、新体系，形成了不同的营销流派。

二、市场营销学在我国的传播与应用

中华人民共和国成立前，我国曾对市场营销学有过一些研究，但也仅限于几所设有商科或管理专业的高等院校。在我国市场经济十分落后的情况下，市场营销学的传播与应用必然受到严重阻碍。中华人民共和国成立后，由于片面强调计划经济，1949—1978 年，除了港澳台地区的学术界、企业界对这门学科已有广泛的研究和应用外，在我国其他地区，市场营销学的研究一度中断。

1978—1992年，对外开放、对内搞活的总方针，为我国引进和研究市场营销学创造了有利的环境。

如今，市场营销学已成为各高校的必修课，市场营销学原理与方法也已广泛应用于各类企业。由于各地区、各部门之间生产力发展不平衡，各部门经济体制改革进度不一，各企业经营机制改革深度不同等，市场营销学在各地区、各部门、各类企业的应用程度不尽相同。为此，市场营销学的思想和理论要作为企业营销活动的指南，还须进一步发展和完善。

（一）市场营销学的学科性质

市场营销活动是商品或服务从生产者手中转移到消费者手中的过程，是企业或其他组织以满足消费者需求为中心进行的一系列营销活动，市场营销学是系统地研究市场营销活动规律性的一门科学。美国著名市场营销学家菲利普·科特勒指出："市场营销学是一门建立在经济科学、行为科学、现代管理理论之上的应用科学。"同时，他还指出，经济科学提醒我们，市场营销是用有限的资源通过仔细分配来满足竞争的需要；行为科学提醒我们，市场营销涉及谁购买、谁组织，因此，必须了解消费者的需求、动机、态度和行为；管理理论提醒我们，如何组织才能更好地管理企业营销活动，以便为顾客、社会及自己创造效用。

市场营销学之所以是一门交叉学科，首先，因为它研究的内容涉及经济学、社会学、心理学、组织行为学、管理学、法学、广告学、公共关系学、审计学、会计学、金融学、美学等学科的理论与知识；其次，它是一门能够直接指导企业市场经营实践的应用性学科，具有较强的实践性与可操作性；再次，从学科归属上看，它属于广义的管理类学科，而更确切地说，它属于经营学范畴，与偏重企业内部管理的狭义的管理学最本质的区别在于其市场经营性；最后，市场营销学介绍的内容主要涉及一些反映一般规律、解决一般问题并具有普遍指导意义的基本知识、基本概念与基本方法。凡是产生交换关系的领域，就会有市场营销学的运用，因而市场营销学覆盖的领域十分广泛。但不同的领域有不同的特点，由此又逐步建立起一些以市场营销学为基础的专业市场营销分支学科，因此，在学习市场营销学的同时，要想解决某些具体的专业性问题还要深入学习一些专业的市场营销理论。

从市场营销的实践来说，市场营销是企业在激烈的市场竞争中求生存、求发展的科学，它具有科学性、艺术性、技术性的特点。一方面，市场营销是有规律可循的，是可以熟练掌握与操作的；另一方面，它又具有很强的艺术性，并非将营销知识背诵得滚瓜烂熟，就一定可以取得好的营销业绩。

（二）市场营销学的研究对象

市场营销学研究市场营销活动及其规律。它的核心思想是：企业必须面向市场、面向消费者，必须适应不断变化的环境并及时作出正确的决策；企业要为消费者或者用户提供令其满意的各种产品或服务，并且要用最少的费用、最快的速度将产品送达消费者或者用户手中；企业应该而且只能在消费者或者用户的满足中实现自己的各项目标。

市场营销学研究的主要内容如下。

①营销原理：由市场分析、营销观念、市场营销系统与营销环境、消费者需求与购买行为、市场细分与目标市场选择等理论组成。

②营销实务：由产品策略、定价策略、分销渠道策略、促销策略、市场营销组合策略等组成。

③营销管理:由营销战略、计划、组织和控制等构成。

④特殊市场营销:由网络营销、服务市场营销、关系营销和绿色营销等组成。

总之,市场营销学的研究以了解消费者需求为起点,以满足消费者需求为终点,通过研究,制定营销活动战略、策略,使企业在满足消费者需求的过程中实现利润目标,在激烈的市场竞争中求得生存和发展。

【本章小结】

市场营销就是通过创造和交换产品和价值,从而使个人或群体满足欲望和需要的社会和管理过程。它涉及的核心概念有:需要、欲望与需求,产品,价值、满意与质量,交换、交易、关系与网络,市场,市场营销者。

市场是商品经济特有的经济范畴,是一种以商品交换为内容的经济联系形式。市场的形成必须具备一定的条件。从不同的角度分析,市场具有不同的含义。但市场营销学从营销的角度看待市场,认为市场是人口、购买力和购买欲望(动机)的总和。

市场营销观念的正确与否,关系到企业营销的成败和企业的兴衰。市场营销观念随着生产发展、科技进步和市场环境的变化,经历了生产观念、产品观念、推销观念、市场营销观念、社会营销观念,要结合市场营销活动的实际情况综合运用。

顾客让渡价值是顾客总价值与顾客总成本之间的差额。顾客通常选择能使让渡价值最大化的产品和服务供给。要实现顾客满意,企业必须以一种"以顾客为中心"的态度管理它们的价值链以及整个价值让渡系统。企业的目标不仅是赢得顾客,更是维系顾客。

【思考与练习】

一、论述题

(1)本章所论述的市场营销和你以前所了解的有何不同?

(2)生产观是不是一种不考虑消费者需求的营销观?

(3)你赞同"顾客是上帝"的提法吗?

(4)举例说明可能会影响下列每件产品向其顾客提供的价值的收益与成本:①手表;②一种减肥食谱的补充品;③乘坐豪华游轮观光。

(5)请举出自己经历的一件事,说明厂商对顾客是尊重的或不尊重的。

(6)请分析零售业保留老顾客的意义,并提出你的方法和建议。

二、应用题

亚马逊公司于1995年7月16日成立,性质是基本的网络书店。它极具远见地洞察到了网络的潜力和特色,当大型实体书店提供20万本书时,网络书店能够提供比20万本更多的选择给读者。亚马逊目前是美国最大的一家网络电子商务公司,也是网络上最早开始经营电子商务的公司之一。一开始亚马逊只经营网上书籍销售业务,现在则扩大到了范围相当广泛的其他产品,已成为全球商品品种最多的网上零售商和全球第二大互联网企业。在公司名下,登记有Alexa Internet、Lab126和互联网电影数据库等子公司。亚马逊及其他销售商为客户提供数百万种独特的全新、翻新及二手商品,如图书、电子产品和电脑、家居园艺用品、玩具、婴幼儿用品、食品、服饰、鞋类和珠宝、健康和个人护理用品、体育及户外用品、汽车及工业产品等。

2004 年 8 月，亚马逊全资收购卓越网，实现亚马逊全球领先的网上零售专长与卓越网深厚的中国市场经验相结合，进一步提升客户体验，并促进中国电子商务的快速成长。2016 年 10 月，亚马逊排名 2016 年全球 100 大最有价值品牌第八名。2017 年 2 月，Brand Finance 发布 2017 年度全球 500 强品牌榜单，亚马逊排名第三。

你可以去亚马逊主页沉浸式体验网络购物过程，亲身感受亚马逊网上商品是如何满足不同顾客需求的。

三、案例分析题

人民热评：海底捞给顾客“贴标签”，别“见人下菜碟”！

近日，有网友爆料称海底捞在会员系统里私下给顾客贴标签，包含体貌特征和个性需求等，还有顾客被标注“喜欢在 App 上投诉”。海底捞回应，公司于 2020 年起对相关内容进行持续优化，明确禁止对顾客个人信息如体貌等特征进行任何备注。公司于 2021 年 1 月全部排查整改完毕，所有新增信息均需要通过严格审核。今天，咱们就来聊聊“被标签化”这个事。

不得不说，什么事情一旦“被标签化”，就容易产生刻板印象。很多人反感被他人贴“标签”，更是担心被误解会给自己带来不良影响。理解了这些，就不难理解海底捞给顾客“贴标签”一经爆出，为何很快冲上热搜。这不是人们神经过敏，而是“店大评客”让不少消费者感觉很不自在，更疑虑若被贴上负面“标签”，自己会不会沦为“捞什子”。

海底捞的回应并未完全驱散人们心头的疑云。如果去年（2021 年）初就已全部排查整改完毕，为何还有顾客信息被翻出来？退一步说，就算这是“炒冷饭”，海底捞更应明白，给顾客“贴标签”，过去不行、现在不行、将来更不行！

还有一种声音认为，商家为顾客“画像”也有存在的意义。记下顾客喜欢什么、不喜欢什么、什么脾气、什么秉性，有助于商家更好地为顾客提供个性化的服务。这种说法有一定道理，如果商家也真按这个思路来，倒也罢了。问题是，谁能确保记录客观准确、执行不会“跑偏”？这年头，“说一套做一套”的事还少吗？

倘若“贴标签”具有明显的个人主观色彩，而不是真实客观的情况反映，消费者会不会被“污名化”？一旦照着“畸形的画像”来，商家的服务会不会异变为“见人下菜碟”？果真如此，消费者绝对“嗨”不起来。而且，如果是因为店家的原因，令顾客体验糟糕乃至权益受损，消费者通过正当渠道投诉维权，难不成还要被记入店家的“黑名单”？这显然与所谓的周到服务相去甚远。

《中华人民共和国个人信息保护法》明确规定，处理个人信息应当遵循合法、正当、必要和诚信原则，不得通过误导、欺诈、胁迫等方式处理个人信息；处理个人信息应当遵循公开、透明原则，公开个人信息处理规则，明示处理的目的、方式和范围；处理个人信息应当保证个人信息的质量，避免因个人信息不准确、不完整对个人权益造成不利影响……显然，对消费者“精准画像”“品头论足”，不能任由商家“说了算”，商家的行为不能超越国法红线。

几乎在被爆给顾客“贴标签”的同时，海底捞关店 300 家的新闻也映入公众眼帘。扩张速度太快，服务质量降低，导致亏损折戟，引发关注。海底捞之所以能在火锅界做大，与其服务、口碑密不可分。要想健康发展,更不能失了“立足之本”。

（资料来源:人民网）

（1）为什么海底捞在会员系统里私下给顾客“贴标签”？

（2）海底捞怎么才能在火锅界做大并健康发展?

第二章　市场营销环境

【本章重点】

1. 营销环境的内涵和特征。
2. 微观环境和宏观环境的主要内容。
3. 企业应对营销环境变化的对策。

【引例】

治理直播带货乱象 营造健康营销环境

据媒体报道，某粉丝量上千万的主播在直播间售卖的方便食品存在菌落总数、添加剂超标等质量问题；网友下单购买化妆品，收到货后发现与直播间介绍的赠品内容不符，商家故意引流误导消费者。

刚刚过去的"双11"，直播带货表现"抢眼"，为经济增长贡献了新动力。但夸大宣传、售后缺失等问题频频出现，消费者合法权益受到侵害。毋庸置疑，直播带货为许多质量有保证、服务有保障的供货商打开了销路，但有的平台对入驻商家资质审核不严、管理不到位，有的直播带货主播存在套路营销、刷流量、销售假冒伪劣产品等行为，既欺骗消费者，也不利于网络电商平台自身发展。

党的二十大报告指出："加快发展数字经济，促进数字经济和实体经济深度融合，打造具有国际竞争力的数字产业集群。"直播带货作为数字经济的典型代表，呼唤健康的营销环境。针对种种直播带货乱象，必须多方发力加以约束和规范。

治理直播带货乱象，重在加强监管。2021年4月，国家网信办、公安部等七部门联合发布《网络直播营销管理办法（试行）》（以下简称《办法》），把网络直播营销中"台前幕后"各类主体、"线上线下"各项要素纳入监管范围。有关部门要确保《办法》常态化、高效化实施，强化日常监管，依法依规惩处直播带货中的违法违规行为，进一步完善细化直播带货各项法规，切实堵住监管漏洞。

惩治直播带货侵权售假，重在强化打击。今年（2022年）"双11"来临之际，公安部公布依法严厉打击网上侵权假冒犯罪10起典型案例，提醒消费者增强自我防范意识。公安机关要进一步加大执法力度，持续开展线上线下巡查，严厉打击利用直播带货模式进行欺诈式售假、实施电信诈骗等违法犯罪行为，维护消费者和企业合法权益，着力营造良好的网络购物消费环境。

规范网络市场秩序，重在行业自律。为直播带货提供服务功能的电商平台、短视频平台，须健全平台管理规则制度，严把卖家和主播的"入口关"，引导主播严格遵守法律法规，不作虚假夸大和误导性宣传，杜绝以次充好、假冒伪劣和三无商品，并加强售后服务体系建设,畅通消费者维权通道,共同护航直播带货行稳致远。

(资料来源:人民公安报)

企业通过生产和交换产品或服务实现生存发展,在激烈的市场竞争环境中,遵循优胜劣汰、适者生存的自然法则。企业不仅要重视自身内部的规范管理,而且要随时对外界环境的变化保持关注,从复杂多变的营销环境中发现商业机会和潜在威胁,及时对环境进行分析并作出决策,从而适应营销环境的变化,这样才能在竞争中处于优势地位。

第一节 市场营销环境及其分类

一、市场营销环境的含义

市场营销环境是指影响企业营销的外界力量和因素。企业得以生存的关键在于它在环境变化时具有自我调节的能力。

根据市场营销环境对企业市场营销活动产生影响的方式和程度,可将市场营销环境大致上分成两大类:微观营销环境和宏观营销环境。微观营销环境被称为作业环境或直接环境,因其与企业具有一定的经济联系,故直接作用于企业为目标市场服务的能力;宏观营销环境被称为间接环境,因其诸要素与企业不存在直接的经济联系,故是通过直接环境的相关因素作用于企业的较大的社会力量。微观营销环境与宏观营销环境之间不是并列关系,而是包容和从属的关系,微观营销环境受宏观营销环境的大背景制约,宏观营销环境则借助于微观营销环境发挥作用。

二、市场营销环境的特征

(一)客观性

环境作为营销部门外在的不以营销者意志为转移的因素,对企业营销活动的影响具有强制性和不可控性的特点。一般说来,营销部门无法摆脱和控制市场营销环境,特别是宏观营销环境,企业难以按自身的要求和意愿随意改变它。

(二)差异性

不同国家或地区的宏观环境存在着广泛的差异,不同企业的微观环境也千差万别。因此,企业为适应不同的环境及其变化,必须采用符合自身特点的有针对性的营销策略。环境的差异性也表现为同一环境的变化对不同企业的影响不同。

(三)多变性

市场营销环境是一个动态系统。构成市场营销环境的诸多因素都受众多因素的影响,每一环境因素都随着社会经济的发展而不断变化。20世纪60年代,中国处于短缺经济状态,短缺几乎成为社会经济的常态;改革开放20年后,中国已遭遇“过剩”经济,不论这种“过剩”的性质如何,仅就卖方市场向买方市场转变而言,市场营销环境已发生了重大变化。市场营销环境的变化,既会给企业提供机会,也会给企业带来威胁。

(四)相关性

市场营销环境诸因素既相互影响,又相互制约,某一因素的变化会带动其他因素随之变化,形成新的市场营销环境。例如,竞争者是企业重要的微观营销环境因素之一,而宏观营销环境中的政治法律因素或经济政策的变动,均能影响一个行业竞争者的数量,从而形成不同的竞争格局。又如,市场需求不仅受消费者收入水平、偏好以及社会文化等因素的影响,政治法律因素的变化,往往会对其产生决定性的影响。

由于市场营销环境对企业营销活动的影响具有以上特点,且复杂多变,难以捉摸,因此企业应设置或委托专门智囊机构,安排专业人员对市场营销环境进行日常监测和分析,针对不断发展变化的环境提出可行的应变策略。此外,企业还要加强与政府各部门的联系,及时了解国家对宏观经济的调控措施及各项已出台和即将出台的改革方案,以便在宏观营销环境变化时有所准备,从而实现业绩增长或尽量减少损失。

第二节 微观营销环境

微观营销环境对企业营销活动的影响,主要体现在企业具体对外业务往来过程中,其与企业营销存在协作、竞争、服务、监督的关系,直接影响与制约企业的营销能力,它包括企业内部环境、供应商、营销中间商、顾客、竞争者、公众等与企业有双向运作关系的个人和组织。企业在一定程度上可以对其进行控制。

一、企业内部环境

一个企业的市场营销部门不是孤立的,不是在真空中作业的,它面对着许多其他职能部门,如高层管理、产品开发、采购、生产和会计等部门,它必须与公司的最高管理层以及各个部门紧密合作。而这些部门的分工、协作、目标都会影响企业的营销管理决策和营销方案的实施,企业目标的实现依靠企业各部门的相互配合。正是企业内部的这些力量构成了企业内部营销环境。因此,市场营销部门在制订营销计划和作出决策时,既要考虑企业外部的环境力量,又要考虑与企业内部其他力量的协调。

二、供应商

供应商是向企业及其竞争者供应原材料、部件、能源、劳动力等资源的企业和个人。供应商能对企业的营销活动产生巨大的影响。第一,原材料、设备和能源等资源供应充足与及时与否,是企业营销活动能否顺利进行的前提。如果资源供应不足或发生工人罢工等其他事故,将极大影响企业生产进度,损害企业形象。第二,供应商提供的原材料的价格关系到企业的生产成本。供应商提高原材料价格,企业也不得不提高产品价格,这必然影响产品的市场竞争力,对企业销售量和利润产生一定影响。第三,供应商所提供的原材料的质量直接影响企业的产品质量。如果原材料质量出现问题,而企业对检测环节把关不严,有问题的原材料进入生产环节,并最终形成产品投入市场,将会给企业造成灭顶之灾。近年来,我国多家食品企业出现的质量危机深刻地体现了这一点,某些不负责任的企业和唯利是图的供应商制造出大量问题食品,极大伤害了消费者的精神和身体健康,给整个行业造成极其恶劣的影响,甚至在很大程度上损害了中国的国际形象。所以选择合适和优秀的供应商,对于企业经营和发展非常重要。

三、营销中间商

在市场经济得以发展的今天,企业通过各种市场营销中介来进行市场营销过程中的各种活动,是社会分工的要求,也是社会发展的标志之一。营销中间商是指那些帮助企业向最终买主推广、销售和分销产品的机构,包括中间商、实体分配机构、营销服务代理机构和财务中介机构。这些都是市场营销中不可缺少的中间机构，大多数企业营销活动的顺利开展，都需要它们的协助。

营销供应商是企业向消费者提供产品或服务价值的过程中不可缺少的支持力量，是价值让渡系统中主要的组成部分。企业要将其视为伙伴，追求整个价值让渡系统业绩的最大化。

四、顾客

顾客是企业的服务对象，是企业产品的直接购买者或使用者。企业与市场营销渠道中的各种力量保持密切关系的目的就是有效地向其目标顾客提供产品和服务。顾客的需求正是企业营销努力的起点和核心，顾客是企业最重要的微观营销环境因素。

根据购买者和购买目的，顾客可分为五类。

(1)消费者，包括为了个人消费而购买的个人和家庭。

(2)生产者，包括为了通过加工生产来获取利润而购买的个人和企业。

(3)中间商，包括为了通过转卖来获取利润而购买的批发商和零售商。

(4)政府市场和非营利性组织。

(5)国外购买者，包括国外的消费者、生产者、中间商和政府机构。

每类顾客在消费需求和消费方式上都具有鲜明的特色。企业的顾客可以是以上五种中的一种或几种。也就是说，一个企业的营销对象可以既包括广大的消费者，又包括各类组织机构。企业必须了解不同顾客的需求特点和购买行为。

五、竞争者

从消费需求的角度，我们可以将企业的竞争者分为以下几类。

(一)欲望竞争者

欲望竞争者指提供不同产品以满足消费者的不同需求的竞争者。看书、进行体育运动或吃东西，每一种欲望都可能意味着消费者将在某个行业进行消费，而提供书籍、体育运动设施和饮食来满足消费需求的企业或个人就构成欲望竞争者。假如你是旅游服务人员，在十一长假期间，顾客的购买能力有限，只能在购物、娱乐和旅游等几种商品中选择其一。那么商场、娱乐公司、旅行社就是欲望竞争者。所以，要想在欲望竞争中胜出要靠全行业的努力，在产品没有成为消费者的消费时尚或必需品前，不能搞窝里斗，否则顾客会将有限的资金或资源投向另一种产品。

(二)属类竞争者

属类竞争者指提供能够满足同一种需求的不同类别产品的竞争者。例如，为满足消费者饮食需求，各式餐厅如韩国料理店、日本料理店、川菜馆、火锅店等餐厅之间就形成了属类竞争关系；再如，为满足顾客代步需求，汽车、摩托车、电动车、自行车等生产商即为属类竞争者。

(三)产品形式竞争者

产品形式竞争者指生产同种产品，但提供不同规格、型号、款式的竞争者。例如，计算机的各种形式，有台式机、一体机、液晶电脑、笔记本、上网本等。又如某个人想吃零食，并且从吃糖果、水果、薯条等食物中选择吃糖果，这时选择吃哪种糖果成为一个问题，如巧克力、甘草糖和水果糖，这些糖果都是满足吃糖欲望的不同形式，它们被称为产品形式竞争因素。提供这些不同形式产品的企业构成竞争关系，是产品形式竞争者。

（四）品牌竞争者

品牌竞争者指提供的产品相同，产品的规格、型号等也相同，但品牌不同的竞争者。如笔记本电脑的品牌有联想、索尼、戴尔、三星等，这些品牌生产者之间形成了竞争关系。

品牌竞争是这四个层次的竞争中最常见和最显眼的，其他层次的竞争则比较隐蔽。有远见的企业并不满足于品牌层次的竞争，其关注市场发展趋势，识别和研究更深层次的竞争，从而在更宽更广的领域找到商业机会。

六、公众

公众是指对企业实现市场营销目标的能力有着实际或潜在影响的团体。这些团体包括媒体公众、政府公众、市民行动公众和地方公众。媒体公众包括各种传播媒体；政府公众涉及管理和规范企业经营活动的有关政府机构；市民行动公众包括各种消费者权益保护组织、环境保护组织等；地方公众包括企业附近的居民群众和地方行政官员等。

公众可能有助于增强一个企业实现目标的能力，也有可能削弱这种能力。公众的态度会直接影响企业营销的效果，因此，处理好与公众的关系格外重要。目前，许多企业建立了公共关系部门，与各类公众保持良好关系，为企业营建宽松的营销环境。

企业内部环境、供应商、营销中间商、顾客、竞争者、公众等六种力量构成企业的微观营销环境，它们对企业经营发展产生直接影响，企业应将其视为营销系统的有机组成部分，有效管理和改善企业与各因素之间的关系，促进企业的健康稳定发展。

第三节　宏观营销环境

企业营销活动的宏观营销环境要素不仅仅对微观营销环境要素施加影响而且间接对企业营销产生影响，也可能对市场营销活动直接产生影响。这些要素包括：人口、经济、自然、科学技术、政治法律、社会文化。

宏观营销环境是影响企业微观营销环境中所有行为者的大型社会力量，主要分为人口环境、经济环境、自然环境、科学技术环境、政治法律环境、社会文化环境六大类。它们既相互独立又相互作用，通过微观营销环境，对企业的营销活动进行限制和制约。对于宏观营销环境，企业通常应遵循主动了解和适应的原则，趋利避害，以变应变，求得和大环境的和谐共进。

一、人口环境

市场营销所指的市场是有购买意愿和购买能力的人群的集合。人口环境要素包括人口规模、人口增长、人口结构、人口迁移等细分要素。

（一）人口规模

人口规模即人口总量是指一个国家或地区人口的总数。世界上大多数人口集中在低收入国家和中等收入国家，这个比例大约为80%。

（二）人口增长

伴随社会经济的发展，许多国家的人口增长率都呈降低的趋势。

世界人口的增长，意味着世界市场继续发展，市场需求总量进一步扩大。但是，人口增长带来需求扩大的同时,也会带来资源短缺、污染加剧、环境恶化等问题。

(三)人口结构

人口结构往往决定市场产品结构、消费结构和产品需求类型。人口结构主要包括年龄结构、性别结构、受教育程度和家庭特点,它们是影响最终购买行为的重要因素。

人口结构首先表现为不同年龄人口的比例,即人口年龄结构。

目前,世界人口年龄结构正出现两个明显的趋势。

(1)世界人口老龄化趋势。世界人口平均寿命在延长,许多国家的人口趋于高龄化。世界老年人口的平均增长率达到24%, 2002年3月,我国政府公布的数字表明,我国60岁以上的老年人已达到总人口的10%,65岁以上的老年人口已达到总人口的7%,这说明当时我国已步入老龄化社会。这一市场需求的变化,使企业可在老年人食品、服装、保健品和健身器材、娱乐休闲用品和场所、社会服务机构和设施等方面发现新的市场机会。

(2)世界范围内出生率下降,但婴幼儿的绝对数量仍在显著增加。

(四)人口迁移

世界人口迁移呈现出两大趋势:在国家之间,发展中国家的人口(特别是高级人才)向发达国家迁移;在一个国家和地区内部,同时存在人口从农村流向城市和从城市流向郊区和农村的现象。

二、经济环境

在人口环境因素既定的情况下,市场需求规模与社会购买力水平成正比,社会购买力与经济环境密切相关。经济环境包括许多因素,如产业结构、经济增长率、货币供应量、利率等,而社会购买力正是以上一些经济因素的函数。所以,企业必须密切注意经济环境的动向,尤其要着重分析社会购买力及支出结构的变化,高度重视促成其变化的各种因素。

(一)消费者收入

经济收入的衡量指标一般有国民收入、个人收入、个人可支配收入、个人可任意支配收入。

国民收入是指一个国家物质生产部门的劳动者在一定时期内新创造的价值的总和。

个人收入是指个人从各种来源得到的经济收入。个人收入扣除个人所得税等后得到的为个人可支配收入。

研究消费者收入,必须明确个人可支配收入和可任意支配收入两个概念。个人可支配收入是指个人收入扣除税金后,消费者真正可用于消费的部分,它是影响消费者购买力水平和消费支出结构的决定性因素;个人可任意支配收入是指在个人可支配收入中减去消费者用于购买食品、支付房租及其他必需品的固定支出所剩下的那部分收入,一般还要扣除稳定的储蓄,它是影响消费需求变化的最活跃因素。

个人可任意支配收入=个人收入-税费-固定开支-储蓄+手存现金

在这两种收入中,由于国家税收政策的稳定性,个人可支配收入变化趋势缓慢,而个人可任意支配收入变化较大,并且在商品消费中的投向不固定,成为市场供应者竞争的主要目标。

(二)消费者支出模式

消费者支出模式指消费者各种消费支出的比例关系,也就是常说的消费结构。社会经济的发展、产业结构的转变和收入水平的变化等因素直接影响社会消费支出模式，而消费者的个人收入则是影响单个消费者或家庭消费支出结构的决定性因素。

德国经济学家和统计学家恩斯特·恩格尔1857年在对英国、法国、德国、比利时的不同收入家庭调查的基础上，发现了关于家庭收入变化与各种支出之间比例关系的规律性，提出了著名的恩格尔定律。目前，该定律已成为分析消费结构的重要工具。该定律指出：随着家庭收入增加，用于购买食品的支出占家庭收入的比重会下降；用于住房和家庭日常开支的费用比例保持不变；而用于服装、娱乐、保健和教育等其他方面及储蓄的支出比重会上升。其中，食品支出占家庭收入的比重被称为恩格尔系数。恩格尔系数用来衡量一个国家、一个地区、一个城市、一个家庭的生活水平。恩格尔系数越小表明生活越富裕，越大表明生活水平越低。企业通过恩格尔系数可以了解市场的消费水平和变化趋势。

需要指出的是，消费者支出模式除了主要受消费者收入影响外，还受下列两个因素的影响：家庭生命周期的阶段和家庭所在地点。一个没有孩子的新组建家庭，往往把更多的收入用于购买冰箱、家具等耐用消费品上；有了孩子后，家庭支出的重点转向孩子娱乐、教育等方面，这一阶段家庭用于购买消费品的支出会减少；孩子独立生活后，家庭消费多用于保健、旅游或储蓄。另外，位于不同地点的家庭，其开支也不一样，如农村家庭和城市家庭在食物、交通和住宅方面的开支比例都存在很大的差异。

（三）消费者储蓄与信贷

衡量一个国家、地区或家庭的储蓄状况，通常用三个指标：储蓄额、储蓄率和储蓄增长率。储蓄额是消费者储蓄的绝对数量，反映一定时期的储蓄水平；储蓄率指储蓄额占消费者收入的比例；储蓄增长率则反映某一时期的储蓄增长速度。

消费者信贷，是指消费者凭借信用先取得商品使用权，然后按期归还贷款，即消费者预支未来的收入，提前消费。

边际消费趋向（MPC）递减律。边际消费趋向是消费支出增量与收入增量之比。从绝对数量来看，消费者的消费支出一般随着收入的增加而增加。但是，消费支出的增量在收入达到一定水平后，小于收入的增量，即消费的增加不及收入的增加，也就是边际消费呈现递减的趋势。

三、自然环境

自然环境是人类最基本的活动空间和物质来源。自然环境包括自然资源、地形地貌和气候条件，这些因素都会不同程度地影响营销活动。企业要避免由自然环境带来的威胁，最大限度利用环境变化可能带来的市场营销机会，就应不断地分析和认识自然环境变化的趋势。

（一）自然资源紧缺

传统上，人们将地球上的自然资源分成三大类：取之不尽、用之不竭的资源，如空气等；有限但可更新的资源，如森林、粮食等；有限又不能更新的资源，如石油、煤和各种矿物。近几十年来，许多国家的空气、水的污染日益严重。有些国家和地区由于人口增长太快，已面临粮食严重缺乏的问题。现代工业文明无节制的索取和利用，导致石油、耕地等资源濒临枯竭，需要这类资源的企业正面临着或即将面临威胁。目前，自然资源的短缺已成为阻碍各国经济进一步发展的重要因素。

（二）自然环境受到严重污染

过去，世界经济是物质经济，是以资源换取发展的经济，这种粗放型的经济增长方式使人类付出了惨重的代价。人类面临资源枯竭、海洋污染、土壤沙化、温室效应、物种灭绝等一系列资源生态环境危机。环境污染问题受到世界各国的高度关注，公众纷纷揭露污染的危害性，一方面这对某些以资源换取利润的行业和企业是一种环境威胁，在舆论压力和政府干预下，它们必须控制污染或转移投资；另一方面，这也给控制污染、研究开发无污染的新包装材料等的行业和企业带来商业机会。环境技术（Environment Technology）产业成为当今世界发展最快的产业之一，美国、日本等国是环境技术市场中的佼佼者，它们在治理环境方面各有所长，并且都拥有巨大的环境技术市场。

可持续发展指经济发展应建立在资源可持续利用的基础上，符合生态环境所允许的程度，既能满足当代的发展需求，又不对后代生存和发展构成危害。其通过产业结构调整与合理布局，实现清洁生产和文明消费，使社会的发展在代内和代际都实现与环境的和谐共生。可持续发展理论逐渐被世界各国所接受，它促进了绿色产业、绿色消费、绿色市场营销的蓬勃发展。例如，各大商场纷纷以各种环保袋代替塑料袋；节能型汽车日益受到人们的关注；迪士尼乐园用一种经过处理的废水来浇灌高尔夫球场、草坪和花园；麦当劳规定所有餐厅都采用再生纸制成的纸巾，此外，麦当劳还制定了长期的雨林政策，表示拒绝来自雨林的牛肉，并承诺购买可回收产品、采用节能建设技术；宝洁公司重新设计塑料包装以减少塑料用量。从世界范围看，环境保护意识和绿色市场营销观念相结合所形成的绿色市场营销观念正成为21世纪市场营销的主流。

四、科学技术环境

科学以系统的理论反映系统的现象，是人类对自然、社会和思维等现象认识的结晶。技术是人类为实现社会需要改造客观世界所采用手段的总和。科学技术的迅速发展深刻影响社会生产和人类生活，人类明确认识到科学技术是第一生产力。每一种科学技术的新成果都会给社会生产和社会生活带来深刻的变化，对于企业来说，科技进步的影响主要体现在以下几个方面。

（一）推陈出新

自动化设备和新技术的投入应用，导致一些旧行业受到冲击甚至被无情地淘汰。例如，数码影像技术对传统影像产业造成严重影响，速印业影响复写纸行业，等等。同时，新的行业也应运而生，包括新技术培训、新工具维修、电脑教育、信息处理、光导通信、遗传工程、海洋技术和空间技术等。新的消费市场不断替代旧有市场。

（二）优化管理

新技术的发展和运用赋予了企业改善经营管理的能力。竞争战略学家迈克·波特指出，技术概念除了可狭义地定义为一种科技类的东西外，还可以有极为广泛的含义，包括管理、组织创新或其他，而运用技术的能力是企业获得竞争优势的源泉。

（三）电子商务

新技术的发展和运用改变了零售业的结构和消费者的购物习惯。随着网络技术的发展，消费者轻轻松松在家购物已经不是梦想。20世纪90年代以来，电子商务迅猛发展。美国著名信息市场研究公司国际数据公司研究显示，互联网普及的速度并未受到目前全球经济不景气的影响,使用互联网的人群越来越多样化,网民的身份已经超越了年龄、教育水平和地理位置的限制,2008—2010年,全球电子商务开支增长了85%。看似虚拟的空间,却开辟了实实在在的竞争新领域,消费者可以在这个空间获取信息、自由购物;企业可以在这个空间进行广告宣传、市场营销研究和推销商品等。现代信息技术的高度发展,给营销方式带来重大变革。

五、政治法律环境

企业的经营活动,是社会经济生活的组成部分,而社会经济生活总要受到政治生活的影响。因此,企业的营销人员,要对政治法律环境有明确了解,否则将招致不可挽回的损失。

(一)政治环境分析

政治环境指企业市场营销的外部政治形势和状况,其会给市场营销带来或可能带来影响,包括国内政治环境和国际政治环境。在国内政治环境方面,企业要了解党和政府的各项方针、路线、政策的制定和调整对企业市场营销的影响。在国际政治环境方面,企业要了政治权力与国际政治军事冲突对企业营销的影响。

目前,国际上主要采取的对企业营销活动有重要影响的政策和措施有进口限制、税收政策、价格管制和外汇管制等。进口限制指在法律和行政上限制进口的各项措施,包括限制进口数量的各项措施和限制外国产品在本国市场销售的措施。政府的税收政策会对企业营销活动产生重要影响,例如对某些产品征收特别税或高额税,从而削弱这些产品的竞争力,影响这些产品生产企业的收益。当一个国家的经济发生问题,如发生经济危机、通货膨胀等时,政府为了保护公众利益,保障公众的基本生活,会对某些重要物资进行价格管制,这种直接干预会对企业的营销活动产生一定影响。外汇管制指一个国家的政府对外汇的供需及利用进行的限制。例如,实行外汇管制,使企业所需的原材料、设备等不能自由进口,企业资金不能随意汇回母国等。这些"政治权力"对市场营销活动的影响往往有一个发展过程,对于一些方面的变化,企业可以通过研究分析来预测。

(二)法律环境分析

企业总是在一定的法律环境中运行的,法律环境是企业经营不可忽视的环境因素。企业市场营销的法律环境,主要是指直接或间接地影响企业市场活动的各种法规。企业了解法律,熟悉法律环境,既保证企业自身严格按法律办事,不违反各项法律,有自己的行动规范,又能够用法律手段保障企业自身权益。企业营销人员应熟悉和了解有关经济法规、法令、条例等。企业从事国际营销活动,既要遵守本国的法律制度,又要了解和遵守目标市场国的法律制度和有关的国际法规、国际惯例和准则等。

六、社会文化环境

任何经济活动总是在特定的文化背景下进行的,并受到一定社会文化的影响。市场营销学中所说的社会文化因素,一般指一个社会在长期发展过程中形成的价值观念、生活方式、宗教信仰、道德规范、审美观念以及风俗习惯等。在一国市场上成功的营销策略在他国可能行不通,甚至遭到抵制;在一国文化中属于表层文化的因素,在他国文化中可能是必须严肃对待的……这所有的一切,都需要企业仔细分析,并在充分尊重他国文化的基础上,有创新地实现跨文化营销目标。那些有民族特色又不对他国文化构成利害冲突的营销努力往往会受到欢迎。

（一）受教育水平

目标市场的参与者的受教育水平不同，对商品的需求不同，对商品的包装、功能和服务的要求也有很大差异。一般人均受教育水平高的国家比人均受教育水平低的国家具有更强的旅游需求。受教育水平高的居民对先进、质量好、功能多的产品更感兴趣，而受教育水平低的居民则倾向于选择操作简单、易于保养的产品。又如，企业的产品目录、产品说明书的设计要考虑目标市场的参与者的受教育水平。如果经营商品的目标市场在文盲率很高的地区，企业不仅需要进行文字说明，更重要的是要配以简明图形，并要派人就使用、保养进行现场演示，以避免不必要的损失。

（二）宗教信仰

宗教是影响人们消费行为的重要因素之一，它对人们的态度、价值观和生活方式有着重大影响。某些国家和地区的宗教组织在教徒购买决策中也有重大影响。因此，营销人员必须关注各种宗教信仰的规范，以避免矛盾和冲突给企业营销活动带来损失。

（三）价值观念

价值观就是人们对社会生活中各种事情的态度、评价和看法，是一种意识形态，存在于个体当中。在不同的社会和文化背景下，人们的价值观念差别很大，其会影响消费者的消费心理、消费需求和购买行为。对于价值观不同的消费者，企业的市场营销人员应该采取不同的策略：对乐于变革、喜欢猎奇、富有冒险精神、比较激进的消费者，应重点强调产品的新颖和奇特；对于一些注重传统、喜欢沿袭传统消费方式的消费者，应把产品与目标市场的文化传统联系起来。

（四）风俗习惯

风俗习惯是人们根据自己的生活内容、生活方式和自然环境，在一定的社会物质生产条件下长期形成并世代相袭的一种风尚，以及由于重复、练习而巩固下来并变成需要的行动方式等的总称。一个社会或一个民族的婚丧嫁娶、饮食起居、社会活动、人际关系等都与人们的风俗习惯分不开，风俗习惯对其消费习惯和消费方式起着决定性的作用，不同的国家、不同的民族有不同的风俗习惯，对消费者的消费喜好、消费模式、消费行为等具有重要影响。企业在开展营销活动时，必须了解不同国家和地区、不同民族的风俗习惯，做到“入境随俗”，避免触犯风俗禁忌，引发矛盾和冲突，造成不必要的损失。

【案例 2-1】

黑龙江宁安：“石板稻田”里种出“致富经”

眼下，在黑龙江省宁安市渤海镇上官地村，“石板稻田”长势良好，微风拂过，稻浪滚滚，美不胜收。再过不到一个月时间，水稻便可大范围收割。

宁安位于黑龙江省东南部，拥有世界珍稀的石板田 8.5 万亩。宁安市玄武湖大米专业合作社销售经理陈雨佳告诉记者，“石板大米”生长在万年前火山喷发后形成的熔岩台地上。火山灰、腐殖土带来丰富的矿物质、有机质和微量元素，镜泊湖水自然流淌灌溉，加之昼夜温差较大，造就了“石板大米”的优秀品质和口感。

1989 年出生的陈雨佳，是土生土长的上官地村人，这里位于“石板大米”的核心产区。

以前还在当老师的她，假期在外地旅游时发现，货架上很多大米都能卖出精品价格。

“那时候就在想，我家乡的大米也很好吃，是不是同样有市场，这样乡亲们也能有更好的收入。”再三考虑下，陈雨佳内心的乡土情结被激活，她辞去了城里的工作，投入农村的广阔天地，成为一名返乡创业“新农人”。

刚回村的时候，陈雨佳也是“从零开始”，她与村民一道，探索更为科学的种植模式。“以前大家种地多依靠经验，这样给产量带来一定不确定性。”于是，她努力学习新技术，引进先进设备，从种植到田间管理等各环节，让影响稻米生长的各种因素数字化、可视化。就这样，陈雨佳带领合作社搞集约经营，推进“石板大米”高效、绿色种植。

“种得好，更要卖得好。”为实现这个目标，敢想敢做的陈雨佳主动研判消费市场新需求，创新营销模式，创新性推出“庄主认种”“粮票定制”等服务，通过直播带货等方式推广家乡农产品，拓宽了销售渠道，实实在在提升了“石板大米”的知名度和影响力。

记者近日在位于上官地村的稻米公园看到，成片的稻田与宁安玄武湖构成一道亮丽风景，吸引不少游客前来游玩观赏。依托特色“石板大米”产业，这里打造成集旅游、度假、娱乐、研学、农事体验等于一体的农文旅融合发展的综合体。

据介绍，近年来，上官地村建设了稻田景观栈道、风车水车公园、烧烤广场、沙滩浴场等多个景点，同时配套开发特色民宿，将村内闲置民房统一租赁、统一装修。去年（2022年），村里还增设稻田观光小火车游览项目，推行小龙虾稻田养殖项目，实现“一田多收”，为农户增收拓宽路径。

如今的上官地村，“石板稻田”里种出了“致富经”，乡村振兴活力澎湃。据了解，通过资源合理统筹利用，上官地村及周边村屯集体经济不断壮大。“我们将继续推进农业增效、农村增美、农民增收，努力把家乡的青山绿水变成‘金山银山’。”陈雨佳说。

（资料来源：新华社）

第四节　环境分析与营销对策

环境扫描日益成为一家成熟企业的重要职能，企业必须识别出环境中哪些是真正的机会，哪些是经过伪装后的机会，哪些因素有可能造成重大的威胁。企业纷纷建立起问题管理程序，以了解和掌握那些可能影响企业未来的问题。环境威胁机会矩阵便是一种常用的营销战略分析方法，可以帮助企业分析营销环境，以发现机会和规避风险。

一、机会与威胁分析

（一）环境机会

营销经理应及时识别环境变化所带来的重要的营销机会。企业的营销机会通常存在于对企业营销行为具有吸引力的领域，在这一领域内，该企业将有竞争优势。

机会的实质是市场上拥有“未满足的需求”。顾客需求的不断变化和产品寿命周期的缩短促进新老产品的不断交替，从而使市场不断地出现新的机会。

市场机会一般具有利益性、针对性、时效性、公开性等特征。利益性是指市场机会可以为企业带来经济或社会效益；针对性是指市场机会是具体企业的机会；时效性是指企业的市场机会往往稍纵即逝；公开性是指市场机会是某种客观存在的现实状况，每个企业都可以了解它、适应它。

市场机会可以按其吸引力以及每一个机会的可行性进行分类(图 2-1)。企业在每个特定的机会中成功的概率取决于企业的业务实力与在该行业成功所需要的条件吻合的程度。市场机会能否成为企业的营销机会,在很大程度上取决于环境机会是否与企业目标、资源及任务相一致,企业利用此环境机会能否比其竞争者获得更大的利益。

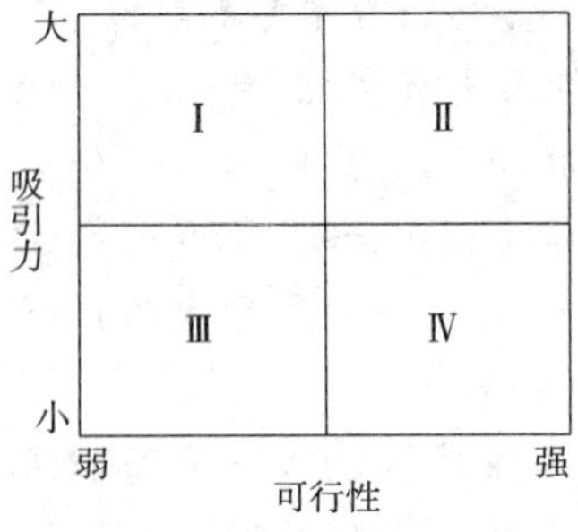

图 2-1 市场机会价值评估矩阵

区域Ⅰ为吸引力大、可行性弱的市场机会。一般企业不会将主要精力放在此类市场机会上。区域Ⅱ为吸引力、可行性俱佳的市场机会,是企业营销活动最理想的经营内容。区域Ⅲ为吸引力、可行性皆差的市场机会。通常企业不会去注意该类价值最低的市场机会,区域Ⅳ为吸引力小、可行性大的市场机会。稳定型企业、实力薄弱的企业以该类市场机会作为其常规营销活动的主要目标。

市场机会的价值由市场机会的吸引力和可行性两方面因素决定。市场机会的吸引力可以从市场需求规模、利润率、发展潜力等方面进行分析判断,而市场机会的可行性可以从企业内部环境条件、外部环境状况等方面进行判断。

(二)环境威胁

环境威胁是指环境中一种不利的发展趋势所形成的挑战。如果企业不果断地采取营销行动,这种不利趋势将导致对市场的侵蚀。环境威胁可能来自环境因素的直接威胁,也可能来自企业的目标、任务及资源同环境机会之间的矛盾。环境威胁可以按照其严重程度和出现概率进行分类(图 2-2)。

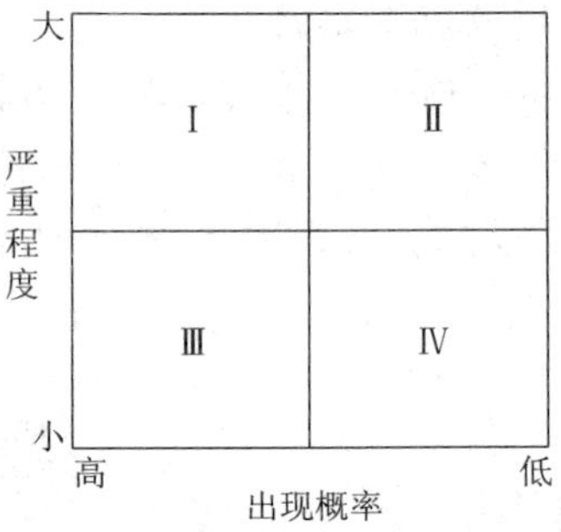

图 2-2 市场威胁评估矩阵

在企业市场营销过程中,应根据威胁的出现概率以及严重程度,密切注视每一个威胁,并针对威胁准备相应的措施。图 2-2 中,区域Ⅰ的威胁最大,公司应针对其准备应变计划;区域Ⅱ与区域Ⅲ的威胁应密切注视,可以不涉及应变计划;区域Ⅳ的威胁较小,可以不加理会。

【案例 2-2】

某汽车生产企业的威胁分析

某汽车生产企业在激烈的市场竞争中感到茫然无措,不知如何应对来自各方面的压力。决策者们深知,长此以往企业必将走向没落。为此,他们决定立即进行环境威胁机会分析,期望从这一分析中找到前进的方向。

汽车生产企业面临的环境威胁无外乎以下四种:其一,竞争对手发明一种高效的电动小汽车;其二,出现严重而漫长的经济萧条;其三,汽油价格持续上涨;其四,政府颁布更为严格的汽车污染控制法令。

在上述四种环境威胁中,尤以第一种威胁最应引起重视。这是因为,在环保意识日益深入人心的今天,高效的电动小汽车毫无疑问会受到消费者的热烈追捧。而且,各大汽车生产企业加紧研究高效电动小汽车也早已不是什么秘密。这意味着竞争对手发明高效电动小汽车并非不可能,应该说概率还是相当高的。

第二种威胁,虽然会给企业带来严重的影响,毕竟拮据的消费者不大可能把钱用于购买作为非必需品的汽车。可以想象,在那样困难的情况下,消费者手中的钱更多地会购买食物、衣物。但是值得庆幸的是,如今全球经济发展势头良好,中国经济更是保持着一贯的稳步上升态势。在可预见的将来,漫长而严重的经济危机几乎不可能发生。所以,对第二种威胁,企业不可不防,但也无须过于重视。

第三种威胁,汽油价格的上涨也会给汽车销售带来一定的负面影响,而且这种情况经常出现。但是企业也不必忧心忡忡,汽油价格不会高到消费者难以承受的程度,毕竟汽油生产商也要考虑自己的经济效益。

第四种威胁,企业更不必为之担忧。因为政府不太可能作出这样的决定,而且就算颁布了更为严格的汽车污染控制法令,对汽车生产企业来说并非不可应对。

二、企业营销对策

在企业实际面临的客观环境中,单纯的环境威胁和环境机会是少有的。一般情况下,营销环境都是机会与威胁并存、利益与风险结合在一起的综合环境。根据综合环境中威胁水平和机会水平的不同,企业所面临的环境可以分为四种情况,如表 2-1 所示。

表 2-1　企业所面临的环境

机会水平	威胁水平	
	高	低
高	冒险环境	理想环境
低	艰难环境	成熟环境

(一)理想环境

理想环境是机会水平高、威胁水平低、利益大于风险的环境。这是企业难得遇上的好环境。

(二)冒险环境

冒险环境是市场机会和市场威胁同在、利益与风险并存的环境。企业必须加强调查研究,进行全面分析,审慎决策,以降低风险,争取利益。

(三)成熟环境

成熟环境下机会水平和威胁水平都比较低,是一种比较平稳的环境。企业一方面要按常规经营,以维持正常运转;另一方面,要积蓄力量,为进入理想环境或冒险环境做准备。

(四)艰难环境

艰难环境下威胁大于机会,企业处境十分困难。此时,企业必须想方设法扭转局面。如果大势已去,则应退出在该环境中的经营,另谋发展。

一些成功的企业运用 SWOT 分析法,对企业内部环境中的优势(Strengths)和劣势

(Weaknesses)按一定标准进行评价,并与外部环境中的机会(Opportunities)和威胁(Threats)结合起来进行抉择,力求内部环境与外部环境协调和平衡,扬长避短,趋利避害,牢牢把握住对企业最有利的市场机会。

【本章小结】

市场营销环境是企业借以寻找市场机会和密切监视可能受到的威胁的场所,它由能影响企业有效地为目标市场服务的能力的外部所有行动者和力量组成。企业的微观营销环境包括企业内部环境、供应商、营销中间商、顾客、竞争者和公众;企业宏观营销环境包括人口环境、经济环境、自然环境、科学技术环境、政治法律环境和社会文化环境等方面的因素。企业与环境是对立统一的关系,主动地适应环境是企业市场营销成功的关键。

按对企业营销活动的影响,环境可分为环境威胁与环境机会。前者指对企业营销活动不利的各项因素的总和,后者指对企业营销活动有利的各项因素的总和。企业需要通过环境分析来评估环境威胁与环境机会,避害趋利,争取利用市场机会获得较大的成效。

【思考与练习】

一、论述题

(1)你如何看待环境的变化?

(2)技术的发展是如何影响产业市场结构的?

(3)企业如何分析、评价环境威胁和环境机会?试举例说明企业对其面临的主要威胁和理想机会应作出什么反应。

二、应用题

了解支付宝、微博、微信、阿里巴巴、京东、脸谱等软件的发展历史。随着技术的不断发展,它们的市场结构、企业行为等都发生了哪些变化?对顾客需求、顾客满意、顾客行为等产生了什么样的影响?提供一些什么样的营销工具?

三、案例分析题

冻鸡出口

欧洲一冻鸡出口商曾向阿拉伯国家出口冻鸡,把大批优质鸡用机器屠宰好,收拾得干净利落,只是包装时鸡的个别部位稍带点血,就这样装船运出了。当他正盘算下一笔交易时,不料这批货竟被退了回来。他迷惑不解,便亲自去进口国查找原因,才知退货原因不是质量有问题,只是他的加工方法犯了阿拉伯国家的禁忌,不符合进口国的风俗。

阿拉伯国家人民信仰的宗教主要是伊斯兰教,规定宰鸡只能用人工,不许用机器;只许男人宰鸡,不许妇女伸手;宰鸡要把鸡血全部洗干净,不许留一点血渍,否则便被认为不吉祥。所以,该出口商的冻鸡虽好也难逃被退货的厄运。

(1)分析材料中冻鸡被退货的原因。

(2)该欧洲出口商应采取什么措施扭转局面?

【营销实训】

创业还是就业——SWOT分析理论的实践应用

一、实训目标

(1)加深学生对SWOT分析理论的理解,提高学生的学习积极性。

(2)加强学生对SWOT理论的掌握及实践分析运用能力。

(3)通过辩论的方式锻炼学生的口头表达能力、应变能力、逻辑思维能力及团队协作能力。

二、实训内容

(1)辩论双方各自选派代表陈述观点。

(2)辩论双方选手针对对方观点提出疑问,同时为本方观点进行辩护。

(3)观看学生进行评价并推选优秀辩论选手。

三、实训准备

学生事先根据教师要求完成书面练习:SWTO分析在创业及就业中的应用。教师根据书面练习观点进行分组,制定辩论规则,准备计时工具,布置场地,准备照相设备。

四、实训流程

(1)教师分组:甲组为创业组,乙组为就业组,每组各6个人。

(2)甲、乙两个组进行辩论前的准备,时间为10分钟;其余同学布置场地,教师讲解观众注意事项及评价规则。

(3)辩论开始,甲、乙两个组分别由选派出的代表进行观点陈述(3分钟)。

(4)甲、乙两个组所有成员针对对方观点提出疑问并为本方观点进行辩护(10~15分钟)。

(5)观众投票,推选优胜组及最佳辩手。

(6)教师进行点评。

五、操作要点

(1)知识点:SWOT分析理论的掌握及运用。

(2)能力点:普通话水平、行为礼仪、逻辑思维能力、口头表达能力、应变能力、团队协作能力。

(3)控制点:时间及课堂氛围。

(4)考核点:资料分析及准备情况是否充分、神态是否自然、辩论是否有依据、语言表达是否清晰、思维是否具有逻辑性等。

【案例讨论】

不要小看“入乡随俗”的重要性

商海沉浮,世事难料。1973年9月,香港市场的肯德基公司突然宣布多间家乡鸡快餐店停业,只剩下四间还在勉强支撑。

肯德基家乡鸡采用当地鸡种,但其喂养方式仍是美国式的。用鱼肉喂养出来的鸡失去了中国鸡的特有口味。另外，家乡鸡的价格一般市民有点承受不了。

在美国，顾客一般是驾车到快餐店，买了食物回家吃。因此，店内通常是不设座的。在中国香港市场的肯德基公司仍然采取不设座位的服务方式。

肯德基公司为了取得家乡鸡首次在香港推出的成功，进行了声势浩大的宣传，在新闻媒体上大做广告，采用该公司的世界性宣传口号"好味到舔手指"。

凭着广告攻势和新鲜劲儿，肯德基家乡鸡还是红火了一阵子，很多人都乐于一试，多间门店一时间也门庭若市。可惜好景不长，3 个月后，就"门前冷落鞍马稀"了。到 1975 年 2 月，首批进入香港的美国肯德基连锁店全军覆没。

在世界各地拥有数千家连锁店的肯德基为什么唯独在中国香港遭遇如此厄运呢？

经过认真总结经验教训，肯德基发现是中国人固有的文化观念导致了肯德基的惨败。

10 年后，肯德基带着对中国文化的了解卷土重来，并大幅度调整了营销策略。广告宣传方面低调，市场定价符合当地消费水平，市场定位于 16~39 岁的人群。1986 年，肯德基家乡鸡新老分店的总数在香港为 716 家，占世界各地分店总数的十分之一，成为香港快餐业中，与麦当劳、汉堡王、必胜客并列的四大快餐连锁店。

肯德基公司 20 世纪 70 年代为什么会在香港全军覆没？20 世纪 80 年代该公司为什么又能取得辉煌的成绩？

第三章　市场竞争战略

【本章重点】

1. 竞争者类型与竞争的主要形式。
2. 分析市场竞争者的步骤与方法。
3. 四种具体市场竞争战略的基本内容。

【引例】

上海:走过二十年,慈善超市在沪遍地开花

坐落于上海市浦东新区潍坊五村内的社区慈善超市,无论是外观抑或内核,已超出人们对这一公益载体的固有认知。约 120 平方米空间内,粮油区、冷饮柜、调料柜等区域中的日常生活用品一应俱全。若非看到入口处面向社区特殊困难人群的优惠折扣,人们或许会以为误入了哪家便民超市。

时间回溯至 2003 年,上海市静安区在镇宁路上开出全国首家慈善超市。诞生之初,其被赋予扶危济困的使命。彼时,慈善超市大多以物资仓库形态出现,主要为社区困难群体发放物资。

20 年来,慈善超市在沪遍地开花。截至目前,上海全市共有 232 家慈善超市,实现街镇乡全覆盖。数量扩增的同时,社区慈善超市从产品体系到运营模式都发生了较大变化。通过"政府+市场"模式,售卖产品涵盖日常百货、文创产品、对口扶贫特产、二手书等,面向人群也扩大至社区居民。不过在实践中,部分慈善超市也面临着发展动力不足问题。譬如,货源不够丰富、产品定价差异较大、盈利模式单一等。

2023 年上海慈善周 9 月 4 日启幕,"最爱·慈善超市"宣传展示活动同步开启。"通过形式多样、内容丰富的展示活动,让更多慈善超市走向更广阔的社区,也在博采众长中找到未来发展方向。"市民政局慈善处处长张晓颖这样憧憬。

货品优化,从撤走二手衣开始

传统慈善超市运营中,工作人员最怕接收二手衣,占空间、需求不大、打理费工夫。去年年底,运营了 18 年的潍坊新村街道慈善超市迎来改造升级。第一件事就是撤走二手衣。

站点负责人孙寒鹭围绕居民需求进行了一场社区微调研。结果显示,米面粮油、鸡蛋等的需求度最高。

货品优化方向明确,对于慈善超市的运营能力却是实打实的考验。孙寒鹭以鸡蛋举例,保质期较短的商品,如果没有足够大的客流、消费量作为支撑,超市就要自担采购成本。放眼全市,社区慈善超市几乎都采用单店运营模式,一旦进货决策失误,就可能导致货品滞销,带来运营风险。部分零售商对于起订量的刚性指标,也阻碍了社区慈善超市进一步丰富

货品。

今年以来，市、区两级民政部门多次实地调研，捕捉到了慈善超市运营中面临的共性困扰。前不久，得益于政府牵线，潍坊新村街道慈善超市作为全市首批试点，顺利开出金龙鱼专柜。全新合作模式下，慈善超市不受起订数量的限制，可根据社区居民喜好个性采买。若是产品销路不佳，还能启动回收机制。这样一来，慈善超市的油品种类大幅增加，既有适合独居老人的小罐油，也有面向困难家庭的量贩装。慈善超市也能减少采购成本，实现可持续经营。

差异竞争，靠服务“黏”住居民

在不少业内人士看来，货品优化仅是慈善超市迈出市场化运作的第一步。过去，慈善超市主要面向社区困难群体发放物资，辐射人群有限，但几无竞争压力。如今，服务对象扩围，市场竞品增多。如何在社区商业竞争者中另辟蹊径，牢牢“黏”住社区居民，成为慈善超市面临的新考题。

42 岁的工作人员丁薇燕被视为潍坊新村街道慈善超市的“引流密码”。从无人问津到日营收额超千元，丁薇燕功不可没。她自小在潍坊新村长大，与社区居民经年累月攒下的情分，为这间嵌入居民区的社区慈善超市增添了不少“信任分”。不过，一路从无到有，丁薇燕不光靠脸熟，更靠用心用情的服务细节。每次产品上新，她都首先试用，觉得没问题才会推荐给老人。每当看到腿脚不便的老人前来采购，她总会在结束时细心叮咛一句“慈善超市可以送货上门”。贴心的服务让社区慈善超市拥有了区别于其他社区商业的温度，牢牢“黏”住社区居民。

潍坊新村街道的案例值得借鉴。善行公益秘书长张佳华却判断，社区慈善超市依然处于“模式探索期”。在潍坊新村街道验证可行的运营模式，未必能照搬至其他社区。以陆家嘴街道慈善超市为例，由于其坐落于沿街面，来往白领较多，因此有针对性地引入饮料、便利食品等。一番试点下来，超市客流量增多，却易受季节波动影响，门店零售的稳定性仍有待提升。

如何既能便利社区困难居民，也为慈善超市引入稳定客流？粮油帮困卡的网点扩围或许是突破口。调研中，一些持有粮油帮困卡、需前往指定商超购买指定粮油产品的困难群众还提出，希望能就近就便采购。2023 年底前，在相关部门的合作下，浦东、普陀等区的部分社区慈善超市有望被纳入粮油帮困网络。放眼全市，并非所有慈善超市都拥有食品经营许可证并符合接入条件。但张佳华认为，试点本身对于社区慈善超市来说已是利好。“公益补贴外，探索‘政府+市场’合作方式，为慈善超市闯出一条发展新路。”

（资料来源：文汇报）

第一节　市场战略规划

一、认识和界定企业使命

企业使命（Mission）反映企业的目的、特征和性质。明确企业使命，就是对企业是干什么的、应该是怎么样的两个问题进行的思考和解答。企业使命明确后，应当形成文字——企业使命说明书。其主要包括以下基本要素：活动领域、主要政策和远景与发展方向。

二、规划投资组合

如何把有限的人力、物力资源，尤其是财力资源，合理分配给现状、前景不同的各个战略经营单位，是总体战略必须考虑的主要内容。企业高层必须对各个经营单位及其业务进行评估和分类，确认它们的发展潜力，决定投资结构。在规划投资组合方面，波士顿矩阵——市场增长率/市场占有率矩阵广为应用。

该矩阵是美国管理咨询服务企业波士顿咨询公司提供的一种分析模式（图 3-1）。

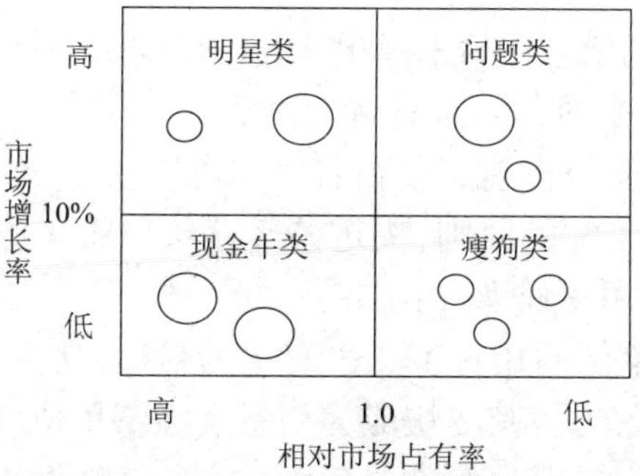

图 3-1　波士顿矩阵

在矩阵中，纵坐标代表市场增长率，市场增长率的高低可以视具体情况而定。假设以10%为分界线，高于 10%为高增长率，低于 10%则为低增长率。横坐标为相对市场占有率，表示各经营单位与其最大的竞争者之间，在市场占有率方面的相对差异。某个经营单位的相对市场占有率为 0.4，说明它的市场占有率为最大竞争者的 40%；相对市场占有率为 2.0，说明比最大的竞争对手的市场占有率多一倍，自己才是市场的“老大”。矩阵中的圆圈代表企业所有的战略经营单位。圆圈的位置表示各单位在市场增长率及相对市场占有率方面的现状。圆圈的面积，表示各经营单位销售额的大小。该矩阵有四个象限，经营单位因而可划分为不同类型。

一般来说，相对市场占有率越高，这个经营单位的盈利能力就越强，利润水平似乎与相对市场占有率同向增长；此外，市场增长率越高，经营单位的资源需要量也越大，因为它要继续发展和巩固市场地位。

（一）问题类

问题类经营单位有较高市场增长率、较低相对市场占有率。大多数经营单位最初都属于这一类型。这一类经营单位需要较多的资源投入，以赶上最大的竞争者和适应迅速增长的市场。但是它们又都前途未卜，远景难以确定。企业必须考虑，继续增加投入还是维持现状，或减少投入，精简规模，甚至被淘汰。企业应该集中向一两个经营单位投入资源。

（二）明星类

明星类经营单位的市场增长率和相对市场占有率都很高，需要大量投入资源，以保证跟上市场的扩大，并击退竞争者，因此短时期内未必能给企业带来可观的收益。但是，它们是企业未来的“财源”。企业一般应该有两个或两个以上的明星类经营单位，如果一个没有，则将是危险的信号。

(三)现金牛类

由于市场增长率降低,不再需要大量资源投入,又由于相对市场占有率较高,这些经营单位可以产生较高的收益,支援问题类、明星类或瘦狗类经营单位。如果企业只有一个现金牛类经营单位,说明它的财务结构比较脆弱。如果该经营单位的相对市场占有率突然下降,企业就不得不从其他经营单位抽回资源,以帮助其巩固市场领先地位;要是把它的收益全部用于支持其他单位,这头牛就会日趋瘦弱。

(四)瘦狗类

瘦狗类经营单位的市场增长率和相对市场占有率都较低。它们或许还能提供一些收益,但盈利甚少或有亏损,一般难以再度称为"财源"。

企业既要看到现状,又要分析前景,将目前的矩阵与未来的矩阵进行比较,考虑主要的战略行动,并依据资源有效分配的原则,决定各经营单位将来应该扮演的角色,从整体角度规划投入的适当比例和数量并采取如下战略。

(1)发展:以提高经营单位的相对市场占有率为目标,甚至不惜放弃短期收益。这种战略可用于问题类经营单位,若想使其尽快成为明星类经营单位,就要增加投入。

(2)保持:维持经营单位的相对市场占有率。这种战略可用于现金牛类经营单位,使其提供更多的收益。

(3)收割:这种战略以获取短期收益为目标,不顾长期效益。这种战略既可用于比较弱小的现金牛类单位,也可用于问题类经营单位及瘦狗类经营单位。

(4)放弃:目标是清理、撤销某些经营单位,减轻负担,以便把有限的资源用于效益较高的经营单位。这种战略尤其适合于没有前途或妨碍企业赢利的经营单位。

三、规划成长战略

规划投资组合决定的是哪些经营单位需要发展、保持,哪些应当收割、放弃。企业要建立一些新的业务,代替被淘汰的旧业务,否则就不能实现利润目标。

企业一般可以遵循这样一种系统的思路规划新增业务。首先,在现有业务范围内,寻找进一步发展的机会;其次,分析建立和从事某些与目前业务有关的新业务的可能性;最后,考虑开发与目前业务无关但有较强吸引力的业务。这样就形成了三种成长战略。

(一)密集式成长战略

密集式成长战略能促使现有顾客增加购买次数、数量,争取让竞争者顾客"倒戈",吸引新顾客,以使更多潜在顾客的购买本企业产品。

1. 市场开发

在现有区域寻找新的细分市场,也可进入新的区域市场。前者如生产小客车、投影机和摄像机的企业,原以企事业单位为主要客户,现在纷纷进入消费者市场;后者如生产电脑、手机等的企业,从城市转向农村销售产品。

2. 产品开发

向现有市场提供新产品或改进的产品,满足现有市场的不同需求,如推出带有拍摄等功能的手机。

(二)一体化成长战略

如果业务单位所在的行业仍有发展前景,企业可考虑一体化成长战略,通过重新整合供应链开展与目前业务相关的新业务。

1. 后向一体化

把原来需要外购的原材料或零部件改为自行生产称为后向一体化。一般做法是把“后向”企业兼并，拥有成本控制供应系统。后向一体化可获得更多收益，可避免原材料短缺、成本受制于供应商，甚至能通过掌握原材料的供应来控制竞争者。

2. 前向一体化

在生产过程中，企业沿产业链向下游扩展称为前向一体化，一般做法是把相关的“前向”企业或下游厂商合并，组成统一的经济体，如制造商、批发商自办渠道，或制造商将业务范围向前延伸。

3. 水平一体化

将性质相同或生产同类产品的企业合并，取长补短，共同开发某些产品，成为专业化的企业，称为水平一体化。水平一体化可扩大企业规模，增强企业实力。

（三）多角化成长战略

如果有更好的机会，企业可开展与目前业务不相关但吸引力更强的业务。

1. 同心多角化

同心多角化战略下，企业以同一圆心逐渐向外扩展，以原有经验为基础增加新业务，没有脱离原来的经营主线，有利于发挥已有优势，风险相对较小。

2. 水平多角化

水平多角化战略下，企业针对现有市场、现有顾客，采用不同技术增加新业务，这些技术与企业现有能力没有多大联系，如生产拖拉机、农用车的企业也制造农药、化肥。企业进入新领域，风险较大。

3. 综合多角化

综合多角化战略下，企业以新业务进入新市场，新业务与企业现有技术、市场及业务没有联系。例如，计算机软件开发商进入保健品行业，同时还经营房地产业务，这样的风险最大。

多角化成长不是说要利用一切可乘之机，企业必须结合自身特长和优势，慎重确定业务方向。

第二节 市场竞争分析

企业几乎天天在市场上与自己的竞争对手打交道，但很难说对竞争对手已经有了充分的了解。市场所反映的竞争对手的状况仅是表象的信息，竞争对手往往会有意隐瞒信息或散布虚假信息。因此，对市场竞争者的分析具有特别重要的意义。

一、行业竞争中的竞争因素

马歇尔·波特提出的五种竞争因素（图 3-2），告诉我们企业竞争具有多元化的特点。任何一个企业都面临着五种竞争威胁（图 3-2）。

（1）现有同业者的直接竞争威胁。

（2）新竞争者的威胁。

(3)替代品的威胁。

(4)供应商讨价还价能力的威胁。

(5)购买者讨价还价能力的威胁。

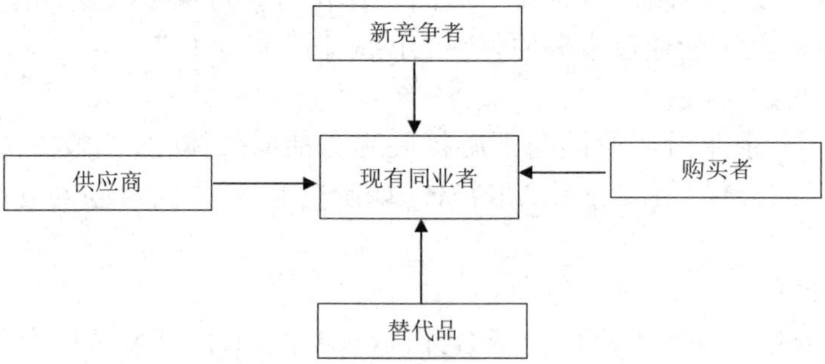

图 3-2 行业竞争的五种竞争因素

上述五种竞争威胁也可从垂直和水平两个角度分为垂直竞争威胁和水平竞争威胁。前者包括供应商和购买者的威胁,后者包括现有同业者、新竞争者和替代品的威胁。面临着众多的竞争威胁,市场营销战略的实质,就是要针对各种不同的威胁源,使企业自身所具有的相对能力极大化。

(一)现有同业者的直接竞争威胁

现有同业者,即现在已经存在、提供同类产品的同行业内的其他企业。对于现有同业者,企业都比较重视,并采取强有力的措施进行应对或抗衡。现在作为直接竞争对手的企业间的竞争情况已成为报纸和电视中报道的日常内容。例如宝洁公司(P&G)与联合利华公司在家用洗护市场展开竞争,不断推出新产品。

同行业企业的产品具有相似性和可替代性,彼此间形成了竞争的关系。在行业内部,一种商品价格的变化会引起相关商品需求量的变化。例如,如果滚筒式洗衣机的价格上涨,就可能使消费者转向购买其竞争产品波轮式洗衣机,这样,波轮式洗衣机的需求量就可能增加。反之,如果滚筒式洗衣机的价格下降,消费者就会转向购买滚筒式洗衣机,使得波轮式洗衣机的需求量减少。因此,企业要全面了解所在行业的竞争状况,制定针对行业竞争者的战略。

(二)新竞争者的威胁

新竞争者的进入包括两种情况:一是在行业内新建企业提供同类产品;二是并购行业内企业强化产品的提供能力。这两种情况都会对现有企业造成威胁,加剧行业内企业的竞争。因此,企业必须随时提防新竞争者抢占其市场。例如:在英国于节日时饮用的上乘葡萄酒只有香槟。但法国香槟酒厂家发现来自澳大利亚和美国的冒泡的葡萄酒是采用香槟生产法制作的,口味纯正,质量相同,价格便宜。

对于新竞争者,企业会采取排斥态度,其理由是,在有限的市场上接受新竞争者的进入实际上就是减少各个企业的利益。一般来说,新竞争者进入市场将会受到两种因素的限制:一是现有企业设置障碍,阻止新竞争者进入;二是自然壁垒。

（三）替代品的威胁

从广义上说，某个行业内的所有厂商都在与生产替代品的行业进行竞争。替代品通过规定某个行业内的厂商可能获利的最高限价来限制该行业的潜在收益。替代品所提供的价格指标越吸引人，对行业利润的限制越大。

企业间或行业间还会通过提供更好的替代品来进行竞争。例如：利特尾茨和维农足球协会（它们每周都为足球比赛的结果赌上几百万英镑）都对英国国家彩票的前景感到吃惊，随着彩票的赢利，两个足协都宣称他们的收入大幅减少。

替代品不仅在正常时期限制利润，而且还在繁荣时期减少某个行业所能获取的财源。识别替代品是一件寻求能履行与该行业产品相同功能的其他产品的事情。有时这么做可能是一项微妙的工作，且该项工作是要将分析家引入似乎与该行业完全无关的事物中去。例如，证券经纪人正不断地遭遇到诸如房地产、保险、金融市场基金以及其他个人投资等替代品的威胁。在安全防卫行业中，电子警报系统就代表一种强有力的替代品。而且由于劳动力密集型的防卫服务行业正面临不可避免的成本升级，而电子系统却有可能在改进防卫性能的同时降低成本。在这种情况下，基本可以把安全警卫员重新解释为一个熟练的操作人员，安全防卫公司的正确反应可能是提供整套的警卫装置和电子系统，而不想使电子警报系统在整个部门中竞争失败。

（四）供应商讨价还价能力的威胁

企业要从供应商处获取资源。供应商如果在某种程度上控制了产品价格、品质、服务等，就会间接地影响企业的生产经营和业绩。当然，企业也可以将这种成本转嫁给最终顾客，但能转嫁给市场的成本是有限的，其超过部分就只好由企业自己承担，从而导致整个行业受损。

买卖条件取决于行业内的供应商和企业的相对能力关系。这种能力关系又要受两者的讨价还价能力、其他选择余地、买卖之物的重要性等因素左右。例如：家用电脑都依赖英特尔公司开发的已成为全球标准的微电脑处理器。英特尔公司很注意保护其芯片的知识产权。要获得成功，计算机生产厂商就必须依赖英特尔的芯片。

（五）购买者讨价还价能力的威胁

购买者的讨价还价能力同上述供应商的讨价还价能力一样也是值得企业重视的。有实力的购买者会迫使生产企业作出各种让步，如降低价格、改善服务、提供特别式样等。例如：为了成功占领快速消费品市场，企业必须设置大量的有效分销点。

二、市场竞争者分析

（一）分析竞争者的目标

利润永远是竞争者追逐的目标，各个企业对长期和短期利润的重视程度不同，对合理利润水平的设定也不同。分析竞争者就必须判定竞争者在市场上追求的目标是什么，它们行为背后的动机是什么。竞争者的目标很可能不是单一目标，而是一个目标组合，包括获利能力、市场占有率、现金流量、成本流量、成本控制、技术成果和服务水平等。判定竞争者的目标就是要探究它们的目标组合的内容、侧重点以及先后次序，以此为基础就可以预测竞争者对不同竞争性行为的反应。比如，竞争者以增加短期利润为目标，对于其他产品的降价行为就可能不太在意；而以扩大市场份额为目标的竞争者则对于其他产品的降价行为会非常敏感,会采取积极的措施应对。

企业还应随时了解竞争者进入新的细分市场或开发新产品的目标,预先有所准备或制定应对措施。

(二)评价竞争者的强弱优劣

在市场竞争中,企业需要分析竞争者的优势与劣势,做到知己知彼,才能有针对性地制定正确的市场竞争战略,以避其锋芒、攻其弱点、出其不意,利用竞争者的劣势来争取市场竞争的优势,从而实现企业营销目标。

收集每个竞争者的信息主要是收集有关竞争者的最关键的数据,诸如销售量、市场份额、利润率、投资收益、现金流量、新的投资、生产能力的利用情况、成本情况、综合管理能力等。有些与市场营销相关的其他方面的因素,在评估中应加以跟踪调查:①市场占有率;②心理占有率;③情感占有率。

竞争者的优势与劣势分析,如表 3-1 所示。

表 3-1 竞争者优势与劣势分析

竞争者	品牌知名度	产品质量	销售渠道	技术	市场推广
A	优	优	差	差	良
B	良	良	优	良	优
C	中	差	良	中	中

表 3-1 列出了对塑造和维持竞争优势起到关键性作用的五大因素:品牌知名度、产品质量、销售渠道、技术和市场推广。每一个评价因素的评价结果都分为四档:优、良、中和差。企业从竞争者优势与劣势分析表中可以清楚地看到三个竞争者的优势与劣势情况:①竞争者 A 闻名遐迩,产品质量深受顾客的青睐,市场推广活动做得有声有色,最大的弱点是销售渠道不畅,影响了产品向周围地区的扩散,同时技术力量薄弱,产品的开发能力差;②竞争者 B 总的经营情况不错,特别是覆盖能力强、辐射力大的销售渠道是企业未来持续发展的保证,品牌知名度和产品质量方面还有提高的空间;③竞争者 C 的大多数关键因素处于中下水平,劣势明显。

(三)估计竞争者的反应模式

企业的竞争是一个相互作用、相互影响,甚至是针锋相对的活动过程。因此,作为竞争者的一方应当而且必须探测和识别对方的详细情况,以便进一步制定和实施竞争战略。

1. 从容不迫型竞争者

这类竞争者对来自竞争对手的挑战不做任何反应或反应不甚强烈。他们开展的经营业务活动,针对的目标顾客、采取的营销战略没有变化。他们“自我感觉良好”,不担心竞争对手的威胁。这类竞争者之所以采取这种反应方式,可能是因为他们稳居市场占有率第一的宝座,竞争对手无力回天;也可能是因为他们坚信自己的顾客是永远忠实的,不会被竞争对手“抢走”;也可能是他们相信自己的营销战略是正确的,不用做任何修改和补充……企业在识别竞争者的反应模式时,一定要设法弄清这类竞争者“处变不惊”的真正原因。

2. 稳定选择型竞争者

这类竞争者可能只对某些类型的攻击作出反应,而对其他类型的攻击则无动于衷。这类竞争者可能经常对降价作出反应,为的是告诉对手,降价行为是枉费心机的。其对广告费用的增加可能不作任何反应,认为这些并不构成威胁。了解主要竞争者会在哪方面作出反应可为企业提供最为可行的攻击策略。

3. 凶狠争斗型竞争者

许多竞争企业对市场竞争因素的变化十分敏感,一旦感受到竞争挑战就会迅速地作出强烈的市场反应,进行激烈的报复和反击,势必将挑战自己的竞争者置于死地而后快。这种报复措施往往是全面的、致命的甚至是不计后果的,不达目的决不罢休。这些强烈反应型竞争者通常都是市场上的领先者,具有某些竞争优势。宝洁公司不会放任一种新的洗涤液轻易投放市场。凶狠争斗型竞争者意在向其他公司表明,最好不要发起任何攻击。攻击羊总比攻击老虎好些。利佛兄弟在首次攻击占领先地位的宝洁公司的"极端"洗涤液市场时,就发现了这个道理。"极端"洗涤液装在较小的瓶中。它受到零售商的欢迎,因为占据的空间较小。但当利佛兄弟在威士科和沙夫品牌中引进这种洗涤液的瓶装技术时,它不能长期地得到货架空间。宝洁公司用它的大量洗涤液品牌代替利佛兄弟的产品。因此,一般企业轻易不敢或不愿挑战其在市场上的权威,尽量避免与其正面交锋。

4. 随机应对型竞争者

有些竞争者并不表露可以预知的反应模式。这一类型的竞争者在任何特定情况下可能会也可能不会作出反击。而且根据其经济、历史或其他方面的情况,都无法预见这类竞争者的行为。许多小公司都是随机应对型竞争者,当他们发现能承受某种竞争时就站在前沿竞争;而当竞争成本太高时,他们就躲到后面去。

三、行业竞争对策分析

企业在对市场竞争状况作出正确分析评价后,在具体的竞争战略选择中,通常需要分析以下主要因素。

(一)进攻目标的价值

对于任何一个企业来说,以进攻策略来引发市场竞争的激化是一个需要慎重对待的重大策略问题。因此,企业在选择市场竞争的进攻目标时,必须正确地判断进攻目标的价值。

1. 弱势竞争企业的进攻目标价值

通常情况下,大多数企业都会以弱势竞争企业为进攻的目标。攻击较弱的竞争者容易获得成功,并且风险较小,可以减少实现竞争目标的时间成本,往往能够得到事半功倍的效果。但是,以弱势竞争者为进攻目标不容易获得大的战果,带来的利润也往往较少。

2. 强势竞争企业的进攻目标价值

也有一些企业愿意以较强的竞争者为进攻目标,认为战胜强有力的竞争者可以获得更大的市场份额和更多的利润,取得更好的战果,也有利于企业市场声誉的迅速提高。在许多情况下,强大的竞争者总会有自己的弱点和劣势。只要准确地抓住了它的弱点,强大的竞争者也可能不堪一击。所以,强大的竞争者反而可能成为最有价值的进攻目标。

(二)进攻目标与本企业的相似性

在市场竞争中往往也是"同性相斥"。也就是说,企业通常以与本企业相似的竞争者为进攻目标。因为业务上的类似,企业可以迅速将被击败的竞争者的资源转化为自己的资源,提高自己的盈利能力与市场份额。但是,在某些情况下,彻底击败与自己类似的竞争者对自己反而不利。例如,有时企业费尽心机赢得了竞争的胜利,却不能享受到自己的胜利果实。被击败的竞争企业可能会卖给出价更高、实力更强的竞争者,使企业不得不面临更强大的竞争者,导致竞争环境的恶化。

四、选择竞争对手

有了可靠的竞争情报,制定竞争战略将会很容易。企业将会清晰地知道在市场上同谁进行有效的竞争。企业必须辨别哪个竞争者最具威胁。企业可以通过顾客价值分析来辅助选择,它将揭示与各类竞争者有关的企业的优势和劣势。

(一)强与弱的竞争者

很多企业把进攻目标瞄准较弱的竞争者,这样获得单位市场份额所付出的资源和时间较少。但在这个过程中,企业可能在提高能力方面进展很小。强的竞争者意味着其比企业自身拥有更独特的资源优势,与其竞争意味着更大的市场投入和风险。

(二)近与远的竞争者

大多数企业会与那些极度类似的竞争者竞争,因此日产要与本田竞争而不与捷豹竞争。与此同时,企业应当避免"摧毁"相邻的竞争者。20 世纪 70 年代后期,博士伦公司大举进攻其他隐形眼镜生产商并取得了极大成功,但又引来了更难对付的竞争者。

(三)"好"与"坏"的竞争者

波特认为每个行业都有"好"的与"坏"的竞争者,企业应当明智地去支持好的竞争者并攻击坏的竞争者。"好"的竞争者有一系列特征:①遵守行业规则;②对行业的增长潜力所提出的设想切合实际;③价格与成本相符;④喜欢一个健全的行业;⑤将自己限定在行业的某一部分或细分市场中;⑥推动其他企业降低成本或提高差异水平;⑦接受正常水平的市场份额和利润。"坏"的竞争者违反规则:①企图花钱购买而不是赢得市场份额;②冒着极大风险;③在生产能力过剩时仍继续投资;④打破了行业均衡。例如, IBM 公司发现克雷公司是一个"好"的竞争者,因为它遵守规则,经营范围严格限定在细分市场内,并且不侵犯 IBM 公司的核心市场。但 IBM 公司发现富士通公司是一个"坏"的竞争者,因为该公司对价格实行补贴,产品差异性小,并攻击 IBM 公司的核心市场。这就说明"好"的竞争者应当努力打造一个只有"好"的竞争者的行业。通过谨慎的许可证贸易、有选择的报复行动和联合,它们能形成一个行业,因此竞争者并不谋求相互倾轧也不胡作非为。它们遵守规则,彼此存在某种程度的差异,力争赢得而不是购得市场份额。

第三节 市场竞争战略的选择

发现和辨别竞争者是企业选择竞争战略的前提。在对市场上的竞争者全面分析的基础上,企业制定竞争战略要先考虑市场竞争的基本战略,即对总成本领先战略、差异竞争战略和目标集中战略进行选择,再考虑市场竞争的具体战略,即对市场领先者战略、市场挑战者战略、市场跟随者战略以及市场补缺者战略进行选择。

一、市场竞争基本战略

任何企业要在市场竞争中站稳脚跟，得以发展，必须针对企业的竞争对手，根据自身的市场地位和实力状况来制定竞争战略。市场竞争的基本战略有总成本领先战略、差异竞争战略和目标集中战略。

（一）总成本领先战略

总成本领先战略指企业最大限度降低自己的生产和经营成本，在同行业中取得最低的生产成本和营销成本的做法。实现的途径主要是改进生产制造工艺技术、设计合理的产品结构、扩大生产规模、提高劳动生产率等。总成本领先战略可以说是比较传统的竞争战略，但仍是现代市场营销活动中比较常见的竞争战略。

要想实现总成本领先，企业一般要有比较大的市场份额，因此低成本和低价策略需要结合使用。企业在考虑采用这种竞争战略的时候，须考察行业的历史销售情况，如果没有成本经济性上的好处，那么企业的营销利润会受到大量侵蚀。

（二）差异竞争战略

差异竞争战略是指从产品定位因素、价格因素、渠道因素、促销因素及其他营销因素上造就差异，形成企业对于整个产业或主要的竞争对手的“独特性”的做法。

差异竞争战略是当前在市场营销活动中占主流的竞争战略。差异竞争战略的竞争特点如下。

（1）构筑在市场竞争中的特定的进入障碍，有效地抵御其他的竞争对手的攻击。因为一旦企业在营销中形成了差别，如品牌的高知名度和特色，产品独特的功能，专有的销售渠道和分销方式，顾客熟悉的广告刺激及营销沟通方式等，就很难为其他的竞争对手所模仿，因而也就很难有其他的竞争对手能轻易打入企业所占据的目标市场。

（2）削弱购买者和供应商议价能力。购买者从接受“差异”中形成了偏好，购买者购买“喜欢的品牌”而不是购买“便宜的品牌”的行为一旦确立，就不会轻易购买其他的品牌。甚至当购买者依赖于特定的品牌时，企业绝对市场地位便确立了，购买者的议价能力被大大削弱。而企业一旦在行业中确立了这样的营销优势或“独占”地位，也会使某些供应商更难在市场中寻找到其他更好的交易对象，供应商的议价能力也就被大大削弱。而且，供应商甚至会感受到社会公众压力，不能轻易地拒绝为公众喜欢的品牌产品提供资源。英特尔公司的芯片与微软公司的操作系统软件产品，就具有这样的特点。

【案例 3-1】

国内首款可重构 5G 射频收发芯片研制成功

8 月 30 日，中国移动正式发布国内首款可重构 5G 射频收发芯片“破风 8676”。该芯片可广泛商用于云基站、皮基站、家庭基站等 5G 网络核心设备。这项核心自主创新成果实现了“从 0 到 1”的关键性突破，填补了该领域的国内空白，有效提升了我国 5G 网络核心设备的自主可控度。

射频收发芯片是无线电波和数字信号之间的“翻译官”，是 5G 网络设备中的关键器件，研发难度高，产业应用需求迫切，被称为 5G 基站上的“明珠”。中国移动勇担移动信息现代产业链“链长”重任，于2021年成立芯片研发企业联合实验室，开展“破风8676”可重构5G射频收发芯片研发，贯穿芯片规格定义、前后端设计、仿真验证、性能调测和整机集成全流程。

据介绍，中国移动充分发挥运营商对网络和设备深度理解的优势，基于自研业界领先的系统射频双级联动仿真平台，“量体裁衣”制定芯片规格指标，为芯片的规模化应用奠定了重要基础。为适配多频段、多模式、多站型的应用需求，中国移动研究院相关团队创新性提出可重构技术架构，支持信号带宽、杂散抑制频点和深度等重要规格参数灵活匹配，数字预失真、削峰等模块算法灵活调整，基带成型滤波、均衡滤波等增量功能灵活加载，利用这些架构优化和功能重组，以系统集成创新打破单点性能瓶颈，打造了一款达到国际先进水平，同时具备低成本、低功耗、多功能等差异化竞争优势的产品。“破风8676”芯片目前已在多家头部合作伙伴的整机设备中成功集成，将在以云基站、皮基站、家庭基站等网络设备为代表的下阶段5G低成本、高可控度的商用网络建设中发挥重要作用。

在“破风8676”芯片研发中，中国移动充分发挥运营商的龙头研发牵引作用和网络技术积累优势，与设备商和芯片设计公司携手，通过网络和设备需求前置，将传统的芯片设计、整机集成、网络应用的串行研发模式升级为并行模式，使从芯片到整机适配的时间缩短近一半；破解了应用方“不想用、不敢用”的核心产业难题，大幅提升了关键短板芯片攻关的有效性；加速整机集成和网络应用迭代，形成一套“选芯、研芯、用芯”闭环攻关体系。

中国移动副总经理高同庆表示，此次发布的“破风8676”芯片是中国移动践行高水平科技自立自强的“破风手”，它所探索出的创新攻关模式、研发经验和人才积累，将为更多的编队作战奠定坚实基础。未来，中国移动将继续发挥央企在科技创新、产业控制、安全支撑方面的核心作用，加速落实发展战略性新兴产业的时代使命与重大任务，与产业伙伴一起不畏险阻、破风前行。

（资料来源：人民邮电报）

（三）目标集中战略

目标集中战略是指针对某个特定顾客群、主攻产品系列的一个细分区段或某个地区市场的做法。

目标集中战略可能涉及少数几个营销组合因素，也可能涉及多个营销组合因素。其主要特点是，所涉及的细分市场都是特定的或是专一的。也就是说，目标集中战略是针对一组特定顾客的。战略含义是：企业集中力量，以更好的效果、更高的效率为某一狭窄的细分市场提供产品或服务。

【案例3-2】

推动财力下沉 兜牢“三保”底线

一段时间以来，基层财政收支和“三保”（保基本民生、保工资、保运转）问题受到关注。中央经济工作会议强调，要加大中央对地方的转移支付力度，推动财力下沉，做好基层“三保”工作。前些年，我国财政“过紧日子”的运行特征也趋于明显，尤其是许多地方政府、基层政府部门出现了财力紧张状态，在疫情冲击和“需求收缩、供给冲击、预期转弱”三重压力交织之下,这种情况导致了基层“三保”所承受的压力,不容忽视。落实中央经济工作会议部署,事关经济社会发展全局,这也是在“稳中求进”中把短期的“稳”与“保”和中长期战略目标紧密结合,是实现可持续、高质量发展的基础和重要组成部分。

正确处理改革、发展、稳定三者关系,是我国改革开放的重要经验。实现基层的稳定,以支持和保障经济社会的发展全局,客观上必然要求高度重视和切实保障城乡基本民生、基本公共服务和基层工作人员的工资发放、基层的正常运转。鉴于基层所面临的财力紧张矛盾问题,推动财力下沉,是当前做好基层“三保”一条重要的基本工作思路。

“财力下沉”的首要内容,是加大中央政府对地方政府转移支付的力度。在20世纪90年代,我国建立以分税制为基础的分级财政体制之后,顺理成章地建设、发展、完善了中央、省级自上而下的转移支付制度,首先是从建立中央向地方的“过渡期转移支付制度”入手,以客观的“因素法”形成中央运用本级财力向地方实行转移支付资金支持的公式化分配依据,进而在渐进优化过程中,形成了相对完善的“一般性转移支付+专项转移支付”的一整套基本制度机制框架。而在当前,贯彻中央精神加大对基层的转移支付力度,应当是中央财政在一般性转移支付的运行轨道上,体现财力下沉规模的提高,使基层可得到更多的资金去落实辖区内的“三保”;有条件的省级行政区财政,也应在省级对下的转移支付中积极加大资金安排规模。与此同时,中央对地方、省级对市县基层的专项转移支付,也有必要对某些基层“三保”相关的支出项目(如与基本民生相关的建设、维护工程)施以援手。当然,基层以自身努力把实施“三保”的工作进度和工作质量提高,也要紧紧跟上。

在继续实施积极财政政策以服务全局并在工作中使扩张性政策“加力”的同时,还必须注重结合“提效”。在此要领上,转移支付扩大规模的同时,力求进一步合理化、精准化,对于落实基层“三保”,具有关键意义。应当充分注重总结以往的转移支付工作经验,把财力下沉的规模和结构相辅相成地优化。财政工作系统应当积极运用“金财工程”中已经多年建设与完善的现代信息技术手段,支持科学决策和规范运行。

另外,中央、省级为积极组织和高效运用自上而下转移支付可用财力来源,还需通盘考虑一些必要措施,合理开源与增效。

一方面,今年应紧紧抓住我国疫情防控政策优化调整后业已出现的复工复产加快、消费有所提振的契机,乘势推升经济景气、提高经济增速,从而为各级政府筹集更多税收等财力,为中央、省两级的向下转移支付壮大“底气”增强能力。今年总体的财政预算安排,应审时度势,适当提高赤字率,并积极稳妥通过以公债发行弥补赤字(包括中央与地方两个层面)的公共财政调节机制,服务于在“紧日子”中落实“三保”。

另一方面,在中央和省级,有必要从财政分配促进结构优化的角度,具体设计年度财政收支安排的统筹方案,发掘“结构绩效”潜力,力求以“少花钱多办事”的机制支持基层“三保”。此前支持财力“直达”基层的工作经验,值得进一步总结和运用于现阶段的财力下沉工作,以“直达”方式进一步加强管理,完善监督,优化运用资金,提升做好基层“三保”的综合绩效。

(资料来源:经济日报)

二、市场领先者战略

市场领先者是指其产品在行业同类产品的市场上市场占有率最高的企业。一般而言,绝大多数行业都有一个公认的市场领先者，如美国汽车市场中的通用汽车公司、电子计算机软件市场中的微软公司、软性饮料市场中的可口可乐公司、快餐市场中的麦当劳等。市场领先者企业的行为在行业市场中有举足轻重的作用，它的价格变动、新产品的开发、营销渠道的覆盖以及促销的力度，都处于主导地位。市场领先者企业通常拥有众多的品牌忠诚者，合理设置的、广泛高效的营销渠道，反应敏锐且善于引导消费需求的促销经验等。市场领先者是行业中的一个标尺，只有确定市场领先者的地位，才能清楚地确定行业中的市场挑战者、市场跟随者、市场补缺者的不同竞争地位。市场领先者的地位是在市场竞争中自然形成的。其市场竞争地位虽然具有相对的稳定性，但并非固定不变。因此，市场领先者都面临着同行业竞争对手的挑战，稍有不慎，它很快就会降至第二位、第三位。美国福特公司因产品不能适应市场需求，从"龙头老大"的位置上跌落下来就是一个很好的教训。因此，市场领先者不是高枕无忧的，它必须保持高度的警惕，实施正确的竞争战略来保持行业第一的优势，维护自己的主动地位。市场领先者通常选择的总体战略有三种。

（一）扩大市场需求量

处于市场主导地位的领先企业，其营销战略首先是扩大总市场，即增加总体产品需求数量。因为，市场领先者在市场中所占份额最大，当总市场扩大时受益最大的是市场领先者企业。譬如，如果美国人购车数量从 800 万辆增加到 1 000 万辆时，通用公司是最大的受益者，因为通用公司占有美国汽车市场 50%以上的份额。因此，寻找扩大市场需求量的途径对市场领先者是至关重要的。市场领先者通常可以通过 3 条途径来扩大市场需求量。

1. 发现新的用户

通过发现新用户来扩大市场需求量。对于市场领先者企业营销而言，其产品必须具有能够吸引新的使用者、增加购买者数量的竞争潜力。市场领先者企业通常可以运用三个有效策略从消费群体中寻找到新的使用者：①市场渗透策略；②市场开发策略；③地理扩张策略。

2. 开发产品的新用途

开发产品的新用途也可以扩大市场需求量。市场领先者企业往往最有能力根据市场需求动态，为自己的产品寻找和开发新的用途。美国杜邦公司不断开发尼龙产品的新用途就是一个成功的范例，该公司几十年来在不同的市场上，不断地开发尼龙产品的新用途，形成众多具有竞争力的产品，居于世界霸主的地位。实践证明，每一次产品新用途的开发会带来一个新市场，产品销量也从一个高峰攀上另一个高峰。

3. 增加用户的使用量

说服产品的使用者增加使用量也是扩大市场需求量的有效途径。说服产品的使用者增加使用量的办法有许多，最常用的有如下三种。

（1）促使消费者在更多的场合使用该产品。法国的米其林轮胎公司评价法国境内的饭店，评价结果是许多最好的饭店是在法国的南部，这使得身居巴黎的消费者考虑周末驱车去法国南部度假。该公司出版了载有详细地图以及生动、详细地介绍沿途景物的旅游指南。这些策略促使车主们行驶更多的里程，缩短了汽车轮胎的更换周期。

（2）增加使用产品的频率。"高露洁"运用高效广告和促销手段，宣传护牙知识，倡导每日用牙膏清洁口腔 2~3 次，该品牌产品在我国牙膏市场的销售量大幅度增长，处于行业的市场领先者地位。

(3)增加每次的使用量。日本的铃木公司,曾将装味精的小瓶内盖由原先的一个孔改为许多小孔,这让消费者在体验便利的同时,不知不觉增加了使用量。

【案例 3-3】

房地产政策适时调整优化:“认房不认贷”、降低首套房首付比例和贷款利率

8月30日,广东省广州市、深圳市先后宣布执行“认房不认贷”政策。9月1日,上海市、北京市也先后宣布执行该政策。

8月31日,中国人民银行、国家金融监督管理总局联合发布通知,首套、二套住房商业性个人住房贷款最低首付款比例统一为不低于20%、30%。同时,降低存量首套住房贷款利率。

专家指出,近段时间多地多部门密集发文,适时调整优化房地产政策,释放出促进房地产市场平稳健康发展的积极信号。

政策打出“组合拳”,更好满足居民刚性和改善性住房需求

“认房不认贷”政策明确,居民家庭(包括借款人、配偶及未成年子女)申请贷款购买商品住房时,家庭成员在当地名下无成套住房的,不论是否已利用贷款购买过住房,银行业金融机构均按首套住房执行住房信贷政策。

“对于有换房需求的家庭,在‘认房不认贷’政策下,可以以更低的首付比例、更优惠的贷款利率换购住房,加上居民换购住房的个人所得税退税优惠期也延长了,这些政策有助于降低购房成本、释放换房需求。”住房城乡建设部政策研究中心副主任浦湛介绍。

姜楠在广州工作了10多年。2015年,结婚在即的她先在广东省佛山市购买了一套婚房,简单装修后就租了出去,自己则在广州租房住。这两年,眼看孩子到了要上学的年纪,姜楠两夫妻想在广州买套房的愿望愈发强烈。

“看了十几套二手房,比较满意的,差不多都要600多万元。之前佛山那套房也有贷款,现在要买这套房,首付要四成,贷款利率4.8%。”姜楠说,按照“认房不认贷”的新政策,现在首付只需三成,少一成首付,就是60多万元;而且,贷款利率享受4.2%的首套房利率,月供负担也能减轻不少。

深圳市民黄女士也表达了类似的想法:“我们一直想换个大一点的房子,改善居住条件。但如果认定为二套房,首付比例高,难以承担。新政出台后,压力就小多了。”

北京链家研究院院长高原认为,“认房不认贷”主要利好北京新市民及改善型群体。新市民方面,较为普遍的一个情况是其在京无房,但曾在外地有过购房信贷记录,在原有标准下在京购房要支付六成(普宅)或八成(非普宅)首付;改善型群体方面,则利好“卖一买一”改善置换群体,受家庭结构变化、育儿、养老等因素影响,当前北京住宅市场近七成购房者属于改善型需求。

“认房不认贷”等政策出台后,市场反应如何?北京链家朝阳区某活跃区域门店经理娄春雷告诉记者,北京公布政策后,我们陆续接到不少客户的咨询电话,前两个月周末线上咨询量一般是20多个,这个周末增加到60多个,区域挂牌量也活跃起来。“我们这边改善型

客户目标房型的售价大多在800万元到1 000万元。之前看房，考虑到80%的二套房首付有些犹豫，现在政策落地，不少客户选择将房产挂牌获得首套资格。”娄春雷说。

贝壳研究院提供的数据显示，8月30日至31日，广州、深圳的二手房日均成交量，较上周（8月21日至27日）的日均成交量分别提升了25%、70%，客户带看量也较快增长。

不只是“认房不认贷”政策，调整优化差别化住房信贷、降低存量首套住房贷款利率等政策，同样有助于更好满足刚性和改善性住房需求。

中国人民银行、金融监管总局有关负责人介绍，此次差别化住房信贷政策调整优化的重点包括两方面：一是统一全国商业性个人住房贷款最低首付款比例政策下限。不再区分实施“限购”城市和不实施“限购”城市，首套住房和二套住房商业性个人住房贷款最低首付款比例政策下限统一为不低于20%和30%。二是将二套住房利率政策下限调整为不低于相应期限贷款市场报价利率（LPR）加20个基点。首套住房利率政策下限仍为不低于相应期限LPR减20个基点。各地可按照因城施策原则，根据当地房地产市场形势和调控需要，自主确定辖区内首套和二套住房最低首付款比例和利率下限。

房地产市场整体已转入供大于求的买方市场

房地产链条长、涉及面广，可以说牵一发动全身。

进入今年二季度，受宏观环境影响，居民购房能力和意愿下降，购房作为大宗消费恢复相对滞后，房地产市场成交量增速有所放缓。1至7月份，商品房销售面积66 563万平方米，同比下降6.5%；房屋新开工面积56 969万平方米，下降24.5%。

7月24日，中共中央政治局召开会议指出，要切实防范化解重点领域风险，适应我国房地产市场供求关系发生重大变化的新形势，适时调整优化房地产政策，因城施策用好政策工具箱，更好满足居民刚性和改善性住房需求，促进房地产市场平稳健康发展。

浙江工业大学中国住房和房地产研究院院长虞晓芬分析，房地产市场供求关系发生重大变化，主要表现在三方面。一是从卖方市场转向买方市场。经过持续20多年大规模开发，2022年全国城镇居民人均住房建筑面积已经超过41平方米，叠加人口呈现负增长、城镇化进入中后期等因素影响，市场整体已转入供大于求的买方市场，特别是中小城市商品房库存量大、去化周期长。二是从增量为主的市场转向存量为主的市场。不少城市存量房交易增速快于新建商品房销售增速，部分城市二手房成交量已经超过新房成交量。三是从期房销售为主转向现房销售占比稳步提高。

“适应我国房地产市场供求关系发生重大变化的新形势，近段时间一系列政策措施落实落地，不仅能够更好满足居民刚性和改善性需求，也对扩大消费、拉动投资、稳定经济增长意义重大。”虞晓芬认为。

招联首席研究员董希淼说，根据有关测算，此次存量首套房贷利率调整，平均降幅大约为80个基点。以100万元、25年期、原利率5.1%的存量房贷为例，假设房贷利率降至4.3%，可节约借款人还款支出每年超过5 000元，有助于降低住房消费负担，进而增加居民消费和投资能力。

促进房地产市场平稳健康发展，还需多方发力保持耐心

受访专家表示，当前适时调整优化房地产政策，打开了市场预期窗口，短期看刚需和改善性需求将集中入市，年底前市场交易量或有明显增长。但是，整体看房地产市场供求关系发生巨大变化，且受宏观环境影响较大，要以更加理性的心态看待房地产市场发展，既要有信心，也要有耐心。

“在市场整体发展放缓的时候，积极的一面会格外引人注意，比如有些市场将更加有韧性，也有新的业务机会正在出现。”万科董事会主席郁亮认为，目前我国城镇化率为65%左右，根据相关预测2030年预计达到70%，城镇人口将增加至9.8亿人左右，按建设经验保守估计，未来10亿至12亿平方米的房地产新开工面积是有保障的。

郁亮介绍，根据伦敦、东京等城市的经验，人口会不断向能够创造就业的城市集中。即便市场完全成熟后，中心城区仍然会出现大量城市更新项目，以提升传统地区的发展活力，满足职住平衡的需求。此外，保障性租赁住房建设、城中村改造、房地产代建代运营等也将是未来重要的业务增长领域。

“当前政策已在发力，相信在各方面的共同努力下，随着经济运行持续好转，对未来的预期逐步稳定，市场会回到健康合理的水平。”郁亮说。

虞晓芬认为，从中长期看，促进房地产市场平稳健康发展还需从供需两端重点发力：通过加快启动城市更新和城中村改造等，稳市场规模；通过降低房贷利率、扩大住房公积金覆盖面等，着力提高住房消费能力，放松住房供求关系发生重大变化的大城市或片区的限购等，稳市场需求；通过全面推动二手房“带押过户”、降低交易契税、合理降低房地产中介费用等，鼓励以旧换新，促市场良性循环；一视同仁支持优质国有房企和优质的民营房企，适当放宽开发条件限制要求，稳定房地产企业。

（资料来源：人民日报）

（二）保持现有市场份额

市场领先者企业在努力扩大市场规模的同时，还必须防备竞争对手的进攻和挑战，保护企业现有的市场阵地。市场领先者必然是众多竞争对手主要的攻击目标，面临着市场挑战者的威胁。这些市场挑战者企业都具有相对的实力，市场领先者企业如果不采取积极主动营销战略，很可能被它们取代。面对进攻和挑战，市场领先者如何保持自己领先的市场份额？最佳的战略方案是不断创新，以壮大自己的实力。依靠自己牢不可破的实力，开展积极的进攻，不断开发具特色的产品、提供高水平的服务，打败竞争对手，保持自己市场领先地位。

一个处于市场领先地位的企业，可以选择采用六种营销防御策略。

1. 阵地防御

阵地防御的基本概念是企业在其现有的市场周围建造一些牢固的防卫工事。阵地防御在营销上的基本意义是以各种有效战略、战术防止竞争对手侵入自己的市场阵地。这是一种静态的、被动的防御，阵地防御是最基本的防御形式。例如，美国福特公司的T型车有过辉煌的历史，但亨利·福特过于迷恋他的产品，以致对市场需求的发展毫无察觉，T型车的“近视症”造成了福特公司从拥有10亿美元储蓄的业绩顶峰跌到了濒临财务崩溃的边缘。今天的可口可乐公司虽然已经发展到拥有一半全球软饮料市场的规模，但仍然积极从事多角化经营，如打入酒类市场，兼并水果饮料公司，涉足塑料制品和海水淡化设备等产业。很显然，清醒的市场领先者已经或正在将全部资源用于守住自己的现有产品和阵地。

2. 侧翼防御

侧翼防御是指市场领先者除保卫自己的现有主要市场外，还建立一些作为防御的辅助性基地。市场领先者企业除了保护自己的主要阵地外，对各种侧翼的威胁也应加以防范，尤其是防止竞争对手乘虚而入。例如，大荣公司是日本最大的超市连锁集团，当面临众多的新兴折扣商店的挑战威胁时，它运用在城镇外开设新店、销售更多的进口商品等策略，狠狠打击了那些企图制造威胁的折扣商店。

3. 先发制人防御

先发制人防御是一种“以攻为守”的积极防御策略，即在竞争对手行动之前，主动攻击并挫败竞争对手，在竞争中掌握主动。具体做法是当某一竞争者的市场占有率达到对本企业可能形成威胁的某一危险高度时，市场领先者就主动对其发动攻击，必要时还采取连续不断的正面攻击，以挫败其锐气，迫使其放弃进攻或推迟发起进攻的时间。如克莱斯勒汽车公司在美国汽车市场上排行第三，当该公司的市场占有率从 12%上升到 18%时，通用公司就认为，如果克莱斯勒公司的市场份额达到 20%，就会踩着它们的尸体前进。在这种形势下，必须采取主动出击策略，以巩固自己的市场领先者地位。采用先发制人策略应从企业和竞争状态出发。企业如果拥有很高的品牌声誉和较高的技术屏障水平，认为自己足以承受所面临的市场挑战者的攻击，则应该沉着应战，对竞争对手的行动不予理睬，执行自己既定的目标与战略。

4. 反攻防御

市场领先者面对竞争对手发动的降价或促销攻势，无论是专门进攻，还是侧翼进攻，都必须作出反击，主动反攻入侵者的主要市场阵地。市场领先者在自己的“疆土”上遭到攻击，可以采用“围魏救赵”，即反击攻击者的主要领地，迫使其撤回力量守卫其大本营，这是反击攻击者的最佳方法。美国柯达公司就曾经使用过这种策略。当日本富士公司在美国市场上向柯达公司发动攻势时，柯达公司以牙还牙，进攻日本市场，迫使富士公司削减其在美国市场的力量。

5. 运动防御

运动防御是市场领先者在防御目前市场阵地的基础上，把自己的势力范围扩展到新的领域中去，而这些新扩展的领域可能成为未来防御和进攻的中心。市场扩展可通过两种方式实现。

(1)市场扩大化。市场扩大化即企业将其注意力从目前的产品拓展到满足类似需求的产品上来，即以现有产品为中心，对该类产品满足的市场需求进行深度开发。例如，“石油公司”变成“能源公司”就意味着该企业的市场范围扩大了，不限于一种能源产品石油的供应，而是提供多种能源产品覆盖整个能源市场。但这种市场拓宽的范围不能过大，否则，将导致两大错误的发生：即目标过大无法实现和企业力量的过分分散。为此，在市场拓宽中企业应注意必须有适当的方向和限度。

(2)市场多角化。市场多角化就是企业向与原来产品和服务不相关的市场扩展业务，实行多角化经营。例如美国烟草公司看到社会各方面对吸烟限制日益增长，便在寻找香烟的替代物的同时，把一部分资金转投到啤酒、果酒、饮料和速冻食品等领域并取得成功。

6. 收缩防御

收缩防御是指企业根据市场的变化，逐步放弃某些对企业不重要的、疲软的市场，把力量集中于主要的、能获取较高收益的市场。这是一种"集中优势兵力""以退求进"的策略。如日本松下公司在1985年将其产品由5 000个大类削减到1 200个，而日本五十铃公司则放弃了轿车市场，转而集中生产占优势地位的卡车。有计划的收缩是一种战略转移，能使企业的力量更集中，巩固企业的市场地位。

（三）提高市场占有率

提高市场占有率是市场领先者增加收益的一个重要途径。市场领先者实施这一战略的目的是设法通过提高企业的市场占有率来增加收益、保持自身成长和市场主导地位。市场占有率是与投资收益率相关的最重要的变量，市场占有率越高，投资收益率也越大。有关研究报告显示，市场占有率高于40%的企业，其平均投资收益率将达到30%，相当于市场占有率低于10%的企业3倍。因此，导致许多企业以提高其市场占有率、把拥有第一或第二位的市场份额确定为战略目标，达不到第一、二位的目标，宁可撤出此市场。例如，美国通用电气公司就因为其在计算机和空调机的市场上，产品的市场占有率达不到市场领先者的程度，便决定放弃这两项业务，集中主要力量在其他电器市场，以达到理想的份额。

总之，市场领先者必须全面掌握各项战略，既善于从扩大市场需求量入手，保卫自己的市场阵地，防御挑战者的进攻，又善于在保证收益增加的前提下，通过提高市场占有率使企业长期地占据市场领先地位。

三、市场挑战者战略

市场挑战者是指那些相对于市场领先者来说在行业中处于第二、第三和以后位次的企业。处于次要地位的企业可采取两种策略：一是争取市场领先地位，向市场领先者发起挑战；二是安于其次要地位，参与竞争但不扰乱市场局面，力争在共处的状态下获得尽可能多的利益。

（一）确定战略目标和挑战对象

大多数市场挑战者的战略目标是提高市场占有率，进而达到提高投资收益率和利润率的目标。市场挑战者在确定战略目标前，必须明确谁是主要竞争对手。一般说来，市场挑战者可以选择下列几种类型的目标攻击。

1. 攻击市场领先者

这是一种既有风险又具潜在价值的战略。采取这种战略的风险很大，然而一旦成功，市场挑战者企业的市场地位将会发生根本性的改变，因此颇具吸引力。如施乐公司开发出更好的复印技术，用干式复印代替湿式复印，从3M公司手中夺取了复印机市场的领先地位。后来，佳能公司也采用了同一方法，通过开发更方便使用的台式复印机夺去了施乐公司所占据的数量可观的市场份额。企业采用这一战略，应谨慎、周密地策划，以提高成功率。

2. 攻击与自身实力相当的企业

市场挑战者可以抓住有利时机，向那些势均力敌的企业发动进攻，把竞争对手的顾客吸引过来，夺取其市场份额，壮大自己的市场。相对于攻击市场领先者来说，这种战略风险小，若几番出师大捷或胜多败少的话，也可以对市场领先者造成威胁，甚至有可能因此而改变企业的市场地位。

3. 攻击实力较弱的企业

当某些中、小企业出现经营管理和收支方面的困难时，处于市场挑战者地位的企业可以通过兼并、收购等方式，夺取这些企业的市场份额，以提升自身的实力和扩大市场占有率。例如，美国有几家主要的啤酒公司能发展到目前的规模，就是靠攻击一些小企业而实现的。我国现在的电冰箱生产厂，也是采用这一战略成长起来的，通过适时地吞并这些市场上的"小鱼"或"小虾"，将小规模的同行驱逐出市场，提高自己的市场地位。通过以上分析可以看出，市场挑战者选择战略目标与确定竞争对手是相互联系和相互制约的。如果以市场领先者为进攻对象，其目标可能是夺取其手中的某些市场份额；如果以小企业为对象，其目标可能是将它们驱逐出市场。

（二）选择进攻策略

明确了战略目标和进攻对象之后，挑战者需要考虑的是采取什么进攻策略，在军事上常常被称为"密集原则"，即如何对竞争对手进行攻击。以下五种进攻策略可供选择。

1. 正面进攻

正面进攻就是市场挑战者集中优势兵力向竞争对手的主要市场阵地正面发动进攻，即攻击竞争对手的强项而不是它的弱点。采用此策略需要具备一定的条件，进攻者只有在其提供的产品（或劳务）、广告、价格等主要方面大大超过竞争对手，才有可能成功。譬如，美国无线电公司、通用电气公司在向 IBM 公司发动正面进攻时，都忽视了自身与这一国际大公司有明显的实力差异，从而使自己走上了更为困难的道路。因此，为了确保正面进攻的成功，进攻者要有超过竞争对手的实力优势。

2. 侧翼进攻

商业竞争中，也只有处于市场第二、第三位的品牌才能向市场领导者品牌发动正面进攻。如果不属于行业前三名的品牌，最好的攻击方式就是侧翼进攻。侧翼进攻是指市场挑战者集中优势力量攻击竞争对手的弱点而进行的进攻。

3. 围堵进攻

围堵进攻是一种全方位、大规模的进攻策略。采取这一策略的市场挑战者只有拥有优于竞争对手的资源，能向市场提供比竞争对手更多的质量更优、价格更廉的产品，并确信围堵计划能够成功，才可采用围堵进攻策略。例如，日本精工公司对美国手表市场的进攻就是采用围堵进攻策略的成功范例。通过多年的营销努力，精工公司无论在产品质量、产品功能款式、分销渠道、价格竞争力及广告促销等方面都具有压倒竞争对手、征服消费者的明显优势。该公司在美国市场上提供了约 400 个流行款式手表，在世界市场上提供了大约 2 300 种款式的手表，而且几乎款款俘获消费目标。美国一家竞争对手的副总裁不无羡慕地说：精工公司通过流行的款式、特性、使用者偏好以及一切可以鼓励消费者的手段来实现它的目标。精工公司的营销实力，为其在世界几个重要手表市场实行围堵进攻策略奠定了基础。

4. 迂回进攻

这是一种最间接的进攻策略，即完全避开竞争对手现有的市场阵地而迂回进攻。具体做法有三种。

（1）实行产品多角化经营，发展某些与现有产品具有不同关联度的产品。

（2）实行市场多角化经营，让现有产品打入新兴市场。

（3）发展新技术产品、取代技术落后的产品。

迂回进攻经常被一些企业作为最重要的市场策略，来应对竞争，发展壮大自己。

5. 游击进攻

这一策略主要适用于规模较小、力量较弱的企业。游击进攻的目的在于以小型的、间断性的进攻干扰对方，使竞争对手的士气衰落，不断削弱其力量。因为小企业无力发动正面进攻或有效的侧翼进攻，只有向较大竞争对手市场的某些角落发动游击式的促销或价格攻势，才能逐渐削弱对手的实力。

上述市场挑战者的进攻策略是多样的。一个市场挑战者不可能同时运用所有策略，但也很难单靠采取一种策略取得成功。其通常设计并实施一套策略组合即整体策略，以实现企业营销目标，在市场竞争中处于主动地位。例如，美国“百事可乐”对“可口可乐”就是一个举世瞩目的典型挑战者，它在1950—1960年，发动了多样化的攻势，取得很大成功，销售量增长了4倍。但并非所有居于次要地位的企业都可充当市场挑战者，在一般情形下，常规的做法是没有充分把握不贸然进攻市场领先者，采用跟随战略更稳妥。

四、市场跟随者战略

在大多数情况下，位居次要地位的企业更愿意采用市场跟随者战略。实践证明，成功地采取市场跟随者战略的企业也能获得高额利润。如一些公司通过模仿或改进革新者推出的新产品，将其大量推向市场销售，虽未必夺得行业第一，却能获得很高的利润，因为它们既不必承担高昂的创新成本，也用不着冒创新的风险。在诸如冶金、化学、石油冶炼等市场同质或产品差异性很小而基础投资规模却很大的行业尤其如此。市场跟随者策略的核心是寻找一条避免触动竞争者利益的发展道路。以下是三种常被市场跟随者选择的跟随策略。

1. 紧密跟随

这种战略的突出特点是仿效和低调。跟随企业在各个细分市场和市场营销组合中，尽可能仿效市场领先者。这种跟随者好像是挑战者，但是它从不激进地冒犯市场领先者的领地，在刺激市场方面保持低调，避免与市场领先者发生直接冲突。有些市场跟随者被看作靠拾取市场领先者残余谋生的寄生者。

2. 距离跟随

这种战略的突出特点是保持合适的距离。跟随企业在市场的主要方面，如目标市场、产品创新与开发、价格水平和分销渠道等方面都追随市场领先者，但仍与市场领先者存在若干差异，以形成明显的距离。这样市场跟随者对市场领先者既不构成威胁，又因为市场跟随者各自占有很小的市场份额而使市场领先者免受独占之指责。采取距离跟随策略的企业，可以通过兼并同行业中的一些小企业而提升自己的实力。

3. 选择跟随

这种策略的突出特点是选择追随和创新并举。市场跟随者在某些方面紧跟市场领先者。而在另一些方面又别出心裁。首先，这类企业不是盲目跟随，而是择优跟随，在对自己有明显利益时追随市场领先者，在跟随的同时还不断地发挥自己的创造性，但一般不与市场领先者进行直接竞争。采取这类策略的市场跟随者有些可能发展成为市场挑战者。市场跟随者虽然市场占有率大幅度低于市场领先者，但这绝不意味着这类企业盈利水平低。

五、市场补缺者战略

所谓市场补缺者，是指精心服务于市场的某些细小部分，而不与主要的企业竞争，只是通过专业经营来占据有利的市场位置的企业。

市场补缺不仅是小企业常常选择的战略，而且对某些大企业中的相对独立的部门也有意义，在现实的营销活动中，大企业中的这些部门也常常在努力寻找对自身来说既安全又有利润的补缺基点。一个理想的市场补缺者应具备以下条件：①有足够的市场潜量和购买力；②利润有增长的潜力；③对主要竞争者不具有吸引力；④具有占据该空缺的资源和能力；⑤企业已有的信誉足以对抗竞争者。

市场补缺者成功的关键，一是要选择好补缺之处，即补缺基点；二是要在确定补缺基点的基础上选择和制定适当的策略。

1. 补缺基点的选择

选择多重补缺基点比选择单一补缺基点能降低风险，增大保险系数。因此，企业通常选择两个或两个以上的补缺基点，以确保企业的生存和发展。总之，只要企业善于经营，小企业就会有机会，就可以在获利的条件下很好地为顾客服务。

2. 专业化市场营销

取得补缺基点的主要战略是专业化市场营销。具体来讲，就是在市场、顾客、产品或渠道等方面实现专业化。

（1）最终用户专业化，是指专门致力于为某类最终用户服务，如计算机行业有些小企业专门针对某一类用户（如诊疗所、银行等）进行市场营销。

（2）垂直层面专业化，是指专门致力于分销渠道中的某些层面，如制铝厂可专门生产铝锭、铝制品和铝制零部件。

（3）顾客规模专业化，是指专门为某一种规模（大、中、小）的客户服务，如有些小企业专门为那些被大企业忽略的小客户服务。

（4）特定顾客专业化，是指只为一个或几个主要客户服务，如美国有些企业专门为西尔斯百货公司或通用汽车公司供货。

（5）地理区域专业化，是指专为国内外某一地区或地点服务。

（6）产品或产品线专业化，是指只生产一大类产品，如美国的绿箭（Wrigley）公司专门生产口香糖一种产品，现已发展成一家著名的跨国公司。

（7）客户订单专业化，是指专门按客户订单生产预订的产品。

（8）质量和价格专业化，是指专门生产经营某种质量和价格的产品，如专门生产高质高价产品或低质低价产品。

（9）服务项目专业化，是指专门提供某一种或几种其他企业没有的服务项目，如美国有一家银行专门承办电话贷款业务，并为客户送款上门。

（10）分销渠道专业化，是指专门服务于某一类分销渠道，如专门生产适合超级市场销售的产品，或专门为航空公司的旅客提供食品。

市场补缺者所承担的风险是该市场消费需求的转移或新的竞争者进入，即补缺基点的枯竭或遭受攻击。避免这一状况的主要做法是，确定多个补缺基点发展营销实力，从而增强企业的抗风险能力，争取生存机会。总之，市场补缺者战略强调小企业的发展在于小市场的专业化营销，而不是与大企业在市场上的盲目拼搏。它们只要找到对自己有利的市场空缺，就完全可能在激烈的行业竞争中获取理想的收益。

【本章小结】

企业是在市场竞争中壮大发展的，只有在激烈的市场竞争中有效地实施正确的竞争战略，才能战胜竞争对手。企业只有客观、全面、科学地对竞争对手的状况进行分析，才能制定相应的市场竞争战略，在应对激烈竞争的同时，确立自身的竞争优势，实现企业的营销目标。企业应通过市场调查，收集有关市场、竞争者的资料，经过调查资料的整理统计，得出分析所需的数据，将其作为制定竞争战略的依据。在市场竞争战略分析的实践运用中，要注意：

（1）对竞争者进行分析的步骤与方法；

（2）正确确定企业自身的竞争优势与劣势；

（3）正确选择企业的竞争战略。

在三种基本竞争战略中，选择最适应的竞争战略；在四种具体竞争战略中，选择最有效的竞争战略。

【思考与练习】

一、论述题

（1）对竞争对手的分析包括哪些步骤？

（2）根据市场竞争地位的不同，可将企业分为哪几种类型？它们各有什么特征？

（3）市场领先者为了维护自己的优势，保住自己的领先地位，通常可采取哪些战略？市场补缺者如何开展专业化市场营销？

二、应用题

我国很多行业至今尚未建立完善的竞争秩序，如果仅以市场占有率来衡量，那么任何一个行业都必然会存在一个领导者，可事实远非那么简单，似乎有些行业还没有产生让同行信服的领导者。请对此现象作出分析。

三、案例分析题

DR钻戒“一生只送一人”

有人说，钻石是“二十世纪最成功的骗局”。

这个说法的源头，是一句广告语：“A Diamond is Forever”，中文翻译版也很经典：“钻石恒久远，一颗永留传”。这句话通过钻石垄断商戴比尔斯（De Beers）的广泛宣传，改变了一切。随着时间的推移，钻石的寓意——永恒的爱与承诺，成为爱情的象征，慢慢地，也影响了大众文化，并且跨越了地域，连接起了全世界的消费者。

以“真爱”的名义营销

都说飞天茅台难买到，既要实名身份信息，还要预约抢购。若论购买门槛的高度，DR钻戒可与茅台媲美。走进DR的门店，最显眼的就是其品牌Logo与“男士一生仅能定制一枚”DR求婚钻戒的品牌理念。工作人员称：“DR是全球首家用男士身份证来定制的钻石饰品品牌，寓意是先生对女士一生一世的承诺，用一生只爱一人。”DR聚焦于婚恋市场，销售的产品分为求婚钻戒、结婚对戒、其他饰品(包括套链、耳钉、手链等)。DR的购买须知中有五条:购买者须满18岁;持本人有效身份证;购买钻石送给另一半,而非自己、朋友、亲人;您已考虑清楚受赠人是您的一生唯一真爱,将与她共度余生;将来无论任何原因,都不能再送第二人,且不能删除购买记录。

起初,顾客买了求婚钻戒,才有资格买对戒及其他饰品。2019年下半年,DR放开了结婚对戒中女戒的首次购买限制。此后,顾客可以在不购买钻戒的情况下直接购买女戒或对戒,但同样需要男士绑定身份证信息,也会生成“真爱协议”。如果想购买包括男戒、套链、耳钉、手链等在内的其他饰品,你需要先订购求婚钻戒或女戒。而且,不管你购买什么产品,受赠人必须是同一个人。

总之,环环相扣,要么你别买DR的产品,要么就是要将你与你的另一半牢牢绑定在一起。要是分手或者离婚了,对不起,你没有第二个购买资格。

DR这一套营销策略,有点类似上校博弈。上校博弈跟我们古代的田忌赛马故事差不多,通过对产品和对应的市场需求进行合理的排兵布阵,争取最大的收益。这种营销策略的底层判断是,在饰品市场,男性的消费是由女性需求带动的,这部分能抬高的价值更大。因此,看似DR的销售规则在减少自己的用户量,实际上,就现阶段来看,这个销售规则反而成了一个卖点。

博弈在很多决策中都起着重要作用。在百度出品的实境博弈实验节目《决胜21天》中,参与者在封闭的空间合宿进行博弈,以寻求最优解。DR的营销策略,其实也是在设法寻求最大的收益。迪阿股份称,公司始终肩负着“让爱情变得更美好”的品牌使命,努力传播与见证世界的真爱与浪漫,力争成为“全球真爱文化引领者”。这话听着美好,但是传递的价值观有待商榷。有网友吐槽道:“真爱难道就是两个人一辈子到老这么简单吗?第二次就不是真爱了吗?”

争议归争议,反感归反感,这些营销策略却也是DR的成功之道。

钻石行业资深观察人士朱光宇向市界分析称,钻戒市场同质化严重,相较于其他品牌,DR最大的特色就是它的营销策略。虽然DR钻戒的营销方式有争议,但是,从另一个角度讲,市场“打击”更精确,而且也取得了一定的市场效果。迪阿股份的前身是成立于2010年的深圳市茵赛特企业管理咨询有限公司,其正是做市场营销策划的,因“经营状况未达预期”才进入了珠宝钻石行业。迪阿股份的实际控制人为张国涛、卢依雯夫妇,前者生于1985年,为公司董事长、总经理,后者生于1987年,为公司董事、副总经理,原籍都是河南,现住在深圳。发行前,此二人共持有迪阿股份98.245%的股份。

营销背后的暴利生意

DR“一生只送一人”的营销策略,虽然会让部分人产生不适感,但不得不说,在茫茫钻石饰品市场上获得了高辨识度,而市场上总有吃这一套的。

这从业绩的增长就能看出来。2020年,迪阿股份的营业收入已经达到了24.64亿元,归母净利润为5.63亿元。2021年上半年,业绩出现暴增,营收达到了23.2亿元,快追上去年全年的水平了,而归母净利润已经超过了去年全年,为7.29亿元。

迪阿股份是一家珠宝首饰的品牌运营商,经营模式较为简单:外包生产+定制销售。迪阿股份根据消费者的需求,委托外部珠宝首饰生产商进行生产加工,主要通过自营店销售。

截至2021年6月30日,迪阿股份共拥有自营门店375家,主要分布于大中型城市的核心商圈。

I DO、千叶、周大生、周六福、莱绅通灵、曼卡龙等品牌商家的门店,都以现货销售为主,DR则不同,其店里不销售现货,走的是定制路线。

二者的区别在于,定制化产品由顾客根据样品等提出定制需求,然后,DR安排外包的加工商进行生产;现货销售则是珠宝零售商根据市场需求和自身判断,先组织生产并进行铺货,而后由顾客在店铺陈列的产品中选购。

在消费体验上,也有很大差别。以I DO为例,顾客可以在门店试戴真品钻戒,如果遇到了合适的,可以直接付款带走。但是,在DR门店,试戴的样品并不是钻石真品,而是锆石等替代品,看不到成品的真实面貌,如果想要购买须定制,等待时间为15~20个工作日。

迪阿股份的总部在深圳,珠宝加工产业链较为发达,尤其是深圳罗湖水贝地区,而且,生产环节在珠宝产业链中的附加值相对较低(国信证券:毛利率约10%)。因此,迪阿股份的产品全部委托给珠宝首饰生产厂商加工生产。迪阿股份的8家主要委外加工商,全部位于广东,有6家就在深圳。其向前五大委外加工商采购金额合计占比超过了73%。

“定制+委外加工”的模式,虽然消费体验上差了些,但是对于迪阿股份来说,却能够更好地控制自身的存货水平、维持较低的开店成本和良好的现金流,实现了轻资产的运营模式。

DR的重头,实际上是营销宣传。借助“一生只送一人”的品牌营销,赋予钻石更多的内涵,是DR抓住消费者的重要手段。DR在通过各种宣传,不遗余力地打响品牌。迪阿股份的品牌推广聚焦在内容平台上,尤其是在抖音、快手等短视频平台。迪阿股份在招股书中称,DR品牌在微博、微信、抖音、快手等平台粉丝已超2 000万。而24~34岁的群体是DR的核心消费群体。

与可比公司相比,迪阿股份在营销上花了不少钱。从销售费用率来看,迪阿股份处于行业较高水平。2018年至2020年,迪阿股份的销售费用率依次为33.32%、40.51%、29.58%,而包括恒信玺利、周大生在内的五家可比公司的平均水平为17.95%、18.70%、22.51%。

以高价买DR钻戒,到底在买什么?在深圳从事钻石镶嵌饰品定制多年的刘妍表示,其实,买的是营销下的品牌溢价。在4 C(钻石评判维度,即钻重、颜色、净度、切工)一样的情况下,一款经典六爪钻戒,DR的售价超3.33万元,而刘妍的报价为1.5万元,而且还有优惠空间。

如果追求性价比,培育钻石也是一个可选项。相同4 C参数下,培育钻石的批发价格大概是天然钻石的20%,零售价格是天然钻石的35%。“随着培育钻石的工业化、规模化,二者的价格差距可能会越来越大。”朱光宇表示。钻石本身是不分品牌、不问出处的,营销和故事使其拥有了不菲的身价。DR又借人们对爱情的美好希冀,通过新的营销手段将其进一步“升华”,最终经营成了一门“暴利”生意。

(源自:钛媒体)

(1)DR在市场领先的策略是什么?

(2)DR是如何进行有效竞争的?

【营销实训】

一、实训目的

认识企业的市场地位及竞争战略;学会对竞争对手进行分析,并制定相应的竞争战略。

二、实训内容

分别分析笔、运动鞋、碳酸饮料、小轿车、洗发水、洗衣粉、电视机、牙膏、胶卷等行业中企业的市场地位及竞争战略。

三、实训检测

从以上产品中任选一种,罗列出几个(至少两个)制造商,分析制造商的市场地位及竞争战略。

四、实训要求

(1)广泛收集竞争对手企业的相关资料。

(2)学生把自己当作所选企业的营销人员,根据所收集的资料,完成对竞争对手的分析;同时结合企业情况,分析采用的市场竞争战略。

(3)撰写一份分析报告。

五、实训指导

(1)把学生分成若干小组,以组为单位进行实训。

(2)资料可以到图书馆或通过网络收集。

(3)有条件的学校可以组织学生到当地的可口可乐公司和百事可乐公司营销部门参观访问,听取企业高级管理人员或营销部门主管介绍,并获取相关资料。

【案例讨论】

华为的战略设计

2013—2018 年,华为手机出货量增长了 50 多倍。在华为消费者业务 CEO 余承东看来,增长的核心原因是华为始终坚持致力于提供消费者喜爱的创新领先的产品,体验好是核心,华为通过构筑核心能力,打造超出消费者期望的产品。此外,华为把产品质量做好、产品体验做好的同时,还保持着创新力。有些创新的研发投入,可能要几年后才能爆发出力量。他认为,未来,华为的创新力会更强。

2010 年之前,华为手机的客户是企业用户,更准确地说是运营商。华为手机为全世界很多国家的运营商贴牌生产定制机,该定制机没有品牌、没有美感、配置低,更谈不上什么用户体验,却占到了华为营业收入的一半以上。随着华为公司的壮大,国外很多机构开始警觉,很多国外公司或者禁止进口华为产品或者进行反倾销活动,造成华为的海外 2B(to business)业务受阻。华为手机业务到底何去何从成为任正非思考的问题。在 2010 年 12 月 3 日,任正非主持召开"高级座谈会",重新确定了华为手机的出路,从 2B 业务走向 2C 业务、从低端手机走向高端手机。这时,距离 2007 年 iPhone 第一代智能手机问世虽然仅仅只有三年,手机市场却发生了翻天覆地的变化,很多昔日的手机大品牌公司并没有对这款智能手机做出适时的反应,因此,淡出了消费者的视野,尤其是昔日的行业老大诺基亚,从此几乎可以说是一蹶不振。三星算是抓住了机遇，于 2009 年 7 月推出了第一款智能手机，开始在智能手机市场占有一席之地，但也晚了足足两年。同时，由于 iPhone 智能机的重新洗牌，给很多公司带来了希望，开始对手机市场虎视眈眈。

2012 年，市场上有主打高端路线的苹果和三星手机，中低端主要有线上手机品牌小米、魅族、锤子，线下手机品牌 OPPO 和 vivo 等，同时还有一些颇具实力、对手机行业虎视眈眈的潜在进入者。华为应该怎样做才能在如此激烈的竞争中脱颖而出呢？古语有云，知己知彼，百战不殆；不知彼而知己，一胜一负；不知彼，不知己，每战必败。这说明了在企业经营中，了解竞争者有多么重要。为了制定有效的竞争战略，企业需要尽可能多地了解竞争者的情况：谁是竞争者，它们的目标是什么；它们的优劣势是什么；它们的策略是什么；它们在遭遇竞争时的反应模式是什么。只有这么做，企业才能发现自己可以深入的领域、评价自己的优劣势并发现自己具有潜力的领域，并要想好如何在这场竞争中展开博弈。正如习近平同志曾经说过的："企业发展当然要竞争，没有人会把市场拱手让给竞争对手。我们希望这种竞争是良性的、符合市场规律的。"华为公司在分析了竞争环境之后，对竞争对手的目标和战略做了全面的剖析。竞争对手的目标，比如，各手机品牌的市场份额、获利能力、技术和服务能力，以及对于新的竞争对手出现可能做出什么样的反应；竞争对手的战略，比如，目前苹果和三星手机主要聚焦高端市场，小米主要聚焦互联网低端市场等，以及它们的优势和劣势。在一番权衡之后，华为最终做出了"定位高端"的战略选择，即为消费能力更强的用户提供高端高品质手机。

于是，由 Ascend 品牌开始试水，虽然华为的第一炮并没有如愿打响，但是却为华为进入手机终端高端市场夯实了基础。从此，华为一直坚持精品战略和双品牌战略，由最初的 Ascend 品牌和之后的 Mate 品牌主打高端市场，最后在华为高端定位上大获全胜的一战则是由 Mate 品牌打响的，华为手机通过大力自建拓展线下渠道、不断扩大品牌影响力的传统方式来发展用户；而荣耀品牌则负责进军互联网渠道，进军中低端市场，对抗以"小米"为主的来自互联网品牌的竞争，通过锁定年轻用户群体，推出创新的产品，借鉴互联网商业模式的轻资产、高效率，运用互联网思维与消费者建立深度联系和沟通的方式来发展用户。两大品牌，并驾齐驱，一起发力，因此，才能够保证华为无论是在中国市场还是在全球市场都一直持续增长。

不仅如此，华为能够具有持续的竞争力，还来源于其对技术的执着追求，华为一直专注于研发属于自己的芯片，成为国内唯一一家能够自主研发、制造芯片的手机厂商，这已经成为并将在未来很长一段时间内成为华为手机的核心优势。不仅如此，通过软件和硬件两方面的创新，华为实现了革命性的 GPU Turbo 图形处理加速技术，打通了 EanUT 操作系统以及 GPU 和 CPU 之间的处理瓶颈，不仅使得 GPU 图形运算整体效率得到大幅提升，而且同时实现了能耗下降，打破了性能与能耗的跷跷板。提升了用户体验。目前，已有超过 20 款机型升级了 GPU Turbo 技术，惠及全球近 1 亿老用户。2018 年 4 月，华为在分析师大会上宣布将发布全栈 AI 战略，半年后承诺如期兑现。在 10 月 10 日—12 日举行的第三届华为全连接大会上，华为轮值董事长徐直军首次发布华为 AI 战略与全栈全场景 AI 解决方案，其中包括全球首个覆盖全场景人工智能的华为 Ascend（昇腾）系列芯片以及基于华为 Ascend 系列芯片的产品和云服务。华为公司董事、战略 Marketing 总裁徐文伟表示，各行业数字化需要平台+AI+行业智慧+生态四方共同打造。在这种合作模式中,华为的定位是一家平台公司,通过端、管、云建立的开放平台,结合 AI,与生态合作伙伴一起,促进各行各业的数字化转型。“做大蛋糕、做大产业、做大市场,比做大华为自己的份额更加重要。”徐文伟说。

(1)分析华为初入终端市场时所面临的竞争环境。

(2)阅读案例并查阅资料,试解读华为是如何突破重围,在竞争激烈的环境中不断取得成功的。

(3)什么是核心竞争力?你认为华为的核心竞争力是什么?

第四章　市场购买行为分析

【本章重点】

1. 消费者购买决策过程。
2. 影响消费者购买行为的主要因素。
3. 消费者购买行为类型及企业营销对策。
4. 组织市场的特点及购买行为特征。
5. 政府、社会团体市场的特点。

【引例】

规范竞争激发市场主体活力

国家市场监督管理总局发布了制止滥用行政权力排除、限制竞争执法专项行动案件（第四批）。在这批案件中，有的地方政府部门限定全县学校只能购买指定企业提供的安防设备，有的在招标中要求工程施工企业只能是注册地在本县的企业……市场监管部门对这些行为予以了及时纠正。

公平竞争是市场经济的基本原则，也是实现资源优化配置和企业优胜劣汰的保障。为了保护市场公平竞争，提高经济运行效率，约束政府相关行为，我国反垄断法明确规定不得滥用行政权力排除、限制竞争。同时，我国也建立了公平竞争审查制度，以有效防止政府部门出台排除、限制竞争的政策措施。

然而，在现实生活中，个别地方政府部门或出于地方保护主义，对外地商品实行歧视性待遇，妨碍商品自由流通；或缺乏应有的法治意识，在政府采购、招投标中设定歧视性资质要求等不合理限制……这些做法不仅干扰市场机制正常发挥作用，还会产生不良社会影响。

为了推动形成高效规范、公平竞争的全国统一大市场，今年以来，国家市场监管总局部署在全国范围内开展制止滥用行政权力排除、限制竞争执法专项行动，依法查处了一批教育、医疗卫生、建筑工程等领域滥用行政权力排除、限制竞争行为，有力维护了公平竞争的市场秩序。除了依法纠正这些行为，国家市场监管总局还将相关案件分批次向社会进行了通报，这不仅传递出我国构建全国统一大市场的坚定决心，也是对个别地方政府部门的一次深刻警醒，更是对全社会的一次普法教育。

公平竞争是激发企业发展活力的基础。构建公平竞争的市场秩序，需要企业诚信经营、公平参与市场竞争，也需要政府部门强化法治观念，严格落实公平竞争审查制度，做公平竞争秩序的有力维护者。唯此，才能让营商环境更加优化，让市场主体更具生机活力。

（资料来源：法治日报）

第一节 消费者市场与消费者行为模式

一、消费者市场的含义

消费者市场是指为了满足个人或家庭生活需要而购买商品和服务的人组成的群体。因此,消费者市场又称消费品市场或生活资料市场。消费者市场是一个最终市场,在这个市场上,产品一旦被购买即退出社会再生产过程,意味着产品价值和使用价值的最终实现。它是现代市场营销理论研究的主要对象。

二、消费者市场的特点

奢侈品的消费群体,在东西方有比较明显的差异,欧美国家的奢侈品消费主力是40岁至60岁的中产阶级,而在东方,这个群体要年轻10多岁,以30岁左右的年轻人为主。在中国,平均月收入在5 000元至5万元之间,年龄在25~40岁的高学历、高收入的人群是中国奢侈品的主要消费力量。世界上奢侈品的平均消费水平是个人财富的4%左右,而中国的一些消费者,特别是年轻人,却用40%甚至更大比例的收入去购买奢侈品。

从以上内容可以看出,消费者市场有消费需求多样性、消费需求伸缩性、消费需求层次性、消费需求可诱导性等特点。

1. 消费需求的多样性

消费者受到年龄、性别、身体状况、性格、习惯、偏好、职业、地位、收入、文化教育程度、地理环境、气候条件等多种因素的影响,其市场消费需求和购买行为具有很大的差异性,所购商品的品种、规格、数量、质量、花色和价格也会千差万别。

2. 消费需求的伸缩性

消费需求受消费者收入与生活方式、商品价格和储蓄利率影响较大,在购买数量和品种选择上表现出较大的需求弹性或伸缩性。收入多则增加消费,收入少则减少消费。商品价格高或储蓄利息高的时候减少消费,商品价格低或储蓄利息低的时候增加消费。

3. 消费需求的层次性

根据马斯洛需要层次论,人们的需要是有层次的,首先追求最基本的生理需要,然后会追求另外一个相对重要的需要。人类需要是由低层次向高层次发展的,只有低层次的需要得到满足,人们才会追求更高层次的需要。而需求是对具有购买向、具有支付能力的具体物的需要,其同需要一样具有层次性。

4. 消费需求的可诱导性

现实生活中,消费者常常在逛街的时候,受到商家促销活动或陈列活动的影响,大多数消费者缺乏专门的产品知识,容易受广告、产品的包装、新奇的卖点、商店的营销气氛、营销人员的劝告等外在因素的影响,临时发起购买行为。

联系形式指消费者对某一产品的需求会引起对相关产品的需求。例如,消费者购买羊绒衫的同时也可能购买丝毛净洗涤用品。

代替性是指消费者在某一方面的需求可以由多种产品来满足。例如,蛋糕、面包、包子、千层饼都可以满足消费者充饥的需求。

三、消费者购买行为分析

营销理论界有多种消费者购买行为理论，它们都对消费者购买行为的规律性进行了研究，其中最有代表性的是约翰·沃森（John B.Watson）的刺激—反应模式（图 4-1）。这一模式表明，所有的消费者的购买行为都是由刺激引起的，这种刺激既来自外界刺激，如经济情况、文化因素、营销广告等，也来自消费者内部的生理和心理因素，如社会需要、观念、习惯等。消费者在各种刺激下，经过复杂的心理活动过程，产生购买动机，进而产生购买行为。

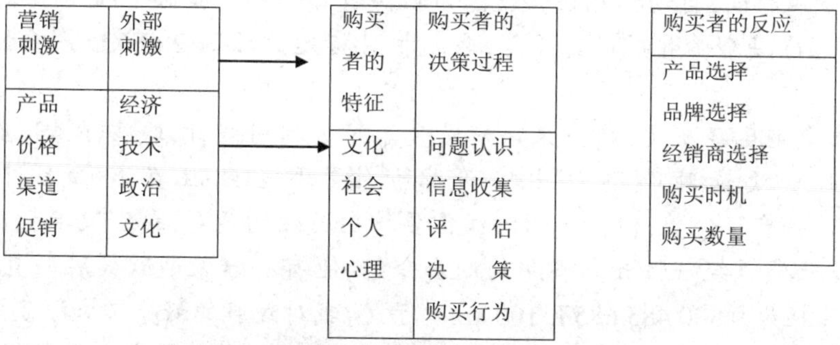

图 4-1　刺激—反应模式

市场营销人员的任务就是了解在出现外部刺激后消费者的心理活动，以便面向消费者开展适宜的市场营销活动，以使外在的刺激因素与消费者内在心理活动发生互动，形成购买决策，使其采取购买行为，满足需求，从而使企业获取利润。

四、消费者购买决策过程

消费者购买是一个过程，在这个过程的不同阶段，消费者所要解决的问题不同，行为不同，参与者不同，涉及动机和目标、干扰与不协调等诸多因素。营销研究者建立了一个购买决策过程的阶段模型。消费者会经历五个阶段（图 4-2）：确认问题、信息收集、备选产品评估、购买决策和购后过程。

图 4-2　消费者购买决策五阶段模型

消费者作出购买决策并不总是依次通过五个阶段，可能会越过或颠倒某些阶段。当购买固定品牌的香皂时，消费者可能直接购买并评价，而无须收集信息和评价，但是五阶段模型提供了一个参考框架，以便研究消费者面临一个复杂购买所要涉及的可能发生的过程。

【案例 4-1】

一个消费者分享的选车的帖子

对于第一次买车的我，选一款心爱的车是很重要的，毕竟汽车的价格不菲，而且油费比我的血压涨得可快多了，最重要的是一辆车会陪伴我走过很长时间。但第一次选车也是最困难的，至于我为什么选择这款蒙迪欧致胜，也是考虑了很多因素的。

对于我这个不太了解汽车的外行来说，开始的时候真是无从下手，最先是在网上，找到了几个专门的汽车论坛，凭借几天的“泡坛子”经历，我知道了汽车的价格基本分为几个区间，我把目标定在了20万~25万这个区间，这是我现阶段经济状况最能够接受的价格区间，我决定在这个区间里选择一款性价比高的汽车。

在论坛里，我发现蒙迪欧致胜和雅阁这两款车的车型在论坛热度很高，于是我上网仔细对比了这两款车的参数和配置。首先我选择了自动挡车型，因为我所在的城市堵车十分严重，尤其是上下班时间，自动挡能让驾驶更为轻松省心一些。我这个人天生路盲，心想既然买车，怎么样也得买个带导航的。于是，我就把目标定为雅阁2.4EXL导航版和蒙迪欧至尊型。

两款候选车型已经确定，接下来该看看真车了。利用假日，我去了4S店。在福特4S店，我得知蒙迪欧致胜刚刚作出了价格调整，于是致胜在我心目中又加了分。虽然价格上，致胜有了优势，但买车的时候需要特别关注的就是油耗了，毕竟养车成本中最大的消耗就是油钱。经一位开车多年的朋友介绍，他有一辆蒙迪欧致胜一直使用97号汽油，目前综合油耗为9.800 485 685 L/100 km。于是，我对致胜的好感又加深了。

最后从外观上讲，我比较偏爱致胜。雅阁看着什么都挺顺，但怎么看都提不起兴致，总之就是没缺点也没优点。我觉得车还是要有点个性。致胜的外观我非常欣赏，符合我的审美观，流畅动感的车身线条与时尚大胆的车身设计，给人一种沉稳霸气的感觉，令我一见倾心。不过，无论我怎么挑怎么选，还是要听听家人的意见。当我把这些日子对这两款车的研究统统讲给老婆听的时候，老婆似乎没有仔细地听，最后她说了这么一句话，让我着实郁闷了一下，“别的我也不懂，你说蒙迪欧致胜好些，外观好不好看才重要，哪个更漂亮就买哪个吧”。这一句话让我感到我长时间的研究好像白做了。第二天，在老婆的强烈要求下，我带着她又去看了一次真车，在看过两款车之后，老婆毫不犹豫地选择了致胜，因为她的理由是雅阁感觉太另类了，如果她开的话，还是时尚感更强的致胜好些。

(一)确认问题

确认问题指消费者确认自己的需要是什么。需要是购买活动的起点，升高到一定阈限时就变成了一种驱动力，驱使人们采取行动予以满足。

营销人员在这个阶段的任务如下。

1. 了解需要

了解与本企业产品有关的现实和潜在的需要。在价格和质量等因素既定的条件下，产品如果能够满足消费者某一或某些需要就能吸引其购买。

2. 设计诱因

了解消费者需要随时间推移以及外界刺激而波动的规律性，设计诱因，增强刺激，唤起需要，促成购买行为。

(二)信息收集

在社会生产力高度发达的条件下，消费者的某一需要往往会有许多品牌、品种的商品给予满足。究竟如何选择，需要进行信息收集。营销人员在这一阶段的任务是了解消费者的信息来源。

消费者的信息来源有四种。

（1）经验来源，指消费者直接接触产品得到的信息。

（2）个人来源，指家庭成员、朋友、邻居、同事和其他熟人所提供的信息。

（3）公共来源，指社会公众传播的信息，如消费者权益组织、政府部门、新闻媒体、其他消费者等传播的信息等。

（4）商业来源，指营销企业提供的信息，如广告、推销员介绍、商品包装的说明、商品展销会等。

营销人员需要分析消费者对不同信息来源的信任程度。消费者对经验来源和个人来源信息的信任度最高，其次是公共来源信息，最后是商业来源信息。设计信息传播策略除利用商业来源这个渠道传播信息外，还要设法利用公共来源、个人来源和经验来源，也可多渠道同时使用，以增强信息的影响力和有效性。

（三）备选产品评估

消费者在获得全面的信息后就会根据这些信息和特定的评价方法对同类产品的不同品牌加以评价并作出选择。一般而言，消费者评价行为涉及四个方面。

1. 产品属性

产品属性指产品所具有的能够满足消费者需求的特性。产品在消费者心中表现为一系列基本属性的集合。例如，冰箱，制冷效率高，耗电少，噪声低，经久耐用；电脑，信息储存量大，运行速度快，软件适用性强。

营销人员应了解消费者主要对哪些属性感兴趣，以确定产品应具备的属性。

2. 品牌信念

品牌信念指消费者对某品牌优劣程度的总体看法。每一品牌都有一些属性，消费者对每一属性实际达到了何种水准给予评价，然后将这些评价串联起来，就构成他对该品牌优劣程度的总体看法，即对该品牌的信念。

3. 效用要求

效用要求指消费者对某一品牌每一属性的效用功能应当达到何种水准的要求。或者说，某一品牌每一属性的效用功能必须达到何种水准他才会接受。

4. 评价模式

明确了上述三个问题以后，消费者会有意或无意地运用一些评价方法对不同的品牌进行评价和选择。

（四）购买决策

购买决策阶段主要涉及两个方面：一是是否购买，二是如何购买。

1. 从购买意向到实际购买之间的介入因素

经过产品评估后，消费者心中会形成一种购买意向，但是不一定导致实际购买，从购买意向到实际购买还有一些因素介入，如他人态度、意外因素等。

2. 购买决策内容

消费者一旦决定实现购买意向，必须作出以下决策。

（1）产品种类决策，即在资金有限的情况下优先购买哪一类产品。

（2）产品属性决策，即该产品应具有哪些属性。

（3）产品品牌决策，即在诸多同类产品中购买哪一品牌。

（4）时间决策，即在什么时间购买。

（5）经销商决策，即到哪家商店购买。

（6）数量决策，即买多少。

（7）付款方式决策，即一次性付款还是分期付款，现金付款还是其他方式付款等。

（五）购后过程

与传统市场观念相比，现代市场观念最重要的特征之一是重视对消费者购后过程的研究以提高其满意度。消费者的购后过程分为三个阶段：购后处置、购后评价、购后行为。

1. 购后处置

消费者的购后处置有频繁使用、较少使用、偶尔使用、闲置不用、废物丢弃、转卖他人等多种情况。营销人员应当关注消费者如何处置产品。如果一个应该高频率使用的产品在消费者购买后实际使用率很低或被丢弃，说明消费者认为该产品无用或不满意该产品。

2. 购后评价

当前广泛运用的购后评价理论是预期满意理论。预期满意理论认为，满意是消费者感知到的产品知效果符合自己的期望值所形成的心理感受状态，消费者购买产品以后的满意程度取决于购前期望得到实现的程度。如果购后感受达到或超过购前期望，消费者则感到满意或非常满意；反之则不满意。营销企业如果希望实现消费者购后满意，在商品宣传上应实事求是，不夸大其词，以免造成消费者购前期望高于其购后感受。

3. 购后行为

消费者购买产品以后，往往通过使用或消费购买所得，检验自己的购买决策：重新衡量购买是否正确；确认满意程度；作为今后购买的决策参考。

预测、衡量购后感受，有两种理论。

1）预期满意理论

预期满意理论认为，消费者购买产品以后的满意程度取决于购买前期望得到实现的程度。如果感受到的产品效用达到或超过购前期望，其就会感到满意，超出越多，满意感越强；如果感受到的产品效用未达到购前期望，其就会感到不满意，差距越大，不满意感越强。

2）认识差距理论

认识差距理论认为，消费者在购买和使用产品之后对商品的主观评价和商品的客观实际之间总会存在一定的差距，可分为正差距和负差距。正差距指消费者对产品的评价高于产品实际和生产者原先的预期，产生超常的满意感。负差距指消费者对产品的评价低于产品实际和生产者原先的预期，产生不满意感。

消费者购买过程是消费者购买动机转化为购买行为的过程。不同消费者的购买过程有其特殊性，也有一致性。研究这一过程可以使营销活动更具针对性并提高营销业绩。

五、消费者购买行为类型

在购买商品时，由于商品价格、购买频率不同，消费者投入购买的程度不同。根据消费者购买过程中介入程度和品牌间的差异程度，消费者的购买行为可分为四种类型，如表 4-1 所示。

表 4-1 消费者购买行为分类

介入程度 \ 品牌差异程度	高	低
高	复杂的购买行为	寻求平衡的购买行为
低	寻求多样化的购买行为	习惯性的购买行为

（一）复杂的购买行为

复杂的购买行为是指消费者高度介入在众多具有明显差异的品牌中进行反复选择的购买行为。消费者介入程度较高并且不太了解品牌差异的购买行为大都属于该种购买行为。在一般情况下，消费者在购买比较昂贵的、有相当风险的、有一定重大意义的、不经常购买的产品时，其介入程度普遍较高。消费者不熟悉该类产品，因此在购买之前需要经历一个学习过程，该过程主要包括树立产品信念、形成品牌偏好、慎重选择购买三个步骤。对于复杂的购买行为，营销人员要制定相应策略，帮助消费者了解这类产品的各种属性，了解这些属性的相对重要程度，了解企业的品牌在比较重要的属性方面的声誉以及能为消费者带来的利益，从而影响消费者的最终选择。

（二）寻求多样化的购买行为

这是为了使消费多样化而常常变换品牌的一种购买行为。它一般是指对产品品牌差异大但介入程度较低的购买行为。例如购买饼干、膨化食品等休闲食品基本上属于这种购买行为。应当指出的是，消费者在该类购买行为中频繁转换品牌并非对产品不满意，而是在寻求消费的多样化。对于寻求多样化的购买行为，不同市场地位的企业应采取差异性的营销战略。市场领导者品牌可通过不断开发新产品、占据最有利货架位置、避免脱销及投放提示性广告来鼓励消费者从寻求多样化品牌转变为某一品牌的习惯性购买者。而市场挑战者品牌应通过创新、低价、优惠、赠券、提供免费样品及强调试用新产品的促销活动来鼓励消费者寻求多样化的购买行为，以降低市场领导者品牌的消费者忠诚度，吸引更多的新顾客。

（三）寻求平衡的购买行为

寻求平衡的购买行为是指消费者在购买时介入程度较高但商品品牌差异又不大的一种购买行为。寻求平衡的购买行为比复杂的购买行为要简单。介入程度高是因为消费者对该类商品不熟悉且购买存在一定的风险，但由于品牌差异不大，消费者一般不需要花很多时间收集不同品牌商品的各种信息进行评价，而把重点放在价格、促销活动、售后服务等方面。因此，购买行动比较迅速。由于决策草率，消费者经常在购后会发现所购商品的缺陷或其他品牌更优越的地方，因此，产生心理上的失衡感。为此，消费者会再度搜集有关已购商品的有利信息，设法获得新的信念，争取他人的支持，以证明自己购买行为的正确性，从而寻求新的心理平衡。鉴于这种心理特点，企业一方面要通过调整价格、选择适当的销货地点和干练的售货员影响消费者的品牌选择；另一方面，还应通过各种渠道与消费者进行沟通，及时提供关于商品的全面信息，尽量减少其失衡感，使其坚定对购买行为正确性的信心，提高消费者的满意度。

（四）习惯性的购买行为

习惯性的购买行为是指消费者在购买时介入程度较低，有明显的品牌偏好，购买决策简单的一种购买行为。比如食盐，消费者在购买时几乎不假思索，会随便购买某个品牌的食盐，如果其一直购买某个品牌的食盐，也只是出于习惯，而并非忠诚于该品牌。消费者对于基本日用品的购买大多属于习惯性购买行为。在这种情形下，消费者的购买行为打破了正常的信息—态度—行为的顺序，他们并不广泛搜集商品及品牌信息，也不评价品牌的特性，更不对购买何种品牌进行取舍选择，购后也不会加以评价。经过多年的研究，对于此类购买行为，运用价格策略和促销策略更加行之有效。近年来，发达国家的营销者还通过设法提高顾客购买介入程度的方法来建立消费者习惯性购买的品牌意识，比如将高露洁牙膏与防止蛀牙联系起来，将麦氏咖啡与人际沟通结合在一起等。应当指出的是，上述策略虽然有助于提高顾客的介入程度，但无法从根本上改变习惯性购买行为的无品牌意识。

六、购买决策的参与者

消费者的消费一般是以家庭和个人为单位的，针对一些商品的购买决策和购买行为都是由家庭成员中的某一成员作出的。但许多商品和服务的购买，例如住宅、耐用消费品及贵重商品，是由几个家庭成员共同协商决定的。因此，在一项购买决策中，某一家庭成员可能会扮演下列角色中的某一种角色或身兼几种角色。

第一，发起者，首先提出购买某种商品和服务的人。

第二，影响者，直接或间接影响最后决策的人。

第三，决策者，在是否买、买什么、买多少等方面能够作出完全或部分最终决策的人。

第四，购买者，实际执行购买决定的人。

第五，使用者，直接使用或消费所购商品或服务的人。

对消费者购买决策参与者的分析，可以使企业根据各家庭成员在购买决策中所起的作用进行有针对性的营销活动。

七、影响消费者购买行为的因素

消费者的购买行为经历了由刺激引发需求，产生动机，然后采取购买行为的过程。在这个过程中，许多因素影响着消费者的购买行为，决定了消费者购买活动的特征和差异。这些因素既包括文化、社会因素等外在因素，也包括个人、心理因素等消费者的内在因素。

（一）文化因素

文化因素在消费者行为中起着最广泛和深刻的影响。营销者需要研究文化、亚文化及社会阶层对消费者购买行为所起的作用。

1. 文化

文化指人类从生活实践中建立起来的价值观念、道德、理想和其他有意义的象征的综合体。它是一种看不见、摸不着的观念，通过价值观、思维方式、信仰、宗教、审美观等支配着人们的日常行为。人类的行为大部分是由后天学习而来的。一个人在成长过程中，通过家庭和其他机构的社会化过程学到了一系列基本的价值、知觉、偏好和行为的整体观念，比如中国的文化传统是仁爱、信义、礼貌、智慧、诚实、忠孝。

2. 亚文化

每一文化都包含着一些较小的亚文化，它们以具体的认同感和社会影响力将群体内的成员联系在一起。亚文化可分为以下几种。

1)民族亚文化

每个民族在宗教信仰、崇尚爱好、图腾禁忌等方面都有独特之处,形成了不同的民族习惯和生活方式,消费者会在日常的商品需求和购买行为中表现出极强的民族性。

2)宗教亚文化

世界上有许多宗教,如天主教、基督教、伊斯兰教和佛教等。这些宗教都有不同的教规和戒律,影响着宗教信奉者的购买行为。

3)种族亚文化

白种人、黄种人、黑种人都有各自特殊的人生态度、文化传统和生活方式,不同种族的消费者在消费需求和购物行为上存在很大的差异。

4)地理亚文化

由于地理位置、气候和自然环境的差异,居住在不同地区的人有不同的风俗、习惯和爱好,在消费需求中表现出明显的地域色彩。

3. 社会阶层

社会阶层是指一个社会中具有同质性和持久性的群体。依据收入、职业、所受教育以及居住区域的不同,消费者可以被划分为不同的社会阶层。社会阶层具有以下特点:第一,同一社会阶层的人往往有共同的价值观、生活方式、思维方式和生活目标,在消费需求和购买行为上有很强的趋同性,而不同社会阶层的人在这些方面有明显的差异;第二,人们以自己所处的社会阶层来判断各自在社会中的地位;第三,一个人所处的社会阶层是由多个变量决定的;第四,人们所处的社会阶层不是一成不变的,既可以迈向高阶层,也可能跌入低阶层。

(二)社会因素

消费者的购买行为与其所处的社会环境密切相关。社会是指以共同的物质生产活动为基础而相互联系的人们所构成的总体。影响消费者购买行为的社会因素包括相关群体、家庭、社会角色与地位等。

1. 相关群体

相关群体是指能直接或间接影响他人的态度或行为的群体。相关群体可分为两类:一类是直接相关群体;另一类是间接相关群体。

直接相关群体是指对群体成员有直接影响的群体,又称成员群体。成员群体可分为首要群体和次要群体两种。首要群体是指某人经常直接接触的一群人,如:家庭成员、亲戚、朋友、同事、同学、邻居等。首要群体对消费者的需求和购买行为影响最大。次要群体是某人不经常直接接触但一般较为正式的群体,如宗教组织、职业协会等,它对消费者的影响比首要群体小。

间接相关群体是对消费者的行为产生影响的无形群体。根据消费者对间接相关群体的态度,间接相关群体分为崇拜性群体和离异群体。崇拜性群体又叫向往群体,它是指被消费者推崇的一些人或者其希望加入的群体。例如,某人所崇拜的体育明星、新闻人物、知名人士等对其行为的影响巨大。离异群体又称厌恶群体,它是指被消费者讨厌或反对的群体。一个人总是不愿意与厌恶群体发生任何关系,在各方面都希望与之保持距离。

我们研究相关群体的目的是要揭示它对消费者需求和购买行为的影响,从而利用相关群体的力量来提高企业的营销绩效。相关群体对消费者的影响有三个方面:第一,相关群体为消费者展示出新的行为模式和生活方式;第二,由于消费者有效仿崇拜性群体的愿望,对某些企业、品牌、产品的态度会受其影响;第三,对相关群体的效仿会促使人们行为趋于一致,它会影响人们购买时对品牌、产品的选择。

相关群体对不同种类的产品、处于产品生命周期不同阶段的产品以及品牌的影响力有所不同。相关群体对于一些最基本的生活必需品的影响力不大,但对于选购品、特殊品及非寻求品的影响力很大。在产品生命周期的不同阶段,相关群体对产品和品牌选择的影响也不尽相同。一般情况下,在介绍期,相关群体在产品选择上有影响力;而在成长期,其对消费者选择何种产品、何种品牌有强烈的影响;在成熟期,其只对消费者的品牌选择起作用;在衰退期,则基本没什么影响。基于以上分析,企业应善于利用相关群体对消费者施加影响,扩大市场。

2. 家庭

处于不同家庭的消费者的产品需求偏好和购买行为有很大的差异。

家庭对消费者的需求和购买行为的影响是长期的、具有决定性的。家庭成员在购买活动中往往相互影响。分析家庭购买群体有助于企业抓住家庭购买的关键人物,开展行之有效的营销活动,提高营销效率。

在一般家庭中,就购买决策者的类型而言,可分为:妻子决策型、丈夫决策型、共同决策型、各自做主型。大多数家庭并非固定在一种类型上,而是根据购买商品的种类不同,随时变换购买决策类型。下面是不同的商品或服务所属的购买决策类型。

第一,丈夫决策型,主要涉及保险、汽车、摩托车、高科技新产品的购买。

第二,妻子决策型,主要涉及日常所需家庭用品、食品、服装、厨房用品的购买。

第三,共同决策型,主要涉及住宅、家具、旅游产品的购买。

3. 社会角色与地位

一个人在一生中会加入许多群体,如家庭、团体和各种组织。在不同的群体中处境各异,即角色不同。比如,一个成年男子可以是父母的儿子、妻子的丈夫、孩子的父亲、企业的经理、桥牌协会的会员等。当消费者的角色改变时,购买行为也会发生变化。每一种身份都附有一种地位,反映社会对他的总体评价。这就是消费者的地位。人们常常通过购买商品、使用商品的方式来表明其社会地位。不同阶层选择的商品或购买行为有所不同。因此,企业应研究、了解和识别每个人的社会角色,发现角色与购买行为的内在联系,有针对性地开展营销活动。

(三)个人因素

消费者的需求和购买行为还受其个人因素的影响。个人因素包括年龄与家庭生命周期、职业、经济状况、生活方式、个性和自我观念。

1. 年龄与家庭生命周期

人们在一生中购买的商品和服务随着年龄的增长会不断变化。例如,儿童是玩具的主要消费者,青少年是文体用品、快餐、新潮时装的重要消费者,成年人购买的商品和服务大都是家居用品,在着装上以稳重大方、做工精细、质地优良为主,老年人是保健用品的主要购买者。

家庭生命周期是指消费者从离开父母所在家庭独立生活开始,到家庭自然解体为止所经历的全过程。家庭生命周期可分为以下九个阶段,每个阶段的需求重点和购买行为都有各自的特点。

第一,单身阶段。单身青年。购买重点是基本厨房用品、家具、交通工具、娱乐用品和旅游服务。这一阶段的消费者几乎没有经济负担,大多属于革新者和早期大众。

第二,新婚阶段。年轻且无子女。购买的商品和服务主要有服装、家具、耐用消费品、交通工具、旅游度假等。消费者在这一时期经济状况一般较好,负担很轻,基本可按意愿去实施购买,很多是革新者或早期大众。

第三,满巢Ⅰ期。最小的子女在6岁以下。重点购买的商品是家用电器、婴儿及儿童食品与药品、儿童玩具等。在这一时期,没有住房的家庭开始着手购房,因此经济状况较紧张,购物须三思而行,由革新者向早期大众、晚期大众转化。

第四,满巢Ⅱ期。子女已经超过6岁。重点购买的商品是各种食品、清洁用品、书报杂志等,教育费用是该阶段的重要支出。经济状况比前一阶段有所好转,大部分属于早期大众和晚期大众。

第五,满巢Ⅲ期。年长的夫妻与尚未独立的子女同住。购买的商品为新款家具、大量食品、交通工具、报纸杂志、电脑、更新耐用消费品、旅游用品等。教育费用仍是该阶段的重要支出。经济状况进一步好转,大部分属于早期大众和晚期大众,有一部分成为革新者。

第六,空巢Ⅰ期。年长的夫妻,无子女同住,仍在工作。购买的商品为奢侈品、家庭装修用品、娱乐用品等。在这一时期尽管经济状况很好,但消费者对新产品兴趣不大,因此基本上属于晚期大众。

第七,空巢阶段Ⅱ期。年长的夫妻,无子女同住,且已退休。热衷于购买医疗保健用品。消费者在此时收入大幅度降低,购买类型是迟钝采用者。

第八,鳏寡Ⅰ期,尚在工作,收入仍可观,但也许会出售房子。

第九,鳏寡Ⅱ期,独居老人,体弱多病,需要得到关怀和社会的帮助,主要购买生活必需品和医疗保健品。

营销者只有正确判断目标市场的消费者处于家庭生命周期的阶段,采用正确的营销组合策略,方能取得好的营销业绩。应该指出的是消费者的自然年龄与心理年龄并非完全同步,企业应在掌握细分市场消费者自然年龄的基础上,尽量按其心理年龄组成目标市场,避免营销错误。

2. 职业

职业对消费者的需求和行为模式有着重要的影响,公司经理与工人的需求不同,脑力劳动者与体力劳动者需要的商品也有很大差异。企业应尽量发现对其产品和服务具有特定需求的职业群体,并根据其特点来开发适销对路的产品和服务,从而取得更好的经济效益与社会效益。

3. 经济状况

经济状况是指消费者可支配的收入、储蓄、资产和借贷的能力。经济状况是决定购买行为的根本因素。经济状况越好,消费者购物量越大,购买决策时间越短,购买行为的实施越容易,企业营销的难度越小;经济状况越差,消费者收入越低,其购买就越慎重,注意价格因素,企业营销的难度越大。因此,营销者应特别注意居民个人收入、储蓄、存款利率、股市行情的变化，以及消费者对未来经济、商品价格走势的看法，及时调整自己的营销方案。

4. 生活方式

生活方式是指人们在世界上的生活模式，集中表现在人们的活动、兴趣及看法上。虽然有些人属于同一社会阶层和亚文化群体，但由于生活方式不同，活动、兴趣、看法也不尽相同，因此实际需求和购买行为和与其处于相同社会阶层的消费者大相径庭。根据上述分析，营销者了解消费者的生活方式是非常必要的，因为市场营销向消费者提供了实现其不同生活方式的产品或服务，使消费者有可能按照个人的偏好，选择最适当的生活方式。

5. 个性和自我观念

个性是表现人的态度和购买行为的较稳定的心理特征。与消费者个性相联系的购买类型包括：忠于某一种或少数几种品牌的习惯型；购买前冷静思考、慎重作出购买决策和行为的理智型；特别重视价格的经济型；易受外界刺激而进行购买的冲动性；感情和联想丰富的想象型；缺乏主见的不定型。

与消费者个性相关联的另一个概念是自我观念（或称自我形象）。它是指消费者欲把自己塑造成的一种理想形象。消费者的自我观念也会对其购买行为产生一定的影响。因此，企业必须充分了解其目标市场消费者的个性及自我形象的特点，使自己的营销活动与之相适应。

（四）心理因素

消费者的需求和购买行为还会受到自身心理因素的影响，这主要包括：动机、感觉、学习、信念和态度。

1. 动机

动机是一种升华到足够强度的需要。动机引起行动，维持行为，并引导行为去实现需求目标。人们的行为受动机支配，而动机源于需要。每个人在任何时刻都有许多需要。有些是生理上的，如吃饭、喝水。有些则是心理上的，如被他人认可、被尊重和归属等。人的某种需要会产生导致行动的驱动力，需要越强烈，产生的驱动力越大。这种心理上的内在张力的释放需要通过某种刺激物（如商品、服务等）的获得来解决，即产生了购买动机。在一定时期内，人们的需要是多种多样的，动机也不会只有一个，但动机的强弱程度各不相同，往往只有那些最强的优势动机才能支配人们去实施购买行为。

心理学家曾提出了许多关于人类行为动机的理论，最著名的三种是西格蒙德·弗洛伊德的动机理论、亚伯拉罕·马斯洛的动机理论和弗富德里克·赫茨伯格的动机理论。

1）弗洛伊德的动机理论

弗洛伊德（Sigmund Freud）的动机理论来自精神分析论，他把人的心理比作冰山，露在水面上的小部分为意识领域，水下的大部分为无意识领域，造成人类行为的真正心理力量大部分是无意识的。人在成长和接受社会规范的过程中会有很多欲望受到抑制，因此，人们往往不能真正了解自己的真实动机。例如，保健品的价格为什么偏高，包装为什么那么考究，那是因为保健品的购买者主要不是为了自用，而是为了送礼，送礼当然得讲究面子，讲究包装了。再如，某工厂要引进国外先进设备，遭到工人反对，说原设备仍然可用，为何要花重金购买新设备呢？真是一群"败家子"。起初一听好像他们很为工厂着想似的，但真正的原因是他们恐惧新机器进来后，他们在工厂原有的地位会动摇，搞不好还有下岗的危险。怎样才能了解到消费者真实的需要呢？弗洛伊德提出了阶梯（Laddering）技术，它可以追踪一个人的动机从已陈述的话到另一端的思想。然后，营销者再决策开发何种程度的信息和诉求，以便由产品的某些特性引发消费者的联想与情感，形成购买动机。

2）马斯洛的动机理论

马斯洛的动机理论被称为需要层次理论（图 4-3）。马斯洛（A. H. Maslow）是美国著名心理学家，他在《动机与个性》中提出了这个理论。马斯洛把人类的需要层次依次分为：生理的需要、安全的需要、社会的需要、尊重的需要和自我实现的需要，如图 4-3 所示。需要层次论可概括为以下几个要点：第一，人类的需要和欲望有待满足，已满足的需要不会形成动机，只有未满足的需要才会形成动机；第二，人类的需要从低级到高级具有层次性，只有低一级的需要得到相对满足后，高一级的需要才会成为支配人的行为的主导动机；第三，一般说来，需要强度和需要层次成反比，即需要的层次越低，其强度越大。

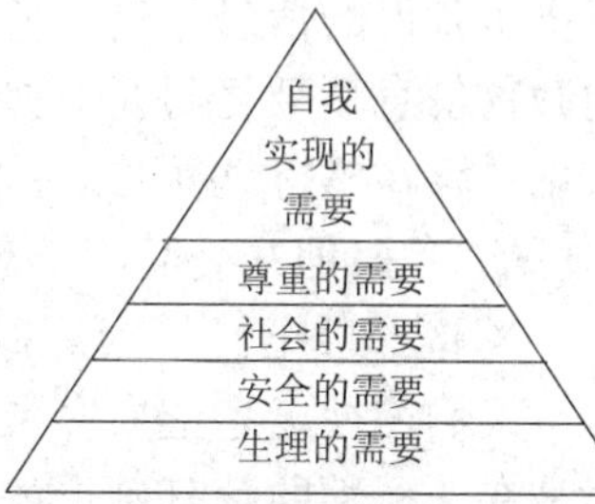

图 4-3　马斯洛需要层次论

3）赫茨伯格的动机理论

赫茨伯格（F. Herzberg）于 1959 年创立了双因素理论。其要点是把动机与工作联系起来，提出工作满足与不满足两类因素，前者称为动机需要，后者称为保健需要。动机需要包括成绩、承认、工作岗位、提升等因素，这些可推动职工努力工作。保健因素包括与工作性质无关的一些因素，如工作条件、福利待遇、管理条例等。二者的区别是：保健需要满足与否只能影响对工作不满情绪的程度高低，只有动机需要获得满足，方能产生工作动力。赫茨伯格双因素理论可用于分析消费者行为。企业用于引发消费者购买行为的市场营销因素可分为保健因素和动机因素，保健因素是消费者购买的必要条件，动机因素是促进条件，在有选择余地的情况下，对保健因素不满，消费者就肯定不会购买，但仅对保健因素满意，购买冲动的强度还不足以使之购买，只有在对动机因素满意时才会形成强烈的购买冲动。

2. 感觉

人们的需要受到刺激产生了动机，随时可付诸行动，但采取怎样的行动却要视消费者个人对客观环境的感觉而定。两个具有同样动机处在同样环境的消费者，由于他们对环境的感觉不同，可能导致不同的行为。所谓感觉是指个人选择、组织并解释信息，以便创造一个有意义行为的过程。这一心理过程是有选择性的，分别经历选择性注意、选择性曲解和选择性记忆三个阶段。

1）选择性注意

人的一生中时刻面临着许多刺激物，以商业广告来说，美国人平均每天见到的广告超过 1 500 条，但不可能注意所有的这些刺激物，大多数会被“过滤”掉，真正引起个人关注的只有极少数。所以，对于营销者而言，最困难的是了解目标顾客群对何种刺激物感兴趣。经过多年的研究，以下三种情况能够引起人们的注意：一是与目前需要有关的刺激物；二是人们比较注意和期盼的刺激物；三是变化幅度极大、较为特殊的刺激物，如降价 50%，比降低 5% 的刺激强度要大得多。选择性注意意味着市场营销者必须尽量吸引消费者的注意力。因为，他们要传递的营销信息不会引起与目标市场无关的消费者的关注，即使目标顾客群也不会轻而易举地注意到这些信息,所以,只有与众不同的刺激物方能引起人们的注意。

2)选择性曲解

即便消费者注意到企业营销信息刺激物,也未必会达到企业预期的效果,原因在于每个人总是按自己既有的思维模式来接收信息,这就是选择性曲解。选择性曲解是指人们趋向于将所获得的信息与自己的意愿模式结合起来的思维倾向。选择性曲解说明人们接收外界刺激物信息后要经过主观加工来理解的过程,即人们一般是按先入为主的思维习惯来解释信息的。在实际购买中,品牌忠诚者的出现就属于这种情况,即使新品牌在性能、质量等方面可能更好,但某一品牌的忠诚者不会轻易改变其品牌偏好。

3)选择性记忆

人们往往会忘记大多数所接触过的信息,只会记住那些符合自己态度与信念的信息,这就是在选择性曲解基础上的选择性记忆。这种选择性记忆使人们大都只记忆自己所偏好的品牌、商店、超市或服务提供者的优点,而忽视了其他同类供应者的优点。

企业必须设法突破消费者的感觉壁垒,使其传递的信息尽快、失真度最低地植根于目标顾客心中,为培养企业的品牌忠诚者铺平道路。

3. 学习

除本能驱使力支配的行为外,其他行为皆属学习活动。心理学家发现,学习行为是某一刺激物与某一反应建立联系时所发生的行为,如司机见了红灯就停车,观众对精彩表演鼓掌等。消费者的学习是通过驱使力、刺激物、诱因、反应和强化的相互影响而产生的。营销学对消费者学习过程进行研究的全部意义在于,使企业把消费者的学习过程与得到驱使力联系起来,运用各种营销手段来强化消费者对其营销商品和服务的需求。

4. 信念和态度

通过以前的行为和不断的学习,人们获得了自己的信念和态度,而信念和态度又反过来影响人们的购买行为。所谓信念是指一个人对某些事物特有的描述性思想。企业应对其产品和服务以及企业自身在消费者思想中所特有的信念极为关注,建立良好的企业声誉和品牌。

消费者在学习过程中形成了态度。所谓态度是指人们长期保持的对于某种事物或观念的看法。消费者一旦对某个产品、品牌或企业形成一种态度往往很难改变,要想改变某一消费者对某产品或某品牌及某企业已经形成的态度,企业要付出相当大的营销努力,进行全方位的营销调整,甚至革新。

消费者的购买行为是文化、社会、个人和心理因素相互影响和作用的结果。其中的许多因素是营销者无法改变的,但它对识别消费者的购买行为是很有帮助的。营销对文化、社会、个人和心理因素中的许多部分具有影响力,企业可以运用营销手段作用于这些因素,从而使消费者产生购买欲和购买行为。

第二节　组织市场与购买行为分析

组织市场指工商企业为从事生产、销售等业务活动以及政府部门和非营利性组织为履行职责而购买产品和服务所构成的市场。其中包括生产者市场、中间商市场、非营利性组织市场和政府市场。

由于组织市场的主体性质和购买目的与消费者市场有很大的不同,所以有必要对其购买行为进行特定的分析和研究。

一、组织市场的分类

(一)生产者市场

在某些场合,生产者市场称作产业市场或工业市场。它主要由这样的一些个体和组织构成:它们采购商品和劳务的目的是加工生产出其他产品以供出售、出租,从中获利。它主要由以下产业构成:农、林、牧、渔业,采矿业,制造业,建筑业,运输业,通信业,公用事业,银行、金融、保险业,服务业。以生产者市场为服务目标的企业,只有深入研究这个市场的特点,并分析其购买行为,才能取得营销成功。

(二)中间商市场

中间商市场是由以营利为目的而从事转卖或租赁业务的个体和组织构成的市场,包括批发和零售两大部分。在许多场合中,批发和零售往往作为营销渠道的组成部分。其实,中间商市场和生产者市场有着许多相似之处,双方的购买行为有许多雷同的地方。

(三)非营利性组织市场

非营利性组织市场也称机构市场,主要指一些由学校、医院、疗养院、监狱和其他为公众提供商品和服务的部门所组成的市场,其往往是以低预算和受到一定的控制为特征的,而且一般都是非营利性的。

放宽外商捐资举办非营利性养老机构的民办非企业单位准入

(2022年)10月8日,中国政府网发布《国务院关于同意在天津、上海、海南、重庆暂时调整实施有关行政法规规定的批复》。国务院批复同意在海南等地暂时调整实施有关行政法规规定,放宽外商捐资举办非营利性养老机构的民办非企业单位准入。

批复称,按照《国务院关于同意在天津、上海、海南、重庆开展服务业扩大开放综合试点的批复》,同意自即日起至2024年4月8日,在相关省市暂时调整实施《旅行社条例》和《民办非企业单位登记管理暂行条例》的有关规定。

国务院有关部门、相关省市人民政府要根据上述调整,及时对本部门、本省市制定的规章和规范性文件作相应调整,建立与服务业扩大开放综合试点相适应的管理制度。国务院将根据相关省市服务业扩大开放综合试点情况,适时对本批复的内容进行调整。

根据《国务院决定在天津、上海、海南、重庆暂时调整实施的有关行政法规规定目录》,对《民办非企业单位登记管理暂行条例》的有关规定,调整实施的地域范围为海南等地,调整实施情况为“放宽外商捐资举办非营利性养老机构的民办非企业单位准入”。

(资料来源:海南日报)

(四)政府市场

在大多数国家里,政府也是产品和劳务的主要购买者。由于政府的采购决策要受到公众的监督,因此它们经常会要求供应商准备大量的书面材料,此外政府市场还有一些如以竞价投标为主,喜欢向国内供应商采购等特点。

【案例 4-2】

甘肃省纪委监委派驻省文旅厅纪检监察组：用好监察建议 促政府采购阳光规范

近日，甘肃省纪委监委派驻省文旅厅纪检监察组在日常监督检查中发现，省文旅厅存在厅机关政府采购评审专家库建设缺失等问题。

随后，纪检监察组发出监察建议书，督促省文旅厅严格落实行政事业单位经济活动监督管理主体责任，并从强化政府采购需求管理、监督制约采购计划实施、细化完善采购程序、建立健全政府采购方案论证审核机制、强化前期可行性论证、审核审批严格分级分类、加快建设政府采购评审专家库平台等 7 个方面，提出具体建议，切实推动改进政府采购内控监督存在短板，消除廉政风险，确保政府采购阳光透明、公平公正。

为防止监察建议书“一发了之”“一收了之”，建议书明确具体整改期限，督促省文旅厅在规定时间内书面反馈整改情况和处置结果，纪检监察组将逐一确认整改情况和效果。

据了解，省文旅厅根据监察建议，制定印发《甘肃省文化和旅游厅及直属单位内部控制评价方案》和《甘肃省文化和旅游厅进一步加强财会监督工作实施细化方案》等制度机制，对厅直属单位和厅机关内部控制和风险展开评估，评价预算、收支、采购、资产、建设项目和合同管理等 6 大经济业务全过程、全环节内部控制制度与流程，确保有效加强内部控制建设。修订完善招标项目价格评审机制，确保各个环节严格执行政府采购管理制度。严格把关专家库人员，完善采购评审专家库人员征集、评价使用、培训监督等机制，建立专业型、技术型评审专家库。

下一步，纪检监察组将持续用好用活纪检监察建议书，以推动解决问题、完善制度、改进工作为出发点，做到发出一份建议、整改一批问题、完善一批制度，使监督“长牙带电”，强力推动问题整改到位。

（资料来源：甘肃纪检监察网）

二、组织市场的特征

组织市场与消费者市场相比，具有一些鲜明的特征。

（一）购买者比较少

组织市场购买者远远少于消费者市场的购买者。如发电设备生产者的顾客是各地有限的发电厂。

（二）购买规模大

组织市场上的购买者每次购买的数量都比较大。例如美国固特异轮胎公司的订单主要来自通用、福特、克莱斯勒三大汽车制造商，但当固特异公司出售更新的轮胎给消费者时，它就要面对全美 1.71 亿汽车用户组成的巨大市场了。购买次数少就决定了每次采购量巨大。特别在生产比较集中的行业里更为明显，通常少数几家大企业的采购量就占该产品总销售量的大部分。

（三）供需双方关系密切

组织市场的购买者需要持续的货源，供应商需要长期稳定的销路，所以供需双方保持密切的关系。购买者也会要求供应商改变其操作方法和程序。购买者会对质量、交货期、服务项目和技术规格等方面有特殊要求，供应商甚至为单一企业客户量身定做产品，所以供应商和购买者通常保持很好的长期沟通。

【案例 4-3】

智慧养老的具体实践模式

智慧养老的运作逻辑是借助互联网环境和智能技术搭建养老信息平台，实现分散型、碎片化的养老服务力量与资源的协调与整合，优化养老服务体系内部不同主体间的协同关系、运行流程，并通过供需双方的数据分析实现需求的无缝对接。简单而言可以概括为围绕老年人的需求，打造“智能终端+信息平台+线下服务”生态，即在互联网、物联网、云计算、大数据等信息技术的支撑下构建养老服务信息平台，通过智能腕表、智能检测设备等智能终端将采集的信息或老年人及其家庭主动提交的需求信息汇总到信息平台，信息平台及时处理和响应老年人及其家庭的“服务需求”，派送“服务要求”到合作的养老服务主体，养老服务主体及时提供相应的服务，实现“线上”（信息平台）的精准定位和“线下”（实体服务机构和人员）的专业服务相融合，并基于数据分析，及时回应老年人日益增长的服务需求，不断扩展和改进养老服务项目。

（资料来源：决策与信息）

（四）购买者在地域上相对集中

由于资源和区位条件等，各种产业在地理位置的分布上都有相对的集聚性，所以组织市场的购买者往往在地域上也是相对集中的。例如中国的重工产业大多集中在东北地区，石油化工企业云集在东北、华北以及西北的一些油田附近，金融保险业在上海相对集中，而广东、江苏、浙江等沿海地区集聚着大量轻纺和电子产品的加工业。这种地理区域的集中有助于降低产品的销售成本，这也使得组织市场在地域上相对集中。

（五）派生需求

组织市场上的购买需求源于对消费品的需求，企业之所以需要购买生产资料，归根到底是将其作为劳动对象和劳动资料以生产出消费资料。例如，由于消费者需要皮包、皮鞋，所以生产企业需要购买皮革、钉子、切割刀具、缝纫机等生产资料。因此，消费者市场需求的变化将直接影响组织市场的需求。派生需求往往是多层次的，形成一环扣一环的链条，消费者需求是这个链条的起点，是原生需求，是组织市场需求的动力和源泉。

（六）需求弹性小

组织市场的需求受价格变化的影响不大。皮鞋制造商在皮革价格下降时，不会打算采购大量皮革，同样，皮革价格上升时，他们也不会因此而大量减少对皮革的采购，除非他们发现了某些稳定的皮革替代品。需求在短期内特别无弹性，因为厂商不能对其生产方式做大幅变动。对占项目总成本比例很小的业务用品来说，其需求也是无弹性的。例如，皮鞋上的金属鞋孔价格上涨，几乎不会影响其需求水平。

（七）需求波动大

组织市场的需求是一种派生的需求，所以消费者市场需求的小量波动，会导致组织市场需求的巨大波动。经济学家把这种现象称为加速效应或牛鞭效应。比如，消费品需求仅上升 10%,却能使相关联的企业用品需求上升 200%;而当消费品需求下降 10%,可能会使企业需求急剧萎缩。

(八)专业人员采购

工业品的复杂程度、价值和风险都大大高于消费品,组织机构通常需要比个人消费者更加系统地了解所需要的商品,其采购过程有时需要专业人员的专业方法和对技术信息的评估能力,确保购买建立在对商品价格质量比、售后服务及交货期的逻辑分析基础之上。这意味着购买方必须具有完备的技术知识,并能提供大量的有关自身及竞争者的数据。

(九)影响购买决策的人较多

与消费者市场相比,影响组织市场购买决策的人较多。大多数企业有专门的采购组织,重要的购买决策往往由技术专家和高级管理人员共同作出,其他人也直接或间接地参与决策。供应商应当派出专业销售代表与买方的采购人员进行交涉。

(十)直接采购

消费品的销售通常都经过中间商,但组织材料的购买者大多直接向生产者购买。这是因为购买者数量有限,而且大多属于大规模购买,直接购买的成本显然低得多。此外,组织市场的购买活动在售前售后都需要由生产者提供技术服务。

(十一)租售现象

一些组织购买者乐于租借大型设备,并不愿意全盘购买。租借对于承租方和出租方有诸多好处。对于出租方,当客户不能支付购买其产品的费用时,其优惠出租制度为其产品找到了用武之地。对于承租方,租借为其省下了大量资金,又获得了最新型的设备。这种方式目前在工业发达的国家有日益普及的趋势。特别适用于需要电子计算机、包装设备、重型工程机械、运货卡车、机械工具等昂贵设备的企业。

三、生产者市场与购买行为分析

生产者购买行为是指一切购买产品或服务,并将之用于生产其他产品或服务,以供销售、出租或供应给他人消费的一种决策过程。

生产者购买行为是提供生产资料产品的企业的市场营销的研究重点,只有了解了生产者购买行为特点,掌握生产者购买行为的规律性,才能制定适宜的市场营销组合策略,在满足生产者需求的同时,实现企业自身的营销目标。

(一)生产者购买方式

生产者的采购决策组织称为采购中心,是围绕同一目标而直接或间接参与采购决策并共同承担决策风险的所有个人和群体。采购中心由来自不同部门和执行不同职能的人员组成。采购人员在购买决策中扮演以下七种角色中的一种或几种。

1. 发起者

发起者指提出和要求购买的人。他们可能是组织中产品或服务的使用人或他人。

2. 使用者

使用者指生产用户内部使用这种产品或服务的成员。使用者往往首先提出购买某种所需产品的建议,并提出购买产品的品种、规格和数量。

3. 影响者

影响者指企业内部和外部直接或间接影响购买决策的人员。他们通常协助决策者决定购买产品的品牌、品种、规格。企业技术人员是最主要的影响者。

4. 决策者

决策者指有权决定买与不买,决定产品规格、购买数量和供应商的人员。决策者可以是企业的高层管理人员,也可以是中级或初级管理人员。营销人员应设法弄清楚谁是决策者,以便有效地促成购买行为。

5. 批准者

批准者指有权批准(或否决)决策者或购买者所提出的购买方案的人员。

6. 采购者

采购者是指企业中具体执行采购决定的人。他们是企业里有组织采购工作正式职权的人员。其主要任务是交易谈判和选择供应者。在较复杂的采购工作中,采购者还包括企业的高层管理人员。

7. 信息控制者

在企业外部和内部能控制市场信息流到决策者和使用者那里的人员,如企业的采购代理商、技术人员和秘书等。企业营销必须了解生产者购买行为的具体参与者,特别需要了解谁是主要的决策者,以便采取适当措施,影响有影响力的重要人物。

(二)影响生产者购买决策的主要因素

【案例 4-4】

加快构建推动高质量发展的标准体系

产品质量一头连着生产环节,一头连着消费环节,直接影响着消费者的购买决策,既关乎人民日益增长的物质与文化需求的满足,更关系到内需潜力的有效释放。我国多数行业长期采用技术引进式发展,在技术发展、运用等方面标准化的基础还比较薄弱。然而,高质量发展的最基本的要求是提高产品和服务的质量和标准,质量标准体系的不健全,标准化的执行、实施不到位直接制约了产品和服务质量的提高。

(资料来源:学习时报)

影响生产者用户购买决策的主要因素可以分为环境因素、组织因素、人际因素和个人因素(图 4-4)。供应商应了解和运用这些因素,引导买方购买行为,促成交易。

1. 环境因素

环境因素指生产者无法控制的宏观环境因素,包括国家的经济前景、市场需求水平、资金成本、技术发展、竞争态势和政治法律状况等。经济环境是最重要的,如果一个国家的经济前景看好,那么有关生产者就会增加投资,增加原材料采购和库存,以备生产扩大之用。如果经济滑坡,生产者就会减少投资,减少原材料的采购和库存,甚至停止购买,那么供应商试图增加生产需求就是徒劳的。

2. 组织因素

组织因素即企业本身的因素,如企业的目标、政策、业务程序、组织结构、制度等,都会影响生产者购买决策。供应商的营销人员应该了解的问题有:生产者用户的经营目标;为了实现这个目标,他们需要什么产品;他们的采购程序是什么;有哪些人参与采购并对采购过程产生影响;他们的评价标准是什么。供应商应提高销售部门的规格,派出业务素质好的销售人员与买方的采购人员打交道。

3. 人际因素

人际因素主要指企业内部人际关系。生产者购买决策过程比较复杂,参与决策的人员较多,这些参与者在企业中的地位、职权、说服力以及他们之间的关系都会影响生产者的购买决策。企业采购中心的成员由发起者、使用者、影响者、决策者、批准者、采购者和信息控制者构成。这些成员地位、权力不同,在购买过程中起到的作用不同,因而呈现出复杂的人际关系。供应商应了解每个人在购买过程中扮演的角色,采取有针对性的营销策略。

4. 个人因素

个人因素包括年龄、受教育水平、个性、收入、文化、工作职位、风险态度等。每个人在决策过程中都会掺入个人感情,从而影响参与者对要采购的产品和供应商的看法,进而影响购买决策。比如,有的采购人员是受过良好教育的理智型购买者,选择供应商之前进行过周密的营销方案的比较;有的采购人员态度强硬,总是与供应商反复较量,希望压倒对方。市场营销人员应注意采购中心各成员的个人情况,采取因人而异的策略。

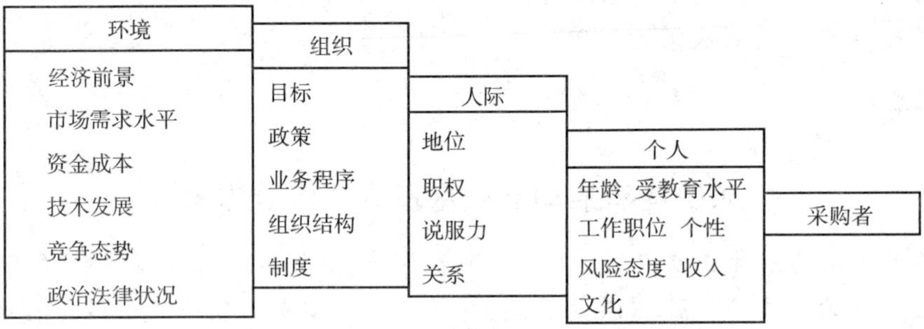

图 4-4 影响生产者购买决策的主要因素

(三)生产者购买决策的主要阶段

生产者用户完整的购买决策过程可以分为八个阶段,但是这八个阶段并非适用于所有购买类型,直接重购和修正重构可能跳过某些阶段,新购则会完整地经历各个阶段,如表 4-2 所示。

表 4-2 生产者用户完整的购买决策过程的八个阶段

阶段	购买类型		
	新购	修正重购	直接重构
认识需要	是	可能	否
确定需要	是	可能	否
说明需要	是	是	是
物色供应商	是	可能	否
征求建议	是	可能	否
选择供应商	是	可能	否

续表

阶段	购买类型		
	新购	修正重购	直接重构
正式订货	是	可能	否
检查合同履行情况	是	是	是

1. 认识需要

认识需要指生产者用户认识自己的需要,明确所要解决的问题。认识需要是生产者用户购买决策的起点,它可以由内部刺激和外部刺激引起。

①内部刺激。比如,企业决定推出一种新产品,需要新设备或原材料来制造;机器发生故障,需要更新或需要新零件;已购进的商品不理想或不适用,须更换供应商。

②外部刺激。采购人员通过浏览广告,参观商品展销会或接受卖方推销人员介绍后发现了更加理想的产品,从而产生需要。

因此,销售人员应尽早地接触生产者用户的购买过程,对其需求有更好的了解,从而提高订单的获得率。此外,加强推销和宣传也能有效地激发潜在的需求。

2. 确定需要

当认识了某项需要后,购买方需要通过价值分析确定所需产品的品种、性能、特征、数量和服务。标准化产品容易确定,而非标准化产品须由采购人员和使用者、技术人员或高层管理人员共同确定。卖方营销人员应熟悉这些购买影响者并认清他们之间的关系和重要程度,及时向购买方介绍产品特性,协助其确定需要。

3. 说明需要

生产者用户说明所购产品的品种、性能、特征、数量和服务,写出详细的技术说明书,将其作为采购人员的采购依据。购买方会委派一个专家小组从事这项工作,专家小组经过价值分析后确定产品最佳性能要求,作为采购的标准。供应商也应通过价值分析向潜在顾客说明自己的产品和价格比其他品牌的更理想。

4. 物色供应商

在确定并详尽描述产品技术规格和可行性采购办法之后,生产者用户将根据产品技术说明书的要求物色最佳供应商。如果新购或所需品种复杂,生产者用户为此花费的时间就会较长。购买方获取供应商信息的渠道很多,调查表明,企业采购部门信息来源及其重要性由高到低的排列顺序是:内部信息,如采购档案,其他部门信息和采购指南,推销员的电话访问和亲自访问;外部信息,如卖方的产品质量调查、其他公司的采购信息、新闻报道、广告、产品目录、电话簿、商品展览等。企业既可以直接从现有的合作伙伴中选择供应商,也可以通过信息查询、网上查询和背景调查物色新的供应商。

5. 征求建议

邀请供应商提出建议或提出报价单。购买者采购复杂的、价值高的产品,要求每个潜在的供应商都提交详细的书面建议或报价单。不同的购买任务所要求的供应建议内容可能会有所不同。对于复杂的、花费大的项目,购买者会要求每个潜在供应商提出详细的书面建议，经过筛选后，请余下的供应商提交正式供应建议书。在直接重购情况下，购买方只要求供应商提供有关价格、交货时间和方式等方面的最新信息。在新购和修正重购情况下，潜在供应商提交的供应建议书则应该更加正式和详尽。

6. 选择供应商

生产者用户对供应建议书进行分析评价，确定供应商。评价内容包括供应商的产品质量、财务状况、技术可行性、价格、信誉与历史业绩、服务满意程度、交货能力等。生产者用户在作出决定前，还可能与较为中意的供应商谈判，以争取较低的价格和较好的供应条件，供应商的营销人员要制定应对策略以防止对方压价和提出过高要求。

7. 正式订货

生产者用户根据所购产品的技术说明书、需要量、交货时间、退款政策、担保条款、保修条件与供应商签订最后订单。许多生产者用户愿意采用长期有效合同的形式。若供应商能随时按照要求供货，购买方就可实行"无库存采购计划"，降低或免除库存成本。供应商也愿意接受这种形式，因为可以与购买方保持长期的供货关系，增加业务量，抵御新的竞争者。

8. 检查合同履行情况

订单的签订并不意味着购买决策过程的终止。生产者用户将在产品的安装、使用、培训和售后服务过程中对各个供应商进行评价，以决定维持、修正或终止供货关系。评价方法是询问使用者或按照若干标准加权评估等。供应商必须及时了解用户的评价意见，加强同购买方的交流，关注产品的采购者和使用者是否使用统一标准进行绩效评价，以保证评价的客观性和正确性。

四、中间商市场与购买行为分析

中间商市场是指由所有获得商品旨在转售或出租给他人，以获得利润的个人和组织组成的市场。中间商购买行为是指中间商在寻找、购买、转卖或租赁商品过程中所表现出的行为。中间商处于流通环节，是生产者与消费者之间的桥梁，因此企业应把其视为消费者采购代理人，帮助他们为消费者提供优质服务。

（一）中间商购买类型

中间商的购买行为可以分为四种主要类型。

1. 购买全新品种

中间商第一次购买某类从未购买过的新产品。在这种情况下，中间商先要综合分析产品的市场需求、市场风险、产品获利的可能性等多方面因素，再决定是否购买，最后作出向谁购买和购买多少的决策。购买决策过程的主要步骤与生产者用户大致相同，也分为八个阶段，即认识需要、确定需要、说明需要、物色供应商、征求供应建议书、选择供应商、签订合约和绩效评价。

2. 选择最佳供应商

中间商已经确定将要购买的产品，但需要选择最佳的供应商。中间商如果打算用供应商品牌销售产品，或由于自身条件限制，只能进部分供应商的产品，就要从众多的供应商里面，选择最优的。

3. 改善交易条件

中间商并不想更换供应商，但是试图从原有供应商那里获得更为有利的供货条件，使自己得到更大的利益，如更及时的供货、更合适的价格、更积极的促销合作等。中间商会在同类产品供应商增多或其他供应商提供更优惠的交易条件时，向现有供应商提出此类要求。其不想更换供应商，但是会把这作为一种施压的手段。

4. 直接重购

中间商的采购部门按照过去的订货目录和交易条件，继续向原来的供应商购买产品。中间商会对以往的供应商进行评估，选择满意的作为直接重购的供应商，在其存货水平低于订购点时按常规续购。

（二）中间商购买过程的参与者

中间商主要包括批发商、经销商、代理商和零售商等。中间商购买过程参与者的数量与商店的规模和类型有关。小型的商店通常由店主承担采购任务。大公司则有专人或组织从事采购工作。中间商的采购方式虽然不同，但是也存在着共性。以连锁超市为例，参与购买过程的人员和组织如下。

1. 商品经理

商品经理是连锁超市总部的专职采购人员，分别负责各类商品的采购，收集同类产品不同品牌的信息，选择适当的品种和品牌。有些商品经理可以自行决定接受或拒绝某种产品；有些商品经理权力较小，只负责审核，然后向公司提出采购接受或者拒绝的建议。

2. 采购委员会

采购委员会由公司的各部门经理和专职采购经理组成，主要负责审查由采购人员或各个商品经理提出的采购建议，作出购买决策。专职人员控制信息和提出建议，故其在采购上起着决定性的作用。采购委员会起着平衡各种意见的作用，在新产品评估和购买决策方面产生重要影响，并代替采购人员向供应商提出拒绝的理由，充当二者之间的调解人。

3. 分店经理

分店经理是连锁超市下属各分店的负责人，掌握分店一级的采购决策权。由分店经理控制采购能提高商品对不同区域的适应性，也便于调动分店经理的积极性。

（三）中间商购买决策过程

中间商对新产品的采购需要经历八个阶段，即认识需要、确定需要、说明需要、物色供应商、征求供应建议书、选择供应商、签订合约和绩效评价。改善交易条件、选择最佳供应商的采购和直接重购会跳过某些阶段。

1. 认识需要

认识需要指中间商认识自己的需要，明确所要解决的问题。当中间商通过销售分析发现产品不对路时，就会通过展销会、广告、供应商的推销和消费者的询问，来了解受消费者欢迎的产品，产生购买欲望。

2. 确定需要

中间商根据产品组合策略确定需要购进产品的品牌、规格和数量。批发商和零售商的产品组合策略有四种。

（1）独家产品，即在同类产品中只销售同一品牌或同一厂家生产的不同花色品种的产品，如某空调商店专门经营格力系列空调产品。

（2）深度产品，即中间商销售不同品牌不同生产厂家的不同花色品种的同类产品。如某电视机商店经营松下、长虹、索尼等品牌的电视机。

(3)广度产品,即经营某一行业的多系列、多品种的产品,它比深度产品的产品组合要宽,如电器商店经营电视机、电冰箱、洗衣机等。

(4)混合产品,即经营跨行业、没有关联的多种产品。与广度产品策略相比,其产品组合的关联性弱,如某商店经营电视机、电冰箱、服装、食品、文具等。

3. 说明需要

说明需要指中间商写出采购说明书,详细说明所要购买产品的品种、规格、质量、价格、数量和购进时间,将其作为采购人员的采购依据。中间商为了减少"买进卖出"带来的风险,对产品购进的时间很关注,因为销售时间将直接影响产品的销路。中间商决定购买数量的主要依据是现有的存货水平以及预期的需求水平和成本/效益的比较。

4. 物色供应商

采购人员根据采购说明书的要求通过多种途径收集信息,寻找最佳供应商。如果是新产品采购或所需品种组合复杂,那么工作量就会大些。

5. 征求供应建议书

中间商邀请合格的供应商提交供应建议书,从中挑选少数的供应商作为选择对象。

6. 选择供应商

中间商采购部门和决策部门从选出的少数供应商中确定所购产品的供应商。中间商的购买多属于专家购买、理性购买,最关心的是商品采购能否让其实现快速销售以及赢利。

7. 签订合约

中间商根据采购合同说明书和有关交易条件与供应商签订购销合同。与生产者用户相似,中间商也倾向于签订长期合同,以保证货源稳定、供货及时,并减少库存成本。

8. 绩效评价

中间商对各个供应商的绩效、信誉、合作诚意等因素进行评价,决定以后是否继续合作。

五、政府市场与购买行为分析

所谓政府市场是指由为执行政府的主要职能而购买、租用产品或服务的各级政府单位组成的市场。一个国家的政府市场上的购买者是这个国家的各级政府的采购机构。

(一)政府采购的目的

政府采购的范围比较广泛,不像工商企业为了营利,也不像消费者为了满足生活需要,政府采购的目的是维护国家安全和社会公众的利益。其采购对象按照用途可分为军事装备、通信设备、交通运输工具、办公用品、日用消费品、劳保福利用品和其他劳务需求等。具体的购买目的有:加强国防与军事力量;维持政府的正常运转;稳定市场,政府有调控经济、稳定物价的职能,常常支付大量的财政补贴以合理价格购买和储存商品;对外国的商业性、政治性或人道主义的援助。

(二)政府市场购买过程的参与者

各个国家的各级政府都设有采购组织,一般分为两大类。

(1)行政部门的购买组织,这些购买组织的采购经费主要由财政部门拨款,由各级政府机构的采购办公室具体经办。

(2)军事部门的购买组织,军事部门采购的军需品包括军事装备(武器)和一般军需品

(生活消费品)。

(三)影响政府购买行为的主要因素

政府市场的购买行为也受环境因素、组织因素、人际因素和个人因素的影响，但是在以下方面有所不同。

(1)受到社会公众的监督。虽然各国的政治经济制度不同，但是政府购买都受到各方面的监督。

(2)受到国际国内政治形式的影响。例如，国家稳定繁荣的时候，用于各项建设和社会福利的支出就大；在国家安全受到威胁或因为某种原因出现内乱的时候，军备开支和军需品的需求就大。

(3)受到国际国内经济形式的影响。国家经济形式不同，政府用于调控经济的支出也会随之增减。经济萧条时期，政府会缩减支出；经济快速发展时期，政府可能增加支出；国内需求不足时，国家可能通过提高政府支出达到刺激需求的目的。

(4)受到自然因素的影响。在发生地震、洪涝等自然灾害时，政府用于救灾的资金和物资大量增加。

【本章小结】

消费者市场是最终市场，它的变化和发展对组织市场乃至整个经济运行都有着重大的影响。消费者市场具有购买目的的非营利性、需求差异大、购买频繁、“价格-需求弹性”大、购买的非专家性和可诱导性等特征。

消费者购买行为受诸多因素影响，主要包括文化因素、社会因素、个人因素、心理因素等几个方面。消费者购买决策过程是购买行为模式中起决定作用的一环，研究这一环节应从购买决策的参与者、购买决策的类型以及决策过程等方面着手。

组织市场的购买分为生产者购买、中间商购买、非营利性组织购买、政府购买，因此组织购买有它自身的特点。其购买的过程、影响因素各不相同。组织市场的供应商只有把握其规律，才能自市场活动中获得主动权。

【思考与练习】

一、论述题

(1)你是否遇到过购后不协调的情况？你是怎么处理的？分析你的处理方式。

(2)分别举出在你看来属于不同购买行为类型的购买经历并加以说明。

(3)生产者市场和消费者市场的基本区别是什么？

(4)试分析政府采购对企业的意义？

(5)一位女士在某商场的购物过程如下：因为原有的手机丢失，先到通信器材柜通过营业员介绍买了一款新推出的手机；然后到摄像器材柜准备挑选一部数码相机，虽经营业员详细讲解，但因为没有使用经验，还是决定下次找个懂行的朋友一起来购买；最后在日用品自选超市买了某种著名品牌的洗发水。请回答：从对商品的认识程度分类，这位女士在三次购买过程中分别属于什么能力类型的消费者？不同过程中的消费行为分别具有什么特点？

二、应用题

“砍价”是我国目前居民日常生活中习以为常的一种购买行为。大到如购房、置换家用电器，小到服装，从大百货公司、家电专业商店到各种小商品市场、农贸市场甚至旅游市场，这一现象似乎无所不在。请就这一现象（从买卖双方的心理、购买成本、品牌偏好和态度的形成等多个角度）做出分析。

三、案例分析题

2005年，一个特立独行的牙膏品牌以超凡的胆识和魄力、势如破竹的姿态，在中国牙膏市场掀起了一场史无前例的风暴。这个牙膏的名字就叫云南白药牙膏。2006年底，其市场销售额累计已飙升至3亿元，成功开拓了功能性牙膏高端市场的新大陆，确立了中国功能性牙膏的品牌地位，2012年销售额超12亿元，云南白药一举成为医药品牌进军日化领域的成功典范。

目前我国牙膏市场规模约在180亿元左右，云南白药牙膏在牙膏市场占有率约为10%，占有率排名第五。云南白药牙膏在高端市场中市占率第一，预计未来两年内仍将保持略高于行业的增速。云南白药2012年一季度实现净利润2.91亿元，每股收益0.42元，同比增长28.87%，一季度增长超过30%，主要依靠牙膏拉动。

云南白药品牌享誉中外，是中国止血愈伤、消肿止痛、活血化瘀类产品的百年品牌。云南白药牙膏是以牙膏为载体，借鉴国际先进口腔护理、保健技术研制而成的口腔护理保健产品。它选用高档软性洁牙磨料和高级润湿剂，膏体细腻，清新爽口，能有效去除口腔异味。在日常刷牙中即可使牙龈、牙周、牙齿和口腔其他组织得到专业的护理、保健，令口腔更健康，牙齿更牢固，是新一代口腔护理、保健产品。

除了产品配方不可复制外，云南白药牙膏几乎不具任何优势，而作为后进入市场的新品，却要以20多块的价格去与“洋牙膏”竞争。

试从消费者行为学角度对该案例进行分析。

【营销实训】

一、实训目标

分析市场，了解消费心理和购买行为。

二、实训内容

（1）对有关超市进行调查，了解百事可乐及其他品牌饮料的销售资料，由学生组织分析研究，得出结论。分析的具体内容由教师指导学生拟定，如超市有需要，可作为真正的实训。

（2）根据饮料品牌分组，任课教师调控整个实训过程。如超市参与时，主要根据它们的实际需要项目进行开展。结合实地观察、接触消费者得到的实际感受，利用消费行为理论剖析消费者二至三种行为过程，说明其有可能受哪些心理活动的影响。

三、实训检测

（1）由组长根据各成员在实训过程中的表现进行评估打分。

（2）指导教师根据各成员表现进行讲评。

四、作业训练简报内容

①参加活动名称、时间、地点。

②本人预期目标。
③本人发言提纲。
④活动效果。

【案例讨论】

蜂鸣营销

现在，许多公司都在努力使有影响力的日常消费者成为品牌的推广者。蜂鸣营销（Buzz Marketing）就是指营销者找出甚至自己培养意见领袖，让他们以“品牌形象大使”的身份传播产品信息。

2012年伦敦奥运会期间，耐克公司赞助的400位运动员穿上了令人惊艳的绿色和黄色Volt Flyknit鞋，这款鞋成了这届奥运会的热点，耐克公司也由此在全球创造了巨大的蜂鸣效应。

流行音乐明星Lady Gaga定期征募她最忠实的歌迷，她称他们为“小怪兽”，为她的新歌做宣传。新歌发布前，她经常透露一些片段给“小怪兽”们，通过他们的社交网络提前创造蜂鸣效应。凭借推特上超过4 000万名、脸书上超过6 000万名粉丝，创造了巨大的市场冲击力。

飞利浦公司将用户转变为品牌大使，他们帮助其宣传推广晨起照明系统。几年前，飞利浦公司推出了首款晨起灯，这是一款模仿自然日出的床头照明系统，帮助人们更自然和快乐地起床迎接新的一天。飞利浦公司发动了一场“唤醒小镇”运动。向北极圈内最北端的小镇挪威朗伊尔城的200位居民提供公司的这款产品，因为这个镇的200位居民每年要经历11周全天黑暗的日子。飞利浦公司要求使用产品的消费者在企业的互动网站、博客布告栏、脸书网页上如实分享自己的体验，公司还在网站上安排了媒体访谈，发布了微型纪录片视频。3个月后，对200位居民的调查表明：有87%的人醒来感觉更加精神焕发、敏捷，对新的一天充满期待；98%的人表示会继续使用晨起灯。这款晨起灯，在瑞典，使用人数增长了17%，在挪威，使用人数增长了45%，目标市场整体需求量增加了29%。

（1）顾客由消费者转变为品牌推广者的依据和条件是什么？
（2）结合案例分析蜂鸣营销的主要特点以及应该如何实施蜂鸣营销策略。

第五章 市场营销调研与需求预测

【本章重点】

1. 理解市场营销调研的含义、特点、类型及程序。
2. 掌握市场营销调研的方法。
3. 懂得如何估算企业当前的市场需求。
4. 掌握市场需求预测的基本方法。

【引例】

8 月份中国大宗商品指数公布 市场供应增速加快 需求持续回暖

中国物流与采购联合会 9 月 5 日公布 8 月份中国大宗商品指数。从指数变化情况来看,大宗商品指数较上月小幅回升,市场供应增速加快,商品需求持续回暖。

8 月份中国大宗商品指数为 102.7%,较上月回升 0.4 个百分点。从分项指数看,供应指数、销售指数和库存指数均有所回升,国内大宗商品市场正在出现积极的变化。8 月份大宗商品市场供需基本面,综合表现为供需双强的局面,旺季预期向好。

中国物流与采购联合会会长助理何辉介绍:“一系列的稳增长政策的相继出台,对整个经济恢复向好起了一个很好的支撑的作用,带来了对大宗物资的消费需求的回升,大宗(商品)的市场价格也略微开始回升。大宗(商品)市场在回升向好,也预示着我们的经济趋稳回升的势头更加明显。”

具体来看,随着国内经济持续稳定恢复,8 月份大宗商品供应指数止跌回升,较上月回升 0.8 个百分点,生产企业开工率持续回升,商品产量整体增加。从主要商品看,除了汽车供应量有所减少外,其余品种均呈现增加的态势,并且多数商品供应增速有所加快。8 月份铁矿石供应量止跌回升,较上月增加 2.4%。钢铁、成品油和有色金属供应量,较上月分别增加 5.2%、4.2%和 3.8%,增速较上月分别加快 0.6、0.1 和 2.1 个百分点。

另外,从市场需求来看,8 月份大宗商品销售指数为 103.5%,较上月回升 0.1 个百分点,显示终端市场及贸易商的采购意愿有所增强,市场需求整体向好。从主要商品看,除化工产品外,其余品种销售量均呈现增长态势。其中,钢铁、成品油和有色金属销售量,较上月分别增加 3.8%、4.4%和 3.6%,增速较上月分别加快 1.0、3.0 和 1.7 个百分点;铁矿石和煤炭销售量较上月分别增加 4.8%和 1.1%。

(资料来源:中央广播电视总台)

著名营销大师科特勒说过:“营销环境一直不断地创造新机会和涌现威胁,持续地监视和适应环境对企业的命运至关重要,许多公司并没把环境变化作为机会,或由于长期忽视宏观的变化而遭受挫折。”

企业要比竞争者更好地满足消费者，赢得竞争优势，就必须研究市场，预测目前和未来的市场需求。实践证明，有效的营销管理特别需要详细、准确的市场信息，营销调研正是为提供这种信息服务的。在深入调研、掌握信息的基础上，科学的预测方法可以帮助营销管理者认识市场的发展规律，作出对新企业、新产品进行有效投资的决策，并为企业制定、评价营销组合策略提供指导。

第一节　市场营销调研

市场营销调研（又称市场调查）是指系统地、客观地收集、整理和分析市场营销活动的各种资料或数据，用以帮助营销管理人员制定有效的市场营销决策。这里所谓的"系统"指的是对市场营销调研必须有周密的计划和安排，使调研工作有条理地开展下去；"客观"指对所有信息资料，调研人员必须以公正和中立的态度进行记录、整理和分析处理，应尽量减少偏见和错误；"帮助"指调研所得的信息以及分析信息后得出的结论，只能作为市场营销管理人员制定决策的参考，而不能代替他们去作出决策。

市场营销调研在下列情况下往往为企业决策者所重视。

第一，决策者需要寻找新的市场机会时。在作出把某一产品投入市场的决策之前，要了解哪些是消费者新的需要和偏好，哪些产品已走到生命周期的尽头等。

第二，市场营销管理人员需要寻找某种问题的产生原因时。例如，发现在某一市场上原来深受用户喜爱的产品现在被用户们冷落了，这时就会由管理者或决策者向调研部门提出调研课题，研究用户态度变化的原因是产品质量或服务质量下降了，还是用户的偏好有所变化。

第三，决策者在制定决策后必须在其实施过程中进行监测、评价和调整。许多情况下，市场营销调研就是针对决策是否有效而进行的，分析一项新的决策是否使市场营销活动向更为有利的方向发展。

第四，预测未来。市场营销调研为预测提供资料依据，预测的准确性很大程度上取决于市场营销调研的质量。市场营销调研与预测是密切联系又有区别的两个概念。

一、市场营销调研的含义及特点

（一）市场营销调研的含义

美国市场营销协会对市场营销调研所下的定义为：市场营销调研（市场调查）是一种通过信息将消费者和公众与营销者连接起来的职能。这些信息用于识别和确定营销机会及问题，策划、提炼和评估营销活动，监督营销绩效，改进人们对营销过程的理解。市场营销调研确定解决问题所需的信息，设计收集信息的方法，管理并实施信息收集过程，分析结果，最后要沟通结论及意义。简单地说，市场调查是指对与营销决策相关的数据（商品交换过程中发生的信息）进行计划、收集和分析并就结果与管理者沟通的过程。

在商品经济社会的初期，商品生产规模小，产量和品种有限，市场交易范围狭小，供求变化较稳定，竞争不很激烈，商品生产经营者较易掌握市场变化。因此，市场调查仅处在原始的、自发的、低级的状态。而在现代相对发达的市场经济条件下，商品生产的规模日益扩大，生产量巨大，品种、规格、花色繁多；消费需求不但量大，而且层次多、复杂多变，供求关系变化迅速,市场突破了地区甚至国家的界限,竞争日益激烈。面对如此状况,企业只有通过市场调查充分掌握市场信息,才能作出正确的经营决策,立于不败之地。

市场调查解决的主要问题是:现有顾客由哪些人或组织构成,潜在顾客由哪些人或组织构成,这些顾客需要购买哪些产品或服务,为什么购买,何时何地以及如何购买。

（二）市场调查的特点

以服务企业预测和决策的需要为目的、系统收集和分析信息的现代市场调查是一项专业性很强的工作,从本质上看是一种市场行为的科学研究工作。现代市场调查的基本特点如下。

1. 目的性

市场调查是有关部门和企业针对市场的科研活动,它有明确的目的。这一目的不仅是设计市场调查方案的前提,也是衡量市场调查价值的基础。现代市场调查以提供有关部门和企业进行市场预测和决策的信息为目的,这种目的性表现为收集、整理和分析市场信息的各个阶段都具有严密计划的特征。

2. 系统性

现代市场调查是一项系统工程,它有规范的运作程序。市场调查人员应全面系统收集有关市场的信息,要对影响市场运行的各种经济、社会、政治、文化等因素进行理论与实践分析相结合、分门别类研究与综合分析相结合、定性分析与定量分析相结合、现状分析与趋势分析相结合的系统性综合研究。单纯就事论事,不考虑周围环境等相关因素的影响,是难以有效把握市场的发展及变化并得到准确结果的。

3. 真实性

现代市场调查的真实性,具体表现在两方面。第一,调查的资料数据必须源于客观实际。任何有意提供虚假信息的行为,从性质上说不属于市场调查行为。第二,调查结果应该具有时效性,即调查所得结论能够反映市场运行的现实状况,否则,不仅会增加开支,而且会导致决策失败。市场调查的时效性应表现为及时捕捉市场上有用的信息,及时分析,及时反馈,为有关部门和企业的活动提供决策建议或依据。总之,现代市场调查的真实性要求从业人员提高职业道德和专业素质,充分利用现代科技手段和方法收集和分析市场信息,做到准确、高效地反映现代市场运行的状况。

（三）市场调查的作用

市场调查是企业营销活动的出发点,其作用十分重要。

（1）有利于制定科学的营销规划。市场调查可以帮助营销者评估市场潜力和市场份额,根据市场需求及其变化、市场规模与竞争格局、消费者意见与购买行为以及营销环境的基本特征,科学地制定和调整企业营销规划。

（2）有利于优化营销组合。企业根据市场调查的结果,评价定价、产品、分销和促销行为的效果,分析研究产品的生命周期,开发新产品,制定产品生命周期各阶段的营销策略组合。如企业根据消费者对现有产品的接受程度以及对产品及包装的偏好,改进现有产品,开发新用途,研究新产品的创意、开发和设计;观察消费者对产品价格变动的反应,分析竞争者的价格策略,确定合适的定价;综合运用各种营销手段,加强促销活动、广告宣传和售后服务,提高产品知名度和顾客满意度;尽量减少不必要的中间环节,节约储运成本,降低销售费用,提高竞争力。

(3)有利于开拓新的市场。通过市场调查,企业可发现消费者尚未满足的需求,了解市场上现有产品及营销策略满足消费者需求的程度,从而不断开拓新的市场。营销环境的变化,往往会影响和改变消费者的购买动机和购买行为,给企业带来新的机会和挑战,企业可据此确定和调整发展方向。

二、市场营销调查(市场调查)的类型及内容

(一)市场调查的类型

市场调查可划分为多种类型,而不同类型的市场调查则具有不同的特点和要求。研究市场调查的分类,有利于根据不同类型的市场调查的特点,明确调查的具体内容,制定相应的市场调查方案。市场调查按目的可以分成以下几类。

1. 探测性调查

探测性调查是指当市场情况不十分明了时,为了发现问题,找出问题,明确进一步深入调查的具体内容和重点而进行的非正式的调查。

例如,某企业近几个月来产品销量明显下降,难以确定究竟是什么原因造成的这一局面。是竞争激烈的影响?是产品质量下降的影响?还是销售中间商不卖力的影响?可能存在很多影响因素,通过探测性调查可以发现问题所在,至于问题究竟应该如何解决则有赖于进一步的信息收集。

探测性调查的目的在于发现想法和洞察问题,常常用于调查方案设计的事前阶段。其采用小样本观察的方式,不一定强调样本的代表性,对数据的分析主要是定性的,调查的结果一般只是试探性的、暂时的,以帮助调查者认识和理解所面对的问题,为进一步的正式调查研究开路。

2. 描述性调查

描述性调查是指对需要调查的客观现象的有关方面进行的正式调查,能够描述调查对象的特征,说明"怎样"或"如何"的问题,而不是说明"为什么"。描述性调查主要进行事实资料的收集、整理,着重回答消费者买什么、何时买、如何买等问题,是通过详细的调查和分析,对市场营销活动的某一方面进行客观的描述,是对已经找出的问题进行如实反映和具体回答。多数的市场调查都为描述性调查。它主要描述调查现象的各种数量表现和有关情况,为市场研究提供基本资料。例如,消费者需求描述性调查,主要是搜集有关消费者收入、支出、商品需求量、需求倾向等方面的基本情况。对市场潜力和市场占有率、竞争对手的状况进行的描述性调查,主要搜集与市场有关的各种资料,并对这些资料进行分析研究,揭示市场发展变化的趋势,为企业的市场营销决策提供科学的依据。

描述性调查就某一专门问题进行解答,所以比探测性调查更为深入细致,研究的问题更加具体。在研究之初,调查者通常根据决策的内容,将研究的问题进一步分解。

描述性调查为了描述总体的特征和问题,有事先制定好的结构性的问卷或调查表,既要搜集原始资料,又要搜集次级资料,采用定量研究与定性研究相结合,以定量研究为主的方法。调查结果是结论性的、正式的。

3. 因果性调查

因果性调查又称相关性调查,是指为了探测有关现象或市场变量之间的因果关系而进

行的市场调查。它所回答的问题是“为什么”，其目的在于找出事物变化的原因和现象间的相互关系，找出影响事物变化的关键因素。

因果性调查可从一定的因果式问题出发，探求其影响因素，也可先摸清影响事物变化的各种原因，然后综合推断事物变化的结果。通常表示原因的变量称为自变量，表示结果的变量称为因变量。在自变量中，有的是企业可以控制的内生变量，如企业的人财物等；有的是企业不可控制的外生变量，如反映市场环境的各种变量。

因果性调查为了找出市场变量之间的因果关系，既可运用描述性调查资料进行因果关系分析，也可搜集各种变量的现成资料，并进行综合分析、推理判断，在诸多的联系中提示市场现象之间的因果关系。

4. 预测性调查

预测性调查是指为了预测市场供求变化趋势或企业生产经营前景而进行的推断性调查。它所回答的问题是“未来市场前景如何”，其目的在于掌握市场的发展趋势，为经营管理决策和市场营销决策提供依据。例如，消费者购买意向调查、宏观市场运行态势调查、农村秋后旺季市场走势调查和服装需求趋势调查等，都是预测性调查。

预测性调查可以充分利用描述性调查和因果性调查的现成资料，但预测性调查要求搜集的信息要符合预测市场发展趋势的要求，既要有市场的现实信息，又要有市场发展变化的信息，如新情况、新问题、新动态、新原因等方面的信息。

上述四种类型的市场调查并不是绝对独立地进行的。有些调查项目需要涉及一种以上调查类型的方案设计。如何将不同类型的调查结合起来完全取决于调查问题的性质。市场调查类型的选择和设计的一般原则有如下几点。

①如果对调查问题的情况几乎一无所知，那么调查研究就是从探测性调查开始的。例如，要为调查问题做更准确的定义，要确定备选的行动路线，要制定调查问答或理论假设，或要将关键的变量分类成自变量或因变量等均应采用探测性调查。

②在整个调查方案设计的框架中，探测性调查是最初的步骤。在大多数情况下，还应继续进行描述性调查或因果性调查。例如，通过探测性调查得到的假设应当利用描述性调查或因果性调查的方法进行统计检验。

并不是每一个方案设计都要从探测性调查开始。是否要用探测性调查取决于调查问题定义的准确程度的高低以及调研者对处理问题途径的把握程度的高低。例如，每年都要搞的消费者满意度调查就不再需要由探测性调查开始。

③一般探测性调查都是作为起始步骤的，但有时这类调查研究也需要跟随在描述性调查或因果性调查之后进行。例如，当描述性调查或因果性调查的结果让管理决策者很难理解时，利用探测性调查可以提供更深入的认识，从而帮助管理决策者理解调查的结果。

④预测性调查是以描述性调查和因果性调查为基础的，是描述性调查或因果性调查的深化和拓展。

（二）市场调查的内容

1. 宏观市场调查的内容

从现代市场基本要素构成分析上看，宏观市场调查是从整个经济社会的角度，对于社会总需求与总供给的现状及其平衡关系的调查。具体内容如下。

1)社会购买总量及其影响因素调查

社会购买力是指在一定时期内,全社会在市场上用于购买商品或服务的货币支付能力。社会购买力包括三个部分,即居民购买力、社会集团购买力和生产资料购买力。其中,居民购买力尤其是居民用于购买生活消费品的货币支付能力(即居民消费购买力)是调查的重点。居民购买力的计算公式如下。

居民购买力=居民货币收入总额-居民非商品性支出+居民储蓄存款增减额 ±
居民手存现金增减额

2)社会购买力投向及其影响因素调查

主要内容是调查社会商品零售额情况并分析其构成。这类调查还可以采用统计调查的方式,从买方角度分析社会购买力投向的变动。

2. 微观(企业)市场调查的内容

微观市场调查则是从微观经济实体(企业)的角度出发对市场要素进行调查分析,它是现代市场调查的主体内容。由于市场的变化因素很多,企业市场调查的内容也十分广泛,一般来说,涉及企业市场营销活动的方方面面都应调查,其主要内容如下。

1)市场需求调查

从市场营销的理念来说,顾客的需求和欲望是企业营销活动的中心和出发点,因此,市场需求调查应成为市场调查的主要内容之一。市场需求情况的调查包括:现有顾客需求情况的调查(包括需求什么、需求多少和需求时间等);现有顾客对企业产品(包括服务)满意程度的调查;现有顾客对企业产品信赖程度的调查;对影响需求的各种因素的变化情况的调查;对顾客的购买动机和购买行为的调查;对潜在顾客需求情况的调查(包括需求什么、需求多少和需求时间等)。

当美国绝大多数医院积极削减经营成本的时候,位于洛杉矶的世纪城市医院却设置了豪华世纪病房来提供高档次的私人膳宿服务。这个举措是建立在广泛市场调查的基础上的,调查的方法包括分析公开出版的数据资料和举行大规模的调查活动。调查结果表明,当地 50%的高收入居民习惯于享受好的膳宿条件,而且非常看重隐私和个人空间,因此,世纪城市医院的这项举措使它获得了极高的收益。

2)产品调查

产品是企业赖以生存的物质基础。一个企业要想在竞争中求得生存和发展,就必须持续生产出顾客需要的产品来。产品调查的内容包括:产品设计调查(包括功能设计、用途设计、使用方便与操作安全的设计、产品的品牌与商标设计以及产品的外观与包装设计等);产品系列和产品组合调查;产品生命周期调查;老产品改进调查;新产品开发调查;对如何做好销售技术服务的调查等。

3)价格调查

价格对产品的销售和企业的获利情况有着重要的影响,积极开展产品价格的调查,对于企业制定正确的价格策略有着重要的作用。价格调查的内容包括:市场供求情况及其变化趋势的调查;影响价格的各种因素的调查;产品需求价格弹性的调查;替代产品价格的调查;新产品定价策略的调查;目标市场对企业品牌价格水平的反应等。

4)促销调查

促销调查的主要内容是企业的各种促销手段、促销政策的可行性,如:广告的调查(广告媒体、广告效果、广告时间、广告预算等的调查);人员推销的调查(销售力量大小、销售人员素质、销售人员分派是否合理、销售人员报酬、有效的人员促销策略的调查);各种营业推广的调查;公共关系与企业形象的调查。其中一般企业较为重视的有广告和人员推销的调查。

5)销售渠道调查

销售渠道的选择、产品的储存与运输安排,对于提高销售效率、缩短交货期和降低销售费用有着重要的作用。因此,销售渠道调查也是市场调查的一项重要内容。销售渠道调查的内容包括:各类中间商(包括批发商、零售商、代理商、经销商)应如何选择的调查;仓库地址应如何选择的调查;各种运输工具应如何安排的调查;如何既满足交货期的需要又降低销售费用的调查等。

6)竞争调查

竞争的存在,对于企业的市场营销有着重要的影响。因此,企业在制定各种市场营销策略之前,必须认真调查市场竞争的动向。竞争调查的主要内容包括:竞争对手(包括国内外)的数量及其分布、市场营销能力的调查;竞争产品的特性、市场占有率、覆盖率的调查;竞争对手的优势与劣势、长处与短处的调查;竞争对手的市场营销组合策略的调查;竞争对手的实力、市场营销战略及其实际效果的调查;竞争发展的趋势的调查等。

以上各项内容,是从市场调查的一般情况来讲的,各个企业所处市场环境不同,所遇到的问题亦不同,因而所要调查的问题也就不同,因此企业应根据自己的具体情况来确定调查内容。

(三)定性与定量结合研究法

定性研究主要是判别事物发展变化的性质、方向、好处、趋向等,大多采用判断思维的方法;定量研究主要是运用数据来认识事物的发展变化的规模、水平、结构、速度和数量特征与规律,大多采用统计思维的方法。在市场调查中,定量研究通常表现为数据的获取、处理、分析和应用,定性研究通常用来定义问题,定义调查项目,制定假设或确定研究中应包括的变量,由定量分析所得的结果获得和处理非量化的信息,帮助调查者理解潜在的活动和动机等。因此,在市场调查中,定性与定量研究应结合应用,在进行一项新的调查的过程中,定性研究应为定量研究开路,定性研究应发挥市场主体信息的作用,也应解释定量研究所得的结果。

第二节　市场营销调研程序

没有调查就没有发言权。在浩渺无边的商海中,无数竞争者和其旗下产品充斥着每一条航道的各个角落。而拥有最终选择权的消费者又因为收入、文化、地域、家庭背景、教育程度和消费观念的不同各有偏好。于是,看似平静的市场往往暗流涌动。如果没有前期对整个市场深入细致的了解和调查研究,再有经验的决策者也会迷失方向。商海航行中,决策者好似船长,时时处处需要作出正确的决策。此时,市场调查便成了广袤海面上的灯塔,为前行指明方向。

一、设计总体调查方案

（一）确定和阐明管理信息需求，明确问题

管理决策问题，回答的是决策者需要做什么的问题，关心的是决策者有可能采取的行动；而调查问题回答的是需要什么信息和怎样得到最有用的信息去满足决策的需要的问题。问题提得越明确，越能防止调查过程中的浪费，将信息采集量和处理量减至最少。

（二）把管理决策问题作为调查问题来重新定位

管理决策问题以行动为中心（行动定位），调查问题以信息为中心（信息定位），因此，管理决策问题应被视作调查问题重新定义。例如，某企业产品的市场占有率连续两年下降的问题，决策者的管理决策问题是如何提高市场占有率和竞争地位，备选的行动方案包括改进现有产品，引进新产品，优化市场营销体系中的有关要素等，通过探测性调查，决策者和调查者均认为市场占有率下降是市场营销体系中的市场细分不当、目标市场不明确引起的，并希望通过调查研究获取多方面的信息，那么调查问题就变成了市场细分问题了。

定义调查问题容易犯以下两类错误。

第一类错误是调查问题定义得太宽。太宽的定义无法为调查项目设计提供明确的指引路线，如研究品牌的市场营销战略，改善公司的竞争位置，提高企业的经营效率等，由于这些问题不够具体，因而难以进行调查内容和项目的后续设计。

第二类错误是调查问题定义得太窄。太窄的定义可能使信息获取不完全，甚至忽略了管理决策信息需求的重要部分。例如，在某耐用品销售公司的一项调查中，管理决策问题是如何应对市场占有率持续下滑的态势，而调查者定义的调查问题是调整价格和加大宣传力度，以提高市场占有率。调查问题定义得太窄，可能导致诸如市场细分、销售渠道、售后服务等影响市场占有率的重要信息被忽略，而不能有效地满足管理决策的信息需求。

【案例 5-1】

源头寻活水　决策有根基

——全国文化和旅游系统扎实开展调查研究

拟定调研方案、深入基层一线、提出务实举措……近期，全国文化和旅游系统做实调查、认真研究，扎实开展调查研究，将“问题清单”转化为“成效清单”，以高质量调查研究推动文化和旅游工作取得新成效。

深入一线　小处着手

调查研究是做好各项工作的基本功。学习贯彻习近平新时代中国特色社会主义思想主题教育开展以来，全国文化和旅游管理部门党员干部从大处着眼、小处着手，深入基层、深入一线，着眼实际问题开展调查研究。

宁夏回族自治区文化和旅游厅聚焦文化和旅游高质量发展的现实困难、复杂问题和制约因素，确定“贺兰山东麓葡萄酒生态文旅廊道建设的调研思考”“打造滨河生态文旅岸线的路径思考”等 45 项具体课题，推动研究新情况、解决新问题、总结新经验、探索新规律。

黑龙江省文化和旅游厅有关同志赴佳木斯同江市非遗展馆、非遗工坊调研，实地了解佳木斯市非遗保护传承工作。黑龙江省文化和旅游厅非物质文化遗产处有关负责人表示，要提高非遗手工艺精细度，加强规划引领、人才培养，优化产业结构，突出自身优势和特点，进一步加强非遗资源的保护、开发和利用，实现传统手工技艺的传承与创新，让传统手工艺更好地走进现代生活，拓展市场，带动就业。

广东省文化和旅游厅市场管理处赴深圳大鹏新区开展“大学习、深调研”活动。调研组以实地走访、座谈会等形式，先后赴多家民宿调研。有关部门代表、行业专家、安全专家围绕民宿安全监管、部门权责、协调配合等进行探讨交流，共同探讨旅游民宿安全监管存在的问题、监管体系和协调机制存在的难点、安全管理标准的关键要素，推动民宿高质量发展。

甘肃省文化和旅游厅近期赴定西市实地调研安定区香泉镇乡村旅游点、剪纸艺术馆等重点文旅产业项目和文旅促进消费活动情况；山西省文化和旅游厅围绕文旅康养产业项目建设、乡村旅游发展等赴吕梁市孝义市调研。

聚焦问题 扎实细致

调查研究是谋事之基、成事之道。全国文化和旅游系统党员干部坚持去现场、找思路，努力做到把情况摸清、把问题找准、把对策提实，坚持实事求是，在掌握实情的基础上解决问题。

“疫情改变了游客的消费需求，他们对高品质、深体验、多元化等要求越来越高，关注新人群、加快新融合、开辟新赛道、服务新格局是我们的当务之急，亟须在调查研究中达成上下共识，形成内外合力，找到对症良方。针对这些问题，我们扎实开展了调查研究。”上海市文化和旅游局有关负责人介绍，“此外，我们近期还针对市民反映比较集中的图书馆规划建设和开放时间、配套设施和内部服务管理、读者预约和图书证管理等问题开展了调研，并指导有关地区充分利用图书馆、图书室资源，加大宣传力度，加快实施延时开放、错时开放等便民服务，满足大众需求。”

福建省文化和旅游厅文化市场综合执法监督局派出两个调研组，分赴厦门、泉州、三明、莆田4地开展文化市场综合执法办案规范化能力提升专题调研。

“我们针对近年来执法考评和案卷评查中发现的程序违法、案件定性错误、案卷制作不规范等重点问题确定了调研课题，切实摸清现状、找准对策。”福建省文化和旅游厅文化市场综合执法监督局局长陈为民介绍，调研组实地走访旅行社等旅游经营企业，了解其对执法规范化的评价和意见；实地调阅执法记录，查阅案件卷宗，了解执法队伍办案真实水平。调研组一行还对当前正在开展的旅游市场专项整治行动进行了跟踪指导，要求各地文化和旅游部门加强对旅游市场的监管，切实履行好“放心游福建”服务承诺。

宁夏文化和旅游系统也开展了大量深入的调研工作，坚持问题导向，寻求破解办法。宁夏回族自治区党委宣传部副部长，自治区文化和旅游厅党组书记、厅长蔡菊表示，宁夏坚持把调查研究作为推动主题教育开展的重要方式，通过调研形成一批解决问题、促进工作的思路办法和政策措施，助力全区文化和旅游高质量发展。

推动转化 务求实效

调查研究是获得真知灼见的源头活水。全国文化和旅游系统在调查研究中力求发现真问题、解决真难题，推动调研结果转化运用，在此基础上形成科学决策。

为加快推动青海数字文旅公共服务平台建设，为游客提供一站式综合旅游服务，青海省文化和旅游厅赴贵州开展数字文旅公共服务平台建设专项调研。调研采取专题研讨、交流座谈、实地考察相结合的方式,深入了解了“一码游贵州”平台建设过程、运营经验,实地考察了贵州省贞丰县数字文旅公共服务平台运营情况。

“此次调研为青海建设数字文旅公共服务平台提供了新思路。”青海省文化和旅游厅有关负责人表示,下一步,将全力推进“乐游青海”数字文旅公共服务平台建设,按照“一个小程序、三大平台”的总体架构设计,以轻量化小程序为入口,提供扫码即达的“吃住行游购娱”智能化旅游服务。

浙江省文化和旅游厅党组书记、厅长陈广胜日前赴浙江省文物考古研究所、省文物鉴定站开展调研。陈广胜表示,要以主题教育为契机,进一步围绕中心、找准切口、取法其上、砥砺前行,以实实在在的项目化管理和钉钉子精神,做到干一件、钻一件、成一件,确保主题教育取得高质量成果。

(资料来源:中国旅游报)

(三)建立调查课题的约束

调查课题和调查目的明确之后,为了保证调查课题的有效实施,应确定调查课题的约束。一是调查目标的约束,即明确调查的目的和任务;二是时间约束,即获取何时信息的约束;三是空间约束,即调查对象的范围和地理边界约束;四是调查内容约束,即明确调查的主要内容,规定需要获取的信息项目,或列出主要的调查问题和有关的理论假设。

二、制订调查计划

一般来说,市场调查可以分为五个主要步骤。

(1)确定调查目的。市场调查的目的是通过各种方法搜集必要的资料,并加以分析和整理,得出一定的结论,为企业决策者提供决策依据。

(2)确定资料的来源和搜集方法。企业可以利用和主动寻找许多资料来源。资料可分为一手资料(即企业为调查某问题而收集的原始资料)和二手资料(即已存在且为调查某问题而收集的资料)。

(3)收集资料。由于科学技术,尤其是电子技术的突飞猛进,许多传统的信息收集方法已为先进、迅速、准确、及时的电子方法所代替。如:借助光学扫描仪,可对出售商品上的条形码进行阅读识别记录;商品的库存等重要信息可通过专用或原有通信网络传送到全国统一的信息中心并对配送中心等输出送货指令,从而提高工作效率和企业的经济效益。

(4)分析资料。企业运用市场营销分析系统中的统计方法和模型方法对收集的信息加以编辑、计算、加工、整理,去伪存真,删繁就简,最后用文字、图表、公式将资料中潜在的各种关系、变化趋势展现出来。

(5)撰写调查报告。针对市场调查的问题,调查者运用分析资料,得出客观的调查结论。调查结论通常以调查报告的形式将市场调查结果呈送决策者。对于商业性市场调查公司来说,调查报告也是其递交客户的有关工作的主要结果。

调查计划是市场调查的基本框架,是市场调查实施的指导方针。一个调查计划应对下列几个问题作出全面安排。

(一)明确调查目标、主题和范围,即市场调查是为了解决什么问题

明确资料来源、收集哪些方面的信息及统计资料、采用一手资料还是二手资料。由于二

手资料的获得成本较低，所以可以先检查二手资料能否解决问题，再决定是否需要支付昂贵的费用去收集一手资料。

（1）二手资料法也称文案调研法，是搜集已有的资料、数据、调查报告等信息，加以整理和分析的调查方法。文案调研资料有：企业内部资料，包括业务资料、统计报表、财务资料等；企业外部资料，包括统计部门以及政府部门公布的资料、信息咨询机构的市场情报、协会信息、互联网信息、展销会信息、学术交流会议上的信息等。

（2）调查者可以通过以下方法收集一手资料：观察法、问询法、焦点访谈法和试验法。

（3）选择调查工具。调查者在收集资料时可以选择两种调查工具：调查问卷和测量仪器。调查问卷的设计将在后面一节进行专门讨论。

在广告效果调查中，近年来用下列三种仪器记录消费者对广告的反应：视向测定器，也叫眼睛照相机，它可以在一秒钟内拍摄 16 个视线动作，测出视线停留的位置和时间，用于探测被访者对广告的反应；精神电流测定器，它可以通过脉搏、血压、呼吸等间接测量出情感变化和心理反应；收视测试器，它可以附加在被测者家中的电视机旁，记录该电视机开机状况与收视频道等资料。

（二）制订抽样计划，确定抽样对象、样本容量、抽样方法

抽样对象：向谁调查。如在对美国航空公司推出的某项机上网络服务的调查中，需要明确抽样对象是头等舱的商务旅客，还是头等舱的观光旅客，还是两者兼有；抽样对象是否应该包括年龄低于 18 岁的观光者。

样本容量：样本容量越大，结果越可信。然后，并没有必要抽取目标总体中的全部单位以取得可靠的结果。

抽样方法：可以用概率抽样和非概率抽样（表 5-1）。

表 5-1　抽样方法

概率抽样	
简单随机抽样	总体中的每个单位中的机会均等
分层随机抽样	把总体分为互不相同的组（如年龄组或性别组），然后从每个组中随机抽取样本单位构成样本
非概率抽样	
任意抽样	选取最容易获得的总体单位
判断抽样	根据本身的判断，选取最有可能获得正确信息的总体单位
配额抽样	在不同类别中找出并访问一定数量的人数

此外，还要确定访问人员的安排与培训、访问质量的保证措施、数据的处理与分析方法、调查的日程安排、经费预算等内容。

一个根据调查目标而周密设计的调查方案有助于保证调查结果的精确性，有助于调查目的的实现，有助于用最低的成本取得实现调查目标所需要的资料。

三、选定调查方法

（一）观察法

1. 大量观察法

大量观察法是对抽样总体中足够多的单位进行调查研究的方法。由于在研究总体中，个体单位受各种因素的影响往往具有差异性，个体单位不能反映总体的一般特征和规律性。因此，市场调查应从总体中抽取足够多的个体单位进行调查研究，以消除偶然因素的影响，反映出总体的必然性、数量特征和规律性。全面的市场调查很少，大都采用非全面的市场调查，如抽样市场调查、非概率抽样市场调查、重点市场调查、典型市场调查等，这就要求调查的样本容量应包含足够多的个体单位，以保证市场调查能够消除偶然性，揭示市场发展变化的必然性。

2. 分类观察法

分类观察法在市场调查中有着特别重要的意义，因为分类观察法按照一定的分类标准或标志，能够把研究的市场现象的总体划分为不同的组别，从而可以有效地观察市场现象的各种不同类型，揭示总体的内部结构及其分布特征，研究市场现象之间的相互联系，达到认识市场现象的本质特征和规律性的目的。分类观察法的实质是对信息进行分类获取、分类处理和分析，通过分类观察和研究，达到认识市场现象总体特征的目的。因此，市场调查的问卷设计、数据处理与分析中应大量运用分类观察法。

（二）访问询问法

访问询问法可分为面谈访问、电话访问、网络调研、留置问卷访问。电话访问曾在国外得到广泛应用，但在中国普及率不高，故这里不做介绍。

1. 面谈访问

面谈访问即直接访问被调查者。具体形式有入户面访、街头拦截访问。

①入户面访根据合理科学的抽样，由访问人员直接到受访者家中，与之进行面对面的访问。这种方式灵活方便，谈话伸缩性强，彼此可以沟通思想，能够产生激励效果；还能控制问题的次序，谈话集中，有针对性，能获得较丰富的资料，但入户面访成本较高，受环境影响较大，有时难以控制局面，特别是当选定的调查样本较多时，分别进行入户面访时间较长，不太适用。

②街头拦截访问是根据调查目的和对象的特殊性，在受访人群较为集中的公共场所（如商场、公园、休闲广场等）直接拦截受访人群进行访问。这种方法操作简便，成本较低，适合那些问卷内容较少、目标人群不易控制的调查项目。由于没有严格的抽样控制和目标人群的流动性较大，所以样本容易雷同，对于一些漏问的问题或轻微型错误无法再次确认。另外，这种方法的问卷复核的难度也较大，进行实地复核根本是不可行的。

面谈访问具有直接性和灵活性的特点，能够直接接触受访者，收集到一手资料，根据受访者的具体情况进行深入的询问，从而取得良好的调查结果；同时，面谈访问还可以使访问人员具体观察受访者，便于判断受访者回答问题的实事求是的态度以及正确的程度；另外，面谈访问的问卷回收率较高，样本代表性强，有助于提高调查结果的可信度。

面谈访问不足的地方是费用高、时间长，如果样本多，须分别面谈，花费很多时间，尤其是面谈需要访问人员有熟练的谈话技巧，善于启发引导受访者，善于归纳记录谈话内容，如果不具备这些条件，面谈访问效果会受到一定影响。因此，面谈访问在实践中的应用是有条件的。

2. 网络调研

利用网络进行调查研究有许多方法。公司可以用不同的方法在网页上链接一份问卷，同时给填答问卷者一定的奖励，也可以在大家经常浏览的网站上设置链接广告，邀请上网者回答问卷中的问题并给予奖励。一些正在进行新产品开发的公司也可以利用在线产品测试来对新产品进行评估。

3. 留置问卷访问

留置问卷访问即将调查问卷当面交给受访者，说明填写要求，并留下问卷，让受访者自行填写，由访问人员按时收回的一种市场调查方法。

留置问卷访问的优点是调查问卷回收率高，受访者可以当面了解填写问卷的要求，澄清疑问，避免由于误解提问内容而产生误差，并且填写问卷时间充裕，便于思考回忆，受访者意见不受访问人员的影响。其主要缺点是调查地域范围有限，调查费用较高，也不利于对调查人员进行管理监督。

（三）焦点小组访谈法

焦点小组访谈法是采用小型座谈会的形式，谨慎挑选 5~8 名具有代表性的消费者，然后在一个装有单面镜和录音设备的房间内，在主持人的引导下就某个专题进行自由讨论，从而深入了解有关问题的一种调查方法。

焦点小组访谈法使用类似头脑风暴的方法，比一对一的面谈更容易发现新概念、新思路，互相启发和点拨，互动产生的观点和信息远远比相同数量的人做单独陈述的效果要好得多。但是焦点小组访谈法对被调查者的要求颇高，被调查者既不能过于内向，也不能过于浮躁，访谈场所要具备平等、轻松的环境，从而让被调查者畅所欲言，访谈现场一般会摆放一些饮料、水果和零食。

（四）试验法

试验法是最具科学效力的研究方法，它的目的是通过排除所有可能影响观测结果的因素来获得现象间真正的因果关系的一种研究方法。如果一个试验能够很好地设计并且有效的执行，研究人员与营销经理就会对其所得的结论有信心。

试验法需要选出参与试验的配对小组，给予不同的处理，控制外部条件，然后检查所观测变量是否具有显著性差异。如果我们能够消除或控制外部条件，我们就能发现观测效果与刺激变量的变化之间的关系。

四、形成正式问卷

设计出的调查问卷要在一定范围内进行试访问，经试访问的效果评价分析，修改完善后形成正式的调查问卷。正式问卷是市场调查进行资料收集的基本依据，是企业与消费者进行接触的媒介，它代表着企业的形象。正式问卷一般包括：调查者的自我介绍、甄别问卷、主题问卷、调查对象的背景资料、告别语等。

五、实施调查

调查实施过程首先是对调查对象的甄选，即按照调查问卷的要求选择调查对象，确保能够找到符合条件的调查对象，使调查达到良好的效果。其次是访问的实施，调查者必须严格按照问卷的要求与顺序进行访问，只有这样才能得到调查者想要得到的资料。访问结束后，要对调查问卷进行一定比例的复核工作，一是对访问工作进行检查，二是对调查问卷中不清楚或者不明确的地方进行再确认。复核结束后，要对访问的效果进行评价，例如访问的合格率、访问的正确率等。调查实施阶段的实际工作量大，支出费用高，并且容易出错。调查实施还应包括根据调查任务和规模建立调查组织或外出请专业调查机构、培训调查者、准备调查工具、展开调查等。

六、分析调查资料

收集到的信息必须经过数据分析和处理才能得到有价值的结果。首先，检查资料是否齐全。其次，对资料进行编辑加工，使用计算机统计软件 SPSS for Windows，进行频数统计。频数统计不仅是一种初步分析方法，而且可起到数据清理的作用。再次，进行交叉统计，将某一个变量与其他变量交叉分组，以观察所要调查的变量与其他变量之间的关系。最后，进行一些较复杂的统计分析，例如均值检验、方差分析、因子与聚类分析等。

七、撰写调查报告

市场调查的结论要以调查报告的形式加以总结，用事实材料对所调查的问题作出系统的分析说明，提出结论性的意见，供企业决策参考。调查报告是整个调查过程的最终成果，是进行决策和评价调查工作的主要依据，调查报告一般应包括以下基本内容。

(1)引言。说明调查目的、对象、范围、方法、时间、地点等。

(2)摘要。简要概括整个调查的结论和建议。这也许是决策者有时间阅读的唯一部分。

(3)正文。正文是报告的主体，是整篇报告中内容最丰富的部分。内容主要有详细的调查目的、详细的调查分析方法、调查结果等。

八、进行调查课题的最后评审

调查课题、调查目的和约束条件明确之后，还应对调查课题做最后的评审，以决定是否值得做相关项目调查研究。评审的内容主要包括，调查课题是否有调查研究的必要性，调查目的是否明确，调查课题的约束是否明确，该项调查的信息价值大小，能否有效支持管理决策的信息需求，调查结果可能带来的经济效益或社会效益大小，等等。

第三节 调查问卷设计

问卷调查是调查业中广泛采用的调查方式，即由调查机构根据调查目的设计各类调查问卷，采取的抽样方式确定调查样本，通过调查者对样本的访问，完成事先设计的调查项目，然后通过统计分析得出调查结果的一种方式。问卷设计严格遵循的是概率与统计原理，因而，这种调查方式具有较强的科学性，同时也便于操作。这一方式下的调查结果，除了受样本选择、调查者素质、统计手段等因素的影响外，问卷设计水平是其中的一个前提性条件。

一、调查问卷的设计

调查问卷的设计是市场调查的一项基础性工作，需要认真仔细地进行，设计之后还须测试和调整，其设计是否科学直接影响到市场调查的成败。

(一)调查问卷设计原则

设计调查问卷的原则主要有以下五种。

1. 有效性

样本数据数量与单份问卷的有效性是问卷有效性的基础。问卷设计者站在被调查者的立场上设身处地地为他们考虑、设计,可以大幅度地提高有效问卷回收率。另外,问卷设计者还要考虑被调查者的不同情况。

首先,问卷应写明问卷用途,承诺被调查者的私人信息不会被泄露,使被调查者愿意填写问卷。

其次,问卷问题要适量,问题过多会对问卷准确性产生影响。

最后,问卷中的用词要通俗易懂,使用生僻字词会影响被调查者对问卷题目的理解,继而影响问卷的质量。

2. 简明性

就问卷的结构来说,简明性展现在两个方面。

第一,问卷问题忌重复出现,也不能就同一问题翻来覆去提问。

第二,开放式与封闭式的问题要安排得当,二者相辅相成。

封闭式问题可以了解被调查者对于特定问题的看法,而开放性问题则可以了解更多被调查者的观念。值得慎重考虑的是两者的比例,开放性问题过多会过度消耗被调查者的耐心,甚至会影响问卷的有效性。

一个完整的问卷,在设计上更要仔细斟酌,避免重复拖沓,保证题目内容、比例合理。

3. 人性化

问卷更应做到人性化。作为一种普遍的调查方式,问卷调查被运用于各个领域、各个专业。问卷设计要尽可能避免被调查者产生抵触情绪。

坚持人性化原则才能在涉及被调查者个人隐私的问题上,更好地照顾被调查者的情绪。人性化原则还体现在因地制宜,入乡随俗,问题设计口语化、方言化、低龄化等方面。问卷调查的目的是准确得出有关调查事项的结论,其语言形式可以更灵活、更贴近被调查者。

4. 科学性

科学性原则体现在问与答的对应上。用词要精准,数据性的问题不宜使用“有时”“常常”等模棱两可的词汇,以免调查结果出现偏差。

问题的设计忌带入设计者个人主观看法与情感,诱导被调查者,影响被调查者的个人判断,这是不可取也不科学的。问卷设计者应以中立的态度提出问题,保证其科学性。

5. 创新性

调查问卷大多是纯文字形式的,可以加入图表以缓解被调查者的疲劳感,或采取连线、画圈的方式吸引学龄前的小朋友们参与调查。问卷设计者要善于思考,敢于突破,用更有吸引力的方式来设计问卷。

(二)设计调查问卷的程序步骤

设计调查问卷要有清晰的思路、丰富的经验,一定的设计技巧以及极大的耐心。设计调查问卷的过程应当遵循一个符合逻辑的顺序。

设计调查问卷的基本步骤如下。

(1)深刻理解调查主题,敲定主题,锁定对象群体。

在设计问卷时,首先要确定调查主题和对象群体,主题决定了问卷问题的设计范围,调查问卷的设计是围绕某个特定主题展开的。问卷题目应紧扣主题。

调查对象群体与问卷语言的设计息息相关,问卷设计者应针对对象群体的特性来选择表达方式。如:调查对象为村民,问卷题目及用语应通俗易懂,贴近生活。

(2)确定调查表的具体内容和所需要的资料,查阅资料。

通过收集、查阅相关资料了解其他同类研究者进行相关调查时的题目设置等,可以少走不少弯路,取其精华为问卷设计打基础。

(3)逐一列出各种资料的来源。

(4)写出问题(要注意一个问题只能包含一项内容),设计题目。

题目是问卷的核心,应着重注意五大原则,反复斟酌修改。

(5)确定题型:哪些为主观性问题,哪些为客观性问题。

(6)站在被调查者的角度,考察哪些问题被调查者方便回答,哪些难以回答。

(7)按照逻辑思维,排列提问次序,完善问卷。

问卷初稿设计好后,设计者应针对问卷思考以下几个问题。

①问题的必要性。

②题目数量是否合理。

③问卷所设题目是否全面。

④开放性问题比例是否合适。

⑤问卷说明是否使用了明显字体。

(8)每个问题都要考虑怎样对调查结果进行恰当的分类。

(9)审查问卷问题,消除含糊不清、具有倾向性的语言和其他疑点。

(10)以少数人应答为实例,对问卷进行小规模的测试和预调查。

为确保问卷质量,在进行正式调查前,需要进行预调查,也就是预测调查,以便及时发现与解决问题。

(11)审查测试结果,对不足之处予以改进。

根据预调查所反映的问题,对问卷不断进行修改,直至完成问卷设计。

(12)完成问卷设计,打印调查问卷。

(三)调查问卷的组成

调查问卷通常由卷首语、指导语、主体等部分组成。

1.卷首语

卷首语包括以下内容。

①自我介绍(让被调查者明白调查者的身份或调查的主办单位)。

②调查的目的(让被调查者了解调查者想调查什么)。

③回收问卷的时间、方式及其他事项(如告知被调查者本次调查的匿名性与保密性原则、调查不会对被调查者产生不利的影响、答卷的注意事项等,真诚地感谢被调查者的合作)。

2. 指导语

指导语旨在告知被调查者如何填写问卷，包括对某种定义、标题的限定以及示范举例等内容。

3. 主体

问卷的主体，即问题，一般有开放式和封闭式两种。

第一，开放式问题就是调查者不提供任何可供选择的答案，由被调查者自由答题，这类问题能自然地充分反映被调查者的观点、态度，因而所获得的材料比较丰富、生动，但统计和处理信息的难度较大，可分为填空式和回答式。

第二，封闭式问题的后面同时提供调查者设计的几种不同的答案，这些答案既可能相互排斥，也可能彼此共存，让被调查者根据自己的实际情况在答案中选择。它是一种快速有效的问题类型，便于统计分析，但提供的选项本身限制了回答问题的范围和方式，这类问题所获得的信息的价值很大程度上取决于问题自身的科学性、全面性。封闭式问题又可分为两种。

（1）是否式（为问题的可能性答案列出两种相矛盾的情况，请被调查者从中选择其一，如“是”或“否”、“同意”或不同意）。

（2）选择式（每个问题后列出多个答案，请被调查者从答案中选择自己认为最合适的一个或几个答案并做上记号）。

为了提高问卷的信度和效度，设计问卷时需要注意以下问题。

（1）问卷应围绕研究目的设计问题，力求简单、明了，含义准确，不要出现双关语，避免片面性和暗示性的语言，如“太阳底下最光辉的职业是教师，你喜欢教师职业吗？”

（2）问题不要超过被调查者的知识、能力范围。

（3）问题排序要遵循逻辑，层次分明。问卷的目的、内容、数据、卷面安排、标准答案等都要认真地推敲和设计。

（4）调查问卷上应留有足够的空间供被调查者填写答案并载明调查单位的名称、调查时间等。

（5）问卷可以将封闭式问题和开放式问题相结合，问题数量要适当，一般应控制在30个以内。

（6）为使调查结果更为客观、真实，问卷最好采用匿名回答的方式。

一般来说，问卷设计前要对调查者进行问卷调查使用的培训，并在小范围内进行测试，反复修改问卷，以期与实际情况相符合，并便于对结果进行处理。

（四）调查问卷的外观

问卷的外观也是调查问卷设计中不可忽视的一个重要因素。外观会影响被调查者的答题意愿及顺畅程度等，诸如问卷所用的纸张品种、颜色，问卷的编排、字体样式等，都会影响被调查者回答问卷的质量水平。因此，调查问卷外观的设计应注意以下几点。

（1）小张纸比大张纸好。四小张比两大张给人的压力更小。

（2）外观庄重、正式的问卷可使人觉得这是一份有价值的问卷。

（3）问卷应当只印在纸张的一面，而且必须为答案留出足够的空白，关键词应当画线或用醒目字体。

(4)问卷的每一页应当印有供识别用的顺序号,以免在整理时各页分散。

(五)"有问题"的调查问卷

一份调查问卷是由许多问题组成的,而调查问卷的设计是非常灵活的,其涉及多种提问方法和技巧。一份调查问卷需要对每一个问题进行分析、测试和调整,设计者应考虑它的设计是否合理,是否能取得真实可靠的一手资料,应答人员是否易于回答,等等。一份好的调查问卷必定是经过深思熟虑的。

【案例 5-2】

某公司设计了一份调查问卷,请客户评价及提出建议。

1. 您对此次服务从总体上看是否满意?

非常满意　满意　一般　不满意

2. 您对项目人员的沟通协作能力是否满意?

非常满意　满意　一般　不满意

3. 您对项目人员的问题响应速度和处理效率是否满意?

非常满意　满意　一般　不满意

4. 您对产品效果是否满意?

非常满意　满意　一般　不满意

5. 您对系统的数据质量是否满意?

非常满意　满意　一般　不满意

6. 您对产品完整性是否满意?

非常满意　满意　一般　不满意

7. 您对产品操作的便捷性是否满意?

非常满意　满意　一般　不满意

8. 您对产品对日常工作的帮助是否满意?

非常满意　满意　一般　不满意

9. 您是否会向同行推荐

是　否

10. 其他意见或建议:________________________。

二、问卷的提问方法与技巧

参与问卷设计的人员有:统计调查人员、相关专业人员、计算机专业人员。其中统计调查人员是做好调查问卷的主体力量。因为问卷的设计、问题的编写与排序以及量表与答案的制作等,都是由他们完成的。

问卷设计要做到问题明确、目的明确、缘由明确、对象明确。所谓的问题明确就是问题要简明易懂,表述清晰。目的明确是问卷要有明确的目的,直入主题,对调查的目的进行说明。缘由明确就是对问卷调查的原因在导言中写清。对象明确就是要明确所选择的被调查者是哪些人。

为了使被调查者便于回答,问题应该遵循先易后难,先一般性后敏感性,先封闭性后开放性的排序原则。

对于敏感性问题必须掌握好“度”。一是可以淡化陈述问题;二是用其他问题去影射;三是把问题分在两个问卷中去提问和回答;四是有效扩大选择范围;五是可以将敏感性问题的答案制作成卡片,调查者此时回避,让被调查者自己选择答案后放入投票箱中。

为了更好地引起被调查者的重视,调动其积极性,问卷可以采用下列方法进行发放。一是把问卷制成一份优惠卡,填写完问卷在购买物品时可享受一定的优惠;二是抽奖形式,就是将问卷编号,设置中奖项目。

总之,更多的技巧还需要问卷设计者用心去理解、体会和发掘,掌握好问卷调查的技巧是做好问卷调查的必修课程。

问卷问题分为封闭式问题和开放式问题。问题类型的安排从一定程度上决定了调查问卷的质量。

(一)封闭式问题

封闭式问题指被调查者在所有可能的回答中选择某些答案的问题。这种问题便于统计,但答案伸缩性较小,常用于描述性、因果性调查。下面列出调查问卷中最常用到的一些封闭式问题的形式。

1. 两项选择题

两项选择题即一个问题给出两个答案供选择。

例如:您购买商品时注重牌子吗?

是( )否( )

2. 多项选择题

多项选择题即一个问题给出三个或更多的答案供选择。

例如:你购买华为手机的最主要原因是:

①名牌产品 ②支持国货 ③同事推荐 ④价格适中 ⑤售后服务好

3. 李克特量表

对于李克特量表中的问题,被调查者可以在同意与不同意之间选择答案。

例如:你如何看待“外国机械制造公司比中国机械制造公司的产品要好”的说法?

①很赞成 ②同意 ③不同意也不反对 ④不同意 ⑤坚决不同意

4. 分等量表

对于分等量表中的问题,被调查者需要对某些属性从“劣质”到“极好”进行分等。

例如:中国各大银行的服务是:

①极好 ②很好 ③好 ④尚可 ⑤差 ⑥极差

以上这些问题形式都是调查问卷中经常用到的,可灵活使用。

(二)开放式问题

开放式问题允许被调查者用自己的话来回答问题。以这种方式提问,由于被调查者不受限制,可获得许多新的信息,供调查者参考。开放式问题运用于探测性调查阶段,了解人们的想法与需求。一般来说,开放式问题因其不易统计和分析,所以在一份调查问卷中只能占小部分,开放式问题的选择要谨慎,所提的问题要进行预试,再广泛采用。下面列出开放式问题的一些形式。

1. 自由式

对于自由式的开放式问题，被调查者可以用几乎不受限制的方法回答问题。

例如：您对本商店的服务有何意见和建议？

2. 词汇联想法

词汇联想法列出一些词汇，由被调查者给出他头脑中涌现的第一个词。

例如：当您听到下列字眼时，您脑海中涌现的第一个词是什么？

恒源祥——纯羊毛、老字号、做工好……

海尔——质量好、信誉高、售后服务好……

3. 语句完成法

语句完成法提出一些不完整的语句，每次一个，由被调查者完成该语句。

例如：当我运动后，我想喝________。

4. 主题联想测试

主题联想测试给出一幅图画或照片，要求被调查者根据自己的理解虚构一个故事。

例如：图上画着很多妇女的手推车中都放着同一种产品，她们还围在一起谈论着什么。要求被调查者编一段 100 字左右的故事。

以上是调查问卷中进行开放式提问的几种形式，在具体设计时，设计者可根据实际情况灵活、适当应用，可起到较好的作用。

第四节　市场需求预测

市场需求预测是指通过对消费者的购买心理和消费习惯的分析，以及对国民收入水平、收入分配政策的研究，推断出社会的市场总消费水平。市场需求预测是市场研究中最重要的一部分，也是最复杂的一部分。除了全部和大部分供出口的产品以外，对产品的潜在需求主要以国内市场为基础进行预测。

企业进行市场调查的主要原因之一是它可协助企业发现市场机会。一旦完成市场调查，企业必须衡量与预测每一种市场机会的获利能力。财务部门根据销售预测筹措资金；生产部门根据销售预测制订生产计划；人力资源部门根据预测决定所需雇佣的人数；营销部门对营销预测必须担负起责任。销售预测出现很大的偏差，将导致公司存货过剩或存货不足。

一、市场需求预测

市场需求是指一定时期一定市场范围内有货币支付能力的购买商品（或服务）的总量，又称市场潜力。市场需求调查研究是市场分析的重要任务之一。因为市场需求的大小决定着市场规模的大小，其对企业投资决策、资源配置和战略研究具有直接的重要影响。市场需求预测的内容包括市场需求量测定、消费者的购买行为研究和市场需求变动因素研究。

（一）市场需求量测定

就某类商品或某种商品而言，其市场需求量的测定需要考虑人口数量（用户数量）、人均（户均）购买量和其他需求量三个要素，市场需求量的决定模型如下。

市场需求量=人口数量（用户数量）× 人均（户均）购买量+其他需求量

(二)消费者的购买行为研究

消费者的购买行为是为了满足一定的需求,对其进行研究的内容包括买什么、在哪里买、由谁买、何时买等等。

(三)市场需求变动因素研究

市场需求是一个动态的概念,不论需求总量还是需求结构总是发展变化的。了解影响市场需求变化的因素,有利于把握市场需求变化的趋势和规律,正确测定市场需求的需求结构。影响市场需求变化的因素很多,通常有经济总量及其增长率、宏观政治经济环境变化、居民货币收入与储蓄的变化、物价总水平的变动、固定资产投资的拉动、货币流通与货币政策、产业政策等。

二、定性市场需求预测方法

定性市场需求预测方法主要有指标法、专家预测法、销售人员意见法等。

(一)指标法

指标法是通过统计指标,利用最简单的统计处理方法和有限的数据资料来进行预测的方法。这些统计指标包括平均数、增减量、平均增减量等。现实中许多商品的市场需求量都可以看作随着时间不断变化的变量。比较各商品市场需求量变化曲线发现,某些商品市场需求量变化曲线存在明显的相似性,即某种商品市场需求曲线的起伏变化间距与另一种商品市场需求曲线的变化间距几乎是相同的。根据这个现象,我们可以把先出现的事物作为参照物,推测后出现的事物的发展变化趋势。

(二)专家预测法

专家预测法是根据专家的经验和判断以求取得预测值的方法,具体形式有三种。一是小组讨论法:召集专家集体讨论,互相交换意见,取长补短,发挥集体智慧,作出预测。二是单独预测集中法:由每位专家单独提出预测意见,再由项目负责人综合专家意见得出结论。三是德尔菲法:采用不署名和反复进行的方式,先组成专家组,将调查提纲及背景资料分发给专家,轮番征询专家意见后再汇总预测结果。该方法的特别之处是专家互不见面,可避免相互影响,且反复征询、归纳、修改,有时要经过四五轮征询,意见才能趋于一致,其结果比较切合实际。

(三)销售人员意见法

销售人员意见法是通过听取销售人员的意见预测市场需求的方法。销售人员包括一线营业员、推销员及有关人员。销售人员最接近市场,比较了解顾客和竞争对手的动向,能考虑到各种相关因素的作用,但可能存在过于乐观或过于悲观的估计,所以采用此方法预测的时候,要注意销售人员的意见采集量要多,这样过高或过低的期望值可以互相抵消,从而使预测结果趋于合理。

三、定量市场需求预测方法

我们在做市场研究时,除了使用定性研究外,还使用一些定量研究的方法,有时,综合运用定性和定量两种方法进行分析,才能得出结论。定量研究方法会涉及很多数学方法,这里只介绍简单的几种。

(一)时间序列预测方法

一个时间序列往往是在多种不同因素综合作用下形成的,通常作用于时间序列的各种因素分为四类，即长期变动因素、季节变动因素、循环变动因素和不规则变动因素。时间序列预测方法就是通过对时间序列本身及其影响因素的分析找出规律，进行预测的方法。

1. 一次移动平均数法

时间序列预测方法中最简单、最直观的一种方法是一次移动平均数法。平均数是用总体的各个数据之和除以总体数据总的个数得出的。

设有时间序列历史数据位 $x_1,x_2,x_3,\cdots,x_n$，其平均数计算公式为

$$\bar{X}=\frac{x_1+x_2+x_3+\cdots+x_n}{n}=\frac{\sum_{i=1}^{n}x_i}{n}$$

式中，$\bar{X}$ 代表平均数；n 代表总体中数据点的个数；x_i 代表各实际数值（$i=1,2,3,\cdots,n$）。

若利用一次移动平均数法进行预测，前 n 期的平均数即为 $n+1$ 时期的预测值，预测公式为

$$\hat{x}_{n+1}=\bar{X}$$

式中，$\hat{x}_{n+1}$代表第 $n+1$ 时期的预测值。

此方法的特点是：①只能用于近期预测，即只能对于后续相邻的那一期的数据进行预测；②n 值不同，预测结果也不同，而且对真实值的变化趋势的反应灵敏度不同，n 值越小，灵敏度越高。

因此，一次移动平均数法仅适用于时间序列变化比较平稳的近期预测。

采用一次移动平均数法，只能用来说明一般情况，反映不出数据变化的最大值。

2. 二次移动平均数法

由于序列增、减趋势的存在，移动平均数与实际值之间存在滞后偏差。为克服这个情况，可采用二次移动平均数法。二次移动平均数法是在两次一次移动平均数法基础之上，求出平滑系数，利用滞后偏差建立线性预测模型，然后再用模型进行预测。由于模型是线性的，因而只适用于原序列存在线性变化趋势的预测问题。

$$M_t^{(1)}=\frac{y_t+y_{t-1}+\cdots+y_{t-n+1}}{n}$$

$$M_t^{(2)}=\frac{M_t^{(1)}+M_{t-1}^{(1)}+\cdots+M_{t-n+1}^{(1)}}{n}$$

规定二次移动平均式中，y_t 是时间序列中期观察值，n 是计算移动平均值的跨越期数，$M_t^{(1)}$ 表示第 t 时期的时序数据的一次移动平均数，$M_t^{(2)}$ 表示第 t 时期的时序数据的二次移动平均数。

在$M_1^{(2)},M_2^{(2)},M_k^{(2)},\cdots$，基础之上建立的线性预测模型为

$$\hat{y}_{t+T}^{(2)}=a_t+b_tT$$

式中，$\hat{y}_{t+T}^{(2)}$ 表示 $t+T$ 周期的预测值；t 表示目前时期周期数；T 表示由目前周期 t 到需要预测周期的周期个数；a_t，b_t 表示平滑系数。

求平滑系数a_t,b_t的公式为

$$a_t=2M_t^{(1)}-M_t^{(2)}$$

$$b_t = \frac{2}{n-1}(M_t^{(1)} - M_t^{(2)})$$

总结:利用二次移动平均法不但可以进行近期预测,也可以进行远期预测,但远期预测误差较大。

(二)加权移动平均预测法

依经济理论可知,最近期的经济数据能更大程度地反映经济变化趋势,如企业今年的生产总是在去年生产条件、技术水平等基础上进行,而同前年及以前各年的关系显得不那么紧密,因此在计算移动平均数时,应对参加平均的数据的重要性给出一个度量,即应给予近期数据比较大的权数,给远期数据较小权数,然后再进行移动平均计算,即加权移动平均预测法。

$$\hat{y}_{t,\omega} = y_{t-1,\omega}^{(1)} = \frac{\omega_1 y_{t-1} + \omega_2 y_{t-2} + \cdots + \omega_n y_{t-n}}{n}$$

其中,$\sum_{i=1}^{n} \omega_i = n$; $\omega_1 = 1.5$, $\omega_2 = 1$, ⋯, ω_n 为参加移动平均计算的数据的相应权数。而权数要根据经验并结合实际情况确定。

当 $n=3$, $\omega_1 = 1.5$, $\omega_2 = 1$, $\omega_3 = 0.5$ (第一组权值数据)

或 $\omega_1 = 2$, $\omega_2 = 2/3$, $\omega_3 = 1/3$ (第二组权值数据)。

(三)指数平滑预测法

加权移动平均预测法要为各个时期配给合适的权数,这是相当麻烦的。花费大量时间、精力寻找适宜的权数,只为预测最近的一期数据,是极不经济的。而指数平滑预测法通过改进权数,使其在资料处理时甚为经济,并能提供良好的短期预测精度,因而应用相当广泛。

(四)趋势外推法

趋势外推法是遵循事物连续的原则,分析预测时间序列资料呈现的长期趋势变动的规律性,用数学方法拟合趋势变动轨迹的数学模型,就此进行预测的方法。

运用趋势外推法进行预测基于两个基本假设:一是决定过去预测对象发展的因素,在很大程度上仍将决定其未来的发展;二是预测对象的发展过程一般是渐进变化的,而不是跳跃变化的。

趋势外推法的突出特点是选用一定的数学模型来拟合预测变量的变动趋势,并进而用模型进行预测。

根据预测变量变动模型是否为线性,趋势外推法又分为线性趋势外推法和曲线趋势外推法。而后者又可分为多项式曲线模型、简单指数曲线模型、修正指数曲线模型和生长曲线模型等。

【本章小结】

企业的各种活动都受到外界因素的影响,而这些影响企业活动的因素是不断变化的,它们可能会给企业带来威胁,也可能带来机会。企业只有随时监测并分析它所处的市场营销环境,认清营销环境变化的趋势,并根据市场营销环境的变化制定有效的市场营销战略,才能抓住机遇,实现市场营销目标。

营销决策需要详细、准确、及时的信息，市场调查不断为提供这种信息服务。营销信息系统由人、设备和程序组成，为营销决策收集、筛选、分析和评估信息；市场营销信息除具备一般信息的特征外，还具有目的性、系统性和社会性等特征。市场调查系统由内部报告系统、营销情报系统、营销调研系统和营销分析系统构成。市场调查运用科学的方法，有目的、有计划地收集、整理和分析有关营销的信息，提出建议，为市场预测和营销决策提供依据。市场需求的测量与预测，包括市场需求、企业需求和市场潜力的测定，并在市场调查的基础上，对未来的市场需求量及影响需求的因素进行分析研究和预测。

对影响市场供求变化的诸因素进行调研，运用科学的方法，对未来市场商品供应和需求的发展趋势以及有关的各种因素的变化进行分析、估计、判断和预测，是企业市场营销决策人员的基本功。市场预测的内容包括市场环境预测、市场需求预测、市场供给预测、市场销售潜力预测、消费者市场预测、顾客满意度预测、市场策略预测。

【思考与练习】

一、论述题

（1）如何理解市场调查工作对市场竞争的重要意义？

（2）如何根据不同的实际情况选择不同的调查方法？

二、应用题

（1）设计一个检测顾客对国货和进口货的态度的方案。

（2）假如你是某品牌饮料生产商，你想了解更多有关市场份额、竞争对手价格以及最佳销售地点等的情况，应该收集哪些类型的观察数据，为什么？

三、案例分析题

成功的宝洁

洗发水市场群雄割据：中国洗发水市场的发展历程

纵观中国洗发水市场的发展历程，大体上经过了三个发展阶段：第一阶段是在20世纪80年代前后，是中国洗发水品牌发展的初级阶段。以梦思、蜂花、美加净为代表的国产洗发品牌是中国洗发水市场的开创者，所谓的品牌也只是一个产品或企业的名称，以单一的低价位、低档次产品为主。第二阶段是品牌迅速成熟阶段，在20世纪80年代后期，以宝洁、联合利华等国际品牌的进入为主要特征。当时，中国洗发水市场中高档市场迅速膨胀，开始有了真正意义的品牌，洗发水市场也由此走向了成熟。与此同时，国内品牌市场开始逐步萎缩，美加净等品牌被美国庄臣等公司收编雪藏。第三阶段为品牌繁荣阶段。20世纪90年代后期，国内品牌逐渐成熟壮大，国际品牌出现本土化趋势。在宝洁神话似乎难以企及的时候，以丝宝舒蕾、奥妮皂角为代表的国内新力量凭借终端等优势突破了国际品牌的封锁，让人看到了国产品牌的希望。随后，以广州好迪、拉芳等为代表的民族品牌展开了新一轮反攻，洗发水市场可谓百家争鸣。而国际品牌一方面加快了本土化进程，一方面不断在产品、品牌上进行创新。从中国洗发水市场的发展过程来看，宝洁公司等跨国公司的加入，不仅促进了中国洗发水市场日渐成熟，而且为中国消费者带来了许多洗发新理念。宝洁公司曾在《财富》杂志评选出的全球500家最大工业/服务业企业中，排名第75位，全美排名第23位并被评为业内最受尊敬的公司。宝洁公司在全球的雇员总数一度超过11万，在全球70多个国家设有工厂及分公司，所经营的300多个品牌的产品畅销140多个国家和地区，其中包括洗发用品、护发用品、护肤用品、化妆品、婴儿护理产品、妇女卫生用品、医药产品、食品、饮料、织物、家居护理用品及个人清洁用品。1987年，自从宝洁公司进入中国市场以来，在日用消费品市场可谓所向披靡，一往无前，仅用了十余年时间，就成为中国日化市场的第一品牌。在中国，宝洁旗下共有六大洗发水品牌，二十多个系列，包括飘柔、潘婷、海飞丝、沙宣洗发护发系列、润妍、伊卡璐等。在中国如鱼得水的宝洁也许也不曾料到，竟然在耗费了多种资源，花费了长达3年时间进行市场调研和概念测试的润妍上栽了一个大跟头。

为谋求增长，宝洁力推润妍

1. 宝洁全球增长放慢

润妍诞生于宝洁全球增长停滞的大背景之下。20世纪90年代末期，宝洁在全球连续几年出现零增长。宝洁时任董事长推出了一系列大刀阔斧的改革措施，提倡挑战极限和创新。在此战略指导下，宝洁在全球市场上都推出了新产品。而在中国市场，宝洁中国自1996—1997财年达到顶峰后，连续3年出现零增长甚至负增长，一些合资的品牌“熊猫”“浪奇”等逐渐退出宝洁舞台；牙膏“佳洁士”市场占有率长期在5%徘徊，而眼睁睁地看着“高露洁”扶摇直上；洗衣粉如“汰渍”则不断被“雕牌”“立白”等越抛越远；而洗发水更是面临着丝宝、联合利华的强大挑战。此时，宝洁急需一个新的增长点以改变中国市场的局面。

2. 中国洗发水市场刮起黑色旋风

1998—2000年，中国洗发水市场刮起了黑色旋风：联合利华的“黑芝麻”系列产品从“夏士莲”衍生出来，成为挑战宝洁的杀手锏：重庆奥妮推出“新奥妮皂角洗发浸膏”，强调纯天然价值，深得“何首乌”“黑芝麻”“皂角”等传统中草药之精华；伊卡璐把其草本精华系列产品推向中国；河南民营企业鹤壁天元不失时机地推出“黛丝”黑发概念的产品。这些产品基本上采取定位区隔的方式，将植物成分与化学成分进行系统区分，将宝洁划入化学成分阵营，有效击中了宝洁的要害。此外，在世界范围，天然、环保成为流行趋势，而这很可能使得宝洁的洗发水走向穷途末路。面对这一局面，宝洁也不得不正视这一块的市场，中草药和植物概念必须被引到宝洁的品牌当中。润妍认为新千年美发产品的潮流将会转向，自然黑亮之美已卷土重来。同时，伴随着重庆奥妮的衰落，这一块的市场有许多的既有消费者等待新品牌的出现，由此宝洁也更加坚定了推出该类产品的信心与决心。

精耕细作，怀胎3年

1997年，宝洁确定新品战略，并从此开始了长达3年的市场调研与概念测试。宝洁在新产品开发上采取其一贯的做法，从消费者到竞争对手，从品牌到包装等无不经过科学与严格的市场测试。先是做产品概念测试。在研制产品之前，按照宝洁公司“成功—再推广”的惯例，先要找准目标消费者的真正需求。为此，宝洁公司先后请了300名消费者进行3次产品概念测试。1999年底，包括时任润妍品牌经理在内的十几个人分头到北京、大连、杭州、上海、广州等地选择符合条件的目标消费者，和他们48小时一起生活，进行“蛔虫”式调查。从被访者早上穿着睡衣走到洗手间洗脸梳头，到晚上洗发卸妆，女士们生活起居、饮食、化妆、洗护发习惯尽收眼底。在调查中，宝洁公司又进一步了解到，东方人向来以皮肤白皙为美，东方女性渴望有“一头乌黑的秀发，一双水汪汪的大眼睛”，所以最具表现力的黑发美，是她们的选择。经过3次的概念测试，宝洁公司基本把握住了多数消费者心目中的秀发概念——滋润而又具有生命力的黑发最美。科学证明：将一根头发放在显微镜之下，你会发现头发是由很多细微的表皮组成的，这些称为毛小皮的物质直接影响头发的外观。健康头发的毛小皮排列整齐，而头发受损后，毛小皮则是翘起或断裂的，头发看上去又黄又暗。而润发露中的滋润成分能使毛小皮平整，并在头发上形成一层保护膜，有效防止水分的散失，补充头发的水分和养分，使头发平滑光亮，并且更加滋润。同时，润发露还能大大减少头发的断裂和摩擦，令秀发柔顺易梳。宝洁公司专门做过研究，发现使用不含润发露的洗发水，头发的断裂指数为1，使用含润发露的洗发水，头发的断裂指数为0.3，而在使用洗发水后再单独使用专门的润发露，断裂指数就降到0.1。市场调查表明，在欧美国家、日本等发达市场，80%左右的消费者都会在使用洗发水后单独使用专门的润发产品，而在中国，这个比例即使在北京、上海等大城市也只有14%左右，全国平均还不到10%，这说明国内大多数消费者还没有认识到专门润发步骤的必要性。因此，宝洁推出润妍，一方面是借黑发概念打造属于自己的一个新品牌，另一方面就是把润发概念迅速普及。从消费者的需求出发进行技术创新，宝洁的日本技术中心随即研制出了冲洗型和免洗型两款“润妍”润发产品。产品研制出来后并没有马上投放市场，而是继续请消费者进行使用测试，并根据消费者的要求，再进行产品改进。最终推向市场的“润妍”是加入了独创的水润中草药精华的、特别适合东方人发质和发色的倍黑中草药润发露。

设立模拟货架，检验包装的美观程度

宝洁公司专门设立了模拟货架，将自己的产品与竞争品牌的洗发水和润发露放在一起，反复请消费者观看，然后调查消费者究竟记住了什么，忘记了什么，并据此做进一步的调整与改进。最终推向市场的“润妍”倍黑中草药润发露强调专门为东方人设计，在润发露中加入了独创的水润中草药（何首乌）精华，融合了国际先进技术和中国传统中草药成分，适合东方人的发质和发色。

让消费者选择他们最喜欢的广告

宝洁公司先请专业的广告公司拍摄了一组长达6分钟的系列广告，再组织消费者观看，请消费者选择他们认为最好的3组画面，最后，概括绝大多数消费者的意见，将神秘女性、头发芭蕾等画面进行再组合，成为“润妍”的宣传广告。广告片的音乐组合也颇具匠心，现代的旋律配以中国传统的乐器如古筝、琵琶等，进一步呼应“润妍”产品现代东方美的定位。此外，宝洁还委托第三方专业调查公司做市场占有率调查，透过问卷调查、消费者座谈会、消费者一对一访问或者经常到商店里看消费者的购买习惯，全方位搜集顾客及经销商的反馈。

（1）本案例中，你认为宝洁公司成功的关键在于什么？

（2）宝洁公司对消费者心理进行调查分析时，能否用观察法来调查？

【营销实训】

百事可乐武汉市场需求预测。

一、实训目标

（1）培养学生资料搜集与整理能力。

(2)培养学生信息加工与预测能力。

二、实训内容

(1)根据分布情况,产品的满意度与忠诚度,消费者的购买习惯、购买时机、购买地点等进行市场细分,以组为单位完成。

(2)在进行市场调查之后,进行市场需求预测。

(3)每组写出一份武汉市百事可乐的市场需求报告。

(4)预测结束后,组织一次课堂交流与讨论。

三、实训检测

(1)以小组为单位,分别由组长和每个成员根据在预测中的表现对各成员进行评估打分。

(2)由教师与学生共同评估打分。

【案例讨论】

1985 年可口可乐换配方风波

1985 年 4 月 23 日,可口可乐公司董事长罗伯托·戈伊苏埃塔(Roberto Goizueta)作出了一项惊人的决定。他宣布经过 99 年的发展,可口可乐公司决定放弃它一成不变的传统配方。因为可口可乐公司经过市场调查发现,消费者更喜欢口味更甜的软饮料,为了迎合这一需要,公司决定更改配方、调整口味,推出新一代可口可乐。

可口可乐换配方的原因

可口可乐公司之所以作出改换口味的决定,是希望借此打败其竞争对手百事可乐。在 20 世纪 80 年代,可口可乐在饮料市场的领导者地位受到了挑战,其在市场上的增长速度从每年 13%下降到 2%。这是因为其竞争对手百事可乐来势汹汹,先是推出了"百事新一代"的系列广告,将促销的锋芒直指饮料市场最大的消费群体——年轻人。在第一轮广告攻势大获成功之后,百事可乐公司仍紧紧盯着年轻人不放,继续强调百事可乐的"青春形象",又展开了号称"百事挑战"的第二轮广告攻势,在这轮攻势中百事可乐公司大胆地对顾客口感试验进行了现场直播,即在不告知参与者在拍广告的情况下,请他们品尝各种没有品牌标志的饮料,然后说出哪一种口感更好,试验过程全部直播,百事可乐公司的这次冒险成功了,几乎每一次试验后,品尝者都认为百事可乐更好喝,"百事挑战"系列广告使百事可乐在美国饮料市场的份额从 6%猛升至 11%。可口可乐公司不相信这一事实,也立即组织了口感测试,结果与"百事挑战"中的一样,人们更喜爱百事可乐的口味。市场调查部的研究也表明,可口可乐独霸饮料市场的格局正在转变为可口可乐与百事可乐分庭抗礼。20 世纪 70 年代, 18%的饮料消费者只认可可口可乐这一品牌,认可百事可乐的只有 4%,到了 20 世纪 80 年代只有 12%的消费者忠于可口可乐,而只喝百事可乐的消费者则上升到 11%,与可口可乐持平。而在此期间,无论是广告费用的支出还是销售网站的支出,可口可乐公司都比百事可乐公司高得多。

新可口可乐的推出

可口可乐公司一直在分析市场占有率下降的原因,其市场调研部经理罗伊斯托特首先提出了自己的分析结论:我们的售货机比对手多一倍,主宰了冷饮柜台,货架比对手多,广告投入也更多,价格也具有竞争力,那为什么我们的市场占有率在降低呢?图表和数据表明,口味是使可口可乐销售止步的唯一的实际原因。口味测试报告使得可口可乐的决策层和管理层都相信,消费者的口味在这许多年里发生了变化,他们更喜欢百事可乐的甜味,不喜欢可口可乐的爽味。

于是,修改可口可乐秘方的"堪萨斯项目"于1983年启动。其实,可口可乐技术部门的化学家们对配方修修改改已经四年,市场调研部则拿源源不断收到的试验糖浆,请消费者进行口味测试。在项目启动后,经过一年的试验,可口可乐的新配方在实验室里取得成功。

新一轮的市场调研开始了。这次可不是请几组消费者来稍稍品尝一下而已,而是花了400万美元,开展了190 000次品尝试验,参加者来自各个年龄组,覆盖全国的每个地区。其结果主要如下。

(1)在口味测试中,可口可乐以10~15个百分点落后于百事可乐,而新可口可乐以6~8个百分点领先百事可乐。

(2)盲测结果表明,消费者对新可口可乐的满意度超过老可口可乐10个百分点。

(3)在允许消费者看到商标的情况下,其对新可口可乐的满意度更高了。

这些数据使管理层确信必须推出新可口可乐。1985年4月23日,可口可乐公司总裁罗伯托·戈伊苏埃塔正式宣布推出新可口可乐,同时停止生产老可口可乐。

就在同一天,预先知道对手行动的百事可乐总裁罗杰·恩里科在美国的各大报纸上发表了一封信,称老可口可乐的撤销是百事可乐的一个胜利,"经过87年来面对面的较量","对方那个家伙眨眼掉泪了","可口可乐公司现在把它的产品从市场上收回,重新配方使新可口可乐更像百事可乐",他还说"胜利是甜蜜的",并且宣布全公司本周五放假一天以示庆贺。

失败的结局

新可口可乐即将投产,面临的问题是:是为新可口可乐增加新的生产线,还是彻底地全面取代传统的可口可乐?可口可乐的决策层认为,新增加生产线会遭到遍布世界各地的瓶装商的反对。公司最后决定新可口可乐全面取代传统可口可乐,停止传统可口可乐的生产和销售。

在新可口可乐全面上市的初期,市场反响相当好,1.5亿人在新可口可乐面世的当天就品尝了它,但很快情况有了变化。在新可口可乐上市后的一个月,可口可乐公司每天接到超过5 000个抗议电话,而且更有雪片般飞来的抗议信件,可口可乐公司不得不开辟了83条热线,雇用了更多的公关人员来处理这些抱怨和批评。其中一封信是这样开头的:"亲爱的糊涂老总,是哪个笨蛋决定改变可乐配方的?"

有的顾客称可口可乐是美国的象征;有的顾客威胁说将改喝茶水永不再买可口可乐公司的产品,更有忠于传统可口可乐的人们组成了"美国老可口可乐饮者"的组织,发起在全国抵制新可口可乐的运动,并威胁说:"如果不把老可口可乐弄回来,就要对可口可乐公司提出控告。"

许多人开始寻找已停产的传统可口可乐,各地的可口可乐死硬派消费者开始贮存老可口可乐,这些老可口可乐的价格一涨再涨。面世后两个月,新可口可乐的销量远远低于公司的预期，不少瓶装商强烈要求改回销售传统可口可乐。

可口可乐公司依然幻想，消费者们在尝试了新饮料后会喜欢上它。1985年5月，公司在45个城市举行新可口可乐“滚动”派对，共送出100万罐饮料，但是几乎每一次他们得到的都是一阵阵抗议声，消费者要求老可口可乐回来。大多数人根本不想去喝新可口可乐，因为他们对新可口可乐的存在十分愤怒。

(1)请结合案例，谈谈可口可乐公司市场营销调研失败的原因，以及企业管理者应该如何处理调研结论和营销决策之间的关系。

(2)可口可乐曾经推出过哪些口味？谈谈可口可乐公司应怎样对待口味的变与不变。

(3)传统的市场营销调研有哪些固有缺陷？阅读有关神经营销科学的文献，谈谈脑科学的理论和技术是如何应用于市场营销学的。

第六章　目标市场营销战略

【本章重点】

1. 市场细分、目标市场、市场定位的概念。
2. 目标市场营销的策略以及如何选择目标市场。
3. 市场定位的步骤和策略。

【引例】

瞄准目标人群 升级相关产品:冰雪旅游市场迎高速发展期

“过去5年间,国内旅游增长从10%以上的高增长下降至8%至9%的增长区间,但冰雪旅游的平均增速高于普通国内旅游5%至6%,冰雪旅游市场确实呈现出一种快速发展的态势。”中国旅游研究院副院长唐晓云在中国冰雪运动发展高峰论坛发言中表示。

冰雪旅游增速快但在国内旅游市场里相对占比少,如何扩展市场,唐晓云首先从现有游客画像出发分析。根据中国旅游研究院连续5年发布的《中国冰雪旅游发展报告》,冰雪游客大部分为39岁以下的年轻人,呈现偏左侧的偏态分布,同时“70后”占16%,“60后”也达到了14%。“这意味着冰雪市场是以青年为主体,需要更多以时尚冰雪活动和运动为吸引物瞄准年轻人的旅游活动,定制游、周边游、家庭游是当下冰雪旅游新趋势,游客们不跟团开展大型团队活动,而是通过自驾的方式在周边进行定制化旅游。”唐晓云同时表示,老年人市场需求也不可忽视,受老龄化人口结构的影响,未来老年人的旅游需求可能激增,所以冰雪旅游的产品设计不仅仅面向年轻人,也需要面向中老年人。

游客们从哪里来,去往哪里?冰雪旅游吸引物城市、客源城市和目的地城市差别大是冰雪旅游的一大特点。客源城市中,上海、广州、北京等一线城市位列前茅,目的地则是东三省、新疆和河北张家口等冰雪资源丰富的地区。“冰雪旅游产业是依托于滑雪运动形成的集休闲、娱乐、运动于一身的超长产业链条。链条的制作和消费集中于东北部地区,但市场集中在中部、南部地区和沿海地区,形成了一个剪刀差,这种客源地和目的地的分离,同时也形成了冰雪旅游由南向北的突出趋势。冰雪旅游市场既保持了非常快速的增长,同时又体现出个性化、年轻化、客流流向非常典型的发展形势。”唐晓云说,“在搜索引擎中广东人搜索滑雪关键词最多,中部地区和西部地区也有很大的需求,其中很多地方几乎没有雪,他们无法当日往返,必须住宿,所以开发更多日常化的、大众的、普及化的冰雪产品,面向不同的冰雪旅游主体,还有很大发展空间。”目前冰雪旅游的投资也呈现逐渐大众化和规模化的趋势,把滑雪、住宿、旅游等放在一起的目的地型产品非常受市场欢迎。目前国际上较为成熟的有度假村、冰雪小镇、综合度假区、主题乐园等模式。

对于冰雪旅游市场的未来,唐晓云强调不能脱离国内旅游市场的发展,更不能脱离“十四五”期间国民经济的发展。“旅游经济和旅游市场的发展取决于居民消费、就业等因素，目前居民收入仍保持稳定增长，未来的5年甚至更长一段时间里，我们所面对的游客对旅游产品的需求将消费升级，因此冰雪旅游产品也要升级。游客首先要通过冰雪活动有所收获，其次要有更好的感知和体验，第三要价格和价值匹配。从中长期来看，消费习惯、消费内容、价值观以及科技创新的因素是影响旅游市场的核心竞争因素。”唐晓云说。

（资料来源：中国体育报）

第一节　市场细分

【案例 6-1】

“民宿+”激活细分市场 旅游企业竞相布局

刚刚过去的春节假期，城市周边热闹起来，一间间乡村民宿装满了欢声笑语。

数据显示，春节期间，民宿交易额比去年（2021年）增长三成以上，整租订单量上涨五成，热门目的地一房难求。业内人士分析认为，以前“上车睡觉、下车拍照，回家啥也不知道”的打卡式旅游渐渐失宠，人们更加重视旅游体验，个性化产品受热捧，民宿有望成为旅游消费升级新增长点。

新现象：

家庭游渐多 租个小院过大年

除夕夜里，山顶的积雪还未全部消散，陕西省西安市临潼区骊山上的穷庐民宿里，饭菜蒸腾着热气，客人们推杯换盏，这个陕西关中风情的农家小院在隆冬显得暖意融融。

2月7日，文化和旅游部发布数据显示，2022年春节假期，省内游、跨省游比例分别为78.3%、21.7%。“长途旅行受限，希望体验不一样年味的家庭将目光瞄准了城市周边的风景，民宿里过大年正逐渐成为新年俗。”穷庐民宿老板侯智庸说。

在北京，“85后”夫妻陈明、何刚提前一个月就预订了小汤山温泉度假区里一家民宿小院。他们带着孩子在周边滑雪、泡温泉，陪四位老人在院子里做做饭、聊聊家常，一家人愉快地度过了两天一夜。

“平时我们一家三口住，两边老人都自己住。以前过年，大家顶多一起吃个年夜饭就散了。今年包个小院，一家人相互陪伴的时间更长了，还兼顾了三代人的休闲需求。”何刚说。

近几年春节，以家庭为单位的出游逐渐增多。因此，整租小院格外受欢迎。据民宿平台途家发布的数据，今年（2022年）春节期间民宿交易额同比增长三成以上，其中，拥有特色体验的独栋整院民宿预订火爆，订单量比2021年春节期间增加五成，平均订单价格超7 000元，平均入住时长达到2到3天，设施越好的民宿越稀缺，也越难订到，众多热门目的地“一房难求”。

“不仅是春节假期，春节前后几个周末我们的院子也都被预订了。”北京卷云小院老板朱江说，比起低价房，娱乐设施齐全的小院虽然价格更高，但也更受欢迎，“比如那些带泳池、KTV、棋牌室的民宿小院，平时每晚价格在一万元以上，周末房源往往要提前一个月起订。”

新体验：

民宿延伸出更多应用场景

在途家平台上，整体民宿订单已经恢复至新冠肺炎（新型冠状病毒肺炎）疫情前的七成，新上线民宿数量超过疫情前2倍。“目前，途家平台上已有230万套民宿房源在运营。”途家民宿高级副总裁胡阳说，“品质优、拥有更多体验的高端民宿成为热门且增速最快的市场，是当前最被看好的蓝海之一。”

业内人士分析，目前，旅游消费习惯正在发生转变，目的地由长线转为短途，方式由观光“打卡”转为休闲体验，人群由聚集转为分散，这让集住宿、轻旅行、生活体验于一体的民宿大受欢迎。

以往民宿更多承载的是“住宿”的单一功能，现在民宿提质升级，围绕民宿延伸出更多应用场景。例如“民宿+康养”“民宿+冰雪”“民宿+文创”“民宿+研学”等各类“民宿+”主题产品，这些产品为民宿行业的转型升级与高质量发展提供了更多可能。

记者调查发现，越来越多民宿老板结合地域文化，推出春节民俗活动，打造“接地气”的年味。在穷庐民宿，客人们年夜饭吃的是骊山当地人亲手种的绿色食材；在广东广州古荔园民宿，传统舞狮为客人带来独特的新年体验；在重庆的“山崖民宿”，客人们躺在房间里就能欣赏长江江景……民宿与当地文化旅游资源相结合，为就地过年的人们带来全新的年俗体验。

这种消费习惯的转变让旅游企业有了信心，越来越多的旅游企业开始布局民宿“赛道”。

携程于2021年3月发布“乡村旅游振兴”战略，计划投入10亿元乡村旅游产业基金、规模化赋能100个旅游村以及培养10 000名乡村旅游振兴人才等。其中提出，要打造10个高端乡村住宿标杆产品——携程度假农庄，推动乡村民宿向品牌化、智慧化升级。

受疫情影响，今年春节期间，天津如蓟山居民宿的29个房间中只订出去了8个，但老板尹高磊依然对市场前景充满信心。“疫情只是暂时的，只要情况好转，人们还会跑到郊区民宿游玩。”尹高磊说，“从2020年和2021年的营业状况来看，在疫情得到控制后，营业收入将会迎来成倍增长。”

新趋势：

在地化和个性化带来不一样的体验

乡村游有望成为短途旅游的主流。随着乡村振兴工作推进，城市周边乡村的交通、生活等基础设施日趋完善，能够满足城里人周末的短途旅游需求，乡村游正成为不少人短途游的首选。民宿在其中可以大有作为，个性化将是其发展的重要趋势。

在侯智庸看来，乡村民宿的魅力在于带给都市人身心放松、亲近自然的享受，要最大限度挖掘和展示当地的自然和人文特色，将“在地化”做到极致，满足人们对乡居生活的向往。他的穷庐民宿正是按照这样的思路设计的——坐落于骊山林海之中，院外是远山叠翠、郁郁葱葱，园内是青砖泥瓦、古色古香。民宿内的窑洞土炕、蓝底碎花门帘、盛菜的粗瓷碗，无一不体现着陕西关中民居的特色。

特色游将满足不同人群的需求。在广西北海，码头接送、海鲜加工、代购船票，是民宿客人们需求最多的服务。除了这些“基础套餐”，北海涠洲岛很多客栈还会为客人们提供联系潜水教练、水下拍摄、随渔民体验出海捕鱼等特色服务。

“市场环境的变化要求民宿经营者以专业、高效的方式快速调整适应。”携程集团西安分公司副总经理孙为立说，从供给端看，民宿市场发生了变化，很多专业房东进一步扩大了经营规模，提供高品质的乡村民宿产品和服务，重视并提升民宿品牌的价值，形成品牌效应和良好的口碑。

个性化也将是未来民宿业乃至旅游业的重要发展趋势。业内人士认为，未来旅游市场上的个性化产品将受到广泛欢迎。一些地方推出博物馆式民宿让游客体验了“夜宿博物馆”的美妙感受；一些旅游城市推出玻璃房式民宿可以让游客在晚上欣赏夜空……这类个性化的旅游产品，给游客带来了差异化的旅游体验，也更受到市场和年轻消费群体的欢迎。

（资料来源：经济参考报）

市场细分就是指企业按照某种标准将市场上的顾客划分成若干个顾客群，每一个顾客群构成一个子市场，不同子市场的需求存在着明显的差别。市场细分是选择目标市场的基础工作。市场营销在企业的活动包括细分一个市场并把它作为企业的目标市场，设计正确的产品、服务、价格、促销和分销系统组合，从而满足细分市场内顾客的需求。

一、市场细分概念及作用

（一）市场细分的概念

市场细分是指营销者通过市场调查，依据消费者的需求、购买行为和购买习惯等方面的差异，把某一产品的市场整体划分为若干消费者群的市场分类过程。每一个消费者群就是一个细分市场，每一个细分市场都是由具有类似需求倾向的消费者构成的群体。

（二）市场细分的作用

市场细分可以反映出不同消费者需求的差异性，为企业在市场营销活动过程中认识市场、选择目标市场提供依据，从而更好地满足消费者的需求，并取得企业的经营利润。具体地说，市场细分对企业的作用主要表现在以下六个方面。

（1）有利于选择目标市场和制定市场营销策略。

市场细分后的子市场比较具体，便于企业了解消费者的需求，企业可以根据自己的经营思想、方针及生产技术和营销力量，确定自己的服务对象，即目标市场。较小的目标市场便于企业制定特殊的营销策略。同时，在细分市场上，信息容易了解反馈，一旦消费者的需求发生变化，企业可迅速改变营销策略，制定相应的措施，以适应市场需求的变化，提高企业的应变能力和竞争力。

（2）有利于发掘市场机会，开拓新市场。

通过市场细分，企业可以就细分市场的购买潜力、满足程度、竞争情况等进行分析对比，发现有利于自身的市场机会，及时作出投产、销售决策或制订发挥自身生产技术优势的特制新产品开拓计划，进行必要的产品技术储备，掌握产品更新换代的主动权，开拓新市场，以更好适应市场需求。

（3）有利于集中人力、物力投入目标市场。

任何一个企业的资源、人力、物力、资金都是有限的。通过市场细分，企业选择了适合自己的目标市场，可以集中人、财、物，去争取局部市场上的优势，占领自己的目标市场。

(4)有利于企业提高经济效益。

前面三个方面的作用都能使企业提高经济效益。除此之外,通过市场细分,企业可以生产出适量的产品,这样既能满足市场需求,又可增加企业的收入。产品适量可以加速商品流转,加大生产批量,降低企业的生产销售成本,提高生产工人的劳动熟练程度,提高产品质量,全面提高企业的经济效益。

(5)有利于企业提高竞争力。

(6)有利于提升顾客忠诚度。

二、市场细分的标准

市场细分是依据一定的细分变量进行的,市场细分可根据消费者市场细分标准和生产者市场细分标准来进行,每个标准又包括一系列的细分变量因素。

(一)消费者市场细分标准

在现代社会中,影响和造成消费者市场需求差异性的因素是极其纷繁复杂的,因此细分消费者市场的标准和方法不是固定不变的,各行业、各企业可采取不同标准和方法来细分市场,以寻求最佳的营销机会。

1. 按地理因素细分

人必须生活在一定的地域范围内,按地理因素细分,就是按照消费者所在的地理位置、地理环境等变数来细分市场。由于地理环境、自然气候、人口密度和城镇规模等因素的影响,同一地区人们的消费需求具有一定的相似性,而不同地区的人们具有不同的消费习惯与偏好。因此,地理因素得以成为市场细分的标准之一。

①地理区域。不同地区的消费者长期受不同的自然条件和社会经济条件等的影响,消费习惯和购买行为往往有着较为明显的差异。如我国的饮食习惯,素有南甜北咸之说,我国南方人喜欢吃大米,北方人喜欢吃面食等。

②气候。气候的差异也会引起人们需求的差异。如气候的高低、干湿都会对消费者需求产生影响。

③人口密度。例如,由于生活空间条件的差异,我国城市消费者喜欢小巧玲珑、较为轻便的自行车,农村消费者则喜欢结实耐用的载重型自行车。

④城镇规模。城镇规模不同,经济发展水平、文化水平、收入水平都不同,因此消费者对产品的需求也不同。

2. 按人口因素细分

按人口因素细分,就是按人口变量的因素来细分消费者市场。人口是构成市场最主要的因素。人口因素主要包括如下内容。

①年龄。按一定年龄标准,可划分出不同的细分市场,如儿童市场、青年市场、中年市场、老年市场等。

②性别。不同性别的消费者具有不同的消费需求和购买行为,这是自然生理差别引起的差异。按性别标准,可划分为男性市场、女性市场。

③家庭。家庭因素包括家庭规模(家庭人口数量)、家庭结构(单身、结婚、有无子女、子女是否独立等)。

④收入。如高收入、中等收入、低收入等。

⑤教育水平。如大学以上、大专、高中、初中、小学、文盲等。

⑥宗教。如基督教、伊斯兰教、天主教、佛教、道教等。

此外,诸如职业、国籍、民族等也都是人口方面的因素。

人口因素历来是细分市场常用的重要因素,消费者的欲望、需求、偏好和使用产品的频率往往和人口因素有着直接的因果关系,而且人口因素较其他因素更易测量。如美国的服装、化妆品、理发等行业的企业一直按性别进行市场细分,汽车、旅游等行业的企业一直按收入进行市场细分,玩具市场按年龄进行市场细分,家庭用品、食物、房屋等行业的企业则依据家庭规模和家庭结构进行市场细分。

不过,这些因素的细分作用有时也并不十分明确,如现代女性越来越多地购买和使用以往只有男性才使用的产品。也就是说,随着社会的发展,某些产品的消费者在性别或其他因素上的界限会逐渐模糊甚至消失。因此,还有必要从更深的层次上即消费者的心理和行为上来进行市场细分。

3. 按心理因素细分

心理因素是一个极其复杂的因素,消费者的心理需求具有多样性、时代性和动态性的特点。企业可根据消费者所属的社会阶层、生活方式及个性特点等心理因素,进行市场细分。只有了解消费者真正的心理需求,才能发现商机。心理因素主要表现在以下三个方面。

①社会阶层。在一个社会中,社会阶层是具有相对的同质性和持久性的群体。每一阶层的成员具有类似的价值观、兴趣爱好和行为方式,如西方国家分上流社会、中产阶级、下层社会,或者按收入分为白领、工薪等阶层。我国社会有农民、工人和知识分子等阶层等。不同阶层的人以不同的消费习惯和行为来显示其身份和社会地位,像白领阶层追求时髦和名牌,工薪阶层则更重视实惠。因此,社会阶层是市场细分的重要心理因素。

②生活方式。生活方式是消费者对自己的工作和休闲、娱乐的态度,如崇尚奢华或节俭朴素,追求时尚或顽固守旧,唯乐主义与工作狂,等等。人们追求的生活方式不同,对商品的偏好和需求就不同。企业可以通过市场调查研究,了解消费者的活动、兴趣、意见,据此划分出不同生活方式的消费者群。如服装生产商将市场细分为:“简朴的妇女”“时髦的妇女”“有男子气质的妇女”。

③个性。个性指一个人特有的心理特征,它会导致一个人对其所处环境作出相一致的持续不断的反应。企业依据个性因素细分市场,可以更好地赋予其产品品牌个性,从而与相应的消费者个性相适应。如在20世纪50年代,美国福特汽车公司和通用汽车公司就曾利用个性特征来推销其福特牌和雪佛兰牌汽车。人们认为福特牌汽车的购买者有独立性、易冲动,有男子汉气概,勇于变革并有自信心;而雪佛兰牌汽车的拥有者则是节俭的,他们重名望,恪守中庸之道。

4. 按行为因素细分

消费者的购买行为,包括消费者的购买时机、利益追求、使用情况、使用频率、对产品的忠诚程度、购买阶段以及对产品的态度等,由于消费者行为与消费者需求密切相关,因此西方国家许多学者及企业认为,行为因素是细分市场至关重要的出发点。

①购买时机。购买时机指有规划或无规划的购买、平常购买或节假日购买。消费者购买时机有一定规律性,企业可以根据消费者的购买时机来细分市场,把握特定时机的市场需

求,扩大消费者使用本企业产品的范围。如随着法定休假日的增加,假日经济浪潮的兴起,已有更多的商家把目光放在了节假日消费上。

②利益追求。消费者购买商品是为了满足一定的需要,由于消费者的需要具有差异性,因而对同一种商品所追求的利益就不同。企业可以根据消费者购买消费产品而期望得到的主要利益进行市场细分。企业可以根据自身的条件,选择其中某一个追求利益的消费者群作为目标市场,生产出适合该目标市场需要的产品,然后通过广告媒体,把这种产品的信息传递给追求这种利益的消费者群。如牙膏的购买者有的为了防蛀牙,有的为了美白牙齿,有的喜欢某种香味,有的偏好价格低廉等。

③使用情况。有些商品市场可以按消费者的使用情况进行细分。按照使用情况,消费者可分为未使用者、初次使用者、经常使用者、曾经使用者和潜在使用者等。如企业可以通过赠送样品来吸引潜在使用者,采取折扣等奖励方式来鼓励经常使用者等。

④使用频率。根据消费者对特定商品的使用次数和数量,消费者可以划分为大量使用者、中量使用者和少量使用者,大量使用者往往人数不多,但他们所消费的商品数量占商品消费总量的比重很大,并往往具有某种共同的人口及心理方面的特征。因此,不少企业往往把抓住大量使用者作为营销的主要目标。

⑤忠诚度。消费者的忠诚度包括对企业的忠诚度和对品牌的忠诚度,如绝对忠诚、一般忠诚、不忠诚等。在绝对忠诚者占多数的市场里,企业可以不用担心竞争者的轻易进入;在一般忠诚者或不忠诚者占多数的市场里,企业则要设法改进营销工作来吸引消费者,促成他们的购买行为。不过,品牌忠诚度易受其他因素影响,如降价促销、产品脱销等。

⑥购买阶段。购买一般包括尚未知道、知道、有兴趣、有购买意愿、已经购买、重复购买等阶段。企业了解消费者处在何种购买阶段,就可以采用有针对性的营销措施。如对尚未知道者着重对产品的介绍,对有兴趣者则可以着重宣传产品的功能、利益等,以促使他们购买产品。

⑦态度。态度包括喜爱、不感兴趣、讨厌等。消费者对产品或企业的态度会直接影响他们的购买行为。企业应利用适当的媒介来影响消费者的态度。

(二)生产者市场细分标准

生产者市场的购买者一般是集团组织,购买的目的主要是进行再生产。生产者市场的细分标准有的与消费者市场相同,如地理区域、利益追求、忠诚度、态度等。但是,生产者市场还有着与消费者市场不同的特点,因此,生产者市场也有其不同的细分标准,主要有以下三种。

1. 按最终用户需求细分

按最终用户需求细分是生产者市场细分最通用的标准。产业市场的采购活动是为了满足不同的生产需要或是为了再出售,因而不同的最终用户对同一种产业用品往往有不同的要求。如同样是轮胎,不同的生产者的要求就不一样,飞机轮胎的质量要求高于拖拉机轮胎的质量要求,载重卡车与赛车对轮胎的质量要求也不一样。高技术产品生产者更看重产品的质量、服务而不是价格。因此,企业应根据最终用户的不同,制定不同的营销策略,以促进产品的销售。

2. 按用户的规模细分

按用户的规模，市场可细分为大客户、中客户、小客户三类，生产者用户的购买能力、购买习惯等往往取决于用户的规模。如有的企业大客户数目虽少，但购货量通常较大，企业往往采用更加直接的方式与之进行业务往来，这样可以相对减少企业的推销成本；小客户虽数目众多但单位购货量较少，企业可以更多地采用其他的方式，如中间商推销等，利用中间商的网络来进行产品的推销工作。

3. 按用户行业特点细分

生产者市场的购买者来自许多行业，各个行业具有显著的行业特点，每个行业还可以细分出许多子行业市场。按行业划分市场，能使企业目标市场更加集中，容易研究掌握市场变化、发展动态、研制新产品，更好地满足生产者市场的需要。

三、市场细分的方法

（一）有效细分的条件

企业可依照各种标准进行市场细分，但并不是所有划分出来的细分市场都是有效的。要使细分后的市场对企业有用，必须遵循以下原则，这些原则也是细分市场的有效条件。

1. 可衡量性

可衡量性是指细分市场的标准、变数以及细分后的市场是可以识别和衡量的，也就是在这个细分市场可获得足够的有关消费者特性的资料。如果某些细分市场的变数或购买者的需求和特点很难衡量，市场细分后无法界定、难以描述，那么市场细分就失去了意义。一般来说，一些带有客观性的变数，如年龄、性别、收入、地理区域等，都易于确定，并且有关的信息和统计数据也比较容易获得；而一些带有主观性的变数，如心理方面的变数，就比较难以确定。

2. 可进入性

可进入性指企业能够有效地集中营销力量进入并服务细分后的市场。企业细分出来的市场，应该能使企业的资源得到充分利用，而且这个市场的消费需求也是企业能够满足的，企业可以通过适当的营销手段进入或占领这个市场。当然，企业的行为应遵循一定的法律规范，是法律所允许的。

3. 可盈利性

可盈利性指企业细分出来的市场应该有一定的规模和市场潜力，使企业能够获取足够的利润。如果细分市场的规模很小，不能给企业带来足够的经济效益，一般就不值得细分。假如家具企业利用身高进行市场细分，选择专门生产身高 2 米以上者使用的特大家具，并以此群体作为企业的目标市场，显然这个细分市场就狭小了，因为我国身高 2 米以上的人很少。这个市场就不值得企业进行营销，这个细分市场就缺乏可盈利性。因此，市场细分并不是越细越好，应该科学归类，保持足够容量，使企业有利可图。

（二）市场细分的常用方法

1. 单一因素法

单一因素法即按影响消费需求的某个因素来细分市场。例如，服装企业按月收入 3 000 元以上、1 000~3 000 元、1 000 元以下进行市场细分；婴儿食品生产企业按 0~3 个月的婴儿、3~8 个月的婴儿、9 个月以上的婴儿进行市场细分。

2. 综合因素法

为使细分出的市场更有效、更切合实际,企业往往以多种因素为标准,利用多因素的组合进行市场细分,即按影响消费需求的两种或两种以上因素进行综合细分。消费者的需求极为复杂,企业只有从多方面去分析、认识,才能更准确地把握不同群体的特点。

3. 系列因素法

系列因素法也运用两个或两个以上因素,但须依据一定的顺序进行市场细分。细分的过程就是一个比较、选择细分市场的过程。

第二节 目标市场选择

企业进行市场细分的最终目的是有效地选择并进入目标市场。企业根据自身的资源和目标,选择对本企业最有吸引力的一个或多个细分市场作为目标市场,有针对性地开展营销活动。目标市场选择是指估计每个细分市场的吸引力并选择进入一个或多个细分市场。企业选择的目标市场应是那些企业能在其中创造最大顾客价值并能保持一段时间的细分市场。资源有限的企业或许决定只服务一个或几个特殊的细分市场。目标市场选择关系到企业战略的实现,是企业营销规划的首要内容和出发点。

一、目标市场的概念

企业按消费者的特征把整个潜在市场细分为若干部分,根据产品本身的特性,选定其中的某部分或几部分的消费者作为综合运用各种市场策略所追求的销售目标,此即为目标市场。任何企业在市场细分的基础上,都要从众多的细分子市场中选择那些有营销价值的、符合企业经营目标的子市场作为企业的目标市场,然后根据目标市场的特点与企业的资源,实施企业的营销战略与策略。

企业为了选择目标市场,必须对各细分市场进行评估,判断细分市场是否具备目标市场的基本条件。目标市场须具备以下几个条件。

1. 适当的市场规模和增长潜力

首先要评估细分市场是否有适当规模和增长潜力。市场规模主要由消费者的数量和购买力决定,同时也受当地的消费习惯及消费者对企业市场营销策略的反应敏感程度的影响。适当规模是与企业规模和实力相适应的。较小的市场不利于大企业生产能力的发挥;而小企业缺乏满足较大市场的有效需求或难以抵御较大市场上的激烈竞争的能力。增长潜力存在的前提是细分市场有尚未满足的需要,有充分的发展潜力。如果细分市场现有规模虽然较大,但没有增长潜力,企业进入一段时间后就会缺乏发展的后劲,从而影响企业的长期利益。

2. 有足够的市场吸引力

吸引力主要是指企业从获利的立场考虑的市场长期获利率。细分市场所能带给企业的利润可以说是最为重要的。企业经营的目的最终要落在利润上,有了利润,企业才能生存和发展。市场可能具有适当规模和增长潜力,但从利润立场来看不一定具有吸引力。决定市场长期吸引力的因素主要有:现实的竞争者、潜在的竞争者、替代品、购买者和供应者。企业必须充分估计这五种因素对长期获利率所造成的影响,预测各细分市场的预期利润。

3. 符合企业的目标和资源

有些市场虽然规模适合,也具有吸引力,但企业必须考虑该市场是否符合企业的长远目标,企业是否具备了在该市场获胜所需的技术和资源。企业只有明确自身的经营目标,清楚自身现有的资源状况及资源潜力,才能进入并服务相应的细分市场,避免资源不足造成的市场机会错失,避免资源过剩造成的浪费。

二、目标市场选择的模式

企业在对不同的细分市场进行评估后,可将一个或若干个甚至所有的细分市场作为企业的目标市场。企业在选择目标市场时有五种可供考虑的市场覆盖模式,如图 6-1 所示。

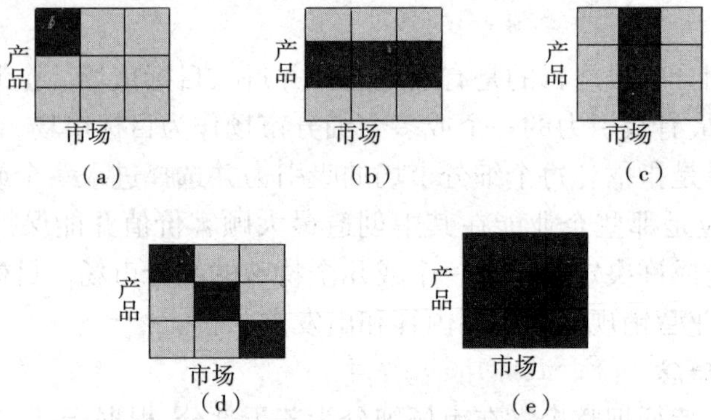

图 6-1 目标市场选择的五种模式

(a)市场集中化;(b)产品专业化;(c)市场专业化;(d)选择专业化;(e)市场全面化

(一)市场集中化

市场集中化是一种最简单的目标市场选择模式。企业只选取一个细分市场,只生产一类产品,供应某一单一的顾客群,进行集中营销。企业选择市场集中化模式一般基于以下考虑:①具备在该细分市场从事专业化经营或取胜的优势条件;②限于资金能力,只能经营一个细分市场,该细分市场中没有竞争对手;③准备以此为出发点,取得成功后向更多的细分市场扩展。

(二)产品专业化

产品专业化指企业集中生产一种产品,并向各类顾客销售这种产品。如饮水器厂只生产一个品种的产品,同时向家庭、机关、学校、银行、餐厅、招待所等各类用户销售。产品专业化模式实际上是实施非市场细分化战略,即不分割整体市场。其优点是企业专注于某一种或一类产品的生产,有利于形成和发展生产和技术上的优势,在该领域树立形象。其局限性是当该领域被一种全新的技术和产品所占领时,产品销售量有大幅度下降的危险。

(三)市场专业化

市场专业化指企业专门经营满足某一顾客群体需要的各种产品。比如某工程机械公司专门向建筑业用户供应推土机、打桩机、起重机、水泥搅拌机等建筑工程中所需要的机械设备。市场专业化经营的产品类型众多,能有效地分散经营风险。当这类顾客的需求下降时,企业也会面临收益下降的风险。

（四）选择专业化

选择专业化指企业选取若干个具有良好的盈利能力和结构吸引力且符合企业的目标和资源的细分市场作为目标市场的模式，其中某个细分市场与其他细分市场之间联系较少。其优点是可以有效地分散经营风险，即使某个细分市场盈利不佳，仍可在其他细分市场取得盈利。采用选择专业化模式的企业应具有较强资源实力和营销实力。

（五）市场全面化

市场全面化指企业生产多种产品去满足各种顾客群体的需要。实力雄厚的大型企业选用这种模式，能收到良好效果。

三、目标市场策略

企业对细分市场进行评估后，可能不止一个细分子市场符合企业的要求。一般来说，有三种目标市场策略可供选择。

（一）无差异营销策略

无差异营销策略指企业以整个市场（全部细分市场）为目标市场，提供单一的产品，采用单一的营销组合方案（图 6-2）的策略。无差异营销策略的核心是针对市场需求中的共性开展市场营销，舍去其中的差异性，试图吸引尽可能多的顾客，为整个市场服务。早期的可口可乐公司就是采用这种策略的一个典型例子。当时，该公司只生产一种口味的可乐，采用标准的瓶装和统一的广告宣传。早期的福特汽车公司也曾向所有的消费者提供同一种黑色的小汽车。

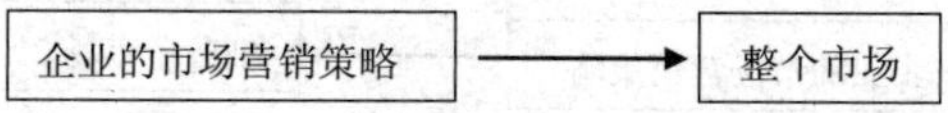

图 6-2　无差异营销策略示意

这种策略的特点是产品的品种、规格、款式单一，有利于进行标准化和大规模生产，有利于降低产品开发、生产、仓储、运输、促销等方面的成本。在社会消费水平不高、供小于求的情况下，这种策略是适用的。随着社会的进步，消费者的需求日趋多样化、个性化，这种单一的营销策略就很难再吸引大部分的消费者了。另外，多家企业同时采用这一策略，则容易引发较大部分市场的激烈竞争，较小部分市场的需求会被忽视，从而造成市场机会的丧失。因此，在市场高度发展的今天，只有极少企业采用这种策略。改革开放后的我国家电企业在家用电器产品的生产上曾出现过千军万马过独木桥的状况。全国许多地方同时引进国外多条生产线，生产企业遍地开花，生产出来的产品大同小异，造成同类产品的挤压。而今天，能在市场上占有一席之地的企业已屈指可数了。主要原因就在于不少企业没有随着市场的变化而改变自己的目标市场，仍旧采用无差异营销策略，被竞争激烈的市场淘汰。

（二）差异营销策略

差异营销策略指企业针对各个细分子市场的特点，分别设计不同的产品、制定不同的市场营销组合方案，满足各个细分子市场上的不同需要（图 6-3）的策略。这是很多企业采用的目标市场策略，如可口可乐公司除继续生产原口味的可乐外，还推出新配方的可乐以及雪碧、芬达等不同口味的饮料，采用不同包装，采取各种促销方式，进行销售，以迎合不同消费者的需要。

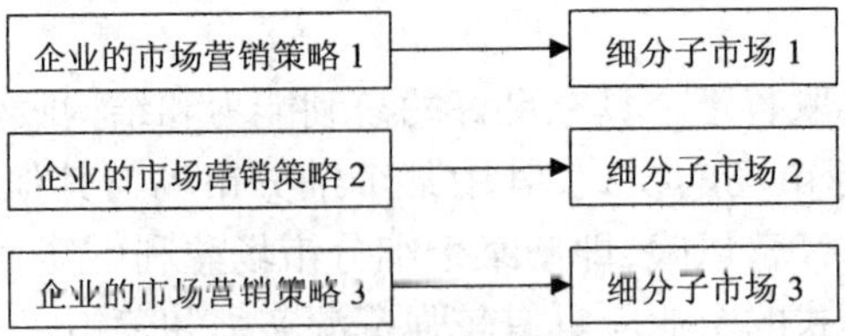

图 6-3　差异营销策略示意

采用差异营销策略的优点是可以更好地满足各个细分子市场的需要，有利于吸引到更多的消费者，扩大企业的销售额，增强企业在市场上的竞争力。这种策略可能使企业的产品改进、生产、仓储、销售等成本和管理费用提高，同时营销组合的多样化可能带来企业资源上的短缺以及受到企业能力的限制，造成企业注意力的分散。因此，采用这种策略的往往是那些实力雄厚的大企业。

（三）集中营销策略

集中营销也称密集型营销，就是企业选择一个或几个有利的细分市场作为目标市场，制定一套营销组合方案，集中力量为之服务，争取在这些目标市场上拥有较大市场份额（图 6-4）。这是大多数中小企业采用的策略，企业可以充分利用有限的资源，发挥其在某些方面的优势，提高产品的市场占有率。

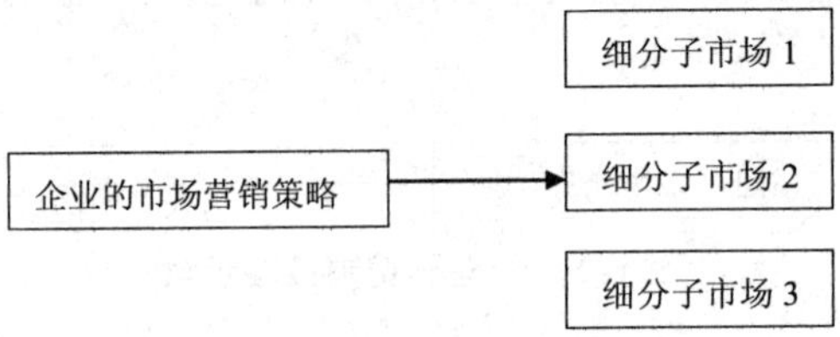

图 6-4　集中营销策略示意

采用集中营销策略的优点是：①企业能比较深入地了解一个或少数几个细分市场的需要，更好地分析消费者深层次的消费需求，使消费者的需求得到更好满足；②可以在生产和营销方面实行专业化，以降低成本，增加盈利；③便于采取有针对性的市场营销策略，在竞争中居于有利的地位，提高知名度。因为采用这种策略的企业的目标市场范围相对较小，企业回旋余地不大，一旦目标市场情况发生变化，如出现强大的竞争对手或消费者偏好转移等，企业就可能陷入被动。因此，企业必须密切注意目标市场的动态变化，以降低经营风险。

四、目标市场策略选择的影响因素

上述三种目标市场策略，各有利弊，各自适合不同的情况。在实践中，企业究竟选择何种目标市场策略，须全面考虑主客观条件。一般说来，在选择目标市场策略时要考虑四个因素。

（一）企业的资源能力

企业的资源能力主要包括企业的资金与技术实力、生产能力、经营管理水平、人力资源水准等。资源丰富的企业可采用差异或无差异营销策略，服务整个市场，资源有限的企业应集聚有限的资源于一个或少数几个细分子市场，采用集中营销策略，以更好地服务目标市场，提高市场占有率。

（二）产品的特点

产品的特点包括产品的性能、规格、品质、式样等。企业根据产品的不同特点，可以采用不同的市场策略。如果企业的产品性质相似，如大米、面粉、钢材等，产品的特性长期以来变化不大，企业可以采用无差异营销策略。而服装、家用电器等产品的特性经常随消费者需求的改变而发生变化，企业宜采用差异营销策略或集中营销策略。

（三）产品生命周期

产品生命周期包括介绍期、成长期、成熟期、衰退期。企业应根据产品在生命周期中的不同阶段，采用不同的营销策略。在介绍期，企业投入市场的新产品一般只有一种或少数几种，这时竞争者少，竞争不会激烈，企业的主要目的是探测市场需求和消费者的反应，企业可采用无差异营销策略或集中营销策略，先占领一个市场，再伺机扩展；当进入成长期或成熟期时，竞争者增多，消费者的需求向纵深层次发展，企业为了在激烈的竞争中取胜，宜采用差异营销策略，以满足不同消费者的需求；而在衰退期，企业为了集中力量对付竞争者，要一定程度收缩市场，往往可以选择集中营销策略。

（四）市场特点

市场特点包括市场规模、市场需求等。如果某市场消费者的需求偏好大致相同，对市场营销刺激的反应也基本相同，企业宜在该市场采用无差异营销策略；反之，如果消费者的需求偏好差异较大，对市场营销刺激反应也不一致时，企业则应在细分市场后，采用差异营销策略或集中营销策略。

除此之外，当今企业普遍处于激烈竞争的市场环境，进行营销策略的选择时如果不考虑竞争对手的状况及其采取的策略，也难以在市场中生存和发展。因此，企业需要充分关注竞争对手的动向，或避其锋芒，抢先向深层次市场进军；或进行更有效的市场细分，实施适宜的营销策略。

第三节　市场定位

【案例 6-2】

从作为养老产业的经济角度来看，银发经济有其自身的市场属性或市场定位

必须充分调动市场活力与积极性，发挥市场在资源配置中的决定性与主导性作用。我们要深刻认识到，今天的中国和世界已不可逆转且不断深入地进入人口老龄化社会。人口老龄化作为当今社会的重要趋势，将是我国今后较长一个时期的基本国情。这意味着，今后人类经济发展的社会人口基础，将不同于人口爆炸式增长的19世纪、20世纪，人类可能再也无法回到年轻型人口结构的时代，经济社会发展将不再建立在人口不断增长的基础之上，人口老龄化将成为人类经济运行的永久性、常态化背景。因此，发展银发经济，不是为了解决一时或短期问题的权宜之计，而是具有产业发展意义的战略性、前瞻性和长期性的根本举措。

作为未来常态化的经济活动，银发经济的基本定位是为满足老年人特有需求而提供适

老化产品与服务的产业经济。因此,从根本上来说,发展银发经济必须尊重客观经济规律,遵循基本的市场逻辑,而不能将其主要视为一项社会保障或公益慈善事业,否则银发经济就不会真正得到繁荣发展。

为此,要充分利用市场机制,发挥市场在资源配置中的决定性作用,将作为供给主体的企业与作为需求主体的老年人有效关联和匹配起来。一方面,在供给端,企业要开发出如康养、旅游、再就业、老年大学和终生学习等更多且更能够满足老年人差异化需求的服务与产品;另一方面,在需求端,要充分释放老年人的消费潜能,逐步转变老年人的消费观念,通过各种创新机制,将积存在老年人手中的资产转变为可支付的日常消费能力。如此,才能形成促进银发经济发展的强大动力,才能适应未来人口老龄化背景下经济社会发展的要求。

(资料来源:中国劳动保障报)

企业选定目标市场后,必须考虑市场定位,为本企业以及产品在市场上树立鲜明形象,展现一定特色,并争取目标顾客的认同。

一、市场定位的概念

市场定位是指企业针对潜在顾客的心理进行营销设计,创立产品、品牌或企业在目标客户心目中的某种形象或某种个性特征,保留深刻的印象和独特的位置,从而取得竞争优势。其实质就是使企业所提供的产品具有一定特色,适应一定顾客的需求和偏好,并与竞争者的产品有所区别,在客户心目中树立独特的形象。未经市场定位的产品,往往很容易被消费者冷落、忽视,因而不能牢固地占领市场。在现代信息社会中,消费者购买产品已不再是偶然碰巧的,而是根据他对各种商品形象的认识,按照先后顺序来决策的。因此,进行产品的市场定位有利于企业深入了解市场需求,制定合适的市场营销组合策略,更好地为目标市场服务。

二、市场定位的步骤

市场定位的关键就是企业要设法在自己的产品上寻找出竞争优势。竞争优势一般有两种基本类型:一是价格竞争优势,即在同样条件下比竞争者定出更低的价格,这就要求企业采取一切努力,降低单位成本;二是偏好竞争优势,即能提供确定的特色来满足顾客的特色偏好。这就要求企业在产品特色上下功夫。竞争优势的两种基本类型提供了市场定位的两条有力途径。因此,企业市场定位的全过程就可以通过以下三大步骤完成。

(一)确认潜在的竞争优势

企业要进入的目标市场往往早已有竞争者在其中经营,因此企业需要分析目标市场现状,以把握和确定自己的潜在竞争优势。这一步骤的中心任务是回答以下三个问题:一是竞争者的产品定位如何,二是目标顾客对产品的评价标准是什么,三是针对竞争者的市场定位和潜在顾客的利益要求,企业应该和能够做什么。要回答这三个问题,企业市场营销人员必须通过一切调研手段,系统地设计、搜索、分析并报告有关上述问题的资料和研究结果。

(二)准确选择竞争优势

竞争优势代表着企业能够胜过竞争者的能力。这种能力既可以是现有的,也可以是潜在的。选择竞争优势实际上就是一个企业与竞争者各方面实力相比较的过程。比较的指标应是一个完整的体系,只有这样,才能准确地选择相对竞争优势。通常的方法是分析、比较企业与竞争者在经营管理能力、技术开发能力、采购能力、生产能力、市场营销能力、财务能力和产品等七个方面的强弱。企业依据分析比较结果选出最适合自身的优势项目,以初步确定在目标市场上所处的位置。

1. 经营管理能力

经营管理能力方面主要考察领导能力、决策水平、计划能力以及个人应变等指标。

2. 技术开发能力

技术开发能力方面主要分析技术资源、技术手段、技术人员能力和资金来源等指标。

3. 采购能力

采购能力方面主要分析采购方法、储存与运输系统、供应商合作以及采购人员能力等指标。

4. 生产能力

生产能力方面主要分析生产水平、技术装备、生产过程控制以及职工素质指标。

5. 市场营销能力

市场营销能力方面主要分析销售能力、分销网络市场研究、服务与销售战略、广告以及市场营销人员等指标。

6. 财务能力

财力能力方面主要考察长期资金与短期资金的来源、资金成本、支付能力、现金流量以及财务制度与人员素质等指标。

7. 产品

产品方面主要考察可利用的特色、价格、质量、支付能力、包装、服务、市场占有率、信誉等指标。

(三)展现独特的竞争优势

这一步骤的主要任务是企业要通过一系列的宣传活动,将其独特的竞争优势准确传播给潜在顾客,并在顾客心目中留下深刻印象。首先,企业应使目标顾客了解、熟悉、认同、喜欢和偏爱本企业的市场定位,在顾客心目中树立与该定位相一致的形象。其次,企业应努力强化本企业在目标顾客中的良好形象,巩固目标顾客对本企业的了解,稳定目标顾客对本企业的态度,深化目标顾客对本企业的感情。最后,企业应注意目标顾客对本企业市场定位理解出现的偏差或由于企业市场定位宣传上的失误而造成的目标顾客模糊、混乱和误会,及时矫正与市场定位不一致的形象。

三、市场定位的策略

在市场上树立起企业产品形象并非轻而易举的,企业必须采用恰当的市场定位策略。通常,有八种策略可供选择。

(一)针锋相对定位

针锋相对定位即把企业的产品定位在与竞争者相似或相近的位置上,同竞争者争夺同一细分市场。实行这种定位策略的企业,必须具备以下几个条件:

①能生产出比竞争者更好的产品;

②市场容量足以容纳两个以上竞争者的产品;

③有比竞争者更多的资源和更强的实力。

（二）填空补缺定位

填空补缺定位是指寻找新的尚未被占领的，但为许多消费者所重视的位置进行定位，即填补市场上的空白。例如："金利来"进入中国大陆市场时，就是填补了市场上男士高档衣物的空位。

通常在以下两种情况下使用这种策略：一是这部分潜在市场即营销机会没有被发现，在这种情况下，企业容易取得成功；二是许多企业发现了这部分潜在市场，但无力去占领，这就需要有足够的实力才能取得成功。

（三）另辟蹊径定位

当企业意识到自己无力与同行强大的竞争者相抗衡，从而获得绝对优势地位时，企业可选择另辟蹊径定位，根据自己的条件取得相对优势，即突出宣传自己与众不同的特色，在某些有价值的产品属性上取得领先地位，如美国"七喜"汽水突出宣传其不含咖啡因的特点，成为非可乐型饮料的领先者。

（四）产品特色定位

产品特色定位是指企业在具体产品特色上进行定位。迪士尼乐园可以宣称自己是世界上最大的主题游乐场。大也是一种产品特色，它间接地暗示了一种利益，即从中可享受到最多的娱乐。

"农夫山泉有点甜"是一个相当成功的定位，它既没有渲染产品的功效，也么没有讲产品的制作过程，"甜"其实也未必。但它确实在向消费者传递着一种温馨、一种浪漫、一种亲切。你很难不注意到它，也很难不记住它。因为它非常简洁，非常宽阔。同样可口可乐总是在向消费者传递着一种活力，万宝路则传递着一种奔放和洒脱。记住，千万不要为你的产品罗列十条优点，更不要把你的产品说成无所不能。

（五）属性利益定位

产品本身的属性及由此获得的利益、解决问题的方法及需求满足的程度，能使顾客感受到它的定位。例如在汽车市场，德国的"大众"享有"货币价值"之美誉，日本的"丰田"侧重于"经济可靠"，瑞典的"沃尔沃"讲究安全。在有些情况下，新产品更应强调某一属性。如果这种属性是竞争者无暇顾及的，这种策略就越容易见效。

海尔"小小神童"洗衣机，提供了一种衣服可以随时洗的便利，这种定位本身是短期的，它很容易被模仿，但企业有可能利用自己的领先地位在顾客心中建立先入为主的偏好，同时它反映了企业对顾客需求的关注，服务于"真诚到永远"的长期定位。

（六）使用者类型定位

企业常常试图把其产品推介给适当的使用者即某个细分市场，以便根据该细分市场的看法塑造恰当的形象。例如我国康佳集团针对农村市场的特点，充分考虑农民消费者的特殊需求，定位为质量过硬，功能简单，价位偏低，同时了解到农村市场电压不稳，研制了宽频带稳压器等配件产品。如深圳市朵唯志远科技有限公司是一家集手机研发、生产、销售、服务为一体的高科技企业。品牌精神为"勇敢，让未知更美"，鼓励女性勇敢尝新。朵唯关注现代女性的多维追求，用心演绎以高科技为载体的女性关爱，努力打造女性手机第一品牌。

（七）重新定位

重新定位是对销路少、市场反应差的产品进行的二次定位。这种策略旨在摆脱困境，重新获得增长与活力。

在频频的促销活动中，王老吉选择重点的火锅店、酒楼作为“诚意合作店”，投入资金与它们共同进行节假日的促销活动。促销策划中注意强化品牌定位，与“怕上火，喝王老吉”相关联。例如，在“炎夏消暑王老吉，绿水青山任我行”的主题促销活动中，消费者刮卡刮出“炎夏消暑王老吉”的字样，即可获得当地避暑胜地门票两张，并可在当地度假村免费住宿两天。这样的促销活动，既促进了销售，又关联宣传了王老吉“预防上火”的品牌定位。

（八）竞争需求定位

1. 对比定位

对比定位是指定位于与其相似的另一种类型的竞争者或产品的档次，以便与之对比。或者，通过强调与同档次的产品并不相同进行定位，特别是当这些产品是新产品或独特产品时。例如，不含阿司匹林的某种感冒药，定位时应突出与其同档次产品的不同特点。

2. 比附定位

比附定位是指定位于与竞争者直接有关的不同属性或利益。例如，美国的阿维斯公司将自己定位于汽车出租业的第二位，强调“我们是老二，我们将更加努力”，暗示要比第一位的企业提供更好的服务。

【本章小结】

目标市场营销是关系企业生存和发展的重大战略决策，也是实施各项具体营销策略的基本前提，本章介绍了目标市场营销的三个主要步骤：市场细分、目标市场选择、市场定位。

市场细分是在市场调查的基础上，根据消费者需求、购买习惯和购买行为的差异性，把整体市场划分为若干个子市场的过程。市场细分是依据一定的细分变量进行的，市场细分可根据消费者市场细分标准和生产者市场细分标准来进行，每个标准又包括一系列的细分变量因素。这些因素可以单独使用也可以综合使用。要使细分后的市场对企业有用，必须遵循可衡量性、可进入性、可盈利性原则。市场细分常用的方法有单一因素法、综合因素法、系列因素法。

目标市场是在市场细分基础上，被企业选定准备为之提供相应产品和服务的市场。选择目标市场必须对目标市场进行评估，包括市场的规模和增长潜力、市场吸引力、符合企业的目标和资源，然后决定采取何种营销策略。一般有三种目标市场策略可供选择，分别为无差异营销策略、差异营销策略、集中营销策略。选择目标市场策略时，要考虑以下因素：企业的资源能力、产品的特点、产品生命周期、市场特点。

市场定位就是树立企业产品在目标市场即目标顾客心目中的形象，以区别于竞争对手。市场定位工作一般包括三个步骤：确认潜在的竞争优势；准确选择竞争优势；展现独特的竞争优势。可供企业选择和市场定位的策略有针锋相对定位、填空补缺定位、另辟蹊径定位、产品特色定位、属性利益定位、使用者类型定位、重新定位、竞争需求定位。

【思考与练习】

一、论述题

（1）细分市场有效性的标准是什么？

（2）如何从细分市场中选择目标市场？

（3）宝洁以差异营销策略在小商品市场上获得成功，可口可乐则长期以无差异营销策略称霸饮料市场，请对此作出分析。

（4）你认为下列产品适合用哪些因素（选择一两个主要变数因素）来进行市场细分？皮鞋、牙膏、保健品、保健品、杂志、手机、冬装等。

二、应用题

（1）1984年，35岁的张瑞敏由青岛市家电公司副经理调任电冰箱总厂厂长，33岁的王石从广州某机关下海，闯荡深圳，组建了万科公司；张瑞敏面对的是一个亏损147万元的烂摊子，王石则是创立一个新的企业。20世纪90年代中后期，两家企业都做到了本行业的顶尖位置，但张瑞敏带领海尔与王石带领万科走的道路截然不同：一个由单一的冰箱企业向家电企业发展，由专业化走向多元化；一个由涉足各行各业向以房地产主业转移，由多元化走向专业化。

①请查阅两家企业的业务发展史，并以此为主线描述其发展阶段。

②分析两者发展过程中的市场细分、目标市场选择、细分市场组合的异同。

（2）登录戴尔的主页www.dell.com，看看它是如何细分市场的。再访问一个商店的信息主页，看看戴尔的大众化定制营销是如何进行的，为什么戴尔非常强调不同的细分群体；戴尔积极开展在线交易，为什么又在其主页上提供免费购买电话。

三、案例分析题

方太——高端市场的捍卫者

方太在激烈的市场竞争中，始终坚持定位高端厨电市场，精耕细作，通过技术升级不断加强在细分市场上的竞争优势，取得了巨大的成功。纵观方太面对市场竞争时候采取的战略，其牢牢占据了自己细分市场的竞争地位，并通过技术升级不断巩固，而非盲目以低价或者更广的产品线应对竞争，符合STP的基本原则，因而在市场竞争中获得了成功。

厨具市场在2002年之前都是国内品牌主导的市场，国产厨具市场占有率几乎达到100%。方太、帅康、老板、华帝都属于中国厨具的第一集团，市场占有率达到80%以上。方太一直定位于高端厨具，虽然市场份额领先，但领先优势相对于其他三大品牌而言并不太大。

当西门子决定进军中国厨具市场的时候，各国内品牌都感受到了强烈的冲击。除方太以外其他三家都提供更低价的产品以争夺市场份额。但方太仍然坚持高端的市场定位，集中所有资源努力提高自身在该细分市场的战略地位，通过不断研发新技术、提高产品质量、提供更优质的服务进行竞争。

方太坚持以每年不低于销售额5%的费用，投入前瞻性的厨电科技研究，并不断推出新产品。从1996年的中国第一代完全自主设计的深型吸油烟机、中国欧式吸油烟机、近吸式吸油烟机、嵌入式成套化厨电、高效静吸油烟机，到推出的“全新一代风魔方”油烟机，方太始终以技术创新领导行业。

在销售方面，销售员工的KPI（关键绩效指标）中销售额并不是第一位的，最被关注的是方太产品在高端市场中的市场份额。方太总裁茅忠群表示：“如果我将销售额增长放到

30%~40%,在以完成任务为导向下,销售人员不得已就会去打价格战,改做中低端。"

随着市场引导和消费升级,高端吸油烟机的市场份额一直在上升。方太在高端油烟机中的市场地位也不断增强,拉开了和其他竞争对手的差距。中怡康发布的 2013 上半年厨电行业监测报告表明,2013 年 1 至 6 月方太在高端吸油烟机市场的份额占比高达 41.0%。在很多同行利润下降的情况下,方太仍然获得了近 50%的销售额增长。

纵观方太面对市场竞争时候采取的战略,其牢牢占据了自己细分市场的竞争地位,并通过技术升级不断巩固,而非盲目以低价或者更广的产品线应对竞争,符合战略市场定位的基本原则,因而在市场竞争中获得了成功。

(资料来源:厨电参考)

方太是如何进行市场定位的?

【营销实训】

一、实训目标

(1)进行市场定位的分析与调研。

(2)使学生深入理解市场定位策划的重要性。

(3)初步掌握市场定位策划的步骤与方法。

二、实训内容和组织

1. 内容

为 ××× 文化商业街、文化商贸街或文化游乐园进行市场定位策划。

(1)以什么标准或依据对 ××× 文化商业街、文化商贸街或文化游乐园进行市场细分?如何细分?

(2)根据当地情况以及背景资料选择目标市场。

(3)为 ××× 文化商业街、文化商贸街或文化游乐园进行市场定位,制定策划方案。

2. 组织

(1)选定阶段,在选题时,注意该文化商业街、文化商贸街或文化游乐园具有的较明显的差异。

(2)调研阶段,调查文化商业街、制定调查问卷、街头拦截被访者、资料查阅等。

(3)分析阶段,分析可行性、绘制市场定位图、写出市场定位分析研究报告。

三、实训检测

每位学生撰写有关文化商业街、文化商贸街或文化游乐园的市场定位策划方案,教师批阅,全班交流。

【案例讨论】

宝洁公司的洗衣粉品牌

宝洁公司至少已找到 11 个重要的洗衣粉细分市场以及无数的亚细分市场,并且已经开发了满足每个细分市场特殊需要的不同品牌。11 个宝洁品牌针对不同的细分市场分别进行了不同的定位。

(1)汰渍。它是针对洗衣额外费力情况的全能家庭洗衣粉。“汰渍来,污垢除”,源于汰渍“如此强效,能洗白纤维内层”。

(2)护肤快乐。具有“卓越的清洁和保护功能,使你家中的衣物干净清爽,亮洁如新”。护肤快乐还采用特殊配方,适用于热水、温水和冷水,认为可以带给顾客的是“全能快乐”。护肤快乐“经皮肤学家验证不含刺激性香味,不具有染色作用”。

(3)博德。博德是带织物柔软剂的洗衣粉。它具有“清洁、柔软和控制静电”三大功能。液体博德还能“使柔软后的衣物有怡人的清香”。

(4)甘原先。它是宝洁公司的含酶洗衣粉,现在的重新定位是使衣服干净,有怡人清香——像阳光一样清新。

(5)埃拉。它是“天生去污手”,“能去除顽固污渍,也是洗衣的好帮手”。

(6)德洗。它是宝洁公司的价值所在,“能去除顽固污渍”,且“只要很低的价格”。

(7)奥克雪多。它含有漂白剂,可“使你的白衣服更白,使你的各色衣服更亮,所以不必再用漂白粉,只需一盒奥克雪多”。

(8)索罗。它是含织物柔软剂的液体洗衣剂,着重针对主要液体洗衣剂市场所在的东北区。

(9)醉肤特。其配方也适用于婴儿尿布和衣物。它所含的硼砂是“大自然的自然清洁剂”,进行值得你信赖的清洗。

(10)象牙雪。纯度达99.44%.它是适用于尿布和婴儿衣物表面的中性温和肥皂。

(11)碧浪。它是针对西班牙裔市场的高效清洁剂,也是墨西哥的第一大品牌,同时还是宝洁公司在欧洲的主要品牌。

通过细分市场和推出多种洗衣粉品牌,宝洁公司吸引了几乎所有偏好群体中的消费者。其品牌总和在全球市场获得了极高的市场占有率。

(1)找出洗衣粉产品的所有细分标准,然后列出一张洗衣粉产品的细分表,包括细分标准、具体的细分市场。

(2)根据你列出的洗衣粉产品细分表,分析宝洁公司的产品占有了哪些细分市场,又是如何定位的。

(3)根据你列出的产品细分表,看看是否还有企业没有进入的竞争薄弱的细分市场。如果中国企业加入,应该如何进行产品定位?

瑞士雀巢公司的市场细分

瑞士雀巢公司,是以生产和销售优质食品而闻名于世的企业。它生产的食品属于差异性大、市场变化快的产品。为适应不同消费者的口味,它针对四种消费市场制作了四种咖啡:专为特殊口味人士制作的金牌咖啡;为喜好厚重口味者制作的特浓咖啡;为满足爱喝咖啡却嫌弃咖啡因的消费者的需要,制作不含咖啡因但又保留咖啡味的特制咖啡;用玉米糖、植物油、乳脂等制作的咖啡伴侣,溶入咖啡中,让人感到甜润适口,适于那些喝不惯咖啡苦涩味的人饮用。此外,雀巢公司还生产奶类、谷类速溶营养饮品,烹调食品,巧克力,婴儿系列食品等。公司紧紧跟随消费者需求的变化,不断改进和开发营养丰富、品质高的食品,使企业不断发展,享誉世界。

瑞士雀巢公司在咖啡市场作出了花样，把一个市场做成了多种市场，既扩大了咖啡总体市场的容量，又扩大了自己的咖啡市场。

(1)试借鉴雀巢公司的经验，对自己熟悉的某种食品的市场进行细分，设计出你的细分方案。

(2)你认为雀巢公司对咖啡市场还可以进行哪些细分，试想出四种方案。

成功的市场定位成就了海澜之家

提到海澜之家，很多人首先想到的都是它的那句广告定位“男人的衣柜”。

精准的市场定位+密切贴合目标客户的心理需求，是海澜之家取得成功的法宝。

市场定位:“男人的衣柜”“一年只逛两次海澜之家”

海澜之家最初将自己定位于“男人的衣柜”“一年逛两次海澜之家”，一开始就锁定目标客户群体，且牢牢抓住了这类群体的心理。男性与女性在购物方面的最大不同在于他们目标明确，不喜欢随便逛。如果有一家专门的品牌，提供男性的衣物，只要服装品质没有太大问题，他们会成为这个品牌的忠实客户群体。而海澜之家将自己定位于“男人的衣柜”切合男性需求。

就市场细分而言，海澜之家精准的目标群体是25~40岁的男性，这类职场男性对服装有一定要求。海澜之家主要市场在三、四线城市，将自己与高档品拉开一定距离，又将自己脱离了低档行列，价格在多数目标群体能承受的范围内。

从近些年品牌代言人的选择，可以看出该品牌走向年轻化，海澜之家目标群体的年龄层往前推移。海澜之家的定位从“男人的衣柜”转移到国民品牌。有网友分析，相较于“男人的衣柜”，国民品牌拔高了海澜之家品牌定位，但也含糊了其目标群体。

品牌知名度推广方式:名人效应+广告投放

海澜之家代言人的年龄层次代表着海澜之家目标群体阶层。

海澜之家通过立体和平面广告宣传，扩大自己的知名度，且“海澜之家，男人的衣柜”广告语更是深入人心，紧紧将品牌与目标群体联系起来。在广告投入方面，海澜之家通过在央视投放广告、参加国际服装服饰博览会、赞助受欢迎的综艺等形式推广品牌。央视平台和国际服装服饰博览会等给人一种高端大气的印象，将平台和品牌相联系，海澜之家的品牌在潜移默化中形成。

服务方面:首创“无干扰，自选式”购衣模式

多家品牌实体店为了让客户享受到更好的服务，往往安排导购员进行全程讲解，导购员一对一“狗仔式”紧跟非但没让客户体会到优质服务，反而徒增厌烦，败坏品牌好感。

海澜之家总结核心目标群体特征:男性购物目的性强，有自己的主见，相对女性而言，更追求服装的舒适度，对于旁人的干扰会反感。由此出发，海澜之家首创的“无干扰，自选式”购衣模式提供的轻松自在的购物环境刚好可以避免其他品牌带来的困扰，形成海澜之家独特的购物体验。

海澜之家的营销主要是针对核心用户出发，抓住这类群体的心理，提供精准宣传和服务。且“海澜之家，男人的衣柜”已在忠实目标群体心中生根发芽。

结合案例，请谈谈你对市场定位有什么新认识?

第七章　产品策略

【本章重点】

1. 产品整体的概念。
2. 产品组合的宽度、长度、深度和关联度以及相应的策略。
3. 产品处于不同的生命周期时采取的不同营销策略。
4. 品牌、商标、包装的相关营销策略。

【引例】

北京:“十大行动”助老字号创新发展

北京市商务局等9部门9月14日发布《进一步促进北京老字号创新发展的行动方案(2023—2025年)》,提出到2025年,北京的“中华老字号”将达130家左右,“北京老字号”达300家左右,培育10个左右北京老字号集聚区。

今年8月,15家企业新认定为新一批北京老字号,北京老字号数量增至238家,规模日益壮大。此次发布的《方案》从保护、传承、创新、发展四个方面,提出了老字号知识产权保护、原址风貌保护、文脉资源赓续、传统技艺传承、产品服务创新、技术工艺创新、营销策略创新、集合展示创新、体制机制改革、老字号走出去这十大行动,进一步挖掘老字号潜力,满足消费新需求。

根据《方案》,北京将加强对老字号的知识产权保护,新申请设立的企业、个体工商户未经授权不可使用与老字号相同或近似的企业名称。同时,加强原址风貌保护,加快推进对符合条件的老字号遗存开展文物认定和定级工作;涉及搬迁的需征求业务主管部门意见,确需搬迁的按照“拆一还一”或不低于原产权单位评估价值的原则予以补偿;老字号企业可设置体现历史文化的传统匾额和楹联,在建筑物外立面实体墙的适当位置,附着设置介绍老字号起源、历史和企业特色的铭牌。

老字号是城市文化的“活化石”。为了让文脉资源赓续,《方案》提出,加强对濒危传统技艺项目的抢救性记录和保护,加快传承人技艺影像收集保存,将老字号特色技艺纳入国家级、市级传统工艺振兴目录和各级非物质文化遗产代表性项目名录,支持老字号企业申报非物质文化遗产生产性保护示范基地。同时,支持老字号企业申报非遗传承人,对代表性传承人带徒传艺给予补助;支持老字号企业积极申报北京市技师大师工作室,鼓励老字号工匠申报北京市政府技师特殊津贴。

《方案》还提出打造老字号产业园,探索建立老字号创新赋能平台,对入园老字号企业给予政策优惠,鼓励老字号抱团发展。同时,强化产业园公共服务枢纽和产业发展平台功能,支持相关服务机构入驻园区,提供培训、融资、展会、赛事、法律等服务。

体制机制改革方面，北京将支持有条件的国有老字号企业体制机制创新，从资金配套、考核激励、人才建设等方面给予政策支持，激发老字号企业改革发展内生动力；探索推进符合条件的国有老字号企业混改，吸引社会资本盘活老字号品牌，实现品牌价值和资源优势互补。

根据《方案》，到 2025 年，北京老字号保护传承和创新发展的体制机制更加完善，品牌发展更具活力，文化承载力持续提升，宣传渠道更加多样，市场竞争力明显增强，老字号企业整体营收或产值规模明显扩大，总规模达到 12 000 亿元左右。将培育 10 个左右北京老字号集聚区，九成以上老字号企业实现“触网”，七成以上开展直播销售。

（资料来源：北京日报）

企业的市场营销活动是围绕着产品进行的，产品决策直接影响和决定着市场营销组合中其他因素的决策。因此，产品策略是企业市场营销组合策略中最重要的策略。

第一节　产品及产品组合

一、产品与产品整体概念

产品通常被理解成为出售而生产的具有特定的物质形态和用途的物品，衣服、食品、手机等都是产品。现代市场营销学认为，产品是指人们向市场提供的能满足消费者（或用户）某种需求的任何有形物品和无形服务。服务也能满足人们的某种需求，因此服务也是产品。按照这样的理解，产品概念所含的内容就大大扩充了。产品整体概念由五个基本层次构成：核心产品层、形式产品层、期望产品层、附加产品层和潜在产品层。

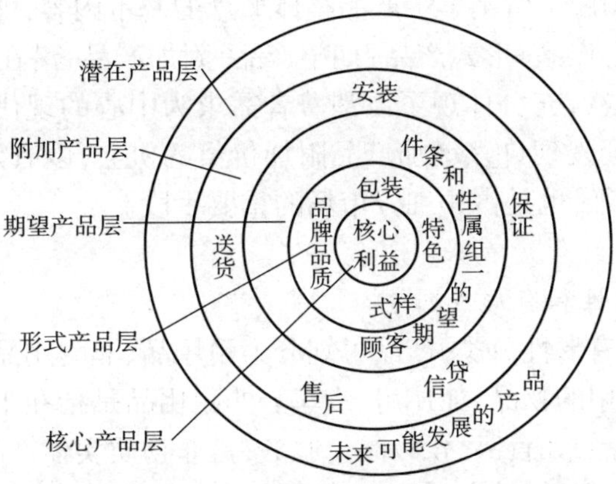

图 7-1　产品整体概念的层次

（一）核心产品层

核心产品又称实质产品，是指产品能为购买者提供的、购买者所期望的基本效用和利益。这是产品最基本的层次，是满足购买者需求的核心内容。如手机向购买者提供可移动的通信功能，满足其随时的信息沟通需求。顾客购买某种产品主要为了满足其某一方面的需求。所以，任何企业在产品的设计、制造与营销服务过程中，都必须充分考虑能否给予消费者所预期的利益。企业营销人员在推销产品时,最重要的是向顾客说明产品的实质,把顾客需要的利益和服务卖给顾客。

(二)形式产品层

形式产品是指核心产品的实现形式,即产品形体或外部特征,主要由品质、式样、特色、品牌和包装五个要素构成。形式产品能够满足同类消费者的不同需求,它是以不同的品牌、造型、质地、颜色、档次等满足消费者的特定需求来满足并争夺消费者的一个重要方面。

(三)期望产品层

期望产品是指顾客购买某产品时通常希望和默认的一组属性和条件,能够满足该类顾客的最低期望。顾客购买手机希望得到满足的最基本的需求就是沟通以及为生活提供方便。对没有特别偏好的顾客来讲,由于大多数企业的营销者都准备了一个期望产品,所以获得该类产品的便利性成为选择这一产品的首选考虑因素。

(四)附加产品层

附加产品指顾客购买产品时所获得的全部附加利益与服务,包括安装、送货、保证、提供信贷与售后服务等。如今的竞争主要发生在附加产品层,正如美国学者西奥多·莱维特所说,“现代竞争的关键,并不在于各家公司在其工厂中生产什么,而在于它们能为其产品增加些什么内容,诸如包装、服务、广告、用户咨询、融资信贷、及时送货、仓储以及人们所重视的其他价值。每一家公司应寻求有效的途径,为其产品提供附加价值”。能正确发展附加产品的公司,必将在竞争中获得优势。

(五)潜在产品层

潜在产品是指最终可能实现的全部附加部分和新转换部分,或者说是指与现有产品相关的未来可能发展的产品。潜在产品指出了产品可能的演变趋势和前景。

以上五个层次,就构成了营销学中产品整体概念的基本内容,即

产品整体=核心产品+形式产品+期望产品+附加产品+潜在产品

产品整体的五个层次,充分体现了以消费者需求为中心的现代市场营销观念。根据产品整体的概念,营销者会发现许多增加产品附加价值的机会,以有效地进行竞争,因为这是增加产品特色的重要途径,也是占领细分市场的重要手段。

二、产品分类

(一)按产品的耐用性和有形性划分

按产品的耐用性和有形性分类,产品可划分为耐用品、非耐用品和服务。耐用品是指在正常情况下能够多次使用的物品,如住房、汽车。非耐用品是指在正常情况下一次或几次使用即被消费掉的有形物品,如食品、化妆品。服务,是非物质实体产品,是为出售而提供的活动、利益或满足,如修理、理发、教育等。

(二)按产品的用途划分

按产品的用途分类,产品可分为消费品和工业品两大类。

1. 消费品

消费品,按消费者的购买习惯又可分为下列四种。

1)便利品

便利品是指消费者通常频繁购买或需要随时购买,并且只花最少精力和最少时间去比

较品牌、价格的消费品，例如肥皂、报纸等。便利品可进一步分成常用品、冲动品以及救急品。常用品是顾客经常购买的产品。冲动品是顾客没有经过计划搜寻而顺便购买的产品。救急品是当顾客的需求十分紧迫时购买的产品。

2）选购品

选购品是指消费者为了物色适当的商品，在购买前往往要去许多家零售商店了解和比较商品的花色、式样、质量、价格等的消费品，例如家具、服装等。选购品可以分成同质选购品和异质选购品。购买者认为同质选购品的质量相似，但价格却明显不同，所以有选购的必要。销售人员必须与购买者“商谈价格”。但对顾客来说，在选购服装、家具和其他异质选购品时，产品特色通常比价格更重要。经营异质选购品的经营者必须备有大量的不同品种花色的商品，以满足顾客的不同爱好；他们还必须有受过良好训练的推销人员，为顾客提供信息和咨询服务。

3）特殊品

特殊品是指消费者能识别的独特产品或名牌产品，而且习惯上愿意多花时间和精力去购买的消费品。例如，特殊品牌和造型的奢侈品、名牌男服、供收藏的特殊邮票和钱币等。消费者在购买前对要物色的特殊品的特点、品牌等均有充分认识，这一点同便利品相似；但是，消费者只愿购买特定品牌的某种商品，而不愿购买其他品牌的某种特殊品，这又与便利品不同。

4）非渴求物品

非渴求物品是指顾客不知道的物品，或者虽然知道却没有兴趣购买的物品。例如，刚上市的新产品、墓地、人寿保险等。非渴求物品的性质决定了企业必须加强广告、推销工作，同时切实做好售后服务和维修工作。

2. 工业品

我们可以根据工业品如何进入生产过程和昂贵程度这两点，把工业品分成三类：材料与部件、资本项目以及供应品与商业服务。

1）材料与部件

材料与部件是指完全要转化为制造商所生产的成品的那类产品。它们可分成两类：原材料、半成品和部件。原材料本身又可以分成两个主类：农产品和天然产品。半成品和部件可以用构成材料（如铁、棉纱）与构成部件（如马达、车胎）来加以说明。构成材料和构成部件通常具有标准化的性质，意味着价格与服务是影响购买的最重要因素。

2）资本项目

资本项目是指部分进入产成品中的商品。它包括两个部分：装备和附属设备。装备包括建筑物（如厂房）与固定设备（如电梯）。附属设备包括轻型制造设备和工具（如手用工具），以及办公设备（如打字机、办公桌）。这种产品不会成为最终产品的组成部分，但在生产过程中起辅助作用。

3）供应品与服务

供应品与商业服务是指根本不会形成最终产品的那类物品。供应品可以分为两类：操作用品（如润滑油、打字纸）和维修用品（如油漆、钉子）。供应品相当于工业领域内的便利品。商业服务包括维修或修理服务（如清洗窗户、修理打字机）和商业咨询服务（如法律咨询、广告设计)。

针对不同的产品特征制定不同的市场营销策略是企业不容忽视的一个重要方面。

三、产品组合及其相关概念

(一)产品组合、产品线与产品项目

1. 产品组合

产品组合是指一个企业生产经营的全部产品的有机组成方式,即企业全部产品的结构。一个企业的产品组合通常包括若干产品线,每一条产品线又包括若干产品项目。

2. 产品线

产品线是指在技术上和结构上密切相关,具有同类功能而规格档次、款式不同,能满足同类需求的一组产品。

3. 产品项目

产品项目是指产品线内不同品种、规格、质量和价格的具体产品。一个产品项目通常具有一个特定的名称、型号或编号。

(二)产品组合的宽度、长度、深度和关联度

产品组合包括四个衡量变量,即宽度、长度、深度和关联度。产品项目是衡量产品组合各种变量的一个基本单位,指产品线内不同品种或同一品种的不同品牌,如同一品种有三个品牌即为三个产品项目。

1. 产品组合的宽度

产品组合的宽度是指企业产品组合中所拥有的不同产品线的数目。例如,表 7-1 所显示的产品组合宽度为 4。

2. 产品组合的长度

产品组合的长度是指产品组合中产品项目的总数。以产品项目的总数除以产品线数等于产品线的平均长度。表 7-1 所显示的产品组合的长度为 18,每条产品线的平均长度为 $18 \div 4=4.5$。

3. 产品组合的深度

产品组合的深度是指产品项目中某一品牌所含不同花色、规格、质量产品的数量。不同品牌的花色、规格、质量产品的总数量除以品牌数,等于企业产品组合的平均深度。

4. 产品组合的关联度

产品组合的关联度是指企业各条产品线在最终用途、生产条件、分销渠道或其他方面的相互关联程度。比如,清洁剂、洗衣粉、洗发液、肥皂、香皂这几条产品线都与洗涤去污相关,这几大类产品的产品组合就有较高的关联度。

产品组合的宽度、长度、深度和关联度对企业的营销活动和盈利会产生重大影响。通常,增加产品组合的宽度,即增加产品线的数目、扩大经营范围,可以使企业获得新的发展机会,可以更充分地利用企业的各种资源,分散企业的投资风险;增加产品组合的深度,会使各条产品线具有更多规格、花色、型号的产品,更好地满足消费者的不同需求,增强企业竞争力;增加产品组合的关联性,可以发挥企业在其擅长领域的资源优势,避免进入不熟悉行业可能带来的风险。因此,企业根据市场需求、竞争态势和自身能力对产品组合的宽度、长度、深度和关联度进行选择是非常必要的。

表 7-1　产品组合的宽度、长度

服装	皮鞋	帽子	针织品
男士西装	男士凉鞋	毛线帽	羊毛衣裤
男休闲装	女士凉鞋	礼帽	棉毛衣裤
女士西装	男士皮鞋	童帽	袜子
女休闲装	女士皮鞋	淑女帽	
风雨衣		布帽	
儿童服装			

【案例 7-1】

营造良好环境 激发市场活力

全年累计超过 5 300 万元的增值税留抵退税款，帮助山西阳中新材有限公司顺利渡过难关，实现产品技术新突破；一笔 900 余万元的无抵押信用贷款，助力福建厦门美肯科技有限公司建起新车间、签下新订单；得益于到企业走访干部的牵线搭桥，湖南中钢智能装备有限公司与湖南星邦智能装备股份有限公司结成上下游企业，实现双赢发展……

春回大地，万物复苏。探访一家家企业，记者了解到，在一系列有力有效的政策扶持下，越来越多的经营主体活力得到增强。

规模庞大的经营主体，是我国经济的韧性所在，也是未来发展的基础。

2022 年 4 月 29 日召开的中共中央政治局会议要求，对受疫情严重冲击的行业、中小微企业和个体工商户实施一揽子纾困帮扶政策。当年 5 月，国务院印发《扎实稳住经济的一揽子政策措施》，提出 6 个方面 33 项措施。

各地结合本地区实际，靠前发力、适当加力，推动政策措施落地见效。2022 年 9 月，国务院办公厅发出通报，对国务院第九次大督查发现的 60 项典型经验做法予以表扬。其中，山西省阳泉市创新运用“一账清”工作法推动退税红利精准惠企、上海市探索打造“以数治税”优化服务企业新模式、广西壮族自治区推出“桂惠贷”提升融资便利度、福建省厦门市实施“财政政策+金融工具”纾解企业流动性困难、湖南省“万名干部联万企”常态化解难题优服务促发展、江西以改革为动力持续优化升级营商环境等经验做法榜上有名。

在稳经济一揽子政策和接续措施作用下，我国经济去年底企稳、今年初回升，进一步引导经营主体强信心、稳定社会预期，企业和个体工商户等数量增加到 1.6 亿多户。

1 月 31 日，习近平总书记在主持中共中央政治局第二次集体学习时强调，“为各类经营主体投资创业营造良好环境，激发各类经营主体活力”。

日前，记者分赴山西、上海、福建、江西、湖南、广西等地，探访各地如何营造良好环境，激发经营主体活力。

退税减税降费政策措施落地生根

2022 年，我国新增减税降费及退税缓税缓费超过 4.2 万亿元，企业每百元营业收入税费

负担下降 2.7%

生产线上，气凝胶成型设备机声隆隆；显示器旁，工作人员紧盯设备运行中的各项数据……“不久前，我们接到一个总额超过 1 000 万元的订单，大家都在加班加点。”山西阳中新材有限公司财务总监赵重阳面露喜色。

几个月前，受疫情冲击和原材料价格上涨等影响，这家主要生产气凝胶产品的企业，一度经营困难。“去年企业加大研发投入，资金压力骤增。”赵重阳说。

增值税留抵退税款给企业送来“及时雨”。去年，阳中新材先后 3 次申请留抵退税，每次都在 24 小时内到账。“金额总计 5 302.76 万元，帮我们缓解了资金压力，技术研发得以顺利推进。”赵重阳说，两个月前，企业技术人员实现突破，将气凝胶保温隔热性能提升了 20%。

减税降费是助企纾困直接有效的办法。2022 年《政府工作报告》提出，实施新的组合式税费支持政策。

大规模增值税留抵退税是重头戏。《政府工作报告》提出，“大力改进因增值税税制设计类似于先缴后退的留抵退税制度，今年对留抵税额提前实行大规模退税”，“预计全年退税减税约 2.5 万亿元，其中留抵退税约 1.5 万亿元，退税资金全部直达企业”。

2022 年 4 月起，大规模留抵退税政策正式实施：对所有符合条件的小微企业一次性退还存量留抵税额，并将增量留抵税额退还比例由 60%提高至足额退还；将按月全额退还增量留抵税额的范围，从先进制造业扩大到全部制造业，以及科学研究和技术服务业、电力热力燃气及水生产和供应业、软件和信息技术服务业、生态保护和环境治理业、交通运输仓储和邮政业等行业。当年 9 月 13 日召开的国务院常务会议要求，对制造业新增增值税留抵税额即申即退，到账平均时间压缩至 2 个工作日。

“退税比例提高、行业范围扩大、到账时间缩短，对于税务部门而言，意味着业务量陡增。”阳泉市税务局副局长杨庆萍介绍，为提升审核效率，阳泉市税务部门探索出“一账清”工作法，实行全市上下一套账管理、一体化运作，建立统一数据平台，变人工审为数据“跑”。

“去年，阳泉市税务局共为 1 852 户企业退税总计 20.35 亿元。”杨庆萍说，从申请到退税落地，平均用时由最初的两周，压缩到现在的 1.1 天。

今年 1 月 31 日，国家税务总局举行 2022 年度新闻发布会，相关负责人介绍，为推动留抵退税款应退尽退，税务部门建立符合条件纳税人清册，提前摸清退税底数，逐户帮助纳税人算清退税金额，通过电子税务局自动预填 85%以上申请数据，及时完成退税审核办理退付，企业退税资金从申请到入账平均用时同比压缩 40%，其中制造业增量留抵退税平均用时压缩至 2 个工作日以内。

政策落地不仅要快，更要精准。经营主体规模庞大，申报材料千头万绪，好政策如何“靶向”推送？在上海，税务部门通过搭建包括基础征管、纳税服务、政策支持等 300 多个标签的数据管理平台，描摹企业数字画像，2022 年累计精准推送优惠政策 42 批次、1 719 万户次。当平台监测到应享未享数据后，基层税收网格员会即时收到相关信息，他们将“点对点”跟踪辅导办结，确保纳税人足额享受优惠政策。

“5 500 万元扣除额度”“800 多万元免税税款”——去年 10 月中旬，上海市青浦区税务局第十九税务所一级行政执法员王智焕在平台发现，上海荣泰健康科技股份有限公司一项待办事项中，这两个数据十分显眼，“有一项优惠政策，企业可能还没注意到，得赶快提醒。”

原来，荣泰健康作为先进制造业和高新技术企业，其符合条件的研发费用可以享受税前加计扣除优惠政策。在以往，研发费用加计扣除优惠仅在次年汇算清缴时享受，去年5月国家税务总局发布公告，明确从当年起，企业可以在每年10月份预缴申报企业所得税时，提前享受当年前三季度研发费用加计扣除优惠。因此，荣泰健康能至少提前半年享受800多万元税款减免。

新的组合式税费支持政策实施以来，荣泰健康财务总监廖金花发现，这样的“惊喜”数次自动投递到企业账单上，有力帮助企业稳定了资金链。“去年第三季度起，荣泰健康的销售业绩开启了V形反弹，直至现在，上升势头不减。”廖金花说。

在1月31日的新闻发布会上，国家税务总局副局长王道树介绍，2022年全年，我国新增减税降费及退税缓税缓费超过4.2万亿元，主要包括：累计退到纳税人账户的增值税留抵退税款2.46万亿元，超过2021年全年办理留抵退税规模的3.8倍；新增减税降费超1万亿元，其中新增减税超8 000亿元，新增降费超2 000亿元；办理缓税缓费超7 500亿元。

“税费支持政策特别是留抵退税政策直接减轻了企业税费负担和资金压力，有力帮助企业渡过难关。”王道树在新闻发布会上介绍，国家税务总局对10万户重点税源企业调查显示，2022年企业每百元营业收入税费负担下降2.7%。

加强金融对实体经济的有效支持

2022年，企业贷款平均利率较5年前下降1个百分点，是改革开放以来的最低

早上6时起，广西乐林林业集团有限公司董事长韦明快就开始忙活，“近期人造板订单多，有来自欧盟的、日本的，最大的一笔来自越南，8 000立方米！”

“还是忙点好，心里踏实。”韦明快说，去年是他从业23年来压力最大的一年。作为一家生产人造板的民营企业，彼时，乐林面临三大难关：原料价格高企，物流成本上升，消费市场低迷，“公司库存积压了6万多立方米人造板，价值超1亿元。”

现金流被大量占用，后续生产如何开展？韦明快想找银行贷款，又顾虑利息高。正犹豫不决时，桂林银行南宁隆安支行行长李炳达为他带来了“桂惠贷”。“简单讲，‘桂惠贷’就是用财政贴息方式，帮困难企业降低利息负担。”李炳达告诉韦明快。

韦明快立即着手申请，“去年，我们共获得‘桂惠贷’7 350万元，减少融资成本127万元。”

针对不同经营主体，“桂惠贷”差异化设计了21种产品。“我们帮乐林集团的两家子公司办理了‘桂惠贷’中的普惠制产品‘经营贷’，给予相应贷款每年2%的贴息。”李炳达说，“我们还为乐林集团的几家原料供应商提供融资服务，为企业供应链纾困提供整体解决方案。”

广西壮族自治区地方金融监督管理局局长于英杰介绍，2022年，广西金融机构累计投放“桂惠贷”3 349.19亿元，惠及12.33万户经营主体，直接降低相关经营主体融资成本65.09亿元。

“去年，公司没有裁员一人。如今，公司的国内业务蒸蒸日上，出口贸易也恢复了。”看着厂房里机器轰鸣运转，厂房外货车络绎不绝，韦明快欣慰地说。

金融活，经济活；金融稳，经济稳。近年来，围绕缓解中小微企业、个体工商户融资难融资贵，各地各有关部门引导贷款利率持续下降，发展普惠金融，实施贷款延期还本付息，以保经营主体来稳就业保民生。

“原以为没订单才焦虑，没想到生意来了也急！”面对上千万元的产品订单，福建厦门美肯科技有限公司财务负责人易艳丽曾经喜忧参半：订单是签了，可大单也意味着需要支出更多的原料等采购资金。

如何筹措采购资金？“政府部门和银行联合推出增信基金，免抵押授信，单家企业最高可获 3 000 万元，利率只有 4%左右，有没有兴趣？”中国银行厦门文灶支行的客户经理递给易艳丽一张宣传页。

咨询条件、问清流程，易艳丽马上请人准备信用评估材料，提交贷款申请。不到一个月，美肯科技获得 944 万元的贷款额度授信。采购、生产、出货……订单顺利完成。

美肯科技获得的这笔增信基金贷款，是厦门市财政局推出的“财政政策+金融工具”助企纾困“组合拳”中一项举措。

“经过深入调研，我们了解到，企业难，集中难在资金上。”厦门市财政局商贸金融处相关负责人说，传统财政政策以补贴为主，但若调动金融要素，能让 1 元钱发挥 10 元钱的效益，“针对不同类型企业不同成长阶段的资金诉求，我们与多家银行联合推出增信基金、技术创新基金贷款等不同产品，以‘财政政策+金融工具’，打出政策‘组合拳’，实现精准滴灌。”

增信基金专为破解中小企业融资难而设。由财政和银行共同出资组成风险补偿资金池，其中财政占 80%，银行占 20%，一旦发生风险，双方分别承担 80%和 20%的贷款本金损失。

“我们为银行分担风险，银行为企业降利息，双方共同让利于企业。”厦门市财政局商贸金融处相关负责人介绍，厦门增信基金以 16 亿元的资金池撬动 160 亿元的信用贷款，已为全市 4 000 多户中小微企业提供了超百亿元的信用类融资，迄今用于风险补偿金额为 4 000 多万元。

加强金融对实体经济的有效支持，过去 5 年全国普惠小微贷款余额年均增长 24%，去年企业贷款平均利率较 5 年前下降 1 个百分点，是改革开放以来的最低。1 月 13 日，国新办举行 2022 年金融统计数据新闻发布会，中国人民银行副行长宣昌能介绍，2022 年，人民银行两次降准，为实体经济提供超 1 万亿元长期流动性；普惠小微授信户数为 5652 万户，同比增长 26.8%。

深化“放管服”改革优化营商环境

过去 5 年，企业和个体工商户等数量大幅增加到 1.6 亿多户

1 月 29 日，湖南宁乡高新区，湖南星邦智能装备股份有限公司院外，100 多辆物流车载着即将发往国外的近千台高空作业平台设备启程，产品总价值超过 1 亿元。

更让星邦智能董事长刘国良高兴的是，当天上午，公司刚发布一款新产品，就收到上亿元订单。“去年，供应链堵点打通了，原材料实现本地配套，公司接单更有底气。”刘国良说。

堵点的打通，得益于湖南去年 6 月起开展的万名干部联万企“送政策、解难题、优服务”行动。按照“龙头企业要稳、专精特新企业要增、中小企业要活、困难企业要纾”的思路，湖南开展专项行动，全力解企业之困、稳发展之势。

宁乡市组织 920 名干部,走访全市 1 080 家企业。工程机械产业链是宁乡的优势产业链,星邦智能作为链上龙头企业,迎来宁乡市企业服务中心副主任王惠科上门。“一些上游配套企业离得太远,关键零部件供应不够迅速,影响了我们的生产进度。”星邦智能供应链管理中心总监胡庆丰开门见山。

能否在本地找到配套供应商?对照年初更新的宁乡市产业链图解,王惠科从全市 160 多家工程机械规上企业中,找到一批具有配套供应能力的关键零部件生产企业,围绕星邦智能的需求进一步对接。

王惠科来到位于宁乡经开区的湖南中钢智能装备有限公司时,公司副总经理黎练正着急上火:“工程机械市场需求减少,来自主营客户的订单量同比下降了六七成。”

随后,王惠科又走访了当地数家中小型配套企业,发现这些企业普遍面临订单减少的情况,急需寻求新市场。

针对企业痛点,宁乡市在经开区、高新区、宁乡市工信局同步成立企业产销对接服务中心,着力解决企业“同城不相识”、产销信息不对称、对接不畅通等难题,推动企业就近配套。

去年 7 月 13 日,宁乡市首场产销对接服务活动举办,本地 23 家优质且有合作意向的中小配套企业走进星邦智能,开展深度交流。最终,中钢智能以其高精度切割工艺赢得星邦智能的青睐,双方签订合作协议:中钢智能向星邦智能提供臂车底架、转台、臂架的切板件以及部分结构件,交货期限为 7 天。这比过去外地企业交货时间缩短一半。

双方“牵手”,也解了中钢智能的燃眉之急。“我们快速实现扭亏为盈。”黎练告诉记者,去年,中钢智能在制造方面的营收达到 1.1 亿元,同比增长 2 000 万元,其中为星邦智能供应的订单额达到 2 000 多万元。

去年,宁乡市共开展 30 多场产销对接活动,达成产销合作 30 多亿元。

“自‘万名干部联万企’行动开展以来,湖南共下派 4.68 万名干部,联系走访 18.43 万家企业,梳理问题 7.63 万个,至今已解决 7.28 万个。”湖南省工信厅副厅长毛六平介绍,“下一步,我们将巩固‘万名干部联万企’行动成果,持续推动企业服务常态化、长效化,促进全省营商环境进一步优化。”

2022 年 12 月召开的中央经济工作会议强调,“要坚定不移深化改革,更大激发市场活力和社会创造力”,“尊重市场规律,深化简政放权、放管结合、优化服务改革”。

在江西省高安市,一条新规让市民陈金玲鼓起了接手经营服装店的勇气。

走进位于高安市中山路的蓝色衣橱女装店,十几名顾客正在挑选、试穿新衣。“今年 1 月接手以来,一天能做成 100 单左右,生意不错!”陈金玲说,“很多顾客都是冲着‘蓝色衣橱’这个店名而来,多亏了新规出台,能直接变更经营者,让我省掉了不少宣传推广的开支。”

陈金玲说的“新规”,是 2022 年 11 月 1 日起施行的《促进个体工商户发展条例》第十三条规定。这条规定允许个体工商户直接申请办理经营者变更登记。

陈金玲介绍,蓝色衣橱女装店在高安已经经营 7 年,高峰时日流量近千人次,形成了一定的品牌效应,但原店主因个人发展规划等因素决定转让。去年 8 月,陈金玲与原店主协商好了转让事宜,但在办理个体工商户变更经营者业务时,陈金玲打起了退堂鼓:“我看中的是‘蓝色衣橱’的名气,但按当时的规定,我要接手的话,得先注销原来的个体工商户。”

遇到类似问题的远不止陈金玲一人。去年11月1日，国新办举行《促进个体工商户发展条例》（以下简称《条例》）国务院政策例行吹风会，市场监管总局登记注册局负责人在会上介绍，在制定《条例》的过程中，有很多个体工商户反映，自己经营多年的店铺具有独特的字号和良好的商誉，也取得了相关的行政许可，如果要想转让给他人，就得先注销再设立，这些无形资产就会灭失。"《条例》充分考虑了个体工商户这一痛点，进行了制度创新，调整了变更经营者的方式，由原来的'先注销、后设立'改为可以直接申请办理变更登记。"

这一新规定便利了个体工商户经营权的转让，既降低了制度性交易成本，也有利于个体工商户持续经营。今年1月2日，陈金玲与原店主在高安市民中心成功办理了经营者变更业务，整个流程不到15分钟。

"放管服"改革持续推进，营商环境不断优化，为经营主体发展创造了更加有利的条件。过去5年，企业和个体工商户的数量大幅增加到1.6亿多户。

（资料来源：人民日报）

四、产品组合策略

（一）扩大产品组合策略

扩大产品组合策略包括拓展产品组合的广度和深度。拓展产品组合的广度，是指增加一条或几条产品线，扩大产品经营范围，实现产品多样化。企业若预测现有产品线的销售额和利润率在未来几年要下降，就应考虑在产品组合中增加新的产品线或发展其他有潜力的产品线，弥补原有产品线的不足。新增加的产品线，可以与原有的产品线有关，也可以与原有的产品线无关。

拓展产品组合的深度，是指在原有的产品线内增加新的产品项目，增加企业的经营品种。如果增加的品种与竞争者相近，企业营销组合战略就应具有一定特色，或者为消费者提供更多售前、售中、售后服务，或者在价格上给予优惠，等等。

（二）缩小产品组合策略

缩小产品组合策略，即缩减产品线，缩小经营范围，实现产品专业化。市场繁荣时，扩大产品组合策略可能会为许多企业带来更多的利润。但市场也有疲软的时候，特别是原料和能源供应日趋紧张，许多企业往往会采取缩小产品组合策略，从产品组合中剔除那些获利少的产品线或产品项目，集中力量经营那些获利多、有发展潜力的产品线和产品项目。

（三）产品线延伸策略

产品线延伸策略是指部分地或全部地改变企业原有产品线的市场定位。产品线延伸策略可以分为三种形态：向下延伸、向上延伸和双向延伸。

1. 向下延伸

有些生产经营高档产品的企业渐次增加一些较低档的产品项目，称为向下延伸。这种策略通常适合下列几种情况。①利用高档名牌产品的声誉，吸引购买力水平较低的顾客慕名购买此产品线中低档廉价产品。②高档产品的销售增长速度下降。③企业最初进入高档产品市场的目的是建立品牌信誉，树立高级的企业形象，然后再进入中、低档产品市场，以扩大销售增长率和市场份额。④补充企业的产品线空间，以防止新的竞争者涉足。但是，实行这种策略会使企业面临一些风险。①推出较低档的产品可能会使原有高档产品的市场更加缩小。②如果处理不慎，可能影响企业原有产品的市场形象及名牌产品的市场声誉。③可能迫使竞争者转向高档产品的开发。④经销商可能不愿意经营低档货。同时,采用这种策略必须辅之以一套相应的营销策略,如对销售系统的重新设置等等,所有这些将大大增加企业的营销费用开支。

2. 向上延伸

有些企业原来生产经营低档产品,渐次增加高档产品,称为向上延伸。这种策略通常适合下列几种情况。

(1)高档产品市场具有较高的销售增长率和毛利率。

(2)企业的技术设备和营销能力已具备进入高档产品市场的条件。

(3)追求高、中、低档齐备的完整的产品线。

(4)以较高级的产品项目来提高整条产品线的地位。

实行这种策略的企业也要承担一定的风险。

(1)发展高档产品可能促使原来生产经营高档产品的企业采取向下延伸策略,从而增加了竞争压力。

(2)顾客可能对该企业生产经营高档产品的能力缺乏信任。

(3)要改变产品在顾客心目中的地位是相当困难的。

(4)原有的销售人员和经销商可能没有推销高档产品的经验和技能。

3. 双向延伸

有些生产经营中档产品的企业,掌握了市场优势以后,逐渐向高档、低档两个方向延伸,称为双向延伸。

(四)产品线现代化策略

产品线现代化策略强调把现代科学技术应用到生产经营过程中去。现代社会科技发展迅猛,产品开发日新月异,产品的现代化成为一种不可阻挡的大趋势,产品线也必然进行现代化改造。产品线的现代化改造主要有两种方式可以选择:一是逐步实现现代化改造;二是全面更新。逐步实现现代化改造可节省投资,但缺点是竞争者很快就会察觉,并有充足的时间重新设计其产品组合;全面更新可避免以上缺点,但资金耗费较多。

第二节　产品生命周期

一、产品生命周期的概念

任何产品在市场营销过程中,都有一个发生、发展到被淘汰的过程,就像任何生物都有其出生、成长到衰亡的生命过程一样。在市场上,新产品问世并取代了旧产品,旧产品的市场生命也就结束了。所谓产品生命周期,是指产品从进入市场销售到最后被淘汰的全过程,也就是产品的市场生命周期。产品进入市场销售,其市场生命周期开始,产品退出市场,其市场生命周期结束。

产品生命周期是现代营销管理中的一个重要概念。为加深对这一概念的理解,应明确以下四点。

(1)产品生命周期,是指产品的市场寿命,而不是产品的使用寿命。产品的使用寿命是指一种产品从进入消费领域被使用,到失去其使用价值的时间间隔;而产品的市场寿命是指一种产品从进入市场时兴盛起来,到被淘汰退出市场的时间间隔。因此,有些产品品种的使用寿命很短,而市场寿命却很长。而有些产品品种的使用寿命较长,而市场寿命却很短。

(2)产品生命周期,是指产品的市场寿命,而不是指产品种类的市场寿命。相对而言,只有产品中的某一个特定品种,才会有市场生命周期问题,而如车辆、船舶、食品、服装等产品种类的市场生命将长期延续下去,但其中的各个品种,如某种汽车、某种服装、某种食品,有不同的市场生命周期。

(3)产品生命周期不等同于产品在流通领域内停留的时间。许多产品在市场销售中已被淘汰,但这些产品由于没有最终进入消费领域,仍然停留在流通领域中。因此,观察某种产品生命周期的最后阶段,不能以流通领域中是否存在此产品为标准,而应观察其销售情况和其他因素。

(4)产品生命周期的曲线图与正态分布曲线相类似,但这只是理论上的概括,实际上许多产品生命周期的曲线变异较大,这是多种因素影响导致的。

二、产品生命周期曲线

典型的产品生命周期一般可分为四个阶段:介绍期(又称进入期)、成长期、成熟期和衰退期(图 7-2)。

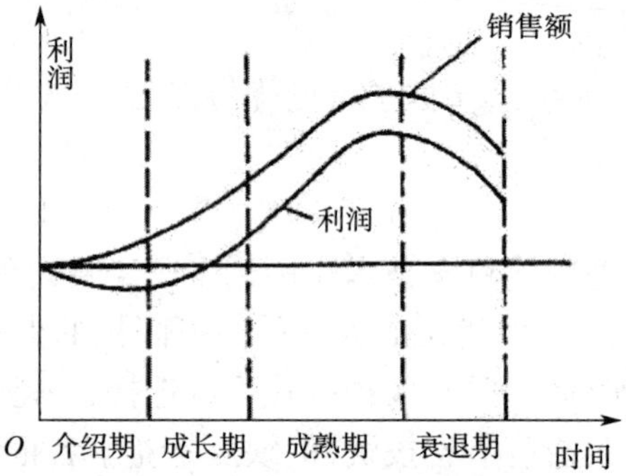

图 7-2 产品生命周期曲线

1. 介绍(进入)期

介绍期是指某种产品刚刚投入市场的试销阶段。在此阶段,产品销售呈缓慢增长状态,销售量有限。企业由于投入大量的新产品研制开发费用和产品推销费用,几乎无利可赚。

2. 成长期

成长期是指某种产品在市场上已打开销路后的销售增长阶段。在此阶段,产品在市场上已被消费者所接受,销售额迅速上升,成本大幅度下降,企业利润得到明显的改善。

3. 成熟期

成熟期是指某种产品在市场上普遍销售以后的饱和阶段。在此阶段,大多数购买者已经拥有这种产品,市场销售额从显著上升阶段逐步转向缓慢下降的阶段。

4. 衰退期

衰退期是指某种产品在市场上已经滞销而被迫退出市场的衰亡阶段。在此阶段,销售额迅速下降,利润逐渐趋于零或呈负数。

【案例 7-2】

抓好四个关键点促进产业数字化

产业数字化是数字经济发展的重要引擎,是经济发展新动能的重要源泉。习近平总书记强调,要推动数字经济和实体经济融合发展,把握数字化、网络化、智能化方向,推动制造业、服务业、农业等产业数字化,利用互联网新技术对传统产业进行全方位、全链条的改造,提高全要素生产率,发挥数字技术对经济发展的放大、叠加、倍增作用。当前,新一轮科技革命和产业变革深入发展,数据作为关键生产要素的价值日益凸显,三次产业数字化转型不断深化,但部分企业"不愿转""不敢转""不会转"困境仍待破解。要在完善顶层设计的同时,积极推广相关好经验、好做法,抓好四个关键点,加快产业数字化转型,构筑竞争新优势。

一是分类推进大中小企业数字化转型。龙头企业既是促进数字化转型的标杆,又是推动中小企业转型的重要力量。要把"链式思维"融入产业数字化转型,以"链主"企业为重点,对标国际领先水平,开展贯通产业链的集成应用创新,建设数字协同平台,提升产业链数字化服务水平。中小企业是数字化转型的重点和难点,主要面临转型投入偏高、不确定性较大等问题。要实施数字化转型伙伴行动,量身定制企业转型解决方案。加大贴息贷款等支持力度,探索先用后付、按收益分成的"合约式"数字化服务模式,促进中小企业"入网上云"。

二是加快深化一、二、三产业数字赋能。三次产业数字化渗透差异较大,转型路径各不相同,要因业施策提升数字化水平。农业生产分散、生长周期长、不可控因素多,增强产出稳定性、提高供需适配性是发展智慧农业的重点。要推动智慧农业向产前、产中、产后环节覆盖,建设数字田园、数字灌区和智慧农(牧、渔)场,持续推进"数商兴农",促进"小农户"与"大市场"有机衔接。制造业产业门类众多、生产环节高度分工,全方位、全链条协同转型是数字赋能的核心。要分行业制定数字化转型路线图,推广"产业大脑+未来工厂""一链一网一平台"等转型模式,推动产品全生命周期数字化转型。服务业行业差异大、壁垒多,管理优化和品质提升是数字化转型的关键。要结合国际消费中心城市、区域消费中心城市等建设,打造一批智慧商圈和数字消费基础设施,繁荣共享出行、餐饮外卖、网络团购等新业态。

三是积极培育高能级数字园区平台。产业园区是产业聚集的空间载体,是产业数字化转型的主战场,要虚实联动提高数字化转型效率。以高标准、高水平创建数字经济产业园为重点,强化智慧网络建设和示范应用,推动老厂房、老仓库和商务楼宇等设施数字化改造,建设园区"数据大脑"和"数据中台"。拓展虚拟平台、虚拟生态工业园等园区建设模式,依托工业互联网平台推动订单、产能、渠道等信息共享,培育跨越物理边界的"虚拟"产业园和产业集群,实现产业资源虚拟化集聚、平台化运营和网络化协同。

四是优化提升软硬件转型生态环境。良好的数字基础设施有利于降低企业数字化转型成本,提高转型效率。要面向重点区域和重点行业,建设高速泛在、云网融合、安全可控的数字信息基础设施,提升支撑"智能+"发展的行业赋能能力。多要素支撑的服务生态有助于降低企业数字化转型难度。要依托产业园区、示范基地等重点区域,建设公共数字化转型促进中心和数字化服务资源池,吸引系统解决方案供应商入驻,集聚各类资源提供"集成式"

和“一站式”转型服务。此外，还要完善数字经济相关法律法规，分行业研制产业数字化先进标准，加强监测统计和考核评估。

（资料来源：经济日报）

三、典型产品生命周期各阶段的主要特点和营销策略

（一）介绍期的特点与营销策略

1. 介绍期的特点

介绍期的特点主要有：①产品生产批量小，制造成本高，生产方法还没有完全定型，生产还很不稳定；②消费者对产品缺乏了解，销售量少；③广告费用及其他促销费用高；④价格策略难以确定，高价可能会限制购买，低价则可能难以尽快收回成本；⑤有效的分销渠道网络尚未建立，销售渠道少；⑥市场竞争者少。

2. 介绍期可采取的营销策略

根据介绍期的特点，企业应把握好进入市场的时机，设法把销售力量直接投向潜在购买者，使市场尽快接受该产品，以缩短介绍期。在产品的介绍期，产品、价格、分销、促销四个基本变量组成各种不同的市场营销策略。如果仅从价格和促销两个因素考虑，则有以下四种市场营销策略。

（1）快速掠取策略，即企业采用高价格、高促销费用推出新产品。高促销费用是为了一鸣惊人，引起目标消费者的注意，加快市场渗透速度，快速抢占市场；高价格是为了在每单位产品销售额中获取最大利润，高价高利，尽快收回投资。采用这种策略的市场环境是：大部分潜在消费者根本不了解这种产品；已经知道这种新产品的消费者求购心切，愿出高价；企业面临潜在竞争者的威胁，急需建立品牌形象。

（2）缓慢掠取策略，即企业采用高价格、低促销费用推出新产品，缓慢获得高利润。采用这种策略的市场环境是：该产品市场容量相对有限；大部分消费已知晓这种新产品；高价为消费者所接受；来自潜在竞争者的威胁较小。

（3）快渗透策略，即企业采用低价格、高促销费用推出新产品。目的在于先发制人，以最快的速度打入市场，提高市场渗透率，获取较高的市场占有率。采用这种策略的市场环境是：该产品市场容量相当大；潜在消费者对此新产品不了解，但对价格十分敏感；潜在竞争比较激烈；如果大批量生产可使新产品的单位成本降低。

（4）慢渗透策略，即企业以低价格、低促销费用推出新产品。低价在于鼓励消费者接受新产品，低促销费用则可使企业获得更多的利润。采用这种策略的市场环境是：该产品市场容量大；消费者对这种产品已经了解，因为它通常是在原有产品的基础上改进而来的；消费者对价格十分敏感；有相当的潜在竞争者。

（二）成长期的特点与营销策略

1. 成长期的特点

产品进入成长期的主要特点有：①消费者对此产品已经熟悉，销售量迅速增长；②产品成本降低，利润增加；③价格稳定或略有下降；④分销渠道畅通；⑤竞争者涌入，市场开始细分；⑥促销费用下降。

2. 成长期可以采取的营销策略

针对成长期的特点，企业为维持其市场增长率，可以采取以下几种营销策略。

（1）改善产品品质。如增加新的功能，增加产品的特色，改变产品的款式，开发新的型号，发展新的用途等。这样可以提高产品的竞争能力，满足消费者更广泛的需求，吸引更多的消费者。

（2）改变广告宣传的重点。即把广告宣传的重心从介绍产品转向建立产品形象，创立品牌，维系老顾客，争取新顾客。

（3）寻找新的细分市场。通过市场细分，找到新的尚未满足的细分市场，根据其需要组织生产，并迅速进入这一新的市场。

（4）适时降价。在大量生产的基础上，选择适当时机降价，以激发那些对价格比较敏感的消费者作出购买行为。

（三）成熟期的特点与营销策略

1. 成熟期的特点

成熟期的特点主要有：①产品的销售量增长缓慢，逐步达到最高峰，然后缓慢下降；②市场竞争十分激烈，竞争者之间的产品价格趋向一致；③各种品牌、各种款式的同类产品不断出现；④在成熟期的后段，消费者的兴趣已开始转移，企业利润开始下降。

2. 成熟期可采取的营销策略

对许多产品来说，成熟期持续时间最长。对成熟期的产品，企业宜采取主动出击策略，使成熟期延长，或使产品生命周期出现再循环。为此，可以采取以下三种策略。

（1）市场改良策略。这种策略不需要改变产品本身，而是使产品进入新的市场，争取新顾客。这种策略通常有三种形式：寻找新的细分市场，使产品进入尚未进入过的市场；刺激现有顾客，增加使用率；重新树立产品形象，寻找新的买主。

（2）产品改良策略。这种策略通过产品本身的改变来满足消费者的不同需要。产品整体概念的任何一个层次的改良都可视为产品再推出，包括提高产品质量、改变产品的款式和特色、为顾客提供新的服务等。

（3）营销组合改良策略，即通过改变定价、分销渠道及促销方式来延长产品的成熟期。营销策略是营销因素组合的巧妙运用，可以通过改变一个因素或改变几个因素的搭配关系来刺激和扩大消费者购买。例如，产品质量不变，降低价格就可以扩大销售，也可以采取增加分销渠道、增加销售网点等办法来促进销售。

（四）衰退期的特点与营销策略

1. 衰退期的特点

衰退期的特点主要有：①销售量由缓慢下降变为迅速下降，消费者对该产品已不感兴趣；②价格降到最低点；③多数企业无利可图，纷纷退出市场；④留在市场上的企业，通常采取削减促销费用、简化分销渠道、调低价格、处理存货等措施，以维持微利或保本经营。

2. 衰退期可采取的营销策略

判断一种产品是否已进入衰退期，企业需要进行认真的研究分析，然后决定是继续留在市场还是退出市场。在衰退期可采取的营销策略主要如下。

（1）继续策略，即继续沿用过去的营销组合策略，仍然保持原来的细分市场，使用相同的分销渠道、定价和促销方式，直到这种产品完全退出市场为止。

（2）集中策略，即企业把人力、物力、财力等资源集中到最有力的细分市场和分销渠道上，从中获取利润。这样可以缩短产品退出市场的时间，集中力量获取尽可能多的利润。

（3）收缩策略，即压缩销售费用，精简推销人员，停止广告宣传，削价处理产品，以保持一定的利润。这样可能导致产品在市场上的衰退加速，但可以争取产品被淘汰前的最后一部分利润。

（4）转移策略。这种策略一般有两种方式。一是立即转移，企业停止生产经营衰退期产品，出卖、转让产品商标及存货，处理好善后事宜，将企业的资源转向新的经营项目。二是逐步转移，即企业及早开发出新产品，对处于衰退期的产品逐步停产，有序地完成新老产品的更替，以尽量减少停产、转产给企业带来的损失。

四、非典型的产品生命周期

在现实经济活动中存在非典型的产品生命周期，其生命周期曲线有以下几种形态。

（1）再循环形态，指产品进入衰退期后，由于种种因素而进入第二个成长阶段，多为市场需求变化或厂商采取更大促销力度的结果。

（2）多循环形态，也称“扇形”运动曲线或波浪形循环状态，是在产品进入成熟期后，实施正确的营销策略，使产品销售不断达到新的高潮。

（3）非连续循环状态。大多数时髦商品属于非连续循环状态，这些产品一上市即热销，而很快在市场上销声匿迹。厂商既无必要也不愿意做延长其成熟期的任何努力，而是等待下一周期的来临。

第三节　新产品开发

一、新产品

科学技术日新月异，各种新知识、新产品、新技术不断产生，一些传统旧观念、方法和技术，不是被淘汰，就是被大幅度地改进。产品生命周期迅速缩短，已成为当代企业不可回避的现实。正是这种现实迫使每个企业不得不把开发新产品作为企业生存兴亡的战略重点。

（一）新产品的概念

新产品这个概念，在现代市场营销学中，不是从纯技术角度理解的，而是从产品整体理解的。这就是说，只要是产品整体中任何一个层次的更新和变革，使产品有了新的结构、新的功能、新的品种或增加了新的服务，与原产品产生了差异，从而给消费者带来了新的利益即可视为新产品。具体讲，新产品主要有以下四种类型。

1. 全新产品

全新产品指应用新的技术、新的材料研制出的具有全新功能的产品。这种产品无论对企业或市场来讲都属新产品。如汽车、飞机等第一次出现时都属于全新产品。全新产品开发通常需要大量的资金、先进的技术，以及一定的需求潜力，故企业承担的市场风险较大。全新产品在创新产品中只占很小的比例。

2. 换代产品

换代产品指在原有产品的基础上，采用或部分采用新技术、新材料、新工艺研制出来的新产品。换代产品与原有产品相比，性能有了改进，质量也有了相应提高。它适应了时代发展的步伐，也有利于满足消费者日益增长的物质需要。

3. 改进产品

改进产品指对老产品进行改进,使其性能、结构、功能、用途有所变化。如电熨斗加上蒸汽喷雾,电风扇增加遥控功能。与换代产品相比,改进产品受技术限制较小,且成本较低,便于市场推广和消费者接受,但容易被竞争者模仿。

4. 仿制产品

仿制产品指对市场上已经出现的产品进行引进或模仿而研制生产出的产品。开发这种产品不需要太多的资金和尖端的技术,因此比研制全新产品要容易得多。但企业应注意对原产品的某些缺陷和不足加以改造,而不应全盘照抄。

除此之外,企业将现有产品投向新的市场,对产品进行市场再定位,或通过降低成本,生产出同样性能的产品,则对市场或企业而言,该产品也可以称为新产品。企业开发新产品一般是推出上述产品的某种组合,而不是进行单一的产品变形。

(二)新产品开发的意义

(1)企业只有不断地开发新产品,逐步用其替代老产品,才能适应不断变化的市场需求,更好地满足现实和潜在的需要。

(2)积极开发新产品是提高企业市场竞争能力的重要保证。

(3)企业只有开发新产品,及时采用新技术、新材料、新设备,不断推陈出新,才能尽快促进社会生产力的发展,提高国家的综合国力,推动社会进步。

(4)开发新产品,有利于充分利用企业的资源和生产能力,提高劳动生产率,增加产量,降低成本,取得更好的经济效益。

(5)开发新产品,不断地开拓新市场,满足更为广泛的消费者的需要,也有利于分散企业的经营风险。

(三)新产品开发的程序

不同行业的生产条件和产品项目不同,新产品开发具体过程也有差异,但企业开发新产品的过程一般由八个阶段构成,即寻求创意、筛选创意、形成产品概念、制定市场营销策略、商业分析、产品研制、市场试销、商业性投产。

1. 寻求创意

新产品开发过程是从寻求创意开始的。所谓创意,就是开发新产品的设想。虽然并不是所有的创意都可以变成产品,但寻求尽可能多的创意却可为开发新产品提供较多的机会。所以,现代企业都非常重视创意的开发。新产品创意的主要来源有:顾客、科学家、竞争对手、企业推销人员和经销商、企业高层管理人员、市场研究公司、广告代理商等。此外,企业还可以从大学、咨询公司、同行业的团体协会、有关报刊等媒体那里寻求有用的新产品创意。一般说来,企业应当主要靠激发内部人员的热情来寻求创意。这就要求建立各种激励制度,对提出创意的职工给予奖励,而且高层主管人员应当对这种活动表现出充分的重视和关心。营销人员寻找和搜集新产品构思的主要方法有如下几种。

(1)产品属性排列法。将现有产品的属性一一排列出来,然后探讨,尝试改良每一种属性的方法,在此基础上形成新的产品创意。

(2)强行关系法。先列举出若干不同的产品,然后把某一产品与另一产品或几种产品强行结合起来,产生一种新的产品创新。譬如,组合家具的最初构想就是把衣柜、写字台、装饰柜的不同特点及不同用途相结合，设计出既美观又比较实用的组合型家具。

（3）多角分析法。这种方法首先将产品的重要因素抽象出来，然后具体地分析每一种特性，再形成新的创意。例如：洗衣粉最重要的属性是其溶解的水温、使用方法和包装，根据这三个因素所提供的不同标准，便可以生成不同的新产品创意。

（4）聚会激励创新法。这种方法最为典型的代表方式是“头脑风暴法”，将若干名有见解的专业人员或发明家集合在一起（一般以不超过10人为宜），开讨论会前提出若干问题并给予时间准备，使其在会上畅所欲言，彼此激励，相互启发，提出种种设想和建议，将这些设想和建议进行分析归纳，便可形成新产品创意。

（5）征集意见法，指产品设计人员通过问卷调查、召开座谈会等方式了解消费者的需求，征求科技人员的意见，询问技术发明人、专利代理人、大学或企业的实验室、广告代理商等的意见，将这些意见进行汇总形成创意。

2. 筛选创意

取得足够创意之后，要对这些创意加以评估，研究其可行性，并挑选出可行性较强的创意，这就是筛选创意。筛选创意的目的就是淘汰那些不可行或可行性较弱的创意，使企业将有限的资源集中于成功机会较大的创意上。筛选创意一般要考虑两个因素：一是该创意是否与企业的策略目标相适应，这些目标表现为利润目标、销售目标、销售增长目标、形象目标等几个方面；二是企业有无足够的能力开发这种创意，这些能力表现为资金能力、技术能力、人力资源、销售能力等。企业在筛选过程中除了要综合考虑以上因素外，还要尽量避免两种错误：“漏选”与“错选”。漏选是指未能认识到某项好的创意的开发价值而轻率将其舍弃；错选就是把没有发展前途的创意仓促投产。这两种错误都会给企业造成损失，在筛选阶段应特别注意。

3. 形成产品概念

经过筛选后保留下来的产品创意还要进一步发展成产品概念。在这里，应当明确产品创意、产品概念和产品形象之间的区别。所谓产品创意，是指企业从自己的角度考虑能够向市场提供的可能产品的构想。所谓产品概念，是指企业从消费者的角度对这种创意所做的详尽的描述。而产品形象，则是消费者对某种现实产品或潜在产品的特定印象。企业必须根据消费者的要求把产品创意发展为产品概念。企业在确定最佳产品概念，进行产品和品牌的市场定位后，就应当对产品概念进行试验。所谓产品概念试验，就是用文字、图画描述或者用实物将产品概念展示于一群目标顾客面前，观察他们的反应。

4. 制定市场营销策略

形成产品概念之后，需要制定市场营销策略，企业的有关人员要拟定一个将新产品投放市场的初步的市场营销策略报告书。报告书由三个部分组成。

（1）描述目标市场的规模、结构、行为，新产品在目标市场上的定位，头几年的销售额、市场占有率、利润目标等。

（2）简述新产品的计划价格、分销策略以及第一年的市场营销预算。

（3）一定时间（一般3~5年）内的销售额和目标利润以及不同时间的市场营销组合等。

5. 商业分析

新产品开发过程的第五个阶段是进行商业分析。在这一阶段，企业市场营销管理者要复查新产品将来的销售额、成本和利润的估计，看看它们是否符合企业的目标。如果符合，企业就可以进行新产品开发。估计销售额要特别注意三个购买量：首次购买量、更新购买量、重购购买量。

6. 产品研制

如果产品概念通过了商业分析，研究与开发部门及工程技术部门就可以把这种产品概念转变成为产品，进入试制阶段。这一阶段应当搞清楚的问题是，产品概念能否变为技术上和商业上可行的产品。如果不能，除在全过程中取得一些有用副产品即信息情报外，所耗费的资金则全部付诸东流。产品原型准备好以后，还必须通过一系列严格的功能测试和消费者测试。

7. 市场试销

企业的高层管理者如果对某种新产品开发试验结果感到满意，应着手用品牌名称、包装和初步市场营销方案把这种新产品装扮起来，把产品推上市场进行试销。这是新产品开发的第七阶段。其目的在于了解消费者和经销商对于经营、使用和再购买这种新产品的实际情况以及市场的大小，然后再酌情采取适当对策。市场试销的规模取决于两个方面：一是投资费用和风险；二是市场试销费用和时间。投资费用和风险越高的新产品，试销的规模应越大一些。反之，投资费用和风险较低的新产品，试销规模就可以小一些。从市场试销费用和时间来讲，所需市场试销费用越多、时间越长的新产品，市场试销规模应越小一些；反之，则可大一些。不过，总体来说，市场试销费用不宜在新产品开发投资总额中占太大比例。市场试销不仅能加深企业对新产品销售潜力的了解，而且有助于企业改进市场营销策略。如从市场试销中，观察使用率（即首次购买的比率）和再购率（即重复购买的比率）的高低，对及时了解新产品能否销售成功有着重要意义。

8. 商业性投产

新产品一旦试销成功，就可以正式投产了。企业在这一阶段应明确新产品的投放时间、投放地区范围、目标市场。企业应根据目标顾客接受新产品的规律，有效地运用目标市场营销策略和市场营销组合，有计划地安排各种营销活动，加快新产品的市场扩散。

二、新产品扩散

新产品扩散是指新产品上市后随着时间的推移不断地被越来越多的消费者所采用的过程，也就是说，新产品上市后逐渐地扩散到其潜在市场的各个部分的过程。扩散与采用的区别，仅仅在于看问题的角度不同。采用过程是从微观角度考察消费者个人由接受创新产品到成为重复购买者的各个心理阶段，而扩散过程则是从宏观角度分析创新产品如何在市场上传播并被市场所采用的更为广泛的问题。

（一）新产品采用者的类型

在新产品的市场扩散过程中，受个人性格、文化背景、受教育程度和社会地位等因素的影响，不同的消费者对新产品接受的快慢程度不同。罗杰斯根据这种接受的快慢程度的差异，把新产品采用者划分成五种类型，即创新采用者、早期采用者、早期大众、晚期大众和落后采用者。

1. 创新采用者

创新采用者约占全部潜在采用者的2.5%。任何新产品都是由少数创新采用者率先使用的，他们具备如下特征：极富冒险精神；收入水平、社会地位和受教育程度较高；一般是年轻人，交际广泛且信息灵通。企业市场营销人员在向市场推出新产品时，应把促销手段和传播工具集中用于创新采用者身上。如果他们的采用效果较好，其就会进行大力宣传，影响到后面的使用者。不过，找出创新采用者并非易事，因为很多创新采用者在某些方面倾向于创新，而在其他方面可能是落后采用者。

2. 早期采用者

早期采用者是第二类采用创新产品的群体，占全部潜在采用者的13.5%。他们大多是某个群体中具有很高威信的人，受到周围朋友的拥护和爱戴。正因为如此，他们常常去收集有关新产品的各种信息资料，成为某些领域的舆论领袖。这类采用者多在产品的介绍期和成长期采用新产品，并对后面的采用者影响较大。所以，他们对创新产品扩散有着决定性影响。

3. 早期大众

早期大众的采用时间较早，占全部潜在采用者的34%。其特征是：深思熟虑，态度谨慎；决策时间较长；受过一定教育；有较好的工作环境和固定收入；对舆论领袖的消费行为有较强模仿心理。他们虽然也希望在一般人之前接受新产品，但却是在产品得到早期采用者认可后才作出购买行为，从而成为赶时髦者。由于该类采用者和晚期大众占全部潜在采用者的68%，因而研究其消费心理和消费习惯对于加速创新产品扩散有着重要意义。

4. 晚期大众

晚期大众的采用时间较稍晚，占全部潜在采用者的34%。其基本特征是多疑。他们的信息多来自同事或朋友，很少借助宣传媒体收集所需要的信息，其受教育程度和收入状况相对较差，所以他们从不主动采用或接受新产品，直到多数人都采用且反应良好时才行动。显然，对这类采用者进行市场扩散是极为困难的。

5. 落后采用者

落后采用者是采用创新产品的落伍者，占全部潜在采用者的16%。他们思想保守，拘泥于传统的消费行为模式。他们与其他的落后采用者关系密切，极少借助宣传媒体收集信息，其社会地位和收入水平最低。因此，他们在产品进入成熟期后期乃至进入衰退期时才会采用。与一般人相比较，在社会经济地位、个人因素和沟通行为等三个方面存在着差异。这种比较为新产品扩散提供了重要依据，对企业市场营销沟通具有指导意义。

（二）新产品扩散过程管理

新产品扩散过程管理是指企业通过采取措施使新产品扩散过程符合既定市场营销目的的一系列活动。企业之所以能对新产品扩散过程进行管理，是因为新产品扩散过程除受到外部不可控制因素（如竞争者行为、消费者行为、经济形势等）的影响外，还受企业市场营销活动（产品质量、人员推销、广告水平、价格策略等）的制约。

企业新产品扩散过程管理的目标主要有：

（1）介绍期销售额迅速起飞；

（2）成长期销售额快速增长；

（3）成熟期产品渗透最大化；

（4）尽可能维持一定水平的销售额。

然而,新产品扩散的实际过程却不是这样的。根据产品生命周期曲线,典型的产品扩散模式通常是介绍期销售额增长缓慢,成长期的增长率也较低,而且产品进入成熟期不久,销售额就开始下降。为了使新产品扩散过程达到其管理目标,企业市场营销管理部门应采取一些措施和策略。

(1)实现迅速起飞:派出销售队伍,主动加强推销;开展广告攻势,使目标市场很快熟悉创新产品;开展促销活动,鼓励消费者使用新产品。

(2)实现快速增长:保证产品质量,促进口头传播;继续加强广告攻势,影响新产品采用者;推销人员向中间商提供各种支持;创造性地运用促销手段使消费者重复购买。

(3)实现渗透最大化:继续采用快速增长的各种策略;更新产品设计和广告策略,以适应新产品采用者的需要。

(4)长时间维持一定水平的销售额:使处于衰退期的产品继续满足市场需要;扩展分销渠道;加强广告推销。

【案例 7-3】

产品活动上新　红色旅游火热

北京发布9条红色旅游精品线路、粤游粤红——首届广东红色旅游季启动、河北西柏坡纪念馆推出《精神之路——中国共产党人伟大精神专题展》……进入暑期以来,各地瞄准红色旅游市场,纷纷推出精品线路、主题展览等活动,吸引市民和游客进馆观展、开展红色文化研学等,红色旅游市场升温明显、人气飙升。

主题活动上新

今年暑假,各地红色文博场馆和旅游景区依托革命文物资源,策划推出一批主题展览和精品线路,让革命遗址、纪念设施、红色故事等成为广大市民和游客感悟初心使命,回顾革命历史的好去处。

江西省文化和旅游厅推出江西·传承寻根之旅,线路以红色体验为主题,以江西南昌为起点,连接江西萍乡、江西吉安永新、江西井冈山、江西赣州于都和瑞金等红色故土。赣州推出薪火相传·赣州初心之旅、逍遥山水·奇遇赣州之旅等;萍乡推出寻伟人足迹,重走秋收之路三日游;井冈山基于红色文化背景与历史背景推出红色之旅,结合红色文化与绿色自然推出治愈之旅等。

在南昌新四军军部旧址陈列馆,《战地放歌——新四军文化工作专题展》新四军报纸印刷场景还原景观前,不少市民和游客驻足观看。"带孩子来接受红色教育,是我为孩子在暑假旅行中规划的重要一课。"南昌市民高路表示。

"暑假期间,陈列馆推出原创展览《战地放歌——新四军文化工作专题展》,再现了新四军开展内涵丰富的文化教育活动,促成东南地区文艺繁荣的辉煌历史。"南昌新四军军部旧址陈列馆相关负责人说。

河北博物院联合中国国家博物馆,在暑假期间举办了《人格的力量——中国共产党人的家国情怀图片展》,带领观众重温中国共产党人在不同历史时期的家国情怀与奋斗历程。河北石家庄市四十二中学生王凯看完展览感慨道:"展览让我更加明白,今天的幸福生活来之不易，是革命前辈用鲜血和生命换来的。”

这个夏天，上海兴业路上的中共一大纪念馆前，来自全国各地的游客络绎不绝。7月以来，纪念馆迎来参观热潮，已累计接待参观者超过40万人次，日均接待逾万人次。

中共一大纪念馆相关负责人介绍，暑假期间，“红色江南——长三角党史纪念地巡礼”专题展正式开放。展览聚焦新民主主义革命时期的长三角地区，依托上海、浙江、江苏、安徽四地红色资源，重点呈现中国共产党在江南大地上书写的光荣历史，不少展品是首次展出。

红色研学火热

暑假期间，参加红色主题研学旅行的青少年成为游览各红色文博场馆和旅游景区的主力军。红色旅游已然成为开展爱国主义教育和革命传统教育的生动课堂，红色旅游的教育功能更加凸显。各地纷纷推出研学课程，让青少年在游玩中感悟红色文化，传承红色基因。

“今年暑期，来陈列馆开展研学活动的青少年超3万人次。陈列馆已开通暑期研学预约通道，可提供点单式、个性化研学服务。”南昌新四军军部旧址陈列馆相关负责人介绍，陈列馆作为全国研学旅行基地，正不断加大与各大旅行社、学校等合作力度，拓展红色研学旅游；与南昌市国防动员委员会合作开发国防宣讲课程，与江西师大附中联合开展“传承红色圣火、发扬革命精神”主题研学活动等，让青少年走出教室，在研学活动中传承铁军精神。

“和在教室上思政课不同，在红色场馆，每一件文物背后都有一个生动的故事。”福建省三明市将乐县水南中学的邱腾跃同学表示，自己被中共一大纪念馆讲解员讲述的红色故事“真理的味道”深深震撼。

8月1日，由福建省三明市委宣传部和中共一大纪念馆联合主办的三明革命老区少年上海行活动举办，数十名来自三明市的优秀中小学生在追寻红色足迹中感悟信仰的力量。

中共一大纪念馆相关负责人介绍，纪念馆打造的“一大研学”红色文化教育品牌于2022年7月正式推出，旨在通过体验式、互动式、沉浸式进馆研学，进一步推动红色思政教育入脑入心，截至目前已有近8万人次参与研学活动。

“纪念馆把陈列设施与教育研学相结合，实现研学自助化，融展览内容于教学之中，设置了‘红色研学区’和‘观众互动区’，鼓励观众积极参与，激发体验乐趣。”陕西延安革命纪念馆相关负责人表示，暑假期间，纪念馆推出多项活动，满足不同群体的参观需求。针对青少年群体，开发了数字化青少年党史教育课程《往昔岁月——小青马的革命征程》；制定了以“中共中央在延安十三年”为主线的十余节青少年党史教育课程规划，力争打造可持续发展的延安革命纪念馆数字化社教品牌；利用多媒体互动展示直罗镇战役、红色电波、马兰纸动态制作流程等场景，采用“现场+情境+体验式”教学模式，让青少年学有所感、学有所获。

文创产品畅销

这个暑假，各大红色文博场馆和旅游景区在满足公众日常参观需求的基础上，立足馆藏资源，开发多种特色文创产品。到展馆，买文创，晒文创，成为很多游客的必做“功课”。

“我最喜欢‘红色太行 英雄河北’主题鼠标垫和便笺纸，它们的图案特别精美，画风清新，制作工艺非常精致。”来自北京的游客王佳汝说。

暑假期间，“红色热土 英雄河北”系列文创产品凭借其“高颜值、高实用性”的特点，受到各地游客的青睐。

河北省文化和旅游厅资源处负责人表示，近年来，河北省出台《河北省红色文创产品开发促进方案》,加快推进红色文化资源开发转化,丰富红色文创产品体系,进一步激发红色文创市场消费潜力,促进河北红色文创和旅游商品高标准开发、高质量发展。

“今年暑期,陈列馆根据原创展览《战地放歌——新四军文化工作专题展》,推出文创毛笔、冰箱贴、珐琅彩书签、笔记本等周边文创产品,深受游客喜爱。”南昌新四军军部旧址陈列馆相关负责人表示,南昌新四军军部旧址陈列馆努力打造文创精品。采用陶瓷材料打造的文创产品《这里的黎明静悄悄》,以茶具为器型,再现了《沙家浜》“春来茶馆”场景。该产品荣获江西旅游商品博览会原创产品类铜奖、江西省文化和旅游厅“江西好礼”红色旅游文创产品遴选展示活动铜奖等奖项。

延安革命纪念馆相关负责人表示,纪念馆目前推出的文创产品主要分为《延安革命史画卷》《长征:从瑞金·延安走向胜利》等书籍类,长安通红色文创交通卡、“延安革命纪念馆”银币等工艺品类,《延安与青年》、百集系列红故事《延安·延安》短视频等影像作品类。下一步,纪念馆将积极挖掘文物背后的故事,开展红色主题讲解及展览,开展红色社教活动,编辑出版高质量学术著作,深化宣传教育活动,走出馆舍,向全社会讲好延安故事,进一步宣传弘扬延安精神。

(资料来源:中国旅游报)

第四节　品牌与包装

一、品牌及相关概念

品牌是用以识别某个销售者或某群销售者的产品或服务,以便与竞争者的产品或服务区别开来的商业名称或标志,通常由文字、标记、符号、图案、设计和颜色等要素或它们的组合构成。品牌是一个集合概念,它包括品牌名称、品牌标志。品牌名称是指品牌中可以用语言称呼的部分,也称“品名”,如比亚迪、可口可乐、格力等。品牌标志是指可以被分辨出来,但不能用文字表述的部分,主要由特定的符号、图案、颜色等构成,以显示与其他品牌的区别,如“标致”的狮子、奥迪的四环等。品牌实质上代表着销售者对提供给顾客的产品特征、利益和服务的一贯性的承诺。名牌或好的品牌往往是质量的保证。品牌是产品整体概念的重要组成部分,具有复杂的象征意义、深刻的内涵和丰富的市场信息。要把握并理解品牌的深刻内涵,可以从以下六个层次入手。

(一)属性

品牌代表着特定的商品属性。例如,奔驰牌轿车不仅意味着工艺精湛、制造优良、马力强大、速度快、耐用性强、转卖价值高,还是昂贵、高贵、体面的象征。这些属性就是用来宣传或做广告的主要内容。多年来,奔驰的广告一直强调“全世界无可比拟的工艺精良的汽车”。

(二)利益

品牌不仅代表着一系列的属性,还体现着某种利益。顾客购买某种商品的实质是购买某种利益。因此,属性需要转化成功能性或情感性的利益。如轿车“工艺精湛”的属性可以转化为“安全、舒适、有面子”等利益;“价格昂贵”可以转化为“身份高,令人尊重,受到羡慕”等利益;“速度快”可以转化为“办事效率高”等利益;而“耐用性强”可以转化成“多年内我不需要买新车”等。

（三）价值

品牌能够体现生产者的某些价值。例如，奔驰车体现了高绩效、安全、名望等方面的价值，营销人员必须分辨出对这些价值真正感兴趣的消费者群体。

（四）文化

品牌还可能代表一种文化，反映文化的特质或内涵。如奔驰牌轿车代表着德国文化——组织严密、高效率和高质量。

（五）个性

品牌也反映一定的个性。如果品牌是一个人、动物或物体的名字，会令人产生许多联想。

（六）用户

品牌还暗示着购买或使用产品的消费者类型。

企业在品牌建设与经营中，需要从系统的角度，重视品牌的内涵和层次。人们常犯的错误是只重视品牌属性而忽视其他，但购买者看重的是品牌利益而不是属性，而且竞争者容易模仿这些属性。另外，仅仅强调品牌的某些利益也是有风险的，因为竞争者也可能在强调利益方面后来者居上。品牌最持久、最深层的内涵是其价值、文化和个性。它们构成了品牌的基础，揭示了品牌间差异的实质，而这些深层次的东西往往是其他竞争者不易模仿的。品牌建设需要制定完整的品牌含义，挖掘品牌深层的内涵与底蕴。当购买者或消费者能够识别品牌的六个方面的含义时，我们称之为深度品牌。

二、品牌的作用及设计

（一）品牌的作用

在现代市场营销中品牌具有重要的作用。从企业角度来说，品牌的作用主要表现在以下方面。

（1）品牌有助于促进产品销售，树立良好的企业形象。

（2）品牌有利于保护品牌所有者的合法权益，防止其他个人或企业的仿冒侵权。

（3）品牌还能够约束企业的行为，促使企业重视长远利益、消费者利益和社会利益。

（4）品牌有利于扩大产品组合，开发品牌系列产品。

（5）品牌还是企业竞争的手段，有利于企业占领目标市场，提高市场占有率。

（6）品牌是企业重要的无形资产和宝贵的财富，对企业的生存与发展具有重要的推动作用等。

品牌的作用不仅表现在企业方面，还表现在消费者方面。

（1）品牌便于消费者辨认、识别、选购所需的商品。

（2）品牌有利于维护消费者的利益。

（3）品牌有利于产品的改进，满足消费者新的期望和需求。

（4）品牌有助于建立顾客的偏好，从而吸引更多的品牌忠诚者等。

（二）品牌的设计

随着市场竞争的激烈化和消费的多样化，产品的品牌越来越重要。一个醒目、易记、招人喜爱的品牌能直接提升产品的销售额和利润，保障企业的长期生存与持续发展。大部分企业已经意识到品牌设计的重要性。品牌设计是指企业根据发展和消费者需要,通过市场调研,并运用市场学、心理学、语言学、工艺美术学等方面的知识对某一产品的名称、标志及商标进行设计,以便更好地满足消费者需求的过程。品牌设计充满了艺术性与创造性。在品牌设计中应重视以下几个基本原则。

1. 简洁醒目,上口易记

越是简洁醒目的东西越容易引人注目,也越容易让人记住。品牌设计要尽量简洁醒目,名称要朗朗上口。如宝洁公司的"玉兰油"不仅通俗易记,而且令中国人不由得联想到清纯、美丽、质朴、大方的姑娘。醒目的图案与颜色能够吸引消费者的目光,使消费者对产品产生兴趣。

2. 构思新颖,造型优美

品牌作为产品的名称与标志,是一种无声的诉求和宣传。品牌设计要独具匠心。文字、符号、图案和颜色要优美、大方,并反映产品的特质。如奔驰车的标志就是一个圆形的方向盘。这个构思不但朴实、大方,而且反映产品的特质,是绝妙的设计。

3. 内涵深刻,情意并重

品牌要有独特的内涵和相应的文化底蕴。独特的内涵是品牌的灵魂,而丰富深刻的文化底蕴是品牌的魅力。如江苏红豆集团的"红豆"品牌就有一定的文化内涵。

4. 富有特色,避免雷同

品牌的名称与标志要反映企业、产品或企业文化等方面的特色,形成符合企业实际与发展要求的品牌,避免与别的品牌雷同或相似。

三、品牌策略

品牌策略是企业制定产品策略时不可忽视的一个方面。西方市场学认为,品牌策略是整个产品策略的重要组成部分,因为企业为自己的产品起个好名字,正确设计品牌,并向政府申请注册品牌,可以提升产品的价值。

(一)品牌与商标的区别

商标是经过政府有关部门注册的品牌,是受法律保护的品牌,有专门的使用权,具有排他性,是一个法律名词。商标是一个品牌或品牌的一部分,已获得专利权,受到法律保护。商标保护着销售者使用品牌名称和品牌标记的专用权。商标不能与品牌等同。所有的商标都是品牌,但并非所有的品牌都是商标,二者的区别在于是否经过一定的法律程序注册。商标是企业的无形资产,驰名商标更是企业的巨大财富,其价值甚至远远超过企业的有形资产,并且可以作为商品在市场上进行交易。

(二)具体策略

为了使品牌在市场营销中更好地发挥作用,必须采用适当的品牌策略。

1. 品牌化策略

采用品牌化策略对大部分产品来说可以起到积极作用,但并不是所有的产品都必须采用品牌化策略。采用品牌化策略要产生一定的费用,可能对销售的促进作用很小,因此有关品牌化策略的第一个决策就是决定是否为产品建立品牌。具体而言,企业可采用品牌策略和无品牌策略。

在历史上,许多产品不使用品牌,因为在卖方市场,消费者没有太多的选择。随着商品经济的发展、商品的不断丰富，品牌从诞生到发展，直至今日基本普及化，发展势头迅猛，品牌的积极作用也不断得到体现。比如，品牌可以吸引更多的品牌忠诚者；良好的品牌有助于树立良好的企业形象，有助于企业细分市场等。但是，这并不意味着现代市场上的产品都应建立品牌。因为，建立品牌、使一个品牌成功地打入市场，往往要花费巨额费用并且不是所有品牌的建立都是成功的。所以，品牌的建立取决于品牌对识别商品、促进销售的作用以及产品的特点等。

一般而言，可以不使用品牌的商品有：①用户习惯上不认品牌就购买的商品；②不具有制造商不同而形成不同质量特点的商品；③生产简单、选择性不大的商品；④大多数未经过加工的原料商品。

2. 品牌归属策略

由于消费者对所要购买的产品并不具备充分的选购知识，所以消费者在购买产品时，除了以产品的制造者的品牌为选择依据外，还参考经销商的品牌，即在什么商店购买。当然，消费者希望购买具有良好信誉的商家出售的产品，因此产品制造者就要衡量经销商品牌在市场上的声誉，在采用谁的品牌上作出选择。

①使用制造者品牌或生产者品牌、制造商标。从传统上看，因为产品的质量、特色是由制造者决定的，所以制造者品牌一直支配着市场。制造者使用自己的品牌可以获取品牌所带来的利益，也有利于新产品上市。品牌打响后，销售商也乐意销售。

②使用经销商品牌或中间商品牌。当制造者实力薄弱、市场营销经验不足、商誉不高或进入一个不熟悉的新市场，而经销商有良好的品牌、良好的声誉、庞大的分销体系时，生产企业宁可采用经销商品牌，把产品成批地卖给经销商，由经销商用其品牌进行销售。

③混合品牌，即制造者品牌和经销商品牌混合使用。这可能有三种情况：一是制造商品牌与经销商品牌同时使用，双方都可以建立自己的信誉；二是制造商在部分产品上使用自己的品牌，另一部分则批量卖给经销商，使用经销商品牌，既扩大销路，又能建立品牌形象；三是制造商为了进入新市场，先采用经销商品牌，待产品在市场上受到欢迎后改用制造商品牌。

3. 品牌统分策略

无论品牌归属如何，企业都必须考虑所有产品是分别使用不同的品牌，还是统一使用一个或几个品牌的问题。

（1）个别品牌是指企业各种不同的产品分别使用不同的品牌。其主要优势如下。

①企业的整体声誉不受其某种产品的声誉的影响。例如，某企业的某种产品如果失败了，不至于给这家企业的脸上抹黑，因为这种产品用的是自己的品牌。

②某企业一直生产某种高档产品，后来推出较低档的产品，如果这种新产品使用自己的品牌，也不会影响这家企业的高档产品的声誉。

③其有利于企业的新产品向多个目标市场渗透。但这种策略的促销费用较高。

（2）统一品牌是指企业所有的产品都统一使用一个品牌。例如美国通用电气公司的所有产品都统一使用“GE”这个品牌。企业采取统一品牌策略的好处主要如下。

①企业宣传介绍新产品的费用开支较低。

②企业可在品牌已赢得良好市场信誉的情况下顺利推出新产品。

③使得同一品牌下有多种产品同时销售,有助于显示企业实力,塑造品牌及企业形象。

(3)分类品牌是指企业所有产品在分类的基础上各类产品使用不同的品牌的做法。分类品牌策略实际上是统一品牌策略和个别品牌策略的折中。

(4)个别品牌名称与企业名称并用,这种在各种不同的品牌名称前冠以企业名称的做法,可以使新产品与老产品统一化,进而享受企业的整体信誉;与此同时,各种不同的新产品分别使用不同的品牌名称,可以使不同的新产品各具特色。一个拥有多条生产线或者具有多种类型产品的企业可以考虑该策略。

4. 品牌延伸策略

品牌延伸策略是指将一个现有的品牌用于一个新类别的产品,即将现有成功的品牌用于新产品的一种策略。品牌延伸策略一方面在新产品上实现了品牌资产的转移,另一方面又以新产品形象延续了品牌寿命,因而成为许多企业的现实选择。

1)品牌延伸策略的好处

(1)可以加快新产品的定位,保证新产品投资决策的快捷准确。

(2)有助于降低新产品的市场风险。

(3)有益于降低新产品的市场导入费用。

(4)有助于强化品牌效应,增加品牌这一无形资产的经济价值。

(5)能够增强核心品牌的形象,提高整体品牌组合的投资效应。

2)品牌延伸策略的弊端

(1)损害原有品牌形象,淡化品牌特性。

(2)企业把强势品牌延伸到与原有市场不相容或者毫不相干的产品上,有悖消费者的心理定位。

(3)容易形成此消彼长的现象。

(4)容易产生株连效应。

5. 多品牌策略

多品牌策略是指企业在同一种产品上同时使用两个或两个以上相互竞争的品牌。首创这种策略的是美国的宝洁公司,如该公司与我国企业合资生产的洗发液就有“海飞丝”“飘柔”“潘婷”“沙宣”几个品牌。虽然多个品牌会影响原有单一品牌的销售量,但多个品牌的销量之和又会超过单一品牌的市场销量,增强企业在这一市场领域的竞争力。

采用多品牌策略的优点主要如下。

(1)多种不同的品牌可以在零售商的货架上占用更大的陈列面积,既吸引了消费者更多的注意,同时也增加了零售商对生产企业产品的依赖性。

(2)提供几种品牌不同的同类产品,可以吸引那些求新的品牌转换者。

(3)多种品牌可使产品深入多个不同的细分市场,占领更广大的市场。

(4)有助于企业内部多个产品部门之间的竞争,提高效率,增加总销售额。

采用多品牌策略的主要风险就是使用的品牌数量过多,以致每种品牌产品只有一个较小的市场份额,这使企业资源分散消耗于众多的品牌,而不能集中到少数几个获利水平较高的品牌上,这是非常不利的局面。解决的办法就是对品牌进行筛选,剔除那些疲软的品牌。理想的情况应该是企业的品牌能吞并竞争对手的品牌,而不是本企业的多重品牌之间自相竞争;或者即使自相竞争,采用多品牌策略后的净利润,也能达到较大的数额。因此,企业如果采用多品牌策略,则应在推出一个新品牌之前考虑该品牌是否具有新的构想,这种新构想是否具有说服力,该品牌的出现可能夺走的本企业其他品牌及竞争对手品牌的销售量各有多少,新品牌的销售额能否补偿产品开发和产品促销的费用,等等。如果这几方面的估测的结果是得不偿失,则不宜增加这种新品牌。

6. 品牌重新定位策略

品牌重新定位也称再定位,是指全部或部分调整或改变品牌原有市场定位的做法。

企业进行品牌重新定位的原因如下。

(1)竞争者推出一个品牌,把它定位于本企业品牌的周围,侵占了本企业品牌的一部分市场,使本企业品牌的市场占有率下降。

(2)有些消费者的偏好发生了变化,他们原来喜欢本企业的品牌,现在喜欢其他企业的品牌,因而市场对本企业的品牌的需求减少。

企业进行品牌重新定位时,要综合考虑两方面的因素。①自己的品牌从一个市场转移到另一个市场的成本费用。一般来讲,重新定位距离越远,其成本费用就越高。②品牌定位于新的位置所得的收入。企业必须权衡重新定位的收入和费用,然后决定如何作出品牌重新定位决策。

【案例 7-5】

红星美凯龙宋丹:品牌建设需要“品牌锐度”和“品牌钝力”

9月,“剪刀第一股”张小泉在深交所创业板上市,除张小泉外,德州扒鸡、五芳斋等老字号也在排队冲刺上市。老字号热度并不只在证券市场,当下,由年轻人主力倡导、以中华传统文化为底色的新国潮,在带火老字号上功不可没。不过,空前的热度也给不少老字号带来尴尬。老字号如何应对年轻群体和“网红”文化?当中式美学的成色褪色后,老字号的含金量又在哪里?它应该吃名气饭、情怀饭还是真正的手艺饭?

新国潮下的出圈与尴尬

2020年以来,与民生密切相关的老字号品牌,如张小泉、德州扒鸡、五芳斋等老字号企业掀起上市潮。不过,老字号也不尽风光,破产、停产、难以为继的老字号企业也不在少数,全聚德在2020年上半年亏掉了前两年的利润之和,天津狗不理已从新三板摘牌。

在不断升温的国潮消费背景下,一些老字号成功抓住年轻群体消费的“味蕾”,转而受到追捧国货的年轻消费群体的钟爱。

在强调民族自信、彰显民族情怀的国潮文化影响下,很多百年品牌有了跟上时代步伐、探索尝试、适应新的消费生态的担当与勇气。不少老字号确实在新国潮中尝到了福利,并学会灵活迎合年轻消费者的口味:主打中式造型的雪糕品牌“钟薛高”大卖特卖,月饼、粽子不断创新口味……但尴尬也掩映其中,“成于新、败于新”“火于网络也被网络黑”的老字号也不少。据某商业机构调查显示,以时尚月饼为例,只有9.1%的消费者愿意尝试创新口味,近八成受访者依旧选择五仁、莲蓉、豆沙、蛋黄等传统口味。

很多老字号的生存状态更是与网络绝缘,即使出圈,销量也不火爆,北京“中关村茶点”

就是代表之一。在中国科学院建设早期,考虑到许多到北京工作的科学家的生活习惯不同,中国科学院特意从上海请了西点师傅,开办了这家前店后厂的西式点心部。近日,“中关村茶点”因为一个“网红”前去打卡、品尝并批评后“黑红”了。记者联系“中关村茶点”老板时,该店老板却对店铺成为打卡地一事并不知晓:“我们就是一家普通的糕点店,口味这么多年都没怎么变过,觉得自己没有区别于其他糕点铺的地方,只能说我们这儿没有虚假的材料,纯手工制作、认真做事。”

“中关村茶点部”对老字号品牌缺乏重视,虽然让人遗憾,却也在一片新国潮的“文化外套”和“网红”营销的讨巧做法下,让人思考起老字号的本分与内涵来。

传承与创新,老字号的变与不变

“老字号不是卖给老人的字号,过去其实也主要是年轻人在购买。它在历史不同阶段都是一种流行消费,承载了人们对美好生活的向往。”山东德州扒鸡股份有限公司市场部负责人李文敏旗帜鲜明地亮出观点。

他介绍,根据市场需求及传播环境的改变,德州扒鸡的创新有两个方向:一是抓住消费升级的大趋势,做中高端健康绿色产品,满足更多家庭的品质化消费需求;二是抓住年轻消费者,开发品牌,融入流行口味,与网络主播合作,并于网络平台“种草”,吸引年轻群体的关注。基于以上创新,德州扒鸡的基本盘正在不断增长与扩大,年轻化的第二增长曲线也成功开启。

“很多老字号怕让人觉得企业陈旧反而不愿意说自己老。老字号大多有百年以上的历史,时间积淀通常证明它商誉可靠,是品质的背书。但从历史中走来,并不代表老字号的设计风格和理念一定是陈旧的,更不能给人留下落后陈旧的印象,我们要让历史美学融入当下生活。”“萃华花丝镶嵌与錾刻技艺的第四代传承人、萃华珠宝设计总监郭夷铁说。

1895 年,由创始人关锡龄在奉天城内开设金店“萃华新首饰楼”,即如今的萃华珠宝。郭夷铁介绍,萃华珠宝通过开发故宫元素产品、在故宫御花园内开店,打造“看得上、买得起、带得走”的文化礼品。他们的玲珑宫灯耳饰、“扣响幸福”花丝手包等,也不断亮相巴黎时装周等国际平台,对东方生活美学进行了一波波“安利”。他们还推出子品牌“萃聚东方”,以珠宝为源头,整合服装、配饰、家居生活用品等相关领域,打造精致的东方生活美学产品。

对于老字号的含金量或者说价值皈依,两家企业都非常重视。

“老字号要回归品牌本质,集中资源去做大、做新核心竞争力,不能哪个赛道热就去哪个赛道。”李文敏说,老字号要坚守的是核心技艺与匠心品质,要创新的是产品形式和营销理念,可以改变的是文化表现形式,不能改变的是文化底蕴。

虽然身处工业化时代,在非遗技艺传承上,德州扒鸡做了很多工作,首先高端产品线始终坚持非遗传统技艺,其次建立技艺传承机制。“德州扒鸡的传统技法讲究七绝技艺,即三把毛、开口准、造型奇、上色均、文武火、起锅整、荷叶包,比如火候上先武后文,大火煮小火焖,使鸡在老汤中入味均匀,五香透骨,其配方需选取十六味香辛料不差毫厘地按比例调制,方能有最纯正的香气。”李文敏说起来头头是道。

“作为中华老字号企业,除了价值观始终如一,如货真价实、童叟无欺,技艺传承和创新发展同样重要。我们要让技艺渗透到当代生活、日常美学中,我们相信,纯手工工艺比用机器压出来的产品更有温度。”郭夷铁说，他们一代代传承下来的花丝镶嵌与錾刻等技艺，如今已是市级非遗项目。在客群上，他们不限定年龄层，只要认同他们新中式美学的就是客户。

遵循老字号在消费市场的发展规律

老字号绵延至今，应遵循什么发展规律？投资人的看法也许更理性。

一个投资人向记者介绍，老字号发展参差不齐，很多企业在经营规律上已经落伍。老字号和所有企业一样，要做到提升效率、降低成本和规模化经营。从目前看，食品类企业天然具备这种属性，像德州扒鸡已经迈过了手工作坊阶段，向工业化流水线发展，但像百货大楼、理发店这类没办法做到规模化扩张，就可能没落。

“现在的消费环境已经变了，中国人越来越自信，所谓的国潮其实是对中国文化的尊重和回归。”长期观察老字号赛道的投资人说，用一种消费者更能接受的形式触达消费者，是营销的基本规律。中国传统的审美是经过时间考验被国人所普遍认同的，加入时代元素后依然很容易被接受，似乎没有消费者在包装呈现上反对新国潮。但不能仅看国潮牌，还需要从4个维度衡量老字号的实力。第一是看品牌力，大部分老字号没有完整的品牌策略，一个产品如果不能更新到让消费主力群接受，品牌影响力就有一定问题。第二是看企业的运营能力，即它的经营指标如产品或渠道的投资成本、运转效率、盈利能力等。第三是看产品是否能跨界的“泛”和企业有无独特技术、资源的“精”。其产品如果能够横向拓圈、技术能够纵向升级，那企业的可持续经营能力就比较强。第四，企业要认清品牌的边界，在边界范围内做技术和产品的升级。总之，老字号品类众多，没有优势的老字号很难出头。有的老字号拥有垄断性资源优势，像浙江绍兴黄酒所用的水、青海的冬虫夏草等，对它们来讲，就要提高生产效率和变现能力，有的则需要做产品线的创新。

（资料来源：文旅中国）

四、产品包装

（一）产品包装的含义与功能

1. 产品包装的含义

（1）初级包装，即产品的直接容器，如牙膏皮、啤酒瓶、油漆罐等。

（2）次级包装，即保护“初级包装”的中层包装物，如包装一定数量的牙膏、油漆罐的纸板箱等。

（3）装运包装，即为了便于储运和识别某些产品的外包装。在产品的外包装上一般要有标签，在标签上一般印有包装内容、产品的主要成分、产品质量等级、品牌标志、生产厂家、生产日期和有效期、使用方法等。

2. 包装的功能

（1）保护商品、美化商品。

（2）搞好产品包装可以实现商品的价值和使用价值，精美的包装还可以增加商品价值。相反，不注意包装，好货就卖不上好价钱。

（3）包装有利于产品的销售，有利于消费者挑选。

（4）有了包装，既便于运输、储存、携带，也便于消费者使用商品。

包装正是因为有以上重要功能，目前已发展成为一门专业和学问，同时也成为产品策略的重要内容。

（二）产品的包装策略

企业从市场营销的角度考虑，可以采用以下包装策略。

1. 类似包装策略

类似包装策略，即企业将所生产经营的不同产品，在包装上采用相同的图案、色彩或其他共同特征，使顾客很容易发现是同一个企业的产品。如日本三洋家电公司，其家电产品的包装都是蓝色的。类似包装策略的优点如下。

①壮大企业声势，扩大企业影响，特别是新产品初次上市时，可以用企业的信誉消除顾客对新产品的不信任感，使产品尽快打开销路。

②节省设计和印刷费用，从而降低包装成本。

③有利于介绍新产品。

类似包装策略适用于同一品质的商品，否则，不仅会使低档产品的包装费用提高，而且会使优质产品蒙受不必要的损失。

2. 等级包装策略

等级包装策略，即企业对不同等级的产品，按产品的特征，在设计上采取不同的风格、不同的色调和不同的材料进行包装。如在销售茶叶时，一、二级茶叶可以听装，三、四级茶叶可以盒装，五、六级茶叶可以塑料袋装，其他碎茶或茶末可以散装等。北京京华牌茶叶就是通过不同色彩的包装来区分茶叶的等级的。这种策略的优点是某一商品营销的失败不会影响其他商品的市场声誉，方便顾客选购，不足是设计的成本较高。

3. 配套包装策略

配套包装策略，即把相互有关联的几种商品放在同一个包装容器内一同出售，如家用药箱、配色画笔、文房四宝、盒装点心等。这种包装策略的好处是：便于顾客购买和使用，也有利于带动多种产品销售，特别是有利于新产品的推销。把新产品与其他旧产品放在一起销售，可以使顾客在不知不觉中接受新观念、新设计，从而习惯于新产品的使用。这种包装策略主要适用于小商品，且不能把毫不相干的商品搭配在一起。

4. 双重用途包装策略

双重用途包装策略，即企业在进行产品包装时，要注意即使原包装的产品用完之后，空的包装容器还可以作其他用途。如盛装咖啡、水果罐头的瓶子可作茶杯用，装衣服的袋子作手提袋，等等。这种包装策略一方面可以引起顾客的购买兴趣，另一方面还能使刻有商标的容器发挥广告宣传作用，吸引顾客重复购买。但是，这类包装成本一般较高，实际上包装已成为一种产品。

5. 附赠品包装策略

这是目前市场上比较流行的包装策略，如儿童市场上的玩具、糖果等商品附赠连环画、识字图；化妆品包装中附有赠券、奖券。附赠品包装策略成本较高，容易影响产品在价格上的竞争力。

6. 改变包装策略

改变包装策略又称创新包装策略。产品包装的改变正如产品本身的改进一样，对于拓展销路具有重要意义。

7. 透明包装策略

透明包装能展示部分或全部内装商品的实际形态、新鲜度和色彩，使消费者放心地选购。透明包装是一种备受消费者欢迎的包装，有着广阔的发展前景。

8. 附带标示语包装策略

所带标示语包装策略同时是一种宣传策略。标示语具有提示性作用，如日本快速面袋上标明“无漂白”，德国的速溶咖啡袋上标明“无咖啡因”，法国的花生油瓶上标明“不含黄曲霉毒素”，我国的粮食、蔬菜、水果的包装物上标明“最佳生态环境生产”“绿色产品”，等等，这些标示语都能起到消除消费者对产品所含成分的顾虑的作用。

9. 不同容器包装策略

不同容器包装策略，即企业根据消费者的使用习惯，按照产品的质量、数量设计不同的包装。例如，瑞士出口美国的雀巢速溶咖啡，为适应一部分主妇每周购物一次的习惯，采用大号包装；为适应另一部分主妇每天购物的习惯，采用4盎司、1盎司（1盎司=28.35克）的小包装，起到了很好的促销作用。

10. 错觉包装策略

错觉包装策略，即企业利用人们对外界事物的观察错觉，进行产品的包装。两个容量相同的饮料包装，扁形的看起来就比圆形大些、多些，笨重物体的包装采用浅淡的颜色会使人感到轻巧一些，这是利用人们的视觉误差设计包装的心理策略之一。

企业在包装决策过程中，要确定产品包装的主要功能，然后根据实现这些功能的特定要求，决定采用的包装策略以及采用的包装材料、形状、颜色、规格等。这些因素必须彼此协调，同时与价格、渠道、促销等营销组合因素保持协调一致。

【本章小结】

产品是指人们向市场提供的能满足消费者（或用户）某种需求的任何有形物品和无形服务。它由五个基本层次组成：核心产品层、形式产品层、期望产品层、附加产品层和潜在产品层。

产品组合是指一个企业生产经营的全部产品的有机组成方式。产品组合的选择可以从宽度、长度、深度和关联度四个方面考虑。通常，可供企业选择的产品组合策略主要有扩大产品组合策略、缩小产品组合策略、产品线延伸策略、产品线现代化策略。

产品生命周期是指产品从进入市场销售到最后被淘汰的全过程，它一般可分为四个阶段：介绍期、成长期、成熟期和衰退期。各阶段有其特点和相应的营销策略。

不同行业的生产条件和产品项目不同，新产品开发的具体过程也有所不同，但企业开发新产品的过程通常由八个阶段构成，即寻求创意、筛选创意、形成产品概念、制定市场营销策略、商业分析、产品研制、市场试销、商业性投产。企业在进行品牌决策时，一般可以作出以下几种选择：使用品牌还是不使用品牌；使用制造者品牌还是使用中间商（或经销商）品牌；制造者和中间商品牌并用；使用统一品牌还是使用个别品牌。

包装策略是产品策略中的一个重要组成部分。常用的包装策略主要有类似包装策略、等级包装策略、配套包装策略、双重用途包装策略、附赠品包装策略、改变包装策略、透明包装策略、附带标示语包装策略、不同容器包装策略和错觉包装策略等。

【思考与练习】

一、论述题

(1)什么是产品整体概念?

(2)简述产品组合的内涵及组合策略。

(3)什么是产品生命周期? 简述产品生命周期各阶段的主要特征及营销策略。

(4)农产品品牌化的趋势很明显,请对此作出分析。

(5)品牌和商标有什么区别?

(6)品牌策略主要有哪些?

(7)什么是包装? 它有哪些作用?

二、应用题

(1)大众、通用、奔驰、丰田等世界著名汽车商都已经在中国布点,一汽、东风也都完成了从单一卡车生产商向全汽车制造商的战略改变。登录它们的网站并整理它们目前的产品组合,分析它们的产品组合的历史轨迹。

(2)一家冷饮研发企业开发出一种具有特殊色彩和造型且口味独特的冰激凌,这种产品是以脱脂牛奶加以各种果茶调制成的一种热量较低的新型冷饮。为了塑造鲜明的产品形象,需要把这种产品构思转化为产品概念。

请从以下几个方面形成明确的产品概念。

①目标消费者:儿童、追逐新体验的青少年、准备或正在瘦身的青年人。

②消费者从产品中获得的利益:解暑、色彩及造型体验、低热量配方、保健(果茶配方)、独特口味。

③情境:家庭常备、与朋友分享、运动过后、随时享用。

三、案例分析题

符号学视角下中国影视作品跨文化传播路径探析

中国电影市场已经成为全球第二大市场,中国电视剧也逐渐走向国际市场,文化艺术自身的发展以及国际环境的剧烈变化对中国影视作品的跨文化传播提出了更高的要求。从符号学视角出发,中国电影"走出去"的跨文化传播路径应当合理提取和运营影视文本中的符号,从差异化、多元化、品牌化、本土化的角度对传播路径进行规划。

(一)适当采用差异化符号,实现有效定位

差异化营销的概念在市场营销学理论中很早就被提出了。影视作品在进行跨文化传播中往往面对差异化主体和差异化背景,国际传播格局中的主体为了更好地达到跨文化传播的目的,需要完成差异化定位。影视文本中复杂的符号体系为接受者带来了理解的障碍,为了避免低效率的单向传播,传播主体可以尝试通过差异化符号的提取实现有效定位,确保触达更多目标受众群体。

2021 年 3 月 15 日第 93 届奥斯卡公布"最佳国际影片"入围名单,其中包括了由香港导演曾国祥执导的影片《少年的你》,继《卧虎藏龙》《霸王别姬》《大红灯笼高高挂》《菊豆》《喜宴》和《英雄》之后代表华语片参与此项国际奖项的角逐。影片《少年的你》能够受到国际影视业的关注和认可,不仅是因为影片触及了成长的残酷与压抑,更是由于镜头大胆赤裸地讲述了校园中暴虐压迫的社会现实。注重差异化的符号运用,能够传达出影视作品的类型与风格,并通过可视化以及概念化的影视氛围对受众群体进行区分,从而实现有效触达。在影片前期筹备过程中,曾国祥导演与其团队在重庆的高考现场进行了实地的细节采集,并在影片中运用了大量可视化的符号信息,例如封闭感的空间、高高垒起的书本、口号式的横幅锦旗等。影片创作者通过整合具有强烈视觉冲击的特色化符号,使不同背景的受众在接收到符号信息的同时,能够顺利对影视文本进行“解码”,调动认知系统中与之相似的部分。

在影视作品的跨文化传播中,符号的可视化对于异己文化场域的受众群体来说更容易被接受,在完成差异化定位的同时,选择性的信息传达使受众完成了有效认知。在运用差异化符号时,同样需要注重符号的选择,由于文化背景的差异,在注重与同类型影视作品进行区分的同时,需要考虑符号在当地的匹配度与接受度。

(二)适时联动多元化符号,实现互相引流

符号由于其自身的开放性和流动性,并不会被限制在一个特定场域之中,同时由于符号自身的可视化特征,不同符号体系之间往往可以形成联动,从而实现受众池之间的互相引流。影视作品的符号系统的组成元素主要为影像与声音,视觉与听觉化的多元化符号承载着文化艺术表达的功能。影视符号背后的意蕴及其复杂的表达机制,使得不同的符号体系之间的联动容易受到阻碍。因此要有效实现受众池之间的互相引流,应当合理、适时地利用和联动影视文本中的多元化符号。

拥有较大粉丝群体和受众池的好莱坞影片,不仅在全球拥有较为完善的发行网络,在不同文化场域也已经建立了相对稳固的受众池,不同好莱坞影视公司在异己文化场域的当地营销发行策略值得分析和探讨。由华纳兄弟、威秀娱乐集团和安培林公司联合出品的《头号玩家》在进入中国市场前营销团队对影片受众进行了数据采集,并在前期调研中发现它的粉丝基本集中于游戏爱好者以及有迷影情结的年轻男性,针对这一调研,营销团队结合了影片中丰富的游戏、科幻符号,发起“寻找彩蛋”“迷影梗”等线上活动,在唤起了观众的观影热情的同时,充分调动观众参与到符号挖掘中,其中包括“金刚”“指环王”“鬼娃回魂”等经典影片 IP 以及“我的世界”“太空侵略者”等游戏元素,联动了游戏群体和资深影迷。尽管其影片原作在中国拥有的粉丝量较少,但仍然凭借出色的符号运用最终在中国获得了将近 14 亿元的票房。

在影视作品国际传播的过程中联动影视作品中的多元化符号,首先应当充分挖掘清晰化的影像符号,并在营销规划中通过符号运用为观众带来一种如临其境的氛围体验,在引起观众认同的同时提前将观众带入影片的观影氛围中。其次应当避免局限于单一影视文本中,尝试寻找与其他受众群体的符号联结以有效扩大受众池,在精准营销的同时也能为后期的口碑运营奠定基础。

(三)积极构建品牌化符号,引发情感共鸣

品牌化的符号体系建构能够一定程度上突破文化壁垒的局限。以“复仇者联盟”“哈利波特”“007”等好莱坞影片为代表,系列化影片的品牌效应为其巩固了一定数量的粉丝池,也形成了特定化的符号体系。品牌化符号体系的建构正是一种“长期的符号理念灌输”,使系列电影的粉丝作为受众群体对于其中复杂的符号体系能够有更快速的反应和深层的解读，对品牌化的符号产生心理认同并触发情感。在跨文化传播中，受众群体由于社会文化背景的不同对于文本的解读有所差异，因而较难形成具有一定规模的特定粉丝群体。但通过品牌化的符号体系建构，受众群体容易对特定影视作品系列产生深层记忆与好感，由此产生对品牌化符号体系的熟悉感，这种熟悉感能够破除文化、语言所带来的壁垒与隔阂，引起情感共鸣，粉丝的反应机制也能够使得传播更具效率。

但对于影视作品的跨文化传播来说，品牌化的符号体系建构需要大量的影视作品积累以及粉丝群体的巩固，最根本的还是需要质量上乘的系列影视作品的支撑。如今中国电影正在经历构建自身品牌的过程，以《哪吒之魔童降世》《流浪地球》等为代表的具有中国特色符号的影片开始在国际电影市场中进行传播，但粉丝池仍然不够稳固，其品牌化之路依然任重道远。

（四）合理运用本土化符号，重构主体身份

在后殖民批评理论中，边缘与异己等概念常常被用来分析“他者性”，而主体性、话语权常常被用来形容权力关系中拥有霸权地位的一方。“他者”与“主体”的概念是影视作品进行跨文化传播时难以避免的，因此合理选取与挖掘电影中符号的是传播者构建电影价值与叙事文本的重要步骤。今日的全球化语境对中国电影的本土化符号提出了更高的期望，通过重建电影文本的主体性，文化传播者应当让世界认识到当今中国的电影文化。在新的历史时期，中国电影在国际传播中的诉求也改变了，中国的文化形象不应该只被“东方奇观”所局限。

随着中国影视产业的发展，中国传统文化在影视剧中的影像化表达日益丰富，文化底蕴与时代精神的结合展示了中国式的美学与意涵，中国影视剧也逐渐受到海外市场的认可。被美国评为中国版《基督山伯爵》的《琅琊榜》以“平反冤案、扶持明君、开创盛世的大历史”为主线，讲述了一个关于国仇家恨的凄美史诗，在海外传播中获得了良好的口碑。中国传统文化在《琅琊榜》细节处理上的体现让海外观众感受到了制作团队的用心与美学的追求，同时剧集对中国传统文化的传达更是深入文化根源与道德伦理，而非浮于表面的符号叙事。苏珊·朗格认为艺术符号作为“表现性形式”，传达的是一种“意味”。本土化符号的应用也应当避免流于表面、刻意塑造“他者”的形象，在跨文化传播中回归主体的身份建构。

如今，中国电影已进入了高速发展的阶段。影像化的表达是文化交流的重要途径，其文本中复杂的符号系统能够使影视语言更为丰富，但同时也为异己文化场域的受众带来了一定的“解码”障碍。在这一背景下，中国电影文化传播如何“走出去”问题的提出及相关思考，变得日益迫切。中国电影“走出去”同样需要依靠有效的跨文化传播手段，在搭建海外发行渠道的同时，重视中国特色符号的挖掘，但在面临西方他者文化场域时，同样需要结合西方的叙事背景和受众特点，避免流于表面的传播机制，建立一套有效的中国语境下的对外传播体系，适应世界电影市场与国际交流舞台的需要。

（资料来源：电影评介）

（1）中国电影文化传播如何“走出去”？

（2）中华传统文化底蕴与时代精神的结合展示了怎样的美学与意涵？

【营销实训】

一、实训内容

以“× × 品牌进校园”为主题,为你所选择的项目制定产品策略。每人完成一份 Word 版本阐释文本,每组完成一份 PPT 阐释文本。

二、实训检测

(1)列出你所选择的项目的产品组合,即所有产品项目,并着重介绍几种主要产品;

(2)为你的项目设计品牌名称和品牌标志,并对其内涵进行解释;

(3)为你的项目设计适合的包装策略。

第八章　价格策略

【本章重点】

1. 定价的基本方法。
2. 定价的策略。
3. 价格调整的策略。

【引例】

维护市场价格秩序稳定　市场监管总局提醒经营者“七不得”

新华社北京 8 月 5 日电 为保障洪涝地区重要民生商品和服务市场价格基本稳定,制止哄抬价格等价格违法行为,市场监管总局 5 日发布关于汛期维护市场价格秩序稳定的公告,对相关经营者提出“七不得”提醒告诫。

一是不得捏造散布涨价信息。不得捏造散布货源紧张或者市场需求激增的信息。不得捏造散布其他经营者已经或者准备提价的信息。不得散布信息,诱导其他经营者提高价格。

二是不得囤积居奇。不得无正当理由,超出正常的存储数量或者存储周期,大量囤积市场供应紧张、价格发生较大波动的重要民生物资。

三是不得推动价格过快过高上涨。不得强制搭售商品,变相大幅度提高价格。不得在成本未明显增加时大幅度提高价格,或者成本虽有增加但价格上涨幅度明显高于成本增长幅度。

四是不得串通涨价。不得相互串通,操纵市场价格,损害其他经营者或消费者的合法权益。

五是不得违反明码标价规定。标价要做到真实准确、货签对位、标识醒目,价格变动要及时调整。不得在标价之外加价出售商品或者提供服务,不得收取任何未予标明的费用。

六是不得价格欺诈。经营者不得利用虚假的或者使人误解的价格手段,诱骗消费者或者其他经营者与其进行交易。不得虚假标价、虚假折价、虚假减价、低价诱骗高价结算、无正当理由不履行价格承诺。网络交易平台经营者不得利用技术手段等强制平台内经营者进行虚假的或者使人误解的价格标示。

七是不得违反法律法规规定,利用价格手段侵犯消费者和其他经营者合法权益,扰乱市场价格秩序。

市场监管总局要求有关经营者认真对照公告,及时开展自查自纠。各级市场监管部门将加强执法检查,依法查处各类价格违法行为。对情节恶劣的典型案件,将依法从重处罚并公开曝光。欢迎社会各界参与监督,若发现违法线索,及时拨打 12315 进行投诉举报。

（资料来源:新华社）

在所有的营销要素中，价格仍然是最活跃和最吸引人的，可能也是最难把握的。所有的组织都要为自己的产品和服务定价。从历史上看，由于产品差异性不大或生活水平低，价格从来都是消费者主要考虑的因素。今天，在较富有的国家和地区，非价格因素已变得很重要了。

第一节　影响定价的主要因素

在市场营销理论中，产品的最高价格取决于产品的市场需求，最低价格取决于该产品的成本费用。在最高价格和最低价格限定的区间内，企业对产品的定价取决于竞争者同种产品的价格水平。在最近的10年里，非价格因素已经相对地变得更重要了，但是价格仍是决定企业市场份额和盈利率的最重要因素之一。除基本因素之外，市场上产品价格还要受到各种因素的影响和制约。所以，市场需求、成本费用、竞争者的产品价格对企业产品的价格有着重要影响。影响产品价格策略的主要因素如下。

一、需求因素

市场需求状况常常是价格决策的主要参考因素。对于价格和需求的关系，西方经济学进行过理论分析，揭示了两者之间的关系。

（一）价格与需求

价格与需求直接相关，通常价格越高，需求越小；价格越低，需求越大。这一规律的内在机制在于，价格直接影响消费者的实际购买力，从而使需求随着价格的变化而波动。

大多数企业面临的市场需求与价格都存在这种规律。因此，每个企业都需要预测各种价格水平下的市场需求状况，根据市场需求状况，选择合理价格水平，使产品不仅能够销售出去，而且可以最大限度获取利润。在市场上企业的产品需求量增加，那么企业可以采取适当的提价措施；反之，则适当降价。

（二）需求弹性

现实中，各个企业所面临的市场需求的特点存在着差异，有的市场需求对价格变化的反应比较敏感，有的则反应相对迟钝。西方经济学理论对此进行了研究，将市场需求对价格变化的反应程度称为价格的需求弹性（简称需求弹性）。用数学公式表述为

$$价格的需求弹性=\frac{需求量变化的百分比}{价格变化的百分比}$$

用数学符号表示为：

$$E_{\mathrm{d}}=\frac{(Q_2-Q_1)/Q_1}{(P_2-P_1)/P_1}$$

其中，E_{d} 代表价格的需求弹性；Q_1 和 Q_2 分别代表变化前后的需求量；P_1 和 P_2 分别代表变化前后的价格。

影响价格需求弹性的主要因素如下。

（1）消费者对产品需求的强度的大小。

通常，生活必需品的需求弹性较小，而奢侈品的需求弹性较大。

（2）产品本身的可替代程度。

通常，产品功能越易于被替代，产品的需求弹性越大，而产品功能越不容易被替代，产品的需求弹性越小。

（3）产品本身的特性和知名度。

越是独具特色和知名度高的产品，消费者对价格越是不敏感，价格的需求弹性越小；反之，价格的需求弹性越大。

（三）需求弹性的应用

企业产品的需求弹性制约着企业的价格决策，市场需求是企业产品价格的上限。一定的市场需求水平必须具有与之相应的价格水平。若无视这一因素的制约作用，盲目提高价格，就会抑制市场需求，造成企业产品滞销。因此，企业必须重视产品价格的需求弹性，但是在应用时切忌机械照搬，须注意几个问题。

（1）产品价格的需求弹性与调整价格的幅度有关。对产品价格稍作调整也许需求弹性不大；但若调整幅度较大，需求弹性就会变大。

（2）产品价格的需求弹性和调整价格的方向有关。对产品价格进行调高与调低时，价格的需求弹性并不一致。

（3）产品价格的需求弹性与调整价格的时间跨度也有关系。对产品价格进行长期调整与短期调整，需求弹性有所不同。

二、成本因素

需求在很大程度上为企业确定了价格的上限，而成本则决定着价格的下限。因为，长期而言，任何企业确定的产品价格都应该位于其成本之上，否则企业将难以生存。所以，在作出价格决策之前，企业都要对其成本有足够的了解。价格应包括所有生产、分销和推销该产品的成本，还包括对公司的努力和承担风险的一个公允的报酬。但这并不排除在一段时间、在个别产品上，价格低于成本。

企业的总成本等于固定成本与变动成本之和。固定成本是指在短期内并不随着企业产品产量和销售额的变化而变动的费用。变动成本是指直接随着企业产品产量和销售额的变化而变动的费用。换言之，变动成本的增减取决于企业销售出的产品数量的多少；而固定成本是不管企业销售出多少产品都必然存在的。与价格决策直接相关的单位产品成本是生产规模的函数，它由企业的总成本与总产量决定，其计算公式为

$$\text{单位产品成本}=\frac{\text{企业的总成本}}{\text{企业的总产量}}$$

单位产品成本与生产规模之间的函数关系，就短期与长期而言有所不同，但两种情况下，单位产品成本均随生产规模的变化而变化，开始随着生产规模的扩大而递增。这种规律可用下面的这个例子来说明。

当某企业产品日产量小于 1 000 个单位时，由于固定费用分摊到较少的产品上，故单位产品成本较高，这时随着产品日产量的增加，单位产品成本降低；当产品日产量大于 1 000 个单位时，由于原有生产设备的限制以及效率降低，从而会使单位产品成本增加。

长期而言，当企业准备将日产量提高到 2 000 个单位时，它可以扩大企业的生产规模。这样一来，生产规模的扩大使企业生产设备效率更高，劳动安排更加合理。因此，可使企业

生产 2 000 个单位日产量的单位产品成本比生产 1 000 个单位日产量的单位产品成本更低。由此，随着生产规模的扩大，单位产品成本逐步降低。

【案例 8-1】

云南省推动公共资源交易破壁垒降门槛提质效

“得益于电子保函（保险）替代投标保证金这一创新举措，去年（2022 年）公司释放资金 6 200 万元，节约标书印制费、车旅费等成本 60 余万元，大大减轻了经营负担。”云南某建设工程有限公司相关负责人感叹道。

云南省在公共资源交易活动中大力推行电子保函（保险），2022 年，电子保函（保险）共服务云南省 14 989 个项目，占总交易项目数的 60.9%，为投标企业减少资金占用 201 亿元，保险费率从最初的 1.5%降至 0.3%，有效降低了市场主体交易成本。

长期以来，公共资源交易领域存在缴纳保证金投入总量大、返还周期长等问题，加大了企业资金周转压力，影响了市场主体发展活力。为打破交易壁垒和不合理门槛，进一步提升公共资源交易效能，2021 年以来，云南省发展改革委在实现省、州（市）、县（市、区）三级公共资源电子化交易的基础上，将云南省级和 16 个州（市）独立运行的公共资源交易平台整合迁移上云，建成云南省公共资源交易“一朵云”，市场主体和云南省各级公共资源交易监管部门、公共资源交易中心等统一使用云上公共资源交易平台开展交易活动。云南省云上公共资源交易平台纵向与全国公共资源交易平台完成对接，横向与云南省政务服务平台、云南省政府采购管理信息系统、信用中国（云南）平台、云南省工程建设项目审批管理系统等对接。各地市场主体可通过云南省公共资源交易信息网办理进场登记、场地预约、信息发布、招标文件下载等事项，投标人还可全程网上开标，投标、开标不再受时间地域限制，效率大幅提升。云南省实现公共资源“一张网”交易、服务事项“一网通办”、交易数据“一网汇聚”、交易信息“一网尽览”、监督管理“一网协同”，形成了更加公开、公平、公正的公共资源交易环境。

在此基础上，云南省进一步优化交易服务流程、压减办结时限，将法定的受理服务时限从 1 个工作日压缩至 3 个工作小时内办结，开放交易场所预约服务，为重点项目、交易金额上亿元项目开辟绿色通道，提供容缺受理服务。

（资料来源：云南日报）

三、竞争因素

企业产品价格决策受到竞争程度的影响。竞争对手的产品价格是企业产品价格决策的参考因素，也是企业产品价格决策的重要依据。根据竞争对手的产品价格，企业可以进行相应的价格决策。如果企业的产品质量与竞争对手的相似，其价格就应同竞争对手相似；如果企业的产品质量低于竞争对手，其价格就应低于竞争对手；如果企业的产品质量高于竞争对手其价格就可以高于竞争对手，而且在价格决策中比对方具有更大的灵活性和控制权。企业应该善于利用竞争对手的产品价格这一因素，对其产品进行市场定位，树立独特的市场形象。

(一)完全竞争市场的价格决策

完全竞争市场由许多买方和卖方组成,产品是同质的,市场上产品的价格是由整个行业的供求关系所决定的,买卖双方的行为只受价格因素的支配,没有哪一个买主或卖主能左右市场价格。一方面,这是由于每一个买主或卖主的买卖数量只占市场总量的很小一部分,如果某一卖主的产品定价高于市场价格,其产品就销售不出去;另一方面,卖主也没有必要以低于市场价格的价格销售产品,因为按照整个市场供求关系决定的价格水平能确保所有的产品按市场价格售出。由此,在完全竞争市场条件下,企业是“价格的接受者”,而不是“价格的决定者”,而且企业也无须开展市场调查、促销等工作,因为这样只会增加企业成本而不会带来任何收益。企业只有依靠提高其产品的生产效率,降低各种消耗及费用,才能获得更多的利润。

完全竞争市场存在的前提条件是:

①市场上存在许多卖主和买主,他们买卖的商品只占市场总量的极小部分;

②他们买卖的商品之间不存在任何差异;

③新卖主可以自由进入该市场;

④卖主和买主对市场信息完全掌握;

⑤生产要素在各个行业之间可以自由流动。

显然,现实中符合这些条件的完全竞争市场并不存在,在完全竞争市场中,企业可以采取随行就市的定价策略。

(二)垄断竞争市场的价格决策

垄断竞争市场存在的前提条件是:

①产品之间存在差异,即同类产品之间存在质量、包装、品牌、式样和服务等的差别;

②在市场上仍存在很多的买主或卖主。

在这种市场条件下,由于各个卖主所提供的产品具有一定的差异性,买方感觉有所不同,愿意支付不同的价格。但与此同时,因为各个卖主所提供的产品并无本质差异,产品之间具有很强的替代性,所以任何卖主如果定价过高,就会失去市场。

总之,在垄断竞争市场条件下,企业已经不再是消极的“价格接受者”,而是强有力的“价格决定者”。企业可以通过广告宣传、包装、品牌等方式影响消费者,使他们从心理上感受到不同企业所提供的产品具有差异性,从而愿意接受企业确定的产品价格。

(三)完全垄断市场的价格决策

在完全垄断市场的条件下,由于一个行业中只有一家企业,该企业没有竞争对手,因此,这家企业可以完全控制市场价格,可在国家法律和规定允许的范围内自由定价。但是对于非政府管制的民营垄断企业(如杜邦公司刚推出尼龙时)不一定采取绝对高价,其原因有三点:一是可以避免导致政府管制,二是可以避免吸引竞争对手,三是可以以低价策略迅速拓展市场。

在现实中,这一类型的市场也属少见,只存在于某些国家特许的企业,例如公用事业中的邮政系统、对某种产品拥有专利权(如杜邦公司刚推出尼龙时)或拥有原料独家开采权的企业。此外,在某些特殊的地区,由于运输成本或其他因素的影响,也可形成一定时期局部的完全垄断。

(四)寡头垄断市场的价格决策

在纯粹寡头垄断的条件下,市场价格往往不由市场供应关系直接决定,而由少数寡头通过默契确定;或者由一家最大的寡头先行定价,其他寡头随之跟随。这种价格一旦形成,在相当长的时期里比较稳定。因为某家寡头提高价格,其竞争对手则不会采取相应举措,这样一来,这家寡头必然会放弃提价。

在产品差异寡头垄断的条件下,各家寡头生产的产品各具特色,他们可以通过各种促销方式吸引消费者,培养消费者对其产品的忠诚度和偏爱度,因此在一定程度上,他们各自可以控制自己产品的价格,不受竞争对手的左右。

四、政府政策法规

企业产品价格决策要受到政府的干预以及政府政策法规的制约。政府的干预可以简单地分为两种情况。一是政府为了扶持某行业的发展,而规定该行业产品的最低限价,以鼓励和支持该行业的企业扩大生产。这一最低限价通常高于市场供求平衡点的价格,可能会造成供给过剩,为了维持最低限价政府会采取政府购买等措施。西方有些发达国家的农产品就属于此情况。二是政府为了防止物价上涨而规定某些产品的最高限价。这一最高限价往往低于市场供求平衡点的价格。价格偏低有可能造成供给短缺。

政府政策法规对企业产品价格决策具有强制性约束。我国成品油价格实行“政府指导价或政府定价”,即在政府指导价下,石油垄断企业无权自主决定是否涨价,只能提出涨价的建议,最终的决定权在国家发展改革委。现行的《石油价格管理办法(试行)》中规定,当布伦特、迪拜、辛塔三地原油连续22个工作日移动平均价格变化超过4%时,可相应调整国内成品油价格。

随着我国市场经济体制改革的深入,与之配套的有关法规也在陆续出台;与此同时,政府对某些行业或产业的企业价格决策的权限也在明确,任何企业在进行价格决策时务必严格遵循有关法规以及政府的指导政策。

《中华人民共和国价格法》规定,政府在必要时可以对以下五类商品和服务的价格实行政府指导价或政府定价。

一是与国民经济发展和人民生活关系重大的极少数商品价格;二是资源稀缺的少数商品价格;三是自然垄断经营的商品价格;四是重要的公用事业价格;五是重要的公益性服务价格。

五、消费者心理和习惯因素

价格的制定和变动在消费者心理上的反映也是价格策略必须考虑的因素。在现实生活中,很多消费者购物时存在“一分钱一分货”的观念。面对不太熟悉的商品,消费者常常根据价格的高低判断商品的好坏,从经验上把价格同商品的使用价值挂钩。消费者心理和习惯上的反应是很复杂的,在某些情况下会出现完全相反的反应。在一般情况下,涨价会减少购买行为,但有时涨价会引起抢购,反而会增加购买。一些品牌采用独家生产或限量的方法来显示其独特性。名牌手表、珠宝、香水等奢侈品的制造商在其宣传信息和渠道战略中经常强调其独享性。对于追求独一无二的奢侈品的顾客来说,即使价格提高,其需求也仍会增加,因为他们认为很少有人买得起这种商品。

因此,在研究消费者心理对定价的影响时,要持谨慎态度,要仔细了解消费者心理及其变化规律。

女士的黑色T恤看起来很普通。实际上,阿玛尼与盖璞所售的黑色T恤也没有很大的区别。然而阿玛尼的一件黑色T恤售价为275美元。而盖璞的却只有14.9美元。阿玛尼的T恤含70%尼龙、25%涤纶和5%的蛋白纤维。而盖璞的T恤则是全棉的。确实,阿玛尼的T恤比较时尚,还带着一个“产于意大利”的标签。作为一个奢侈品牌,阿玛尼因其价格高达数千美元的套装、手袋和晚礼服而闻名,在这种情况下,其T恤不可能只卖15美元甚至100美元。而且由于没有很多人会买275美元的T恤,所以阿玛尼生产得很少,这又进一步吸引了那些希望拥有限量版T恤以彰显其身份的人。“价值并不仅仅取决于质量、功能、效用和分销渠道”,库尔特·萨蒙协会零售策略部经理、萨克斯第五大街百货店前首席执行官阿偌德·埃罗森说,“它还取决于消费者对一个品牌奢侈内涵的看法”。

第二节 制定价格的程序

当企业研发出一种新产品、将原有产品引入新的分销渠道或新地区的时候,企业都必须制定价格。大多数市场都有三到五个价格层次,企业必须对其产品的质量和价格进行定位。

企业制定价格策略时须考虑上一节我们探讨的一些因素,那么再来详细看看定价的步骤:

①选择定价目标;

②确定需求;

③估算成本费用;

④分析竞争中的成本、价格和供应物;

⑤选择一种定价方法;

⑥制定最终价格。

一、选择定价目标

所谓定价目标,就是商品价格实现以后企业应达到的目的。企业定价作为经营活动的一项重要内容,其一般目标是使企业取得尽可能多的利润,但是定价应考虑的因素很多,所以企业定价的具体目标也多种多样。对于不同的市场环境、不同的时间、不同的企业,定价目标是不同的,企业应在权衡各个目标的利弊后加以选择。一般而言,企业的定价目标有五种:追求利润(当前利润最大化、目标收益、合理利润目标),市场份额最大化,产品质量领导地位,生存,防御或打击竞争对手等。

(一)追求利润

追求利润直接反映企业的基本经营目标,具体分为以下三种情况。

1. 以当前利润最大化为目标

以当前利润最大化为目标即在短期内通过高价形式获得尽量多的利润,服务于利润最大化的经营目标。采用这种定价目标必须具备以下条件:一是企业的产品在市场上和技术上占有优势,竞争对手暂时无法赶超;二是企业产品在市场上供不应求;三是适用于市场上推出的新产品。采用这种定价目标具有一定的风险性,如果企业过分强调当前的表现,就会忽视其他营销组合变量的作用、竞争者的反应和消费者的情感伤害,导致自己的产品被替代或丧失市场份额，损害企业的长期利益。

2. 以预期投资收益率为目标

投资收益率为利润与投资总额之比。企业都期望在预期时间内分批收回投资。企业在定价时，一般在总成本费用之外加上一定比例的预期盈利，以预期收益为定价目标。其特点是企业不追求一时高利，也不追求薄利多销，而追求一定时期内收入的稳定，从而服务于企业的长期经营目标。

3. 以获取合理利润为目标

有些企业所处的市场竞争十分激烈，其对于价格的控制能力十分有限，往往在竞争中采取跟随策略。其往往把价格定在与同行业平均利润相一致的水平上，以获取平均利润。广大中小企业通常采用这种定价目标。同时，行业的领先者为了长期占领市场，获得长期的稳定利润，往往也以获取合理利润为目标。

（二）市场份额最大化

一些企业希望市场份额最大化，认为销量越高，其单位成本越低，长期利润越高。有些企业认为，较高的市场份额可以保证企业产品的销路，便于企业掌握消费需求的变化，易于形成企业控制市场和价格的能力。其制定较低的价格，认为市场对价格是高度敏感的。

当具备下述条件之一时，企业就可以考虑通过低价实现高市场占有率。

（1）市场对价格高度敏感，低价能刺激需求迅速增长。

（2）生产与分销的单位成本会随生产经验的积累下降。

（3）低价能吓退现有的竞争者和阻止潜在的竞争者。

例如，格兰仕进入微波炉行业之后，从 1996 年开始屡屡掀起“降价风暴”，经过几年惊心动魄的价格大战，大量小规模的厂家被迫退出市场，一些外国品牌也不得不徘徊观望，当时能与格兰仕一争高下的仅剩下处于市场第二位的韩国的 LG。四年后，年产量达到 1 200 万台的格兰仕在中国抢占了六到七成的市场份额。

（三）产品质量领导地位

一些企业可能会致力于成为市场中产品质量的领导者。企业奉行质量领先这样的经营宗旨，并在生产和市场营销中贯彻质量最优化的指导思想。这就要求用高价弥补高质量和研发的高成本。许多品牌都想被认为具有很高的质量、品位和地位，在消费者心目中树立一种形象，这是企业在经营中创造的无形资产。如星巴克咖啡、宝马汽车和阿玛尼服装都已经成为其行业的质量领导者，获得了大量忠实顾客。

（四）生存

当企业面临产能过剩、激烈的竞争或消费者需求变化的状况时，生存就是企业的主要目标。为避免倒闭，企业必须制定一个低价，只要价格能补偿可变成本和部分固定成本，就可以继续经营。生存是一个短期目标，一旦企业经营出现转机，企业应选择其他定价目标。

（五）防御或打击竞争对手

防御或打击竞争对手是指企业在价格决策时主要着眼于应付激烈的市场竞争或避免发生价格竞争。通常的做法是企业以对产品价格有决定影响的竞争对手的价格为基础，在广泛收集资料、审慎比较权衡以后，对本企业产品进行价格决策。经常采用的办法有：①以低于竞争对手的价格销售产品；②以高于竞争对手的价格销售产品；③以与竞争对手相同的价格销售产品。

当企业想进入一个市场领导地位已经得到确认的产品市场时，一般最多只能采取与竞争对手相同的价格；小型企业由于营销费用较低，一般价格应该制定得低一些；只有具有特殊优越条件，诸如资产雄厚、产品质量优异、服务水平很高等的企业才有可能把价格定得较高。

（六）其他目标

非营利组织和公共机构可能会有其他的定价目标。2006 年 7 月 1 日，北京市选择了面积较大、位于居住区附近的 12 个城市公园和 33 个具有爱国主义教育和科普教育意义的博物馆，向公众免费开放。紫竹院、人定湖、团结湖、日坛等公园不再收门票。北京市注册公园总数为 339 个，其中 85.6%已免费向公众开放。2009 年 8 月，新疆维吾尔自治区发展改革委公布的《自治区游览参观点门票价格管理办法》明确规定，今后新疆范围内无论是自然风景区、自然保护区、重点文物保护单位、世界自然和文化遗产、森林公园、地质公园、部分博物馆、纪念馆，还是依托国家自然资源或文化资源投资兴建的游览参观点的门票价格和景区内没有引入竞争的缆车、区间车、观光车、游船等交通运输服务项目收费及机动车辆停放收费，都将被纳入政府定价和政府指导价。

20 世纪 80 年代美国八家著名大公司的定价目标见表 8-1。

表 8-1　20 世纪 80 年代美国八家著名大公司的定价目标

公司名称	定价主要目标	定价附属目标
通用汽车公司	20%资本回收率（缴税后）	保持市场份额
固特异公司	对付竞争者	保持市场地位和价格稳定
美国罐头公司	维持市场销售份额	应付市场竞争
通用电气公司	20%资本回报率（缴税后） 增加 7%销售额	推销新产品保持价格稳定
西尔斯公司	增加市场销售份额 （8%~9%为满意的份额）	0%~15%传统 的资本回报率
标准石油公司	保持市场销售份额	保持价格的稳定 一般资本回报率
国际收割机公司	10%资本回收率	保持市场中第二的位置
国民钢铁公司	适应市场竞争的低价	增加市场销售份额

二、确定需求

不同的价格会导致不同的需求量，从而会对公司的营销目标产生不同影响。价格和需求的关系可以用需求曲线来表示。

三、估算成本费用

任何企业都不能随心所欲地制定价格。产品的最高价格取决于市场需求，最低价格取决于产品的成本费用。企业希望制定一个合理的产品价格，不仅能弥补其生产、分配和销售成本，还可以为其付出的努力和承受的风险提供正常利润。

四、分析竞争状况

在竞争市场，企业必须考虑竞争者的成本、价格和可能的价格反映，应当考虑最接近的竞争者的价格。如果企业所提供的产品有其竞争者所没有的特色，企业可以在竞争者的价格上加价；如果竞争者的产品具有本企业产品所不具备的特色，那么企业就该减价。任何价格的制定和改变，都将引起消费者、竞争者、分销商和供应商的反应。

五、选择一种定价方法

确定消费者的需求水平、成本函数和竞争者的价格后，企业就可以制定价格了。企业在制定价格时，须重点考虑三个问题：成本是价格的下限；竞争品价格和替代品价格为参照基准；顾客对产品特性的评价是价格的上限。

企业应选择一种将这三个考虑因素包含在内的定价方法，因此有八种定价方法：成本加成定价法、目标收益定价法、边际成本定价法、盈亏平衡定价法、认知价值定价法、需求差异定价法、随行就市定价法和投标定价法。

（一）利润导向性定价目标

1. 成本加成定价法

成本加成定价法以产品成本作为定价的基本依据，具体操作时，再加上预期利润来确定价格，这种成本导向定价法是最常用、最基本的定价方法。其在单位产品成本的基础上，加上一定比例的预期利润作为产品的售价，其计算公式为

单位产品价格=单位产品成本 ×（1+加成率）

例如，某零售店经营的某品牌服装每件成本为 80 元，加成率为 50%，则每件服装的价格为

每件服装的价格=80×（1+50%）=120（元）

成本加成定价法的优点是具有计算简单的特点；缺点是忽视了市场需求和竞争状况的影响。企业需要考虑商品的需求弹性和企业的预期利润。该方法适用于零售企业。

2. 目标收益定价法

目标收益定价法又称目标利润定价法，是在成本的基础上，按照目标收益率的高低计算价格的方法。

$$\text{单位产品价格}=\frac{\text{总成本}+\text{目标利润}}{\text{预期销售量}}=\text{单位变动成本}+\text{单位贡献毛利}$$

【例 8-1】 某企业生产 A 产品，年固定成本消耗为 6 000 000 元，每件产品的变动成本为 2 元，预计销售量为 2 000 000 件，假如企业的成本利润率是 20%，问 A 产品的单价应为多少元？

解：目标利润=总成本 × 成本利润率

=（固定成本+变动成本）× 成本利润率

=（6 000 000+2 000 000×2）×20%

=2 000 000（元）

$$\text{A 产品单价}=\frac{\text{总成本}+\text{目标利润}}{\text{预期销售量}}$$

=（6 000 000+2 000 000×2+2 000 000）÷2 000 000

=12 000 000 ÷ 2 000 000

=6（元）

因此，该产品为达到利润目标，定价应为 6 元。

目标收益定价法的优点是可较好地实现投资回收计划；缺点是企业必须有较强的计划能力，必须预测好销售价格与预期销售量之间的关系，避免出现确定了价格而销售量达不到预期目标的被动情况。它适用于需求价格弹性小的产品或具有垄断性质的企业。

3. 边际成本定价法

边际成本定价法是以变动成本为基础，而不计算固定成本的一种定价方法。其公式为

单位产品价格=单位变动成本+边际贡献

式中的边际贡献指每增加一个单位产品销售量对企业经济收入所做的贡献。这一贡献首先补偿固定成本，然后才是企业的真正盈利，如果这个边际贡献不能完全补偿固定成本，就会出现一定程度的亏损。

【例 8-2】 某企业的年固定成本消耗为 50 000 元，每件 A 产品的单位变动成本为 30 元，计划总贡献为 160 000 元，当销售量预计可达 10 000 件时，求 A 产品的单价应为多少元/件？

A 产品单价=单位变动成本+边际收入/实际销售量

=30+160 000/10 000

=46（元/件）

边际成本定价法的优点是易于管理者在各产品之间合理分摊可变成本。采用此方法确定的价格一般低于采用成本加成定价法确定的价格，能大大提高产品的竞争力。缺点是企业必须数据齐全，价格需求弹性和需求预测精准。该方法适用于厂家的固定成本已基本收回，产品周期的成熟期卖方竞争激烈时。这一方法的出发点不是让产品的单价绝对等于其变动成本，而在于采用这种方法计算的单价明确了企业产品价格的最低极限。因为产品的单价至少应该大于其变动成本，否则企业生产和销售的产品越多越亏损；若产品的单价大于其变动成本，其边际利润就可以弥补部分固定成本。在市场竞争特别激烈、企业订货不足时，为了减少企业损失，保住市场，企业对于其部分产品可以运用这种方法定价。

4. 盈亏平衡定价法

盈亏平衡定价法也叫保本定价法或收支平衡定价法，是指在销量既定的条件下，企业产品的价格必须达到一定的水平才能做到盈亏平衡、收支相抵。既定的销量就称为盈亏平衡点，这种制定价格的方法就称为盈亏平衡定价法。科学地预测销量和已知固定成本、变动成本是使用盈亏平衡定价法的前提。

产品单价=单位变动成本+固定成本/销售量

（二）市场需求导向定价法

以需求为中心的价格决策方法是在营销观念指导下进行价格决策的方法。其基本理念是生产既然是为了满足消费者的需求，那么产品的价格就不应该仅仅以企业的成本为依据，而应该以消费者对产品价值的理解及其需求为依据。具体操作方法有以下两种。

1. 认知价值定价法

认知价值定价法也称感受价值定价法、理解价值定价法，即根据消费者对产品的认识和

估价而不是卖方的成本进行价格决策。在具体确定某一产品的单价时,企业首先要顾及和测定其产品非价格变量在消费者心目中的价值水平,然后根据消费者对产品所理解的价值水平确定产品的价格。

认知价值定价法的根据是,任何产品在市场上的价格以及该产品的质量、服务水平等,在消费者心目中都有一定的认识和评价。当产品的价格水平与消费者对产品价值的理解和认知程度大体一致时,消费者就会接受该产品;反之,消费者就不会接受该产品,该产品自然就销售不出去。

企业应用认知价值定价法的具体做法是:①从产品质量、服务、分销渠道和促销举措等方面为产品设计一定的市场形象,根据消费者对其接受程度,制定一个能够被目标市场接纳的产品价格;②预测在这一价格水平下,产品的销售量,并估算产品的产量、投资额及单位成本;③综合所有情况和数据,估算这种产品的盈利水平,若利润适宜就投资生产;若无利润或利润太少就放弃生产。

认知价值定价法一般在企业推出新产品或进入新的市场时采用,同时也适用于企业之间比较定价。例如,假定服务业中有A、B两家饭店位于一条街道上,它们所提供的饭菜质量相当,但A饭店在门面装潢、内部环境、服务态度等方面优于B饭店,这样A饭店完全可以利用消费者对其的较高接受程度,将其饭菜价格定得比B饭店高一些。

认知价值定价法的优越性是显而易见的,正确应用这一方法的关键是准确地判断消费者对于产品的价值的理解和接受程度。

2. 需求差异定价法

消费者需求存在着个体差异,这种差异体现在社会、经济、自然、地理、文化等方面。需求差异定价法就是对同一产品或服务因市场需求的时间、数量、地点、款式、消费水平及心理差异而制定的不同价格,从而满足消费者个体需求的一种定价方法。这种定价方法所制定的价格通常与产品的成本无关。

需求差异定价法可以分为根据消费者购买能力差异定价、根据购买时间差别定价、根据购买地点差别定价、根据购买数量差别定价、根据产品外观样式差别定价。

例如,企业为了迎合不同的消费人群,把护肤品包装分为平装和精装,包装成本差别只有10%,但是售价却有40%的差别。

需求差异定价法的优点是有利于企业增加销量,获取更多的盈利。缺点是使用不当会引起消费者的反感而丧失市场。该方法使用的前提是细分市场所增加的开支不会超过高价收入所得。

(三)以竞争为中心的价格决策方法

以竞争为中心的价格决策方法是企业在激烈竞争的市场上,为了应付竞争格局争取更多的消费者而采取的一些特殊价格决策方法。具体操作方法有以下两种。

1. 随行就市定价法

随行就市定价法是指企业以本行业的价格水平为定价标准,确定企业产品的价格的方法。在竞争激烈而且产品需求弹性较小或供需基本平衡的市场上,这一方法是一种比较稳妥的定价方法;对寡头垄断市场而言,这一定价方法更为适用,因为在这种市场上,消费者对市场行情极为了解,寡头也彼此熟悉,这样,某一企业独自采取提价或降价的举措都不会从中获益。

在西方发达国家，这一定价方法普遍流行。其原因在于：某些产品的成本难以核算，随行就市意味着集中本行业各个企业的智慧，确保获得收益；根据行情定价，也可降低风险，容易与竞争对手和平相处，如果企业定价与行情背离，则对消费者及其竞争对手由此产生的反应难以把握，风险增加。

2. 投标定价法

投标定价法是卖方在买方的招标期间内，根据对竞争对手报价的估计制定相应的竞争报价的一种定价方法。它是社会集团（企业或事业单位）购买者在进行批量采购、从事大型机械设备购买或为工程项目选择承包商（承建商或承造商）时通常采用的一种方法。其目的是通过引导卖方竞争的办法来筛选最合适的合作者。征求承包人的一方（买方）为“招标人”，应征前来参加竞争的应聘者为“投标人”，竞争中的优胜者为“中标人”，三者一般均为法人。

企业参加投标的目的是中标，所以报价应低于竞争对手的报价。一般而言，报价高，利润高，但中标机会小；报价低，中标机会大，但利润低。因此，企业在报价时既要考虑目标利润，又要考虑中标概率。

六、制定最终价格

以上的定价方法缩小了企业最终售价的取值范围。在确定产品的最终价格时，企业必须考虑其他营销活动的影响、价格对其他各方的影响等。

（一）其他营销活动的影响

最终价格的确定必须考虑该品牌相对于竞争者的质量和广告支出。有研究表明，具有相对平均的质量，但具有较高的广告预算的品牌能获得溢价。消费者愿意为知名产品支付更高的价格。

在营销过程中价格并没有质量和其他利益那么重要。有研究表明，在线零售行业，只有19%的人注重价格，更多的人关注的是用户支持（65%）、准时送货（58%）、产品的运输和装卸（49%）。

（二）价格对其他各方的影响

管理人员需要考虑到其他各方对价格的反应。分销商和经销商会怎么想？如果他们得不到足够的利润，他们不会选择把产品推向市场。此外，还应考虑销售人员是否愿意以这个价格出售商品？竞争者会作出什么反应？当供货商看到公司的价格时是否会提高他们的供货价格？政府是否会干预？

第三节　定价策略

一、新产品定价策略

在定价程序中，首先要选择定价目标，在确定了目标之后，可以用下面的不同定价策略达到公司的目标。

（一）撇脂定价法

所谓撇脂定价法（Market-skimming Pricing）又称高价法，即将产品的价格定得较高，尽可能在产品生命初期，在竞争者研制出相似的产品以前，尽快地收回投资，并且取得相当的利润。“撇脂”原义是指取牛奶上的那层奶油，含有捞取精华的意思。

撇脂定价法适用于以下条件：

①市场上存在一批购买力很强且对价格不敏感的消费者；

②这样的一批消费者的数量足够多，企业有厚利可图；

③暂时没有竞争对手推出同样的产品，企业的产品具有明显的差别化优势；

④当有竞争对手加入时，企业有能力转换定价方法，通过提高性价比来提高竞争力；

⑤企业的品牌在市场上有传统的影响力。

（二）市场渗透定价法

市场渗透定价法即在新产品投放市场时，为了做大销售量、做大市场占有率或吸引大量顾客，制定较低的价格，迅速占领市场的定价方法。

二、购买心理价格决策策略

消费者购买产品的过程中大都受到其心理因素的影响，因此企业可以根据消费者购买心理的特点对产品价格进行一定的调整，使消费者更加容易接受。常用的定价策略有声望定价、尾数定价、习惯定价、招揽定价和分级定价五种。

（一）声望定价

声望定价，即企业使用高价位或整数位的价格显示产品的高品质形象，利用消费者仰慕名牌产品或名店的声望的心理来确定商品价格。在消费者心目中声誉高的企业、商家或商品适合应用这一策略。此外，这一策略也适用于药店、食品、化妆品、珠宝及医疗等质量不容易鉴别的产品。

（二）尾数定价

尾数定价是所确定的产品价格以零头作为尾数，而不是采用整数价格。这样可以使消费者觉得产品的价格似乎低于其实际价值。

例如，一双皮鞋定价 89.95 元或 498 元较定价 90 元或 500 元，更容易让消费者接受，因为在消费者心理上，89.95 元只是 80 多元钱，498 元只是 400 多元钱，比整数价格少了许多。此外，尾数定价还可以令消费者感到产品价格是经过精细核算的。这一策略尤其适合零售业。

（三）习惯定价

习惯定价，即企业顺应市场上已经形成的价格习惯来定价，使消费者更容易接受。现实中许多产品在网上已经形成了一个公认的价格，企业不可轻率地将其改变，以免引起消费者的反感。面对这种情况，企业宁可对产品的内容、包装、容量等方面进行调整，最好也不要改变其价格。日常生活中的饮料、家庭常用品都可以采用这一策略。

（四）招揽定价

招揽定价就是企业以特殊价格提供众所周知的“亏本特价品”，用以吸引消费者前来购买商品，其目的是希望消费者同时购买更多的非特价商品。例如现在满大街的 5 元店，大打 5 元任选产品的招牌，这抓住了人们的好奇心理。尽管一些商品的价格略高于市价，但仍招揽了大批顾客，销售额不可小觑。

（五）分级定价

分级定价也叫系列定价，就是把所有的产品划分为不同档次、等级，再对各个档次、等级的产品分别定价。这样一系列价格档次的产品，不仅便于消费者按需购买，而且可以简化消费者购买决策过程，容易使其产生安全感和信任感，同时便于企业提高管理效率，增加收益。

三、差别价格策略

差别价格策略就是企业根据地点、顾客、产品和时间等因素的差异，对其产品的基本价格进行调整的策略。这里，企业以两种或多种价格销售同一产品，而且产品价格并不反映各种成本比例上的差别。本质上讲，这一策略是一种价格歧视政策的体现。差别价格策略常见的做法有以下四种。

（一）顾客差别定价

顾客差别定价又称顾客细分定价，是指企业按照不同的价格把同一产品或服务卖给不同的顾客。该定价策略是根据顾客付款能力来定价的。一般来说，收入水平、年龄、职业、性别等不同的顾客对价格的接受程度有较大的差异。对于低收入者、弱势群体定价水平要低，对于高收入者定价水平要高。

这种定价策略是根据具体情况灵活掌握价格，差别对待，同时也表明顾客的需求强度和商品知识有所不同。

企业把同一种商品或服务按照不同的价格卖给不同的顾客。例如，公园、旅游景点、博物馆将顾客分为学生、年长者和一般顾客，对学生和年长者收取较低的费用；铁路公司对学生、军人售票的价格往往低于一般乘客；自来水公司根据需要把用水分为生活用水、生产用水，并收取不同的费用；电力公司将电分为居民用电、商业用电、工业用电，对不同类型的用电收取不同的电费。

（二）产品形式差别定价

产品形式差别定价即企业按产品的型号、式样，制定不同的价格，但不同型号或式样的产品其价格之间的差额和成本之间的差额是不成比例的。比如：33 英寸彩电比 29 英寸彩电的价格高出一大截，可其成本差额远没有这么大；一件裙子 70 元，成本 50 元，可是在裙子上绣一组花，追加成本 5 元，但价格却可定到 100 元。

（三）产品地点差别定价

产品地点差别定价即企业对处于不同位置或不同地点的产品和服务制定不同的价格，即使每个地点的产品或服务的成本是相同的。例如火车卧铺从上铺到中铺、下铺，价格逐渐增高。

（四）销售时间差别定价

销售时间差别定价即价格随着季节、日期甚至钟点的变化而变化。一些公用事业公司，对于用户购买其产品或服务，按一天的不同时间、双休日和工作日的不同标准来收费。例如，航空公司或旅行社的产品在淡季的价格便宜，而旺季一到价格立即上涨。这样可以促使消费需求均匀化，避免企业资源的闲置或超负荷运转。

四、地区定价策略

一般而言，一个企业的产品不仅在当地售卖，同时也需要卖到外地。如果卖给外地顾客，企业要把产品从产地运到顾客所在地，这时需要进行装运。所谓地区定价策略就是灵活反应和处理运输、装卸、仓储、保险等费用,且产品价格并不一定与供货成本成固定比例的定价策略。常用的操作方法有以下五种。

(一)产地运输工具上交货定价

产地运输工具上交货定价即企业按产地出厂价出售某种产品,并负责将产品运到产地某些运输工具(如卡车、火车、船舶、飞机)上交货,交货之前的一切费用由企业承担,交货后的费用和风险由买方承担。这种做法的不利之处在于,有可能失去远离产地的客户。

(二)统一定价

统一定价即企业对于不同地区的客户,都按相同的出厂价加相同的运输费及其他费用来定价。换言之,也就是对不同地区的客户,不管远近,价格一样。这一做法对近地客户不利。

(三)分区定价

分区定价即企业将所有销售地区划分为几个区域,不同区域价格不同,同一区域价格相同。这一做法的不足之处在于,区域相邻的两家客户要支付不同的费用,从而容易引起顾客的不满。

(四)基点定价

基点定价,即企业以几个城市为基点,然后按照一定的出厂价加上从基点到客户所在地的运费来定价,而不管货物实际上是从哪个城市发出的。有些企业为了提高灵活性,选定多个基点城市,按照离顾客最近的基点计算运费。基点定价利于避免价格竞争,顾客亦可在任何基点购买,企业也可以将产品推向较远市场,有利于市场拓展。

基点定价方式适合下列情况:

①产品运费成本所占比重较大;

②企业产品市场范围大,许多地方有生产点;

③企业产品的价格需求弹性较小。

(五)运费免收定价

运费免收定价即企业规定产品价格等于产品出厂价再加上离客户最近的竞争对手会开出的送货成本。运用这一策略有利于企业打入距离较远的市场。只要企业的净收入超过产品的边际成本,就可以采用这种策略拓展偏远地区的市场。

【案例 8-2】

全国政协委员朱旗:打破图书市场“高定价低折扣”

“如何满足人民群众多样化、高品质的阅读需求,是新时代出版人责无旁贷的文化使命,但行业现状并不乐观。”全国政协委员、上海朵云轩集团有限公司总经理朱旗说,当前的图书市场,电商平台利用信息高触达率、低成本运营等业态优势垄断了80%的市场份额,实体书店已经丧失了市场的主导权和竞争力。

朱旗调研发现,头部电商正以“全网最便宜”的价格战谋取更强的市场垄断地位。传统的寄销制度导致图书出版投入和市场销售的风险都由出版社承担,助长了平台的“打折”冲动。目前网上的平均书价已经低于五折,出版社为自救图存,只能通过不断地提高书价来维持基本的利润空间,"高定价、低折扣"的恶性循环正在螺旋加剧。朱旗认为,愈演愈烈的价格战,导致出版社的图书定价整体虚高。去年(2022年)图书平均定价同比上涨达14%,新书销售码洋却同比下降了45%。

朱旗建议,政府有关部门根据《出版业"十四五"时期发展规划》加快推动图书价格立法,把社会效益放在首位,在立法过程中充分考虑图书的文化属性,不能简单套用一般消费品市场的"充分竞争"原则,为维护图书产品的精神引领作用,在制定图书市场的管理规则时要借鉴国际通行惯例,确保文化安全。

(资料来源:解放日报)

五、价格折扣

(一)现金折扣

现金折扣是企业给及时付清货款的顾客的一种减价。例如,企业要求顾客在30天内必须付清货款,如果顾客10天内付清货款,则给予其2%的折扣。

(二)回扣和津贴

回扣是间接折扣的一种方式,它是购买者在按价格将货款全部付给销售者后,销售者再按一定比例将货款部分返还给购买者。津贴是企业出于非凡目的对非凡顾客以特定形式给予的价格补贴或其他补贴,如企业对消费者开展以旧换新业务,将旧货折算成一定的价格,在新产品的价格中扣除,顾客只支付余额,以刺激消费需求,促进产品的更新。

(三)数量折扣

数量折扣是指企业给予那些大批量购货的客户的一定比例的价格优惠,具体又分为非累计数量折扣(根据每份订单)和累计数量折扣(根据某个时期购货总量)。其目的是鼓励客户只从本企业购货,不再寻求其他货源。

(四)功能折扣

功能折扣是指企业给予那些为企业提供某些营销功能(诸如推销、宣传、仓储、服务等)的中间商的价格优惠。企业对于不同的分销渠道提供的功能折扣可能有所不同,这是因为它们提供的服务不尽相同(如推销、仓储、服务)。但是,对于各个分销渠道内的中间商必须提供相同的功能折扣。

(五)季节折扣

季节折扣是指企业给予那些在销售淡季购买企业产品的客户的价格优惠。这一折扣形式可以使企业保持全年销售额的稳定性。这一策略普遍适用于旅游、客运以及提供季节性服务的产品(诸如空调、滑雪器材等)。

六、产品组合定价策略

现代大多数企业已经不再局限于生产一种或几种产品,而是生产类型繁多、品种各异的同一系列或不同系列的众多产品。其中许多产品存在一定相关关系,企业在给这些产品定价时,应该进行统筹考虑,以便在尽量扩大各种产品销售量和利润的同时,使企业整体效益达到最佳。常见的产品组合定价策略有下述三种。

(一)产品线定价策略

每个企业的产品组合是由几条产品线所构成的,而同一产品线通常会同时生产相互关联的多个产品。这些产品并不存在本质差异,一般仅仅是外形、功能上存在极小差异。因此,企业必须合理确定各个产品之间的价格差额,这一价格差额既要反映消费者对各个产品的价值理解,又要考虑各个产品项目之间的成本差异及竞争对手的产品价格。价格差额确定得是否合理直接关系到各个产品项目销售量的高低,从而直接决定了企业的整体收益的大小。产品线定价,即企业根据产品线内各产品项目之间在质量、性能、档次、款式、成本、顾客认知、需求强度等方面的不同,参考竞争对手的产品与价格,确定各个产品项目之间的价格差距,以使不同的产品项目形成不同的市场形象,吸引不同的顾客群,扩大产品销售,争取获得更多的利润。例如服装商店将男士西服的价格定在220元、650元、1 100元3个水平,顾客自然会以不同质量等级来对应选购不同价格的产品。营销者的任务就是使顾客确信本企业是按质论价的,即"一分钱,一分货"。但是,企业在进行产品线定价时应该注意,产品线中不同产品的价差要适应顾客的心理需求,价差过大,会诱导顾客趋向于某一种产品,价差过小,会使顾客无法确定选购目标。

企业以保本甚至微亏的价格来制定低价产品的价格,往往可增加顾客流量,使生产与销售迅速达到一个理想的规模,遏制竞争。

高价产品则可树立企业的品牌形象,以超额利润迅速收回投资,增强企业的发展后劲。

中价产品通过发挥规模效益可为企业带来合理的利润,维持企业的正常运行。

(二)可选品定价策略

可选品定价策略是指对与主要产品密切关联的可任意选择的产品的定价策略。许多企业不仅提供主要产品,还提供与主要产品密切关联的任选产品。企业为任选品定价有两种策略可供选择:一种是为任选品定高价,以此来获利;另一种策略是定低价,以此来招揽顾客。例如,屈臣氏在每一期的促销活动中都会推出3个以上的超值商品,在顾客一次性购物满50元,可以加多10元任意选购一件超值商品,这些超值商品通常为屈臣氏的自有品牌,所以能在实现低价位的同时又可以保证利润。

(三)连带产品定价

连带产品是指使用过程中具有相互连带或补充关系的产品。在连带产品或互补品中,价值高且使用时间较长的产品为主件,价值低且使用时间较短的产品为从件。企业一般将主产品价格定低一些,而将其连带产品价格定高一些。顾客购买了主产品,必须购买连带产品才能使主产品发挥作用,此时企业可通过连带产品销售获得长期利益。如吉列公司就曾将剃须刀架的价格定得极低,而刀片定价偏高;爱普生打印机很便宜,但是墨盒相当昂贵。

第四节 营销价格变动与企业对策

尽管企业应当尽力保持产品价格的稳定,但很多企业还是不得不对产品价格进行适当的调整,以保证市场份额和利润。价格调整虽然可能会引起潜在客户、经销商和企业推销人员的不满,但是成功的价格调整仍有可能使企业的利润大大增加。

一、降价与提价

企业处在一个不断变化的环境中,为了生存和发展,有时候要主动地降价或提价,有时候又要对竞争者的变价作出适当的反应。

(一)企业降价的原因

企业降价的主要原因如下。

(1)企业的生产能力过剩,因而需要扩大销售,但是企业又不能通过产品改进和加强销售工作等来扩大销售。

(2)在强大竞争者的压力之下,企业的市场占有率下降。

(3)企业的成本费用比竞争者低,企图通过降价来占领市场或提高市场占有率,从而扩大生产和销售量,降低成本费用。

(二)企业提价的原因

虽然提价会引起消费者、经销商和企业推销人员的不满,但是一个成功的提价也可以使企业的利润大大增加。引起企业提价的主要原因如下。

(1)由于通货膨胀,物价上涨,企业的成本费用提高,因此许多企业不得不提高产品价格。在现代市场经济条件下,许多企业往往采取种种方法来调整价格,对付通货膨胀。

(2)企业产品供不应求,不能满足所有顾客的需要。提价方式包括:取消价格折扣,在产品大类中增加价格较高的项目,或者开始提价。为了安抚顾客,企业在提价时应当向顾客说明提价的原因,并帮助顾客寻找节约途径。

二、顾客对企业变价的反应

(一)顾客对企业降价的反应

顾客对企业某种产品的降价可能会有以下看法:产品有缺陷,滞销;产品样式过时,即将推出新产品;该企业产品品质下降;该企业存在资金困难,难以维持经营;该产品还会进一步降价。

(二)顾客对企业提价的反应

顾客对企业某种产品的提价可能会有以下看法:该产品很紧俏;不赶快买就不可能再以这个价格买到了,还会继续提价;该产品很有价值。

三、企业对竞争者变价的反应

在变动价格时,花很多时间分析企业的选择是不可能的。竞争者可能花了大量时间来准备变价,而企业必须在数小时或几天内明确果断地作出适当的反应。缩短价格反应决策时间的唯一途径是预料竞争者的可能价格变化,并预先准备适当的对策。

在同质产品市场上,如果竞争者降价,企业也必须随之降价,否则顾客就会购买竞争者的产品而不购买本企业的产品。如果行业内某些企业提价,其他企业也可能会随之提价,但是如果有一个企业不随之提价,那么最先发动提价的企业和其他企业也不得不取消提价。

在异质产品市场上,企业对竞争者的价格变动的反应有更多的自由。在这种市场上,购买者在选择产品时不仅考虑产品价格,还考虑产品质量、服务、可靠性等因素,因而在这类产品市场上,购买者对于较小的价格差额无反应或不敏感。

企业在对竞争者价格变动作出适当反应之前,须调查研究和考虑以下问题:

①为什么竞争者要变价;

②竞争者打算暂时变价还是永久变价;

③如果对竞争者的变价置之不理,将对企业的市场占有率和利润有何影响,其他企业是否会作出反应;

④竞争者和其他企业对于本企业的每一个可能的反应又会有什么反应。

在现代市场经济条件下,市场领导者往往会遭到一些较小企业的攻击。这些较小企业的产品比得上市场领导者的产品,它们往往通过“侵略性的降价”和市场领先者争夺市场阵地,提高市场占有率。在这种情况下,市场领导者有以下几种选择。

1)维持价格

因为市场领先者认为:降价会使利润减少过多;保持价格不变,市场占有率不会下降太多,以后能收回失去的市场。

2)保持价格不变,提高认知价值

在产品质量不变的情况下,企业也可以通过降低顾客购买总成本,提高顾客认知价值。在北美上市销售的纸浆都是被成捆包装的。对企业来讲,相比于降低价格、以较低的边际利润率运营,维持原价、提高产品的认知价值是一种更为划算的策略。

3)降价

市场领先者之所以采取这种战略,是因为其认为:第一,降价可以使销售量和产量增加,从而使成本费用下降;第二,市场对价格很敏感,不降价就会使市场占有率下降;第三,市场占有率下降以后难以恢复。降价后,企业应当尽力保持产品质量和服务水平,而不应降低产品质量和服务水平。

降价一定要具有成本领先优势和规模经济效益。企业应通过扩大产销规模,提高装备技术档次与管理水平,降低营销、服务费用和资本负债率等方式切实使成本低于竞争对手,只有产品的总成本低于竞争者的企业才有资格打价格战。总成本领先战略与价格战并不是任何企业和个人都能运用自如的,它的成功是以大规模的产销、一流的管理水平、卓越领先的技术工艺、先进的生产设备、较强的自我配套一体化能力、较低的负债率为支撑的。格兰仕微波炉通过大幅度的降价策略不断地扩大销售量,进而产生规模效益使成本不断下降,市场份额不断扩大, 2006 年成为微波炉市场上的霸主。一些国内外的微波炉企业面对这种价格战的冲击,纷纷撤出市场。在这种情况下,格兰仕逐步提升微波炉的价格,彻底走出价格战的旋涡。

4)提价

有的企业在面对价格战时推出某些新品牌,以围攻竞争对手的品牌,同时改进产品、服务、沟通方式等,运用非价格手段来反攻。价格战会损坏企业的市场形象,甚至把企业原有的高端定位彻底摧毁。因此,市场上的一些高端产品在应对价格战时,往往反其道而行,进行提价强化产品的高端形象,从容应对低价竞争。高端企业经营的目标不是强调销售收入的大小,而是盈利能力的高低;不是强调市场占有率的大小,而是市场地位的高低;不是强调品牌知名度的大小,而是强调顾客的忠诚度的高低。

受到竞争对手攻击的企业必须考虑:产品在其生命周期中所处的阶段;它在企业产品投资组合中的重要性;竞争者的意图和资源;市场对价格和价值的敏感性;成本费用随销售量和产量变化的情况。

【思考与练习】

一、论述题

(1)请分组交流对当地著名超市的价格印象,再实地调查一下,分析说明调查结果,并与先前的印象加以比较。

(2)几乎所有的新产品都经历过价格由高而低的过程,请从成本、竞争、顾客价值认定等方面阐述这一过程的合理性与不合理性。

(3)结合中国企业实际,谈谈企业在采取降价策略时经常遇到的问题和挑战。面对竞争对手的提价或降价,企业应如何应变?

二、应用题

ZOL 产品报价网 www.zol.com.cn

中国价格网 www.chinabltf.com

中华旅游报价网 www.china-traveller.com

汽车之家 www.autohome.com.cn

这是一些以提供价格服务为主的网站。访问这些网站,找到更多的此类网站,分析大量存在的这些网站对企业的价格行为和顾客的购买行为会产生什么影响。

三、案例分析题

格兰仕的低价竞争策略

1994—2000 年,微波炉在中国市场的销量从 40 万台跃升为 1 000 万台,中国本土企业格兰仕是该行业发展的关键推动者。总部设在广东顺德的广东格兰仕集团有限公司前身是生产羽绒制品的小厂, 1978 年年产值仅 47 万元。2007 年,格兰仕销售收入 250 亿元,同比增长 60%(其中出口达 10 亿美元)。格兰仕成长为微波炉、空调和小家电的世界级制造商。格兰仕电器已进入世界近 200 个国家和地区。2008 年,格兰仕在中国微波炉市场占有率为 60%,世界微波炉市场占有率 50%。至 2008 年,格兰仕连续 14 年蝉联中国微波炉市场销量及市场占有率第一,连续 11 年蝉联微波炉出口销量和创汇双冠。

1992—2000 年是格兰仕发展的全新阶段——转型进入微波炉行业并高速成长为领跑者的时期。1992 年,中外合资的格兰仕电器有限公司生产出第一台格兰仕品牌的微波炉。1993 年,格兰仕试产微波炉 1 万台。1995 年,格兰仕微波炉销售量达 25 万台,以 25.1%的市场占有率成为中国该行业第一名(当年销售收入 3.84 亿元,利润 3 100 万元)。1997 年,格兰仕集团在中国市场启动了微波炉的降价战。当时,微波炉的价格多在 1 000 元~3 000 元,韩国 LG 公司占有中国微波炉市场最大份额,但市场局限于少数高档消费者。格兰仕作为市场挑战者,平均降价幅度在 20%以上,结果带动了中国微波炉市场销售总量从不足 100 万台(1995 年)跃升至 200 多万台,其中格兰仕微波炉的销量跃至 65 万台,全国市场占有率高达 35%(部分地区和月份的市场占有率超过了 50%)。1997 年 7 月—10 月,格兰仕连续两次对多种型号微波炉大幅降价,降价幅度在 30%~40%,微波炉的平均价格从此降低至几百元,成为广泛普及的大众消费品。同年底,格兰仕市场占有率再升至 47.1%,微波炉产销量升至 198 万台。1999 年,格兰仕微波炉产销量突破 600 万台,全年销售额达 29.6 亿元,其中内销与出口各占50%,国内市场占有率为67.1%,稳居第一位,欧洲市场占有率达25%。2001年,格兰仕微波炉全球产销量飙升到1 200万台,成为全球最大的专业化微波炉制造商。

2001年至今是格兰仕发展的第三阶段——进入家电其他相关领域并国际化。2005年,格兰仕微波炉全球年产销量突破2 000万台,其中出口1 400万台,全球市场占有率近50%。格兰仕微波炉全球销售的远期目标为2 200万台,其中出口销量1 500万台。在微波炉产业稳步升级的同时,2001年格兰仕开始进入空调和小家电制造领域,仍然走低成本—规模的竞争路线。2005年,格兰仕空调全球产销350万台,是产销量增幅最大的空调品牌。格兰仕小家电的增长同样迅速,其中电烤箱、早餐机遥遥领先同行,电饭煲进入行业前两强,电磁炉进入行业四强。2005年,格兰仕迈向国际化,其第一途径是以OEM(代工形式)形成世界级的生产规模,进一步发展制造和成本优势。格兰仕已与全球200多个跨国公司建立了OEM合作关系,其中大部分跨国公司将其海外的生产线搬到中国,由格兰仕为其贴牌生产。同年,格兰仕开始建造占地3 000亩的全球最大空调专业制造基地,目标是形成世界最强的空调生产配套能力,并拥有世界级的自主开发和配套生产空调核心元器件的能力。格兰仕计划至2008年实现空调年产销规模1 500万台的又一个世界第一。格兰仕国际化的第二途径是建立海外分公司和海外销售渠道,以成本优势寻求国外市场的发展机会。

格兰仕的低价模式是其核心竞争力,也典型地反映和代表了中国制造的低价竞争战略。格兰仕的成功使LG、惠而浦、松下等原有的微波炉制造商在中国及海外都失去了市场。格洛丽亚等人认为格兰仕运用低成本领先战略非常成功,归纳格兰仕模式为:降低成本→降价→提高市场份额→扩大生产规模→进一步降低生产成本。该模式不但运用于微波炉行业,而且成功地运用于空调和小家电行业。格兰仕聚焦在制造和低价以实现快速成长。格兰仕依靠动态的低成本领先优势,压倒竞争者,夺得遥遥领先的市场份额。格兰仕降价策略的主要特征是:成本—降价—市场占有率—制造规模,四要素形成紧密的互动关系和良性循环的拉动。

降价强度大。降价幅度相当大,多数降幅在25%~40%。降价规模和范围大,包括多产品型号且地区广泛。降价延续时间长,在1996年后长达近10年时间。

效果显著。每次降价获得的市场占有率提升都在两位数,对竞争者和跟随者都构成威慑。

(1)格兰仕的成功之处在哪里?

(2)格兰仕低价策略的主要弱点是什么?

【营销实训】

一、实训目标

(1)通过对手机市场价格的评析,加深学生对各种价格策略的理解。

(2)进一步了解价格制定、调整的原因及其策略。

(3)初步培养学生价格决策能力。

二、实训内容和组织

1. 内容

(1)手机市场价格策略状况调查。调查对象:本地的手机专卖店、手机商店、百货商店手机柜台、网络商店等。调查内容:某一品牌手机的价格及其销售情况。调查方式:上网了解、观察调查、深入访谈等。

(2)对某一品牌手机的市场价格策略进行评析,包括手机品牌名称、档次高低、进价依据、顾客反应、顾客流量、价格决策、销售情况等。

2. 组织

(1)选择学生比较熟悉的或正在用的某一品牌手机(如华为、小米、OPPO,vivo或苹果、三星等)为调查对象。

(2)将学生分成若干小组,制定调查表或访谈提纲,分头进行调查与观察。

(3)以小组为单位汇总调查结果并进行讨论。

三、实训检测

学生撰写某一品牌手机价格策略评析报告,教师批阅并全班交流。

【案例讨论】

小米手机、苹果手机和华为手机的定价策略

小米手机一经面世,就以豪华的配置和亲民的价格,给广大用户树立了“高性能、低价格”的品牌形象。小米手机主打高性价比,小米1手机至小米5手机售价均维持1 999元,从2017年推出的小米6手机开始上调价格,至如今推出的小米9手机仍然未突破3 000元;红米系列手机销量一路疯涨,但价格一直维持在1 000元左右;MAX系列主打大屏幕大电量,价格也维持在1 000元左右。小米手机通过自己浓厚的社区基因给用户打上了手机发烧友的标签,又有如此有竞争力的价格护航,迅速占领了市场,之后凭借越发成熟的研发、生产、供销、服务系统,手机生产与分销的单位成本随生产经验的积累而下降,得到了众多业内人士的认可和追捧。研究智能手机行业的公关系专业人士戴维·沃尔夫先生曾经表示:“如果拿相同性能的手机来比较的话,你愿多花四成到六成的价格买一部三星手机吗?而且小米手机的质量能够令人接受。”

与小米形成鲜明对比,iPhone X并未采取这样的定价策略。以在中国市场的发售为例,iPhone X在苹果官方商店的零售价为人民币8 388元起,在黄牛市场上更是炒到10 000元上下。即使对于多年果粉来说,这也属于高价位产品,但是一经推出,首批货被抢购一空。苹果的定价策略取得了成功,而且屡试不爽,可以预见的是随着iPhone X热度逐渐下降,下一年度仍会有一款新的机型刺激果粉们的钱包。

华为手机作为国产手机知名品牌,旗下有众多产品系列。如华为P系列、荣耀、Mate系列、麦芒等,不同系列的产品市场定位不同,定价也有巨大差别。如华为畅享系列手机均价在1 000元左右,麦芒系列手机价格在2 000元左右,Nova系列手机价格在2 000~3 000元,

P 系列、Mate 系列手机的价格在 3 000~5 000 元，而 Mate 保时捷设计系列手机则在 10 000 元以上。

请分别分析小米手机、苹果手机和华为手机的定价策略，并说明各定价策略的适用范围。

第九章　渠道策略

【本章重点】

1. 分销渠道及其功能类型。
2. 分销渠道管理。
3. 中间商及其类型。
4. 渠道冲突与解决。

【引例】

“智慧”监管提升地摊经济质量

“地摊经济”近期有回温之势，各大小城市纷纷表现出欢迎。为充分发挥地摊经济优势，扬长避短，应构建我国地摊经济新形态，促进地摊经济可持续发展。

具体来讲，地摊经济的红火，既有群众消费之需、从业便捷之利的动因，更有市场经济发展规律作用的内因。客观来说，当前，我国地摊经济的品质有所提升，不论是商品质量还是服务质量都有不同程度的改进。从商品的角度而言，地摊经济商品更丰富、服务形式更多样，这也让其在活跃地方经济、促进民生就业等方面发挥出更大作用。此外，地摊经济深受数字化影响，除数字化支付方式外，众多线上个体经营者同时具有线下经营者身份，在“摆摊”服务营销中采用网络和数字工具，形成“地摊经济+数字”新形式。

不过，地摊经济虽在稳就业、保民生方面作用凸显，但也会带来诸如影响市容环境等方面的问题。对此，有必要积极处理好几个关系，构建我国地摊经济新形态。

一方面，处理好地摊经济质量与监管的关系。地摊经济的商品、服务质量以及消费维权等问题，往往是老百姓比较关心的问题。商贩非固定“出摊”的时间地点，也加大了监管难度，政府要用“智慧”监管，从多层次多角度着手，构建新时期高质量的地摊经济。

要疏堵结合强监管。解禁“路边摊”不等于放任自流，而是兼顾城市活力与文明，持续提升末端治理的精细化水平，在“应放尽放”的同时，做到有序“放”、科学“管”、精准“服”，让人间“烟火气”与城市文明同行，让城市洋溢着风度和温度。

要因地制宜巧监管。各地政府在借鉴其他城市经验的同时，要因城施策、因地制宜，探索出适合本地地摊经济的治理路径。

要亮证经营明监管。各地政府部门应及时跟进，出台相关政策法规，督促摊主先办证、再摆摊，地摊小贩做到亮证经营。在此基础上，政府相关部门不定期对“路边摊”巡逻暗访，加大对“地摊”商品质量和服务以及电子秤等的抽检，确保地摊经济市场安全健康发展。

另一方面，处理好地摊经济新业态与原有商业形态的关系。“路边摊”曾被视为“脏乱差”的代名词，调查显示，不少网民对“路边摊”仍存担忧，认为“摆地摊”会使城市脏乱不堪。而在当今城市,夜间经济、露营经济、广场经济等新经济模式如雨后春笋般发展,由此衍生出一些新型“路边摊”,属于传统地摊经济的延伸和迭代,具有价廉多样、创新随意、交易简单等优势,给原有商业形态带来不小冲击。唯有正确妥善处理好各种商业形态之间的关系,才有望推动地摊经济实现多赢。

(资料来源:经济日报)

第一节 分销渠道的概念、职能和类型

一、分销渠道的含义

美国营销学者肯迪夫(Edward W. Cundiff)和理查德·R. 斯蒂尔(Richard R. Still)等认为分销渠道是指“当产品从生产者向最后消费者或产业用户移动时,直接或间接转移所有权所经过的路径”。因此,分销渠道是由渠道成员构成的通道,而非成员本身。

美国市场营销学会、菲利普. 科特勒、路易斯·W. 斯特恩(Louis W. Sterm)等认为,分销渠道是指促使产品或服务顺利地被使用或消费的一整套相互依存的组织。因此,分销渠道只包括两部分:①发生交易关系,取得所有权的制造商、批发商、零售商和消费者;②未取得产品所有权,但协助转移所有权的代理商和经纪人,但不包括供应商和辅助商。

现代市场营销学和营销实践中还存在“市场营销渠道”和“商品流通渠道”等概念。市场营销渠道是指那些配合起来生产、分销和消费某一生产者产品或服务的所有企业和个人,包括各种生产资源的供应商、生产企业、商人中间商、代理中间商、辅助商以及最终消费者和用户。由于市场营销渠道中供与产的关系也可以看成生产与销售的关系,因此在实践中,分销渠道与市场营销渠道常常被混用。

二、分销渠道的职能

生产者为什么愿意把部分销售工作委托给中间机构呢?这种委托意味着放弃对如何销售的控制。然而,生产者可以通过中间机构获得效率。凭借他们的各种关系、经验、专业知识以及运营规模,中间机构推动产品广泛地进入目标市场,通常比生产企业自己干得更加出色。

分销渠道在整个市场营销中具有重要意义,其理由有四。一是分销渠道是最基本的市场营销组合因素 4P 之一,是不可分割的一部分。二是它会较大程度地影响产品、价格、促销等其他市场营销组合因素,甚至决定一个产品在市场上的表现,因为它担负着将产品及时转移到市场并引导顾客购买产品的重要功能。在美国,分销商们赚取了最终售价的 30%~50% 的毛利。对比一下,广告费用通常只占到最终售价的 5%~7%。三是分销渠道的性质决定了它与整个市场营销处于一种长期关系中,不能轻易变动,因为它的决策意味着对其他公司的一种比较长期的承诺。当一个汽车制造商和独立的经销商签订合同,由后者经销前者的汽车以后,汽车制造商从合同规定之日起就必须尊重经销商的经销权,不得以本公司的销售网点取而代之。可以说,一个分销系统是一项关键性外部资源,它的建立通常需要若干年,并且不是可以轻易改变的。它的重要性不亚于其他关键性内部资源。四是分销渠道具有运输、贮藏等提高产品价值的功能,并通过其功能的发挥,在适当的时候、适当的场所,将适当数量的产品提供给批发、零售业者和消费者。

在社会大规模复杂化的今天，在生产和消费之间，在产品、服务及其使用者之间，会出现时间、数量、地点和持有权等的缺口。分销渠道将承担起除去、调整经济上不一致现象和弥补各种缺口的重要职能。

（一）收集、提供信息

中间商直接接触市场和消费者，最了解市场的动向和消费者实际状况。这些都是企业产品开发、促销等创造需求和经营全盘不可缺少的，尤其对那些信息收集能力较弱的生产企业来说，渠道提供的信息便是经营的耳目。

（二）刺激需求，开拓市场

市场营销的本质在于创造需求。分销渠道系统通过其分销行为和各种促销活动来创造需求，拓展市场。分销渠道所采用的促销手段与制造商是相同的，主要包括人员推销、广告、营业推广、公共关系等。分销渠道协助、配合制造商或者独立设计并开展促销活动，通过具有说服力的沟通方式来刺激购买。

（三）减少交易次数

中间商存在的理论根据之一就是在分销过程中介入中间商可以减少卖方和买方之间的交易次数。例如，沃尔玛公司已经成为美国最大的私人雇主和世界上最大的连锁零售企业。目前，沃尔玛在全世界 15 个国家开设了超过 8 000 家商场，下设 53 个品牌，员工总数 210 多万人，每周光临沃尔玛的顾客 2 亿人次。

（四）调整

分销渠道所进行的调整活动主要包括集中产品、编配分装、扩散、满足目标市场的需求等。这些职能可以调整生产者和消费者之间的各种利害关系，使产品顺利流通。

1. 集中产品

集中产品即从众多的生产者处把产品集中起来，尤其是中小规模生产者的产品和农产品都是通过中间商集中起来后再统一向市场提供的。这样既可实现大量交易又能节约运输费用等。

2. 编配分装

集中或大量生产的产品在接近消费者或用户的过程中，为了方便批发、零售和消费以及满足目标市场的需要必须小批量化，要按一定的标准、规格进行分类、编配和分装。

3. 扩散

扩散即产品集中起来通过编配分装后尽可能通过较多的途径销售出去，使其最终实现消费。

4. 满足目标市场的需求

满足目标市场的需求，即备齐并提供目标市场所需的各类产品。通常，这种职能由距最终消费者和使用者最近的零售商和批发商来承担。其中尤为重要的是百货商店和专卖店等。这种职能存在的决定性意义在于方便消费者购买，即使消费者在需要的时候、需要的地点获得所需产品。

（五）物流

物流又称实体分配。要使产品从生产者转移到消费者或用户就需要储存和运输。承担这种职能的便是物流。

（六）洽谈生意

洽谈生意应是双向洽谈：一是前向性洽谈，寻找可能的购买者并与其进行沟通；二是后向性洽谈，即渠道成员与生产者进行反向沟通并订购产品。

（七）承担风险

承担风险即在产品分销过程中承担有关风险。

对于一些分销企业来说，资金流方面的风险极大，这主要表现在数目庞大的应收账款上。有的分销公司的应收账款总数已经达到数千万，有逼近公司净资产的趋势。也就是说，如果这些钱都收不回来，公司就有破产的危险。国家的相关政策也会影响行业客户，有时候他们确实没钱，谁都没有办法，分销商也不大可能去法院告他们，而只能选择等待。所以，这种大单的回款周期一般都很长，短则一个月、两个月，长则一年、两年，甚至更久。

（八）融资

融资指为补偿渠道工作的成本费用而对资金的获取与支用。

【案例 9-1】

服贸会展现中国开放合作诚意

9 月 2 日至 6 日，以“开放引领发展 合作共赢未来”为主题的 2023 年中国国际服务贸易交易会（简称“服贸会”）在北京举办。本届服贸会线下参展企业超 2 400 家，国际化率超 20%，其中世界 500 强及行业龙头企业超 500 家，线上参展企业 6 700 余家，83 个国家和国际组织以政府或总部名义设展办会。服贸会“朋友圈”进一步扩大，国际参与度和影响力进一步提升。

荟萃全球服贸产品，呈现中国市场活力。外媒纷纷聚焦本届服贸会，解读服贸会上释放的中国开放合作信号。

特色产品精彩纷呈

作为全球规模最大的综合类服务贸易展会，服贸会汇聚一流技术与应用，已成为全球服务贸易的“展示窗”。外媒关注，今年服贸会更热闹、更国际化。全球多国的各类企业带着特色产品亮相。

“2023 年中国服贸会为参与者提供了在中国打造新网络、结识新的商业伙伴、开展谈判和贸易合作的机会。与会者包括各国政要、国际组织负责人以及各国政府部门和企业界人士。”马来西亚《婆罗洲邮报》网站报道称，服贸会为马来西亚各机构提供了寻找投资和合作机会的平台。

英国商业贸易部服务与技能司司长戴睿俊在服贸会期间表示，英中两国间的服务贸易合作历史悠久，合作内容涵盖体育、教育、金融、法律等诸多专业服务领域。中国对推动体育产业发展表现出极大热情，英国则希望提供自己在体育领域的专业知识来匹配中国的市场需求。“我们正在与体育场馆建筑师、体育专家、体育技术公司开展合作，进一步加强两国间的服务贸易。”戴睿俊说。

据拉美社报道，古巴在第八届“炫彩世界”——“一带一路”共建国家特色文化展示活动上宣传本国旅游产品，该活动是服贸会的一部分。古巴驻华大使馆工作人员玛尔塔·卡萨迪利亚表示,文化和自然景点是古巴在服贸会上的重点推介对象,古巴还展示了医疗和保健服务产品,同时宣传中国电商平台上古巴精品馆销售的本国产品。中国消费者可以在该网店买到的商品包括蜂蜜、各种品牌的朗姆酒、赛拉诺和关塔那摩咖啡。

据新加坡《联合早报》网站报道,电信、旅游、法律、职业考试四大领域的开放有利于刺激中国经济活力,促进人员国际交流,也利好包括新加坡在内的多国企业。开放能促进竞争,也能更好地为消费者提供服务。开放旅游和法律可以促进各国间的人员流动,同时也能带动当地就业。

数字化、智能化、绿色化

数字化、智能化、绿色化,是外媒和参会展商对本届服贸会特征的共同感受。通过服贸会,海外企业聚焦中国服务贸易高质量发展的新趋势。

路透社网站报道,在本届服贸会上,中国表示,将推动高端制造业和现代服务业融合发展,增加优质服务进口,推动数据基础制度先行先试改革。中国将放宽服务业市场准入,促进跨境服务贸易。

菲律宾《马尼拉时报》网站报道,本届服贸会展示芯片、量子测控、卫星遥感控制、人工智能、数字医疗等前沿领域成果。约 60 家企业和组织带来人工智能、金融科技、健康医疗、文化创意等领域的最新产品和技术。

“中国在很多领域的科技水平非常先进。”荷兰皇家飞利浦公司副总裁杨威廉认为,中荷在健康和绿色经济领域的合作已经成为双方合作的重要增长点。目前,中国在医疗机构绿色转型方面的成果世界领先,荷中双方将寻找更好的方式,在这些领域携手合作。

巴基斯坦联合通讯社网站报道称,近年来,科技与体育的结合在中国催生了“智慧体育”。这种将先进技术与传统体育活动相结合的新兴趋势在中国市场广受欢迎。该行业包括健身应用、智能健身可穿戴设备和智能运动设备。据服贸会主办方介绍,经过前期筹划,已有 10 多个体育服务项目在本届博览会期间完成签约,一年签约金额预计将达到 8 亿美元,再创历史新高。

阿吉兰兄弟集团副董事长穆罕默德·艾尔·阿吉兰表示,借助服贸会这一高水平开放平台,集团与优秀中国企业沟通交流,共同探讨在 5G、人工智能、大数据、金融科技、智慧医疗等新兴领域的合作机会。同时,中国的合作伙伴通过展会加深对集团的了解,为之后双方商业合作奠定良好基础。阿吉兰兄弟期待在能源转型、数字化基建等领域与更多优秀中国企业深化合作。

中国释放开放吸引力

“中国愿意开放,这代表了一种决心,也体现了一种信心。”新加坡《联合早报》网站报道援引新加坡管理大学李光前商学院副教授傅方剑的话说。

今年服贸会上发布的《世界变局中的中国服务业开放》报告指出,中国服务业开放步伐加快,开放水平提升幅度显著高于其他国家平均水平,特别是在外资准入和国民待遇方面更为突出。数据显示,中国服务进出口总额已连续九年位居全球第二。中国对外开放的大门越开越大,国际社会通过服贸会感受中国开放的积极信号。

《巴基斯坦观察家报》网站报道称,服贸会是促进可持续发展的全球平台,多年来吸引来自世界各地的参与者,其中包括超 500 家全球财富 500 强企业和行业领先企业。这种国际化趋势反映了中国对促进全球经济一体化合作的承诺。“开放引领发展,合作共赢未来”——2023年服贸会的主题凸显开放合作对经济发展的重要性,展现中国在全球舞台上发挥更加积极和建设性作用的决心。

经济合作与发展组织驻华代表海博指出,全球服务贸易是国际商业发展的重要动力,服务行业以及服务贸易也是中国经济复苏以及中国对外交流的重要支柱。根据该机构相关预测,中国为全球服务贸易不断发展作出越来越大贡献,中国也是越来越多外商投资的目的地。

德国电视一台网站报道,中国政府正在通过一系列刺激措施提振经济,其中包括对外国公司进一步开放。对于德国企业来说,中国放宽市场准入将非常受欢迎。中国德国商会华北及东北地区执行董事延斯·希尔德布兰特表示,中国政府正在落实为外资企业提供帮助的承诺。“这是一件重要的事情,因为面对当前全球低迷的市场氛围,经济界需要这样的信号。”

肯尼亚国际关系学者卡文斯·阿德希尔认为,服贸会上,中国在一些重要领域与世界其他国家分享中国经验、中国技术。发展中国家能通过服贸会这类展会平台,加强服务贸易领域合作,向中国等其他国家学习成功经验,这将有利于全球经济复苏。

阿联酋《观点报》财经专栏作家纳伊勒表示,中国举办服贸会有助于全球经贸发展,不仅能向世界展现中国开放合作的诚意,还能吸引各国新兴领域企业加入中国市场。

(资料来源:人民日报海外版)

三、分销渠道的类型

(一)按渠道的长度分类

渠道长度是指产品从企业到最终消费者的转移过程中所经历的中间环节数。所经中间环节越多,渠道越长,反之,渠道越短,最短的渠道是不经过中间环节的渠道。

分销渠道可以按其长度的不同分为四种基本类型(图9-1)。

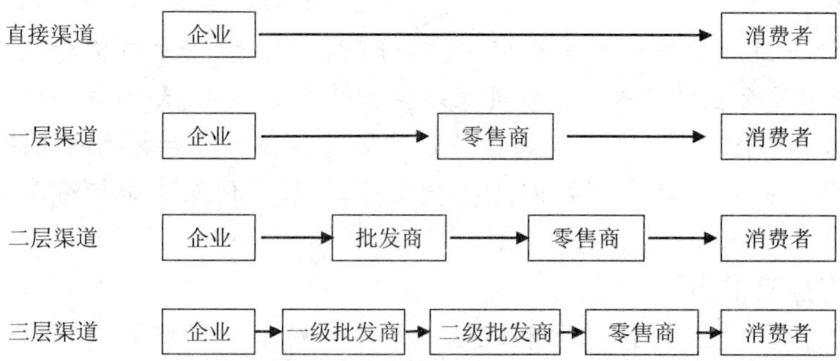

图9-1 分销渠道的类型

1. 直接渠道

直接渠道是指产品从制造商转移到消费者或用户的过程中不经过任何中间商转手的分销渠道。直接分销的主要形式有上门推销、邮寄销售、电子通信销售、网络营销、电视直销、制造商自设商店专柜等。其主要优点有:①能缩短产品的流通时间,使产品迅速转移到消费者或用户;②减少中间环节,降低产品损耗;③制造商拥有控制产品价格的主动权,有利于稳定价格;④产需直接见面,便于了解市场,掌握市场信息;⑤由于生产者直接面对客户,减少了仓储面积并杜绝了呆账,没有经销商和相应的库存带来的额外成本,因而可以保障公司及客户利益,加快其成长。

直销的销售模式有两种,一种是以安利和玫琳凯等为代表的金字塔式的销售模式,一种就是小米手机、戴尔式的直接销售模式。前者主要凭借大量的人员推销、人员发展下线,层层销售、层层推荐的形式,即以销售人员为主体。后者主要是以生产厂家为主体,厂家通过一定的方式把信息传递给目标消费者,目标消费者再把信息通过某种方式反馈给厂家,双方互动,达成协议,其销售主体是厂家自己,没有中间渠道环节。前者更多地用在生活日常用品、保健品、礼品等行业,后者一般是附加值较大的、单个价格较高的、使用周期长的、更需要完善的售货服务体系的行业或产品。前者以大量的人员为基础,人员渠道是其生存的生命线,后者以产品为基础,依靠的是产品的性价比和综合优势。

【案例 9-2】

农产品站上了电商"C 位"

商务部电子商务司负责人日前表示,商务大数据对重点电商平台监测显示, 2022 年中国农产品网络零售增势较好,全国农产品网络零售额同比增长 9.2%。农村电商的蓬勃发展,为广阔乡村构建了农产品流通新平台,拓宽了农民增收路径,激活了乡村振兴潜能。一位在电商平台卖农产品的乡村青年说:"从去年的销售数据来看,农产品站上了电商'C 位'(主角位置)。"

平台加快"下乡"步伐

农产品网络销售成绩喜人。根据商务大数据, 2022 年,全国农村网络零售额达 2.17 万亿元,同比增长 3.6%。其中,农村实物商品网络零售额 1.99 万亿元,同比增长 4.9%。全国农产品网络零售额 5 313.8 亿元,同比增长 9.2%,增速较 2021 年提升 6.4 个百分点。

农产品网络销售较快增长,离不开政策的有力支持。2022 年,《中共中央 国务院关于做好 2022 年全面推进乡村振兴重点工作的意见》提出实施"数商兴农"工程,推进电子商务进乡村。"数商兴农"是发展数字商务振兴农业的简称,包括引导电子商务企业发展农村电商新基建,提升农产品物流配送、分拣加工等电子商务基础设施数字化、网络化、智能化水平,发展智慧供应链,打通农产品上行"最初一公里"和工业品下行"最后一公里"等。

在"数商兴农"政策的支持下,电商加快了"下乡"步伐,从初期的销售端网络化,逐渐向流通端、生产端的数字化、智能化推进。各大电商平台发力农产品供应链,加快了农业供给侧结构性改革进程,实现产销紧密衔接,助力全面推进乡村振兴。

"土"视频带火"土特产"

在湖北省黄冈市,罗田县骆驼坳镇燕窝垸村第一书记徐志新做起了助农主播,推广罗田板栗、红安苕、茶叶等农产品,月销售额在 600 多万元;四川省泸州市的吴秋月,将小小高山萝卜干做到月销 10 多万斤;李春望不惑之年扎根大西北,把优质的猕猴桃、红枣、苹果带给更多人。

近几年,有关乡村题材的短视频频频走红,短视频、直播平台成为农产品走向城市的一条快车道。中国农业科学院农业经济与发展研究所农产品电商课题组发布的《短视频为新农人搭建平台,助推农业高质量发展》报告提出,短视频和直播带货可以吸引并留住返乡创业青年,带来先进生产经营理念、带动产业链上下游发展,进而助力培育新型农业经营主体、增加农村居民就业机会、扩大农民增收空间。例如,某电商平台"山货上头条"助农项目深入福建、贵州、四川、吉林等地,让远在各地乡村、尚未被更多人看见的优质农特产出山,走向全国消费者。

"自成立以来,我们不断挖掘平台内的优质农特产,助其拓展市场和打造特色品牌。"某电商平台相关负责人对记者说,未来,他们将在此基础上,更加深入农产品生产全链条,与农产品原产地携手将区域特色农产品发展成为具有代表性的农产品产业,助力产业纵深发展、带动更多就业。

农民从"会种"到"会卖"

"销农货,找电商"成为许多农民的共识,但具体如何"触网",不少人并不在行。老乡最了解自家产品,却不擅长网络营销;主播们懂网络,却对田间地头的活计并不在行。如何发挥各自优势,让农产品"种得好"也"卖得火"?

2021年,在云南省大理白族自治州宾川县乔甸镇李捷村,村民李本斌种的石榴丰收了,本想继续通过传统渠道销售,但问了好几家采购商,最高收购价才每斤1.8元,他想起曾看到的"果农爸爸"直播团队,几个年轻人在田里对着手机吆喝"石榴现摘现发,不吐籽味道甜"。

李本斌拉着石榴来到乔甸镇的云南果农爸爸农业科技有限公司。公司负责人袁晓薇说:"这样的石榴适合电商渠道做精品零售。"两人一拍即合,按照每斤2.2元的价格,李本斌的80多吨石榴陆续进入电商仓库。

宾川县大力培育、发展农村电子商务产业,吸引年轻人返乡创业,做主播、帮带货。宾川县现已上线销售农特产品超百种,农产品上行交易日趋活跃,全县农产品网络零售额大幅上升。

专家认为,让农民从"会种"到"会卖",让农村电商从业者从"懂卖"到"懂种",两者之间的良性互动,对促进农村电商提质增效和农产品进城具有积极意义。

(资料来源:人民日报海外版)

2. 一层渠道

一层渠道是指生产者和消费者(或用户)之间介入一层中间环节的分销渠道。在消费者市场,其中间环节通常是零售商;在生产者市场,大多是代理商或经纪人。

【案例9-3】

河北固安:多渠道解决蔬菜滞销难题

受(新冠肺炎)疫情影响,河北省廊坊市固安县牛驼镇黄瓜、西红柿等农产品出现不同程度的滞销情况。为解决菜农"卖菜难"问题,固安县牛驼镇在做好疫情防控的前提下,全面摸清农副产品生产情况和蔬菜滞销底数,主动对接镇域内龙头企业,优先采购域内菜农积压蔬菜,统一运送到各大商超。

“以前没有疫情的时候，菜都送到各大市场。这次疫情发生，我们的菜都销不出去。固安县政府给我们解决了卖菜的难题，价格也比较合理。”固安县牛驼镇中所营村菜农张建辉说。

作为牛驼镇农业龙头企业，顺斋瓜菜种植专业合作社利用自身优势，加大蔬菜库容量，以高于市场价的价格优先收购镇域内及周边菜农蔬菜。

在固安县牛驼镇万庄村，菜农忙着将刚刚采摘下来的新鲜黄瓜进行装筐，待打包完毕后，将直接装进生活物资疫情保供车。

牛驼镇还积极对接域内商超、餐饮企业及机关事业单位食堂，通过组织农超连线、“订单式”促销、机关人员爱心认购等举措，努力拓宽销售渠道。截至目前，牛驼镇已帮助菜农外销黄瓜、西红柿、生菜、香菜、菠菜等蔬菜225余吨。

（案例来源：学习强国—廊坊学习平台）

3. 二层渠道

二层渠道是指生产者和消费者（或用户）之间介入二层中间环节的分销渠道。在消费者市场，通常是批发商和零售商。

4. 三层渠道

三层渠道是指在生产者和消费者（或用户）之间介入三层中间环节的分销渠道。

一般来说，三层渠道多见于消费者市场，通常包括两种情况：一是在批发商和零售商之间设有专业批发商，三者的关系为一级批发商→二级批发商（专业批发商）→零售商；二是在批发商之前有一总经销商或总代理商，其关系是总代理（总经销）→批发商→零售商。

一层渠道至三层渠道与直接渠道相对应，可统称为间接渠道。

（二）按渠道的宽度分类

分销渠道的宽度，是指渠道的每个层次使用同种类型中间商的数目。多者为宽渠道，意味着销售网点多，市场覆盖面大，少者则为窄渠道，市场覆盖面也就相应较小。根据渠道宽度的不同，分销策略通常分为三种：密集分销、选择分销和独家分销。

1. 密集分销

密集分销又叫广泛分销或开放性分销，是指制造商尽可能地发展批发商和零售商，并由其销售其产品。这种策略较适用于食品、日用杂品等生活必需品和便利品一类产品。这些产品的特点是以大多数消费者为对象，而消费者又希望能轻而易举、随时随地买到这些产品，例如，食用油、文具、餐巾纸、饮料、方便面等。

2. 选择分销

选择分销是指制造商根据自己所设定的交易基准和条件精心挑选最合适的中间商销售其产品。它一般适用于消费品中的选购品和特殊品，工业品中的零配件以及专业性强、用户比较固定、对售后服务有一定要求的工业产品。选择分销的优点是可以节省费用开支，提高营销的效率，对市场加以控制。不过，选择分销使企业难以在营销环境宽松的条件下实现多种经营目标；企业要为被选用的中间商提供较多的服务，并承担一定的市场风险。

但是，使用选择分销取决于以下条件：

①中间商是否能与企业良好合作；

②愿意参与渠道协作的中间商的数目；

③制造商能为中间商提供多少市场畅销的产品，在供货方式、价格上给多大优惠，在诸如采用广告宣传等措施所需的费用上给予多大的支持等；

④制造商与中间商之间的联系以履行合同来维系，无论哪方的行为有损于合同的执行，必将使产品在该渠道上的流通受阻，从而使采用这一渠道的预定目标落空。

3. 独家分销

独家分销是指制造商在某一地区仅使用一家中间商销售其产品，通常双方协商签订独家经销合同，一方面规定制造商不再在该地区发展经销商；另一方面也规定经销商不得经营竞争者的产品。独家分销渠道是一种最为极端的常见专营型分销渠道。这种渠道的优点是：

①有利于维持市场的稳定性；

②有利于提高产品身价；

③有利于提高销售效率。

四、分销渠道的模式

（一）垂直分销系统

垂直分销系统即垂直一体化，指制造商、批发商和零售商等形成一个统一体。垂直分销系统有两个主要类型。

1. 公司式垂直分销系统

公司式垂直分销系统是指制造商、批发商、零售商归属同一所有者并受其统一管理和控制的系统。其实，这种垂直一体化既能向前一体化也能向后一体化。例如：希尔温·威廉公司目前拥有并经营 2 000 家以上的零售商店；西尔斯公司出售的商品中，有 50%来自它拥有股权的制造厂；假日旅馆正在形成一个自我供应的网络，它包括地毯厂、家具制造厂以及大量为其所控制的再分销机构，总之，这些组织以及其他类似组织组成了大规模的、垂直一体化的系统，把它们称为零售商、制造商或者汽车旅馆经营商无疑都是把它们经营的复杂性过分简化了，同时也忽视了市场的现实情况。

2. 管理式垂直分销系统

管理式垂直分销系统是指由某一家规模大、实力强的企业出面将制造商和处于不同层次的中间商组织起来并实行统一管理的系统。例如，名牌产品制造商柯达、宝洁，它们以其品牌、规模和管理经验优势出面协调批发商、零售商的经营业务和政策，采取共同一致的行动。柯达（Kodak）和吉列（Gillette）等公司不仅可以对其所确定的各分销渠道成员的行为作出有效的协调，并且可以从这些经销商那里得到诸如陈列产品、提供最佳货架、主动采用各种促销手段和价格政策等各方面的积极合作。又如，美国卡夫食品公司积极改善产品包装，对食品杂货商提供购销业务指导，帮助他们改进商品陈列。所以，这种分销系统被许多企业认为是最理想的分销渠道形式。

（二）水平分销系统

水平分销系统即水平一体化，是指在分销过程中履行同一渠道职能的两个或两个以上企业联合起来共同开发和利用市场机会的系统，如某零售店可以通过同其他零售店合并或增加店铺来实行水平一体化。水平一体化能在采购、市场调查、广告、人事等多方面获得规模效益，但并不是改善渠道的最佳方法。

（三）多渠道分销系统

多渠道分销系统，是指一个公司建立两条或两条以上的分销渠道向一个或更多的细分市场分销其产品的系统，如某制造商一方面通过中间商分销产品；另一方面又利用网络销售其产品。采用多渠道分销系统，企业可以获得三个方面的好处：一是扩大市场覆盖面；二是降低渠道成本；三是增加销售特色，使其更适合顾客的要求。江浙地区一些打火机生产厂商采用出口代理商、网上贸易平台，设立国外分公司等多种渠道扩大自己的国际市场份额。

【案例 9-4】

2005 年以来，戴尔在中国的销售频繁遭到各地客户投诉，戴尔的直销模式因此被人们纷纷质疑缺乏优质的售后服务。同年 4 月，美国的《商业周刊》也曾炮轰戴尔直销模式，直指戴尔在软件及服务领域的不足。而有业内人士认为，戴尔此次市场份额下降的主要原因是其直销模式在四五级城市及中小企业等新兴市场销售疲软，也就是开拓乏力。2007 年 4 月 27 日，戴尔 CEO 迈克尔·戴尔表示，为使戴尔品牌走出当前的低迷境况，刺激公司业务增长，公司要考虑直销以外的其他业务模式。迈克尔在其致雇员的电子邮件中宣称：直销是一种创新模式，但不是信仰。我们要简化业务模式，通过直销以外的其他手段来满足用户需求。

对戴尔而言，在中国也并没有完全执行其全球统一的直销策略。代理商也可以通过直购的方式给戴尔下订单，只不过不叫代理商，而是称为系统集成商。为了弥补渠道的不足，或者是为了完成业绩目标，戴尔中国默认这些采购者作为到达最终消费者的方式之一而存在。在戴尔的大客户采购网络中，实际上有很多购买者都是大的系统集成商。据业界人士估算，戴尔在中国的直销比例从来没有超过 60%，那就是说有 40%的产品是走间接代理方式的。

第二节　分销渠道的策略

在任何市场上，经营者需要充分利用自己的资源，先在局部形成优势力量，再综合分析各种影响因素，作出决策。当决定启用什么分销渠道销售产品的时候，企业先要看看需要考虑哪些因素，才会使得其作出正确的决定。

一、影响分销渠道选择的因素

分销渠道的选择和构造是企业的重要决策事项，它对市场营销影响极大。选择和构造什么样的分销渠道要根据企业的总体市场营销战略进行综合判断和决策。尤其是分销渠道的选择和构造一定要适合或最接近企业所确定的目标市场。因此，在选择和构造分销渠道时，不仅要对渠道成员中的中间商进行多方面的分析和研究，而且还要考虑和研究对分销渠道的长度和宽度造成影响的其他一些主要因素。

（一）产品因素

产品特性不同，分销渠道的长度和宽度也应有区别（表 9-1）。

产品的种类不同，其分销渠道不同。按消费者购买习惯划分的便利品、选购品、特殊品等，其零售店的类型差别甚大。如食品、日用杂品等生活必需品，因购买频率高，应选择在时间上、距离上方便消费者购买的分销渠道,也就是要尽量多设零售网点,建立全国规模的流通机构,形成长且宽的分销渠道。便利品较适合采用密集分销策略。而选购品、特殊品等较适合短且窄的渠道,可采用选择分销和独家分销策略。建筑材料大宗产品需要选择运输距离和装卸次数最小化的渠道销售。

生鲜易腐坏的产品一般采用直接渠道或尽可能短的渠道。技术含量高、维修需要专业知识的产品最好选用直接渠道或尽量减少中间环节;单价高的产品一般采用短渠道,由生产者直销或只通过零售商销售。相反,单价低的产品一般采用长且宽的渠道;体积大且重量大的笨重产品宜用短渠道;非标准化产品没有明确的质量标准、规格和式样,如家装行业的大多数产品都是非标准化的,无论是选材、物流,还是上门测量、安装,都需要很多次的见面服务才行,一般多用直接渠道或较短渠道。一般需要生产者和用户直接面议配置、规格等要求,签订供货合同的,应采用直接销售。

表 9-1 产品因素对分销渠道长度的影响

产品因素	产品属性	渠道短	渠道长	举例说明
产品的单位价格	高	√		大型机械设备
	低		√	日用品
产品的体积与重量	大	√		大型机械设备
	小		√	日用品
产品的易腐性	强	√		鲜活产品
	弱		√	衣物
产品的技术与服务要求	高	√		医疗设备
	低		√	日用品
产品的标准化	高		√	小配件、日用品
	低	√		设计项目
产品的专用性	强	√		医疗设备
	弱		√	日用品

(二)市场以及顾客特性

(1)市场规模大且分散时,使用中间商分销,能提高效率,降低成本;当市场有局限或集中时,则宜限定或排除中间商。

(2)生产者和消费者之间的距离越远,采用间接渠道比直接渠道越能节省费用。

(3)对消费者的正确理解是所有市场营销活动的基础。分销渠道的选择和构造也不例外,必须清楚地掌握消费者特性,具体地说,至少应明确以下一些项目:①购买者、使用者是谁;②为什么购买;③在哪儿购买;④何时购买;⑤买什么;⑥买多少,购买频率,购买单价;⑦购买行为是否有计划且慎重;⑧是习惯性购买还是冲动性购买;⑨采取什么样的生活方式;⑩最能接近目标顾客的最佳分销渠道是什么。

（三）企业特性

分销渠道的选择和构造不仅受外部因素的影响，而且受企业自身各种因素的影响也很大。

1. 企业竞争力

企业竞争力（知名度、品牌力、技术力、销售力等）对渠道的选择、建立及管理具有很大影响。在市场、行业处于有利情况的条件下，选择、开发分销渠道的灵活性较强，企业既可建立独自的分销渠道，也可选定中间商来对应现有渠道。企业保持着强大的竞争力，既可以整合分销系统，实现分销的垂直一体化，也可以确定销售公司制度或多渠道并存等。如近年来随着品牌的强势发展和渠道管理的需要，街头出现很多华为旗舰店。

2. 经营者的经验和能力

经营者如果不能直接设立、管理销售部门，就必须利用中间商和代理商。

3. 财务能力

短渠道较长渠道需要更多的固定费用，必须投入更多的资金。因此，渠道的选择必须分析企业的财务能力。

4. 企业的产品组合也会影响其渠道类型

一般来说，产品组合广度越大，企业与顾客直接交易的能力越强；产品组合的深度越深，则企业使用独家专售或选择代理商就越有利；产品组合的关联性越强，则企业越应使用性质相同或相似的分销渠道。

（四）环境特性

在渠道的决策过程中，生产者必须考虑竞争、生态、经济、技术、社会、法律等市场营销环境。

（1）分销渠道的选择要受竞争者所采用渠道策略的影响。在了解、分析竞争者渠道策略的基础上，企业结合自身情况决定其渠道类型，有的生产企业为了与竞争者抗衡，选择与竞争者相同或相近的分销渠道；有的则设法避开竞争者所使用的分销渠道。

（2）技术的进步大大改变了分销系统，出现了诸如直播带货、网店销售、电话销售、电视销售、新零售等一系列新的分销模式。

（3）经济的制约作用，如经济萧条时，生产者希望降低分销成本，使最终顾客获得低廉价格的实惠，这意味着采用较短的渠道。

（4）政府有关产品流通的各种政策、法规也会限制渠道的选择。

【案例 9-5】

上半年河南省农村网络零售额增长 7.6%　电商赋能乡村“买卖”

乡村奶奶变身“直播达人”，“土特产”转型为“网红”好物，“即时零售”重构生活方式……在电商助力下，河南广大农村正悄然转思路、转产业、转场景，释放出蓬勃的发展新活力。

近日，河南省商务厅发布的数据显示，上半年河南农村电商发展成效显著，农村网络零售额达 784.4 亿元，同比增长 7.6%，高出同期全省社会消费品零售总额增速 1.6 个百分点。

“通过电商,我们开发了好麦滋、大山蜂蜜、工匠故事等10余个知名品牌、60款网销产品,特色产业进一步品牌化、标准化,规模持续壮大。”河南省鹤壁市浚县商务局负责人说,2022年,浚县农产品网络销售额达4.3亿元,同比增长58.9%。

电商赋能产业发展,助力村民走上致富路。河南省开封市兰考县的古筝、古琴、琵琶等民族乐器在全国市场的占有率达35%,还远销40多个国家和地区;通许县的酸辣粉走上全国网友的餐桌。据统计,河南省目前已打造出“光山十宝”“朝歌印象”“宁陵有礼”等90多个县域电商公共品牌,光山茶油、淇县山小米、浚县小河白菜等一批河南土特产品,通过网货开发、品质把控、统一标准,从初级农产品变为高品质、高附加值的特色商品。

除了“卖”,随着美团等电商平台服务的下沉,即时零售也在重构乡村人的消费场景。数据显示,上半年,在河南省农村网络零售非实物类商品中,以本地消费为主的康养保健、线上问诊等健康服务类消费显著增长,同比增长高达145.2%。

电商红利在农村的释放受益于近年来河南省持续开展的“电商进农村”行动。河南省商务厅相关负责人介绍,河南省累计认定电商进农村综合示范县99个,基本实现了县域全覆盖;累计打造209个淘宝村和144个淘宝镇,数量均居中西部首位。

截至2022年底,河南省已有近90个县(市、区)实现县乡村物流统仓共配,河南省行政村快递服务通达率达100%。

如今,在河南省信阳市光山县,快递可实现县城3小时送达、乡村12小时送达,资费每单比省城降低1元;在郑州、洛阳、兰考等5市1县,正积极开展省级城乡高效配送试点建设。广大乡村网上消费既能快捷“送进来”,又能高效“运出去”,有效支撑了电商发展。

(资料来源:河南日报)

(五)中间商特性

选择分销渠道时还必须考虑在分销过程中承担不同职能的各种中间机构的优缺点、规模、地理位置、信誉、分销能力、愿意合作的程度等。

二、分销渠道类型的选择

企业在选择分销渠道分销其产品时必须进行三个方面的决策。

(1)是否使用中间商的决策。生产者将产品直接卖给消费者或用户,形成直接渠道;经过中间商转手卖给消费者或用户,则形成间接渠道。

(2)层级的决策。如果决定采取间接渠道分销其产品,就要进一步进行层级决策,决定采用多少层渠道。

(3)宽窄的决策。生产者在决定采用间接渠道时,除上述的层级决策外,还要考虑间接渠道的宽窄之别,即从密集分销、选择分销、独家分销中选择适合自身特点的渠道策略。

要不要把偌大的市场放到一个“篮子”里?越来越多的制造商开始理性、成熟地面对渠道分销,已认识到渠道优化的重要性,诸如渠道优化不在于网络数量而在于网络质量,不在于随波逐流而在于适合、创新,这也为独家分销提供了思想“沃土”。如果仅就独家分销而言,主要有以下几种情况。

1. 中国市场独家分销

中国市场独家分销模式,主要是境外企业寻求开拓中国市场的常用办法,亦为国内企业采用,尤其前几年。由于近几年,国内企业把产品总分销权“外包”弊端不断显露,这种模式在国内光彩逐渐暗淡。

2. 某个行业领域内独家分销

诸如四川省泸州市邮政局受省邮政局委托，与四川郎酒集团有限责任公司签订了经销协议书，获得郎酒集团公司系列酒产品在全国邮政系统内部的总经销权。

3. 大区独家分销

企业把整个中国市场划分为几大片区，把每个片区产品经销权交给一家企业，即大区独家分销。诸如台湾IT巨头宏基公司采取的就是这种分销模式，把市场划分为几个大区，分别由几家大区总经销商负责产品分销，不过该公司也对这种模式进行了改造，采取"分公司+代理商"模式，以使渠道扁平化。

4. 省区市独家分销

目前，制造商采用最多的就是这种独家分销模式，但目前有渠道重心进一步下沉的趋势，总经销权向市县级移动，既能调动经销商积极性，又能完善市场布局，增强渠道的可控制性，如商务通采取小区独家经销制。

当一个制造商面临偌大的中国市场时，全国性总分销就出现了四种模式：一种是制造商分品牌设立总分销商，如五粮液集团；第二种是制造商分行业设总经销商；第三种是制造商分产品设置总经销商；第四种情况是把渠道作为一个"筐"，什么都往里"装"，但这种模式的成功概率很低。

在偌大的市场采取独家分销这种渠道模式，有如下缺点。

（1）价格竞争优势丧失。由于总经销商下设的各级分销商的层层"扒皮"，产品价格竞争优势逐渐丧失，尤其是在终端的价格。当然，有一种情况除外，那就是总经销商本身就是大型终端商，这种情况下会提升产品价格竞争力，这就是国美（号称"价格杀手"）、苏宁（号称"价格屠夫"）让其他零售渠道疾恶的重要原因。

（2）渠道功能弱化。由于渠道功能越来越复杂，复合型渠道出现，要求渠道不仅应具有产品流通功能，还应承载服务、信息反馈等诸多功能，但总经销商能否把服务、信息反馈等繁杂却获利薄浅的任务肩负起来，还是个未知数。上海大众一直由上海汽车工业销售总公司行使产品总经销权，并依靠其在全国建立起的多级销售网络体系进行批发零售。由于企业远离市场，市场反应能力弱化，曾一度使占据国产轿车市场半壁江山的桑塔纳在20世纪90年代末期出现衰落，在内外压力的交迫下，其收回产品经销权。

（3）经营资金压力。总经销商战线过长，使制造商资金回笼滞缓，甚至造成呆死账而导致财务危机。这种情况在医药、保健品、快速消费品行业很常见，资金压力主要来自终端销售商，主要由他们结算账期决定。

（4）店大欺"客"。总经销商店大欺"客"，这个"客"不仅包括顾客，还包括制造商。在总经销商做大，足以左右制造商的生产局面时，制造商就可能面临来自总经销商的压力与威胁，总经销商不断地在诸如价格、返利、促销支持等条件上讨价还价。

（5）造成市场营销惰性。独家分销容易造成制造商经营上的惰性，而正是由此产生的过度依赖，可能会把企业带到危险的边缘，经销商的一个小动作，都可能产生"牛鞭效应"，在制造商那里产生很大的波动。

（6）市场无根基。采取独家分销模式，市场是总经销商（或总代理商）的，而非制造商的,这种市场是虚无的,或者说是一种“空中楼阁”,随时都有倒塌的可能,市场风险极大。

(7)渠道资本的牺牲品。由于总经销商作为商业资本,“利”字为先,为牟取利益很可能主推其他竞争品牌产品,尤其是大力扶持那些经营利润更高的品牌,而对于低利润产品则按照合同“维持”经营,甚至在时机成熟时把产品做“下市”。

三、分销渠道的管理

分销渠道的管理,实质上是在制造商决定采用间接渠道销售其产品时,对渠道成员,即中间商的选择、激励和评估。

(一)选择中间商

中间商包括批发中间商和零售中间商。中间商的选择,直接关系着制造商的市场营销效果。选择中间商首先要广泛搜集有关中间商的业务经营、资信、市场范围、服务水平等方面的信息,确定审核和比较的标准。选定了中间商还要努力说服对方接受你的产品,因为并不是所有的中间商都对你的产品感兴趣。投资规模大,并有名牌产品的制造商完成决策并付诸实际是不太困难的。例如,丰田汽车公司毫不费力就能吸引来新的中间商。而对那些刚刚兴起的中小企业来说就不是一件容易的事情了。例如,宝丽来公司刚开始时无法让照相商店经销它的新照相机,因此不得不去大型综合商店。一般情况下,选择中间商必须考虑以下条件。

1. 中间商的市场范围

市场是选择中间商最关键的因素。首先,要考虑预先确定的中间商的经营范围所包括的地区与产品的预计销售地区是否一致。其次,中间商的销售对象是不是制造商所希望的潜在顾客,这是最根本的条件。因为制造商都希望中间商能打入自己已确定的目标市场,并最终说服消费者购买自己的产品。

2. 中间商的产品政策

中间商承销的产品的种类及其组合情况是中间商产品政策的具体体现。选择时,一要看中间商有多少产品线,二要看各种经销产品的组合关系,是竞争产品还是促销产品。一般认为应该避免选用经销竞争产品的中间商。但如果产品的竞争优势明显也可以选择经销竞争产品的中间商。因为顾客会在对不同的产品做客观比较后,决定购买有竞争力的产品。

3. 中间商的地理区位优势

区位优势就是位置优势。选择的零售中间商的最理想区位应该是顾客流量较大的地点。批发中间商的选择则要考虑它所处的位置是否利于产品的批量储存与运输,通常以交通枢纽为宜。

4. 中间商的产品知识

许多中间商被规模巨大且有名牌产品的制造商选中,往往是因为它们对销售某种产品有专门的经验。选择对产品销售有专门经验的中间商就会很快地打开销路。因此生产企业应根据产品的特征选择有经验的中间商。

5. 预期合作程度

如果中间商乐意与制造商合作,中间商就会积极主动地推销其产品,对双方都有益处。有些中间商希望制造商也参与促销,扩大市场需求,并相信这样会获得更高的利润。生产企业应根据产品销售的需要确定与中间商合作的具体方式,然后再选择最理想的中间商。

6. 中间商的财务状况及管理水平

中间商能否按时结算包括在必要时能否预付货款，取决于其财力的大小。整个企业销售管理是否规范、高效，关系着中间商市场营销的成败，而这些都与制造商的发展休戚相关。

7. 中间商的促销政策和技术

采用何种方式推销产品及运用选定的促销手段的能力直接影响销售规模。有些产品采用广告促销比较合适，而有些产品则适合通过销售人员推销。有的产品需要有效储存，有的则应快速运输。要考虑到中间商是否愿意承担一定的促销费用以及有没有必要的物质、技术基础和相应的人才。选择中间商前必须对其所能完成某种产品销售的市场营销政策和技术的实现可能程度做全面评价。

8. 中间商的综合服务能力

现代商业经营服务项目甚多，选择中间商要看其综合服务能力，有些产品需要中间商向顾客提供售后服务，有些在销售中要提供技术指导或财务帮助（如赊购或分期付款），有些产品还需要专门的运输与存储设备。合适的中间商所能提供的综合服务项目与服务能力应与企业产品销售所需要的服务要求相一致。

在现实中，选择中间商的方法很多，有很多知名企业用评分法。评分法就是对拟选择作为合作伙伴的每个中间商，就商品分销的能力和条件进行打分评价。这里使用加权评分，也就是每一个因素所占的比重根据因素的重要性的不同而不同。评分法主要适用于一个较小范围地区的市场。考察中间商的时候，要掌握以下几个原则：第一，中间商有能力按照企业的策略铺货；第二，费用最低；第三，时间最短，速度最快。

例如，某公司希望选取的零售商应具有理想的市场覆盖范围、良好的声誉、较好的区位优势、较强的促销能力，并且愿意与生产厂家积极协作，主动进行信息沟通，财务状况良好。但是各个候选者均在某些方面有一定优势，没有一个候选者在各个方面都名列前茅，因此，该公司采用评分法对三家候选中间商进行评选，结果如表 9-2 所示。

表 9-2　中间商评价方法与结果

评价因素	权数	“候选者”1		“候选者”2		“候选者”3	
		打分	加权分	打分	加权分	打分	加权分
市场覆盖范围	0.2	80	16	70	14	90	18
声誉	0.15	80	12	85	12.75	70	10.5
历史经验	0.05	75	3.75	70	3.5	80	4
合作意愿	0.1	90	9	95	9.5	65	6.5
产品组合情况	0.15	80	12	70	10.5	85	12.75
财务状况	0.15	75	11.25	75	11.25	85	12.75
区位优势	0.1	75	7.5	70	7	85	8.5
促销能力	0.1	85	8.5	80	8	85	8.5
总分	1	640	80	615	76.5	645	81.5

通过打分计算，第三个候选中间商的得分最高，该公司应当考虑选择其作为当地的分销商。

（二）激励中间商

通过企业的激励最大限度地调动中间商的积极性，从而构建一种长期的战略合作伙伴关系，便是企业营销管理者不得不做的工作。

中间商激励一般分为物质激励与精神激励两种。

1. 物质激励

物质激励主要体现在价格优惠、渠道费用支持、年终返利、渠道促销等方面。比如：啤酒批发商全年销售达到10万箱，在年底结算货款的基础上，厂家给予实际销量的3%作为奖励；达到15万箱并全部结清货款，则给予4%的奖励；不足10万箱者不给予奖励。还有一种物质激励是促进销售的费用和助销物料，是用来激励零售商，增加它们进货、销货的积极性。如提供一定数额的产品进场费、货架费、堆箱陈列费、售点广告张贴费、人员促销费、店庆赞助、商店DM（商业广告）的赞助等。

2. 精神奖励

精神奖励可采取的措施如下。

①开展促销活动。制造商利用广告宣传推广产品，一般很受中间商欢迎，广告宣传费用可由制造商负担，亦可要求中间商合理分担。制造商还应经常派人前往一些主要的中间商销售点，协助其安排商品陈列，举办产品展览和操作表演。

②培训。培训是最好的中间商精神激励方式，传授中间商及其人员经营、管理、销售技能，比单纯的物质激励更重要。

③旅游。旅游是很好的一种对中间商的激励方式，在生意繁忙之余，给他们一次放飞身心的机会，劳逸结合，他们会更有凝聚力，更可以激发他们口碑传播的良好效果。例如：1996年底，“嘉士伯”啤酒允许在6~9月，向完成规定销量者提供两个新、马、泰旅游名额；“贝克”啤酒则提供赴德国考察的机会；“百威”啤酒的奖励为美国旅游考察……这些奖励既对中间商的经营管理人员具有吸引力，又使中间商得到开拓事业的机会，在某一时期，比纯金钱利益的奖励更受中间商的欢迎。

④大客户会。有的企业通过定期召开大客户会的形式，邀请客户代表参加企业的新产品说明会，促使核心客户深刻领悟企业经营战略及其策略，明确企业发展方向，更好地与厂商携手，打造共赢的良好局面。

⑤专业顾问。有的企业为了体现对中间商的支持，采取了派驻专业顾问的形式，帮助中间商深度分销或者协助销售，这些专业顾问，往往是企业的营销精英，技能高超，策划力强，能够帮助中间商做更大的提升。

⑥提供信息。市场信息是开展市场营销活动的重要依据。企业应将所获得的市场信息及时传递给中间商，使他们心中有数。为此，企业有必要定期或不定期地邀请中间商座谈，共同研究市场动向，制定扩大销售的措施；企业还可将自己的生产状况及生产计划告诉中间商，为中间商合理安排销售提供依据。

激励中间商使其良好表现，必须从了解个别中间商的需要及其心理入手。一些中间商常被制造商批评的缺点主要有：只强调某一特定品牌，推销员的产品知识过于浅薄，未能充分利用供应商的广告资料,忽略了某些顾客(他们可能是个别产品的好顾客,而不是中间商产品组合的好顾客),草率地记录,有时居然把品牌名称遗漏。

然而这些从制造商立场出发看到的缺点,如换成中间商的立场则很容易理解。

(1)中间商并非受雇于制造商以形成其分销连锁中的一环,而是独立的,并且经过一些实践后,其安于某种经营方式,执行实现自己目标所必需的职能,在自己可以自由决定的范围内制定自己的政策。

(2)中间商经常以担任其顾客的采购代理人为主要工作,然后才是制造商的销售代理人,任何向他购买产品的顾客,他都有兴趣出售产品。

(3)中间商试图把所有产品组成一组相关的产品组合,并将该组合销售给各个顾客。其销售努力在于取得该产品组合的订单,而非单项物品的订单。

(4)除非给予很大好处,中间商不会为所销售的品牌保存其个别的销售记录。那些可供产品开发、定价、包装及促销规划使用的信息,常被中间商未标准化的记录所抹杀,有时甚至有意对制造商加以隐瞒。

要激励中间商,就必须从被激励者立场来看待整个情况。

大多数制造商都以为激励只是想方设法得到独立中间商或与不忠诚、怠惰中间商的合作。他们幻想出来一些正面激励因子,如高利润、私下交易、奖赏、合作广告津贴、展示津贴、销售比赛,如果这些未能发生作用,他们就改负面惩罚,例如威胁要减少中间商利润,减少给他们的服务,甚至终止双方的关系。根本问题是制造商从未好好地研究中间商的需要、困难以及优劣势。相反地,他们只是靠草率的“刺激—反应”式的思考把很多繁杂的工具凑起来。

一些老道的制造商则常会与中间商建立长期合作关系。这就需要制造商详细了解他能从中间商那里得到什么,以及中间商可以从他那里获得些什么。所有这些,都可用市场涵盖程度、产品可获性、市场开发、寻找顾客、技术方法与服务以及市场信息来测量。制造商希望得到中间商对这些政策的同意,甚至依其遵守情形建立报酬机制。

例如,一家企业不直接给中间商25%的销售佣金,而按下列标准支付:

①能保持适度的存货,给5%;

②能满足销售配额的要求,再给5%;

③能有效地服务顾客,再给5%;

④能及时地通报最终顾客的购买水平,再给5%;

⑤能正确管理应收账款,最后再给5%。

以下激励中间商的方法实例可供参考。

(1)施奎亚公司(断路器、配电盘)要求其销售代表用一天时间与每一经销商一起“站柜台”,以便了解经销商的经营情况。

(2)戴伊可公司(工程用塑料和橡胶制品)实行每年一次为期一周的休假制度,由20个经销商的年轻高级管理人员和20个戴伊可公司的年轻高级管理人员参加,以便通过研究讨论会和旅游活动来加强联系。

(3)柴雅利电器公司(电气开关和电子键盘乐器)指派一位与经销商联系的经销经理负责制订正式的经销商市场营销计划。公司还专门指定两名内部推销人员负责与每一经销商进行电话联系，以便建立迅速反应系统。

(三)评估中间商

制造商除了选择和激励中间商外，还必须定期评估其绩效。如果某一渠道成员的绩效过分低于既定标准，则须找出主要原因，同时还应考虑可能的补救办法。当放弃或更换中间商将会导致更坏的结果时，制造商则只好容忍这种令人不满的局面。当不致出现太坏的结果时，制造商应要求工作成绩欠佳的中间商在一定时期内有所改进，否则，就要取消其资格。

如果一开始制造商与中间商就签订了有关绩效标准与奖惩条件的契约，就可避免种种不愉快。在契约中应明确中间商的责任，如：销售强度、绩效与覆盖率；平均存货水平；送货时间；次品与遗失品的处理方法；对企业促销与训练方案的合作程度；中间商对顾客须提供的服务等。

除了针对中间商绩效签订契约外，制造商还须定期发布销售配额，以确定目前的预期绩效。制造商可以在一定时期列出各中间商的销售额，并依销售额大小排出选择名次。这样可以促使后进的中间商为了自己的荣誉而奋力上进，也可促进先进的中间商努力保持已有的荣誉，百尺竿头，更进一步。

在排列名次时，不仅要看中间商销售水平的绝对值，而且还须考虑他们各自面临的各种不同可控制程度的变化环境，考虑产品大类在各中间商的全部货物搭配中的相对重要程度。

测量中间商的绩效可将每一中间商的销售额绩效与上期的绩效进行比较，并以整个群体的升降百分比作为评估标准。对低于该群体平均水平的中间商，必须加强评估与激励措施。如果对后进中间商的环境因素加以调查，可能会发现一些能够原谅的因素，如当地经济衰退，某些顾客不可避免地失去，主力推销员的失去或退休等。其中某些因素可在下一期补救过来。这样，制造商就不应对经销商采取任何惩罚措施。

第三节　中间商

企业在确定了分销渠道策略之后，还必须正确选择中间商。因此，企业要掌握各类中间商(主要是批发商和零售商)的特点与作用，了解现代企业形式的新发展。

一、批发与批发商

批发是指一切将物品或服务销售给为了转卖或者商业用途而进行购买的人的活动。

批发商主要有商人批发商、经纪人和代理商以及制造商的销售分支机构和办事处。。

(一)商人批发商

商人批发商是指自己进货，取得产品所有权后再批发出售产品的商业企业，也就是人们通常所说的独立批发商。商人批发商是批发商的最主要类型。

商人批发商按职能和提供的服务是否完全来分类，可分为以下两种类型。

1. 完全服务批发商

完全服务批发商执行批发商业的全部职能，其提供的服务主要有：保持存货、雇用固定的销售人员、提供信贷服务、送货和协助管理等。其可分为批发商人和工业分销商两种。批发商人主要向零售商销售产品，并提供广泛的服务；工业分销商向制造商而不是向零售商销售产品。

2. 有限服务批发商

有限服务批发商为了减少成本费用,降低批发价格,只承担一部分批发职能。

(二)经纪人和代理商

经纪人和代理商是从事购买或销售或二者兼备的洽商工作,但不取得产品所有权的商业单位。与商人批发商不同的是,其对经营的产品没有所有权,所提供的服务比有限服务批发商还少,其主要职能在于促成产品的交易,借此赚取佣金作为报酬。与商人批发商相似的是,其通常专注于某些产品种类或某些顾客群。

经纪人和代理商主要分为以下几种。

1. 产品经纪人

产品经纪人的主要作用是为买卖双方牵线搭桥,协助双方进行谈判,买卖达成后向雇用方收取费用。产品经纪人并不持有存货,也不参与融资或承担风险。

2. 制造商代表

制造商代表比其他代表批发商更多。其代表两个或若干个互补的产品线的制造商,分别和每个制造商签订有关定价政策、销售区域、订单处理程序、送货服务和各种保证以及佣金比例等方面的正式书面合同。其了解每个制造商的产品线,并利用其广泛关系来销售制造商的产品。制造商代表常被用在服饰、家具和电气产品等产品线上。那些无力为自己雇用外勤销售人员的小公司往往雇用代理商。另外,某些大公司也利用代理商开拓新市场。

3. 销售代理商

销售代理商是在签订合同的基础上,为委托人销售某些特定产品或全部产品的代理商,对价格、条款及其他交易条件可全权处理。这种代理商在纺织、木材、某些金属产品、某些食品、服装等行业中常见,在这些行业中,竞争非常激烈,产品销路对企业的生存至关重要。

某些制造商,特别是那些没有力量自己推销产品的小制造商,通常使用销售代理商。

4. 采购代理商

采购代理商一般与顾客有长期关系,代其进行采购,往往负责为其收货、验货、储运,并将物品运交买主。其中一种是主要服饰市场的常驻采购员,其为小城市的零售商采购适销的服饰产品。其消息灵通,可向客户提供有用的市场信息,而且还能以最低价格买到好的物品。

(三)制造商的销售分支机构和办事处

它是由制造商开办并管理运作的,隶属于制造商,销售分支机构有一定的产品库存,与一般商品批发商类似,为制造商行使批发转售职能,办事处没有库存,只是企业驻外的业务办理机构,除业务批发还有其他功能,如信息、公关、接待、联络以及改进其存货控制、销售与促销。

二、零售与零售商

零售是指所有向最终消费者直接销售产品和服务并将其用于个人及非商业性用途的活动。任何从事这种销售活动的机构,不论是制造商、批发商还是零售商,也不论这些产品和服务是如何销售(经由个人、邮寄、电话或自动售货机)或者是在何处(在商店、在街上或在消费者家中)销售的,都属于此范畴。而零售商或者零售商店是指那些销售量主要来自零售的商业企业。

零售商的类型千变万化,新组织形式层出不穷。我们把其分为三种类型,即商店零售商、无门市零售商、零售机构。

从发达国家情况看,最主要的零售商类型如下。

(一)专用品商店

专用品商店经营的产品线较为狭窄,但产品的花色品种较为齐全。服装店、体育用品商店、家具店、花店和书店均属于专用品商店。

(二)百货商店

百货商店一般销售几条产品线的产品,尤其是服装、家具和家庭用品等,每一条产品线都作为一个独立部门由专门的采购员和营业员管理。此外,还有一些专门销售服装、鞋子、美容化妆品、礼品和皮箱的专用品百货商店。由于百货商店之间竞争激烈,还有来自其他的零售商,特别是来自折扣商店、专用品商店、仓储商店的激烈竞争,加上交通拥堵、停车困难和中心商业区的衰落,百货商店正逐渐失去往日魅力。

(三)超级市场

超级市场是指规模巨大、成本低廉、薄利多销、自我服务的经营机构,主要经营各种食品、洗涤剂和家庭日常用品等。超级市场的主要竞争对手是方便食品店、折扣食品店和超级商店。

(四)方便商店

方便商店是设在居民区附近的小型商店,营业时间长,每周营业七天,销售品种范围有限、周转率高的方便产品。消费者主要利用其做"填充"式采购,因此其营业价格要高一些。但是,其满足了消费者一些重要的需求,人们愿意为这些方便产品付高价。

(五)超级商店、联合商店、特级商场和超大规模购物中心

超级商店比传统的超级市场更大,主要销售各种食品和日用品。它们通常提供洗衣、干洗、修鞋、支票付现、代付账单和售卖廉价午餐等项服务。联合商店的面积比超级市场和超级商店更大,呈现一种经营多元化的趋势,主要向医药和处方药领域发展。特级商场比联合商店还要大,综合了超级市场、折扣和仓储商店的经营方针,其销售的产品包括家具、大型与小型家用器具、服装和其他许多品种的产品。其销售方法是原装产品陈列,尽量减少商店人员搬运,同时向愿意自行搬运大型家用器具和家具的顾客提供折扣。

超大规模购物中心诞生于20世纪初,五六十年代在美国等发达国家盛行,掀起了商业经营方式的新浪潮,并逐渐以其购物、餐饮、休闲、娱乐、旅游等综合性经营模式与完美的环境配套设施而风靡欧、美及东南亚国家。超大规模购物中心的定义是:"大型零售业为主体,众多专业店为辅助业态和多功能商业服务设施形成的聚合体。"其显著特征是:规模大,由若干个主力店、众多专业店和商业走廊形成封闭式商业集合体,面积通常在十万平方米以上;功能全,集购物和其他商业服务,甚至金融、文化功能于一体,提供全方位服务。

(六)折扣商店

一个真正的折扣商店具有下列特点。

(1)商店经常以低价销售产品。

(2)商店突出销售全国性品牌,因此价格低廉并不说明产品的质量低下。

(3)商店在自助式、设备最少的基础上经营。

(4)店址趋向于租金低的地区,要能吸引较远处的顾客。

(七)仓储商店

仓储商店是一种以大批量、低成本、低售价和微利多销的方式经营的连锁式零售企业。仓储商店一般具有以下特点:以工薪阶层和机关团体为主要服务对象;产品价格低廉;精选正牌畅销产品;会员制;低经营成本;先进的计算机管理系统。

(八)产品陈列推销店

产品陈列推销店将产品目录推销和折扣原则用于品种繁多、周转快和有品牌的产品。这些产品包括珠宝首饰、动力工具、提包、照相机及照相器材。这些商店已经成为零售业最热门的形式之一,甚至对传统的折扣商店形成威胁。顾客可用电话订货,由店方送货上门,顾客支付运费。顾客也可开车来商店亲自验货提货。

三、电子商务下的网络营销渠道

电子商务下的网络营销有别于传统营销的一个重要方面,就是产品的分销渠道更具变化性,可供选择的网络营销渠道主要如下。

(一)会员网络

网络营销中一个最重要的渠道就是会员网络。会员网络是在企业建立的虚拟组织的基础上形成的网络团体。会员制促进顾客相互间的联系和交流以及顾客与企业的联系和交流,培养顾客对企业的忠诚度,并把顾客融入企业的整个营销过程,使会员网络的每一个成员都能互惠互利,共同发展。

【案例 9-6】

石狮东南亚采购集散中心总经理蔡经锋:在"海丝"起点拥抱跨境电商新机遇

福建省石狮市位于海上丝绸之路起点城市泉州的东南端。宋元时期,泉州有"东方第一大港"的美誉,曾留下"涨海声中万国商"的繁华图景。石狮的石湖码头(林銮渡)曾是泉州的重要门户之一。而今,伴随着共建"一带一路"倡议的春风,跨越千年的"海丝"梦想正在这里续写新的篇章。

走进位于石狮市南洋路的东南亚采购集散中心,仿佛徜徉于一座闽派商品的百货大楼——来自福建各地的产业馆鳞次栉比,特色产品琳琅满目。这里是石狮市首批重点跨境电商产业园区之一。

"共建'一带一路'让跨境贸易变得更简单。"东南亚采购集散中心总经理蔡经锋说。作为土生土长的石狮人,蔡经锋正在家乡拥抱更多新机遇。

"天时地利人和"

2013 年,中国提出共建"一带一路"倡议。当时,蔡经锋已经在服装行业打拼了 20 年。从成立公司到创立品牌,再到赴泰国做国际贸易,凭着一股"爱拼才会赢"的干劲,蔡经锋的事业蒸蒸日上。"21 世纪海上丝绸之路"引起了他的兴趣。

"宋元中国看泉州,'海丝'航标看石狮。"石狮至今仍保留着完整的"海丝"遗迹,六胜塔、姑嫂塔、林銮渡等"海丝"航标承载着海外石狮人挥之不去的乡愁。近年来,石狮的服装、纺织面料、鞋等多个产业集群发展迅速,成为闽派纺织服装的大本营,也逐渐成为享誉海内外的中国服装名城。

“共建‘一带一路’倡议铭刻历史的记忆,更回应时代的呼唤。”蔡经锋意识到,“国际贸易将迎来重大利好,这中间必然需要一个发挥中转链接功能的平台。”

蔡经锋把目光投向跨境电商行业。他认为,石狮发展跨境电商具备“天时地利人和”。一是侨资源丰富。大部分祖籍石狮的海外华侨华人都生活在东南亚国家,东南亚又是共建“一带一路”重点地区。这些侨胞在海外奋斗多年,拥有丰富的商业资源和深厚的桑梓情怀,是发展跨境电商的基础和桥梁;二是政策导向。石狮打造现代商贸之都的发展战略将推动更多本地企业走向海外,为跨境电商行业提供巨大推动力;三是地理优势。泉州是“海上丝绸之路”起点,石狮拥有天然海运港口,自古以来就有联通东南亚地区的水路要道。

随着共建“一带一路”倡议深入推进,石狮迎来更多机遇。2018 年,石狮成为福建省首个国家级市场采购贸易方式试点。2019 年,石狮获批叠加全国首个市场采购贸易方式出口预包装食品试点。同年,泉州获批国家跨境电商综合试验区。一个个好消息传来,蔡经锋备受鼓舞。

2019 年,蔡经锋带着自己的创业计划,从泰国回到石狮。这一年,他成立了中泰(石狮)供应链管理有限公司并任总经理。2020 年,东南亚采购集散中心揭牌成立。

“东南亚采购集散中心不仅汇集福建多地的特色优品,还在线上同步搭建跨境贸易平台,提供集供货选品、仓储物流、便利收汇、创业孵化等为一体的全产业链综合服务,积极助力中小企业出海、华侨华人采购及跨境电商创业。”蔡经锋说。

“买全球、卖全球”

2020 年,东南亚采购集散中心迎来首批入驻企业。泉州互杰商贸有限公司是其中之一。从根据市场需求精准选品包装,到进驻海外社交平台开展直播带货,再到在泰国建立海外仓和直播基地……在东南亚采购集散中心的帮助下,这家企业从传统外贸转入跨境电商赛道。今年上半年,互杰商贸在泰国、菲律宾的出口额突破 200 万元人民币。

“为本地中小企业开展跨境电商贸易提供支持,为家乡建设现代商贸之都尽一份力,是我的机遇和使命。”蔡经锋说,东南亚采购集散中心目前已累计入驻德化、安溪、惠安、南安、永春、洛江等 10 余个福建省地域产业馆及 1 个纺织服装特色产业馆。

更多内地好物借助东南亚采购集散中心的平台,走向海外市场。不久前,蔡经锋随石狮市政协考察团赴宁夏盐池开展交流。中医药材、滩羊肉、葡萄等宁夏特产令他印象深刻。考察期间,他与“狮城宁好”电商网批(西部)运营基地签约,未来将推动更多宁夏特色产品“出塞”“出海”。

“回家乡做跨境电商,这条路选对了。”蔡经锋说,石狮既是国家级市场采购贸易方式试点,又是全国首个市场采购贸易方式出口预包装试点,利好政策叠加,跨境贸易更简单、更规范。

目前,东南亚采购集散中心已经在 23 个国家设立海外联络处。截至 2022 年底,借助东南亚采购集散中心的综合服务平台,相关合作企业累计实现出口额突破 100 亿元。

更让蔡经锋欣喜的是,在共建“一带一路”倡议的推动下,石狮航运市场规模不断扩大,“海丝”古城焕发新的勃勃生机。目前,石狮已开通“一带一路”外贸航线 18 条,为电商产品出口提供了更加广阔的发展空间。越来越多“石狮制造”和“中国制造”从这里出发,沿着

“海上丝绸之路”走向世界。

“随着石狮开通多条‘一带一路’外贸航线，石狮企业在家门口就能将货物装船运输，不必再借道其他港口，既缩短了物流时间，也降低了成本。东南亚采购集散中心顺势而为，为跨境电商企业提供‘海丝速通’物流服务及海外仓储服务。”蔡经锋说，“我们的货运航线已经覆盖菲律宾、马来西亚、泰国等6个国家，12个海外仓布局在5个国家，总面积达12万平方米。在石狮，‘买全球、卖全球’正在成为现实。”

“一片充满机遇的蓝海”

自2020年成立以来，东南亚采购集散中心克服（新冠肺炎）疫情影响，交出了亮眼“成绩单”。与此同时，疫情带来的挑战也让蔡经锋更加坚定：拓展跨境电商新空间、搭建线上平台势在必行。

2021年，石狮启动“跨境电商发展年”，推出扶持跨境电商的10条重磅措施，吸引不少海外侨商关注。当时恰逢《区域全面经济伙伴关系协定》（RCEP）生效在即，蔡经锋的信心更足了。当年12月，首届RCEP青年侨商创新创业峰会在石狮举行。此次峰会上，福建省首个面向全球华侨华人的跨境电商贸易服务平台“侨易邦”正式上线。这是蔡经锋谋划已久的重要一步。

“无论企业大小，只要产品好，我们都欢迎。”蔡经锋介绍，“侨易邦”将整合集聚多地优质产品，通过线上平台，供海内外侨商选品采购，方便其与工厂直接对接，并提供包括散货拼箱、清关报关、安全回款、海外建仓等服务。平台不仅服务于RCEP成员国的电商，也为与中国有贸易往来的全球跨境电商从业者提供便利渠道。

截至2023年上半年，“侨易邦”累计入驻全国各地厂家及贸易商1 800余家，线上产品约7.3万件，对接优质物流服务商12家，大小采购商、卖家用户5 000多个……“依靠石狮地区深厚的侨乡文化、海内外侨商的投资热情、‘一带一路’叠加RCEP的历史机遇，跨境电商行业是一片充满机遇的蓝海。”蔡经锋说。

作为泰国石狮同乡总会暨泰国石狮商会副会长，蔡经锋最近又马不停蹄地忙着另一件事——与相关企业合作，在泰国曼谷设立泉州纺织服装优品海外展示中心。“我们将利用当地侨商的资源优势，深入了解泰国消费者喜好及市场需求，推动泉州优质产品在泰国进行集中展示，进而探索海外销售渠道及商业模式，吸引更多企业与侨商，共同助力泉州优品‘出海’。”他说，现在，泉州纺织服装优品展销中心已进入实际运营的前期准备阶段，近20家企业的超500余件优质成品及面料、辅料样品已进入该展销中心海外仓。

“站在‘海上丝绸之路’的起点，紧抓共建‘一带一路’重大机遇，我对未来充满信心。”蔡经锋说。

（资料来源：人民日报海外版）

（二）分销网络

企业提供的产品和服务不同，分销渠道也不一样。如果企业提供的是信息产品，企业就可以直接在网上进行销售，需要较少的分销商，甚至不需要分销商。如果企业提供的是有形产品，企业就需要分销商。企业要想达到较大规模的营销，就要有较大规模的分销渠道，建立大范围的分销网络。

（三）快递网络

对于提供有形产品的企业，要把产品及时送到顾客手中，就需要通过快递公司的送货网络来实现。规模大、效率高的快递企业建立的全国甚至全球范围的快递网络，是企业开展网络营销的重要条件。

（四）服务网络

如果企业提供的是无形服务，可以直接通过互联网实现服务功能。如果企业提供的是有形服务，需要对顾客进行现场服务，就需要建立服务网络，为不同区域的顾客提供及时的服务。企业可以自己建立服务网络，也可以通过专业性服务企业的网络实现服务顾客目的。

【案例 9-7】

小米销售渠道只有两个，一个是小米网电商，第二个是运营商。小米网电商销售占比是70%，运营商是30%，这刚好跟很多传统依赖实体店的厂商相反。小米做的是互联网手机品牌，以互联网为主渠道销售，用互联网与用户保持交流。

2010年，小米最早只使用论坛的形式来提供服务，从MIUI论坛开始，最初只有几十个员工的时候，全体工程师、创始人都上论坛解答用户的问题。后来随着用户的增加，论坛上专门开始了板块接受用户的咨询，解决用户每一个问题。2011年，小米在手机发布后，建立了400电话客户系统和在线客服系统，再后来小米用户都在玩微博，小米便组建了数十人的团队，专门在微博上和用户保持沟通，每天超过数万人通过微博给小米发私信或者评论，小米承诺每个用户的问题都在15分钟内响应。微信流行起来，小米又组建了微信客户运营团队。

第四节　渠道冲突管理

无论对渠道进行怎样好的设计和管理，总会有某些冲突，最基本的原因就是各个独立的企业实体的利益不可能一致。当一个渠道成员为了自己的利益而作出不利于渠道的行为时渠道冲突就会发生。

一、渠道冲突类型

假定一个制造商建立了包括批发商、零售商和网络直销在内的垂直渠道，制造商希望渠道之间互相合作，互相弥补，从而使利润最大化，但是渠道之间会产生如下三种类型的冲突。

（一）水平渠道冲突

水平渠道冲突是指渠道中同一层次的渠道成员之间发生的冲突，如同级批发商或同级零售商之间的冲突，表现为窜货、压价销售等。产生水平渠道冲突的原因大多是生产企业没有对目标市场的中间商数量分管区域作出合理的规划，使中间商为各自的利益互相倾轧。这是因为在生产企业开拓了一定的目标市场后，中间商为了获取更多的利益必然要争取更多的市场份额。

（二）纵向渠道冲突

纵向渠道冲突指在同一渠道中不同层次企业之间的冲突，这种冲突较之水平渠道冲突要更常见。例如，某些批发商可能会抱怨生产企业在价格方面控制得太紧，留给自己的利润空间太小,而提供的服务(如广告、推销等)太少;零售商对批发商或生产企业,可能也存在类似的不满。

一方面,越来越多的制造商从自身利益出发,采取直销与分销相结合的方式销售商品,这就不可避免要同下游经销商争夺客户,大大挫伤了下游渠道的积极性;另一方面,当下游经销商的实力增强以后,其希望在渠道系统中有更大的权力,向上游渠道发起了挑战。在某些情况下,生产企业为了推广自己的产品,越过一级经销商直接向二级经销商供货,使上下游渠道产生矛盾。

(三)多渠道冲突

多渠道冲突指厂家建立了两条或两条以上的渠道,向同一渠道销售产品而发生的不同渠道之间的冲突。当某个渠道获得更低价格时或毛利较低时,多渠道冲突就会变得特别强烈。

二、渠道冲突的对策

厂家与厂家、厂家与中间商、中间商与中间商之间的冲突是不可避免的,这既源于强烈的逐利动机,又迫于残酷的市场竞争。但是凡事都有利有弊,从某种程度上讲,渠道发生适度的冲突是营销活动的一种助推剂。其一,有可能旧的渠道模式将会被一种新的渠道模式所取代,从长远的战略眼光来看,这种创新对消费者是有利的;其二,完全没有渠道冲突和客户摩擦的厂家,其渠道的覆盖与市场开拓肯定有瑕疵。渠道冲突的激烈程度还可以成为冲突双方实力及商品销售情况的测试表,企业大可不必为渠道冲突而一筹莫展。

某些渠道冲突能产生建设性的作用,对变化着的环境有着更强的适应性,所以应该考虑如何更好地管理冲突。

【案例 9-8】

印刷仪器制造商 AB Dick 面临着为了直接的电子商务渠道可能取消一个重要分销渠道的问题。公司为了解决这个问题,开发一套经销商模式并和经销商建立了战略性供应链合作关系。AB Dick 会通过经销商与消费者在网上直接联系。经销商扮演着分销店的角色,受理消费者的账单和订单,与高端的仪器销售保持密切联系,通过提供在线销售来赚取利润(及时交易是直接从 AB Dick 到最终用户),并保持和当地仪器销售的关系。AB Dick 的技术副总裁说,经销商得到了从未有过的生意,同时也得到了运费和劳务费,这些令其很高兴。AB Dick 通过在线销售降低了成本并增加了销售额。但由于要让经销商作为当地的分销点,并与消费者保持联系,其不得不在最终用户在线直接订购的效率和便利性两个方面保持平衡。

一种消除渠道冲突的有效解决方法是尽可能地区分不同渠道的供应品种,以尽量减少不同渠道之间的竞争。这种方法通过产品分类、商标命名、价格策略、广告以及推销等加以实现。

【案例 9-9】

油漆制造商宣伟公司拥有多种渠道,包括大型商场、购物中心、独立油漆商店及油漆专卖店。宣伟善于管理各营销渠道之间的冲突。产品本身通常并无大的区别,然而,要服务千差万别的顾客,商标名称、价格、附加服务等在各营销渠道之间甚至同一个营销渠道之内都有区别。其子公司 Sherwin-Williams United Coating 生产沃尔玛 Color Place 系列油漆,公司还为 K-Mart 生产设计师专用的 Martha Stewart 系列油漆以及商标名为 Dutch Boy 的油漆。

【案例 9-10】

手提包制造商蔻驰在 2004 年和 2005 年一直保持着两位数的增长,不仅来源于及时地推出新品,也归功于精心设计的渠道扩张策略。现实表明,蔻驰增长最快的细分市场是通过工厂直销店以 25%的折扣销售的绝版货老款包。但是,公司谨慎的管理渠道,努力保持折扣购买者与高档、盈利顾客之间的隔离。蔻驰在它的 199 家常规商店保持全价不打折。未售出货物不会降价销售,而是送到 60 英里以外的工厂直销店。全价购买者(平均 35 岁,受过高等教育,单身或者刚结婚的职业女性)、工厂直销店购买者(平均 45 岁,受过高等教育,已婚女性占 80%)有着显著差异,这可证明公司成功区分了两种渠道。

大多冲突是失调的,解决渠道冲突要做好渠道成员的沟通工作,促成成员互相理解乃至紧密合作;必要时要通过谈判和调解来消除误会、澄清事实;甚至通过仲裁和法律手段来保证渠道通畅。对于不遵守游戏规则、屡教不改的渠道成员,就必须采取清除的措施。

三、窜货管理

经销商跨过自身覆盖的销售区域而进行的有意识的销售就是窜货。

(一)窜货的表现形式

(1)经销商之间的窜货。经销制是企业通常采用的销售方式,企业在开拓市场阶段,由于实力所限,往往把产品委托给销售商代理销售。在销售区域格局中,由于不同市场发育不均衡,甲地的需求比乙地大,甲地货供不应求,而乙地销售不旺,为了应付企业制定的奖罚政策,乙地想方设法完成销售份额,通常将货以平价甚至更低价转给甲地区。

(2)企业销售总部“放水”。企业由于管理监控不严,总部销售人员受利益驱动,违反地域配额政策,使区域供货平衡失控,造成市场格局不合理。

(3)低价倾销即将过期的产品。对于食品、饮料、化妆品等有明显使用期效的产品,在到期前,经销商为了避开风险,置企业信誉和消费者利益于不顾,采取低价倾销的政策将产品倾销出去,扰乱了价格体系,侵占了新产品的市场份额。

(4)自然性冲货。由于经销商的网络辐射力较强或长期以来形成的购销关系,经销商在获取正常利润的同时,有意或无意地向自己辖区外销售产品,但对其他区域经销商的销售和网络影响不大,无渠道冲突或冲突不明显。企业虽然进行了销售区域的划分,但在相邻区域的边界一般会存在网络的交叉和重叠,自然性冲货较难避免。另外,对于有些由于区域经销商网络无法覆盖而存在的空白市场,自然性冲货则可以进行有益的补充。

以上的窜货会给企业带来巨大损失,如扰乱企业价格体系,使得经销商对产品、企业丧失信心,丧失经销积极性。同时,也会导致企业的产品品牌、信誉丧失消费者的信赖。但有的窜货可以弥补市场空白,企业无须投入,便可提高知名度。

(二)预防和处理窜货的对策

窜货的发生需要具备三个条件:窜货主体、环境、诱因。所以,要想从根源上解决窜货问题,就必须从以下三点入手。

1. 选择好经销商

在制定、调整和执行招商策略时要明确的原则就是避免窜货主体出现或增加。企业要合理制定并详细考察经销商的资信和职业操守，除了从经销的规模、销售体系、发展历史考察外，还要考察经销商的品德和财务状况，防止有窜货记录的经销商混入销售渠道。对于新经销商，企业若不是太了解其情况，一定要做到款到发货。宁可牺牲部分市场，也不能赊销产品，防止某些职业道德差的经销商挟持货款进行窜货。

2. 创造良好的销售环境

（1）制订科学的销售计划。企业应建立一套市场调查预测系统，通过准确的市场调查，收集尽可能多的市场信息，建立起市场信息数据库，然后通过合理的推算，估算出各个区域市场的未来进货量区间，确定合理的任务量。一旦个别区域市场进货情况发生暴涨或暴跌，超出了企业的估算范围，就可初步判定该市场存在问题，企业就可马上对此作出反应。

（2）合理划分销售区域。保持每一个经销区域经销商密度合理，防止整体竞争激烈，产品供过于求，引起窜货；保持经销区域布局合理，避免经销区域重合、部分区域竞争激烈而向其他区域窜货；保持经销区域均衡，按不同实力规模划分经销区域、下派销售任务。对于新经销商，要不断考察和调整，防止对其片面作出判断。

3. 制定完善的销售政策

（1）制定价格政策。许多厂家在制定价格政策时由于考虑不周，隐藏了许多可导致窜货的隐患。企业的价格政策不仅要考虑出厂价，而且要考虑一批出手价、二批出手价、终端出手价。每一级别的利润设置不可过高，也不可过低。过高容易引发降价竞争，造成倒货；过低调动不了经销商的积极性。价格政策还要考虑今后的价格调整，如果一次就将价格定死了，没有调整的空间，对于今后的市场运作极其不利。在制定了价格以后，企业还要监控价格政策体系的执行情况，并制定对违反价格政策行为的处理办法。企业有一个完善的价格政策体系，经销商就无空可钻。

（2）制定专营权政策。区域专营权政策的制定关键在于法律手续的完备性。企业在制定专营权政策时，要对跨区域销售问题作出明确的规定：什么样的行为应受什么样的政策约束，使其产生法律约束力。

此外，企业还应制定返利政策，完善的营销政策可以从根本上杜绝窜货现象。

（三）建立监督管理体系

企业把监督窜货作为企业制度固定下来，并成立市场稽查部，由专门人员监督经销商。市场稽查部在各个区域市场进行产品监察，对各经销商的进货来源、进货价格、库存量、销售量、销售价格等了解清楚，随时向企业报告。这样一旦发生窜货现象，市场稽查部就马上可以发现异常，企业能在最短时间对窜货作出反应。

利用社会资源进行防窜货。方式一，利用政府"地方保护行为"。与当地工商部门联系，合作印制防伪不干胶贴。方式二，组成经销商俱乐部，不定期举办沙龙，借此增进经销商之间的感情。方式三，采取抽奖、举报奖励等措施。方式四，也是最好的方式，即把防伪防冲货结合起来，利用消费者和专业防窜货公司协助企业防窜货。

第五节 物流管理

戴尔直销模式的成功,归功于供应链管理的成功。摒弃库存(以信息代替存货)是戴尔供应链模式的核心。戴尔模式中利用摒弃库存赚取利润的方式是用户货款与供应商货款中间的时间差——即在未来的十五天内,别人(顾客)已经帮戴尔把钱付了。看直销和分销的区别,最容易想到的就是库存因素。库存问题的实质表现在两个方面:一是库存管理的能力,二是与零件供应商的协作关系。与供应商协调的重点就是获取精准即时的信息。戴尔不断寻求减少库存,并进一步缩短生产线到顾客家门口的时空距离。

戴尔有一套完整的供应商管理体系和信息共享平台,通过该平台可以第一时间获取、收集、统计、分析信息并让供应商了解所需的原材料和零配件。相对于传统厂家的一般采购方法,戴尔一次性的采购量可能没有传统厂家的采购量大,其价格在这一点上可能没有优势,但是由于是零库存,减少了库存的管理和设施的维护等费用,特别是没有后期的库存挤压资金以及电脑业不断的更新换代、产品升级而带来的库存料的过时而引起的产品滞销或者不得不降价销售的难题。戴尔没有库存,可以及时跟上市场的发展和客户的需要,从而赢得先机。从上述内容来看,戴尔的供应链的零库存无疑是具有优势的,况且随着采购量的累积加大,采购价格也会不断降低。

传统物流起源于工厂。其管理者的任务就是选择一系列仓库以及可以将产品在最佳时间以最小的成本送到目的地的运输配送商。现在,传统物流已经扩展到一个更宽的概念,即供应链管理。对供应链的分析可以帮助企业找到最佳的供应商和分销商,进而帮助其提高生产率,降低生产成本。

物流包括构建满足市场需求的基础结构,进而执行和控制原材料和最终产品从初始状态到使用再到满足客户需求而获得盈利的整个物流过程。

市场物流的规划通常包括如下内容。

(1)确定企业对客户的价值取向,比如提供什么样的准时配送标准,应该多大程度地保证订单和账单的准确性。

(2)确定最佳的渠道设计和网络策略,更好地为客户服务,比如企业应该直接服务客户还是通过中介服务客户,应该维护多少仓库并把它们安排在什么位置。

(3)在销量预测、仓库管理、运输管理、原材料管理方面出台更出色的运营措施。

(4)运用怎样的信息系统、设备、政策资源以及程序解决各种问题。

(一)物流目标

总而言之,物流作业包括快速反应、库存最小化、集中运输、保证质量等问题。这是企业物流作业目标中最基本的要求。

1. 快速反应

快速反应关系到一个企业及时满足客户的服务需求。“9·11”事件中,恐怖分子破坏的是美国的金融中心,不少遭到波及的金融业者紧急向个人电脑制造商下订单。交货速度最快的戴尔电脑,便成了其中最大的赢家。在纽约世贸中心倒塌的6个小时后,一家被波及的证券商立刻向戴尔电脑下了200台的个人电脑订单,随后订单如潮水般涌入,迫使戴尔电脑位于得克萨斯州奥斯汀的生产线必须日夜加班赶工，以满足在世贸中心倒塌中被波及企业的大量订单需求。在恐怖袭击行动后不到一周的时间里，戴尔公司卖出 2 万多部服务器和个人电脑，以替换遭到损伤的电脑。为了满足大量的订单需求，戴尔派了数百名技术人员赴曼哈顿区与华盛顿特区支援，还把一辆 16 轮的大卡车改装成流动技术支持与安装中心，甚至包了一架飞机，专门从台湾运送大批电脑零件直飞公司总部。

2. 库存最小化

库存最小化是企业物流作业目标中最核心的要求。库存越小，资金占用就越少；周转越快，资金占用也越小。存货周转率高，意味着投放在存货上的资产得到了有效利用。

3. 集中运输

集中运输是企业物流作业中实施运输成本控制的重要手段。运输成本与运输产品的种类、运输规模和运输距离直接相关。许多具有一流服务特征的物流系统都采用的是高速度、小批量运输，这种运输通常成本较高。为了降低成本，企业可以将运输整合。一般而言，运输量越大、距离越长、单位运输成本就越低。

4. 保证质量

物流作业不断地寻求客户服务质量的改善与提高。因为一旦货物质量出现问题，物流的运作环节就要推倒重来，这样不仅会导致成本增加，而且会影响客户对企业服务质量的评价。

（二）物流决策

公司主要在四个方面对其市场物流作出决策：①应该怎样处理订单（订单处理）；②应该在哪里设置仓库（仓储）；③应该怎样管理库存决策（库存管理）；④应该如何将产品送出（运输管理）。

1. 订单处理

现在很多企业都在试图缩短订单支付周期。这个过程包括很多步骤。整个过程周期越长，客户满意度越差。通用电气的信息系统，可以在收到订单的 15 秒内完成审查客户信贷状况，查询产品库存信息，货船预定，给客户开具账单，更新库存记录、发送新的产品存货订单，向销售代表反馈信息，告知订单处理进度等工作。

2. 仓储

仓储的存在解决了生产和消费在时间、空间和需求数量上的矛盾。仓储决策就是解决好运输成本、消费者需求的服务水平，以及仓库数量之间的平衡问题。仓库点越多，越有利于在最短的时间内满足顾客的要求，但是成本越高。通常存货被安放在工厂周围，剩下的可能会被放在其他地方的仓库里。分销商仓库一般存有很多来自不同工厂和供货商的产品，而且总是试图尽快清空。

自动化仓库采用了中央电脑操控的先进的物资处理系统。海尔集团通过分析发现，在整个供应链中，最受制约的就是仓储，于是在青岛海尔信息园里面建了一座机械化的立体库，立体库的建筑高度是 16 米，每天进出的托盘达到 1 200 个，实际能力是 1 600 个。5 400 平方米的立体库取代了原来 6 500 平方米的外租库，而且由于使用了计算机系统，管理人员从原来的 300 多人降为 48 人，减少的外租库的租金、外租库到车间的来回费用、工人工资，加起来一年是 1 200 万。

3. 库存管理

销售人员希望企业能保持库存充足,以便最快地满足客户需求。但是这样会占用较大的仓储面积和商品资金,仓储成本也会很高。存货管理必须在存货的成本和由此产生的销售和利润之间作出权衡。

管理层在制定库存决策时需要知道什么时候该重新订购产品以及订购多少,通过库存情况知道当存货量达到什么程度的时候该重新预订产品了。

要执行接近零库存的策略,就需要按照订单,而不是为了存储产品来组织生产。戴尔首先让消费者订购电脑,并且预先付款,然后用客户的钱支付供货商货款,购买所需的部件。

4. 运输管理

运输方式和运输线路影响着产品的价格、送达时间以及产品到达客户手中时的状态。企业可以选择的运输方式有公路、铁路、水路、航空和管道,它们各自有着不同的特点。在选择发货方式时,通常会考虑这些运输方式的速度、频率、可靠性、容货量、可行性、是否可以跟踪以及成本。比如速度方面,空运最快,然后是火车和货车运输。而如果目的是成本最低,则应该选择水路或管道运输。

【本章小结】

分销渠道是产品从生产领域向最后消费领域转移所经历的通道,实现实体转移、信息沟通、融资、结算、风险承担等方面的功能。分销渠道有两种基本类型:直接渠道和间接渠道,间接渠道按照中间机构层次的数量分为一层渠道、二层渠道、三层渠道。

影响渠道设计的因素主要有产品因素、市场以及顾客特性、企业特性和环境特性。企业在设计分销渠道时,必须对渠道长度、宽度、成员的权利和义务进行决策,并做好渠道方案的评估工作。

中间商包括批发商、零售商。批发商主要有商人批发商、经纪人和代理商、制造商的销售分支机构和办事处。零售商的类型变化万千,新组织形式层出不穷。

无论对渠道如何设计和管理,总会产生各种垂直、水平和多渠道之间的冲突,因此企业要通过渠道管理来消除这些冲突,防止窜货行为。

市场营销在做好渠道设计后,还需要重视物流决策,其实质是商品实体分配,包括订单处理、仓库、库存管理和运输管理。

【思考与练习】

一、论述题

(1)寻找一家采用独家分销的企业,并分析该企业为什么不采用其他方式。

(2)随机调查你身边的十个人,问他们最近一个星期购买了哪些商品,分别是在哪种类型的零售组织机构买的,花了多少钱。做一个简单的统计分析。

(3)影响渠道设计的主要因素有哪些?

二、应用题

经常有人说,直销、微商、无店铺的销售成本要比间接销售、店铺销售的成本低、售价低。传销也总是这么宣传它的优点,没有巨额广告费,没有黄金地段的高额租金,没有昂贵的、富丽堂皇的装潢。然而事实是,在消费品领域,直销、无店铺销售或传销都始终没有获得大的发展,也没有成为某类产品的主导销售方式。说说你的看法。

三、案例分析题

戴尔的直销在中国的变革

戴尔在美国的直销模式,如下图所示。

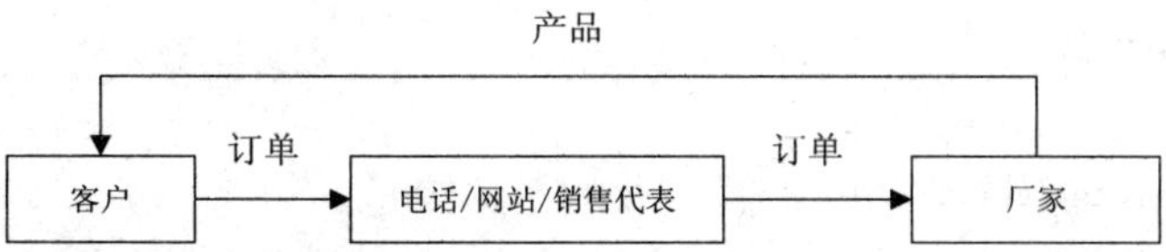

戴尔在中国的直销模式如下图所示。

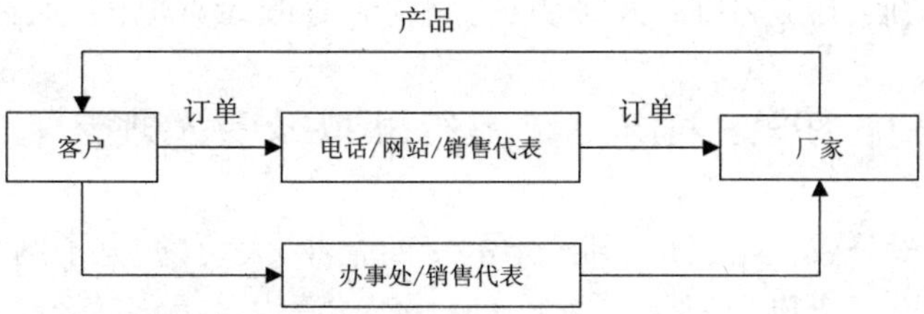

相对美国市场,中国市场多了一层办事处机构,这一机构主要在北京、上海、广州、成都等大城市。戴尔通过这几个大城市可以获得信息以及通过遍布中国的销售代表获得信息。

由于中国市场的以下特殊性,使得戴尔增加了销售代表。

(1)中国人对直销模式有一个逐渐适应和采纳的过程。传统上中国人热衷于眼见为实的直接购买,对于先交钱再等货的模式不太认同。因此,戴尔的直销模式并不是一到中国就原版套用的,甚至还走过一个较短时间的代理商模式。

(2)由于信用体系等原因,在戴尔进入中国市场时,中国人对于信用卡、汇款、网上支付等方式还不太习惯,但随着国人现代意识的增强,这一点正逐渐好转。

(3)由于缺少面对面与客户交流的机会和遍布各地的销售网点,直销厂商必须加大其他方面的宣传力度,因此,戴尔的广告和公关成本非常高。特别是中国一般消费者对电脑的硬件知识了解不多,要他们自己定制产品,这在客观上要求戴尔投放更多的广告进行市场教育和培育。戴尔的解决方案是先从大客户和政府以及行业客户入手,通过不断的市场培育来引导个人市场。

(1)试分析戴尔公司所面临的中国市场环境的特点。戴尔公司应对中国市场环境作出了怎样的渠道决策?

(2)戴尔公司的渠道转型是通过哪些途径实现的?取得了怎样的成效?请分析其成功的原因。

【营销实训】

一、实训目标

(1)进一步了解销售的结构和特点。

(2)掌握现代分销的新模式、新策略。

(3)培养学生进行销售渠道策划的初步能力。

(4)模拟设计一种销售渠道。

二、实训内容和组织

1. 内容

组织学生参观访问不同类型的工商企业的销售渠道。

(1)一般企业销售渠道的结构类型、主要特点、成员数量、管理策略以及物流系统的作业与设计等。

(2)超市、连锁店、配送中心、大卖场、仓储商店等的经营范围、配货模式、物流运行、仓储管理等。

(3)电子网络商店的设备、机制、送货、运行、虚拟、交易、管理等。

2. 组织

(1)把全班同学分成三组,分别到约定的工商企业、大卖场、电子网络商店参观访问。

(2)组织学生进行全班交流。

三、实训检测

学生撰写一份销售渠道的评析及设计报告。

【案例讨论】

宜家的分销渠道选择

1943年,时值第二次世界大战期间,17岁的坎普拉德在瑞典创办了宜家公司。刚开始,他卖过钢笔、相框、钱包和其他廉价商品。1951年,他开始销售当地木匠做的家具。1957年,第一家瑞典家具商店开张。如今,宜家拥有26个国家的280家零售店,销售额达230亿美元,是世界上最大的家居公司。公司因时尚的设计、适中的价格而获得了大量忠诚客户。

宜家专注于家具和家居装饰市场,其零售店的面积很大。宜家经营具有深度的产品线,包括家庭所有房间的家具、装饰用品及照明材料。在历史上,宜家只制造低价、平板包装的家具,但近年来也推出了质量和价格均较高的斯德哥尔摩系列家具。

在商店布局设计方面,宜家迎合了消费者对一站式购物的兴趣,并以"生活方式"主题展示单身人士、已婚人士或者年轻家庭想要的家具类型,对顾客来说,一进店就使购物变得较为容易。另外,宜家也利用插图向顾客介绍如何进行各种各样的商品组合。对于买的家具符合其现在生活方式但又不想用一辈子的人来说,这种展示方式非常合适。

宜家的成功贯穿始终,而且这种成功并非偶然。公司借助卓越的营销规划才走到今天。

宜家面临着一个新的挑战:怎样并且去哪里扩张业务并增加公司的收入。公司已经宣布,要在俄罗斯、德国、法国、中国、意大利、日本、英国、芬兰、西班牙、瑞士增设新店。

宜家近年来还开设了网上商店,其网站非常受欢迎,仅2007年一年的点击率就达4.5亿次。在美国,家具一年的在线销售额超过1 500亿美元,行业专家预计连续的年增长速率将达到两位数。尽管在在线家具购物者中的声誉很好,宜家在2013年左右,却宣布将店内销售作为“唯一的销售渠道”,在家庭购物和在线销售渠道上不会有更多投资。公司这一决策是基于这样的理念:只通过实体商店销售产品,公司能为消费者提供最好的产品和最低的价格。

在竞争激烈的零售世界,宜家过去的成功并不是未来的保障。宜家只关注店内销售这一决策是正确的吗?宜家不发展在线销售是否能继续保持其竞争优势和实现全球增长和利润目标?

(1)宜家不发展在线销售的决策是否正确?为什么?

(2)调查一下宜家在中国市场的销售渠道是怎样的?并分析一下其渠道运行的特点。

(3)针对宜家今后的分销渠道决策,提出你的建议并说明理由。

佰草集的渠道模式选择之路

佰草集是上海家化联合股份有限公司于1998年正式创立的全资子公司,以“自然、平衡”为主旨,将现代化生物科技与古方中草药文化相结合,推出了多种中草药护理产品。经过20多年的发展,佰草集已成为百货渠道护肤品销量前20的国产品牌,在中国国内拥有超过1 500多家门店、专柜,产品远销法国、西班牙、意大利、土耳其、波兰、丹麦、瑞典等9个国家。

佰草集产品定位于中高端市场,为了树立良好的品牌形象,区别于大众市场中的多个化妆品品牌,佰草集在创立之初,首先建立了自营专卖店,地址选在上海香港广场,并依照此模式于3年内在上海、南京等地开设了30多家自营店。然而,自营专卖店的经营方式并不利于佰草集品牌的推广与全国性扩张,因此,佰草集于2002年进驻了北京的百货公司,开启了佰草集在传统百货渠道的发展,不仅在3年内销售过亿,且在消费者心中逐步明确了其中高端产品形象。同时,为了快速拓展,佰草集于2000年推出了特许加盟制度,全国众多城市都有佰草集的加盟商,加盟商可以拥有自己的百货专柜与专卖店。经过10多年的发展,佰草集在中国的专卖店超过千家,其中七成以上为加盟店,特许加盟模式让佰草集产品的专柜、专卖店数量及销售利润都得到了快速增长。

然而,传统的自建专卖店的形式并不适合所有地区。早在2001年,佰草集曾模仿在其内地的自建专卖店形式在香港开设了两家专卖店,但是业绩惨淡,于2003年退出香港市场。佰草集通过总结与思考,在2007年与香港万宁连锁店合作,让商品进驻终端货架,从而全面打开了香港市场。

佰草集并未停止在营销渠道方面创新的脚步,从2007年起,佰草集开始探索SPA美容院模式,为顾客提供美容产品与服务体验,已在多个城市开设了“养美空间”SPA馆。2018年,佰草集以“重服务高客单”策略在山东省三、四线城市设立了众多“养美空间”网点,以迎合消费者皮肤护理需求,取得了较好的销售成绩,并在2019年布局了更多三、四线城市的“养美空间”。随着我国电子商务的发展,很多消费者更喜爱网络购物模式。佰草集并未像很多化妆品品牌一样急于在网络中广泛铺开，而是选择了自营官网、天猫等B2C平台，虽然渠道宽度有限，但合作紧密，有效地保护了佰草集的良好形象和价格，并跟随平台节奏开展各项推广活动，电商平台交易量也大幅增长。

佰草集不仅满足于中国市场，同时将目光放在了国际市场上。2008年9月，佰草集的产品通过欧盟认证，正式走出国门，入驻了法国巴黎香街的丝芙兰旗舰店，仅上市一个月，销售额就超过了100万元人民币。借助丝芙兰优质渠道优势，先后进驻了西班牙、荷兰、瑞典、波兰、意大利等国家。2013年，与德国最高端化妆品连锁巨头道格拉斯合作，进入了德国市场。

（资料来源：杜志琴. 佰草集开拓国际市场的成功经验及启示[J]. 对外经贸实务，2017（10）：49-52.）

（1）佰草集采用了哪些营销渠道模式？

（2）佰草集为何在首次进驻香港时遭遇失败？

（3）佰草集国际化采用的营销渠道模式有哪些优点？

第十章　促销策略

【本章重点】

1. 促销组合的内容。
2. 广告媒体的特点。
3. 公共关系活动的方式。
4. 营业推广的方式。

【引例】

湖北:荆楚购·金秋享悦品质季暨 2023 家居焕新消费季启动

为贯彻落实商务部“2023 消费提振年”总体安排和《商务部等 13 部门关于促进家居消费若干措施的通知》,进一步活跃消费市场、增强消费信心，9 月 2 日,“荆楚购·金秋享悦品质季暨 2023 家居焕新消费季”启动仪式在湖北省武汉市举办。湖北省商务厅、省财政厅、人民银行武汉分行相关负责人和湖北省泛家居联盟旗下行业协会代表出席本次活动。

活动现场介绍了湖北消费贷款贴息项目政策,宣布发放上千万元家居消费券,回馈有购买意向的消费者。启动仪式结束后,湖北省商务厅与湖北省泛家居联盟旗下行业协会代表赴各大品牌家装、建材、家具及门窗等企业进行走访,并详细了解各大品牌方的促销活动及政策。

据悉,“荆楚购·金秋享悦品质季”将从汽车、家居、夜间、餐饮、商圈、电商、会展、文体八大板块入手,结合“金九银十”消费旺季,全省联动开展千余场消费类活动,如“荆楚购·车行楚天”和“幸福生活·荆楚好物”电商直播节等,带来“吃、穿、游、娱、购、乐、行”全方位的购物消费新体验。

同步启动的“2023 家居焕新季”,将推动湖北全省迎来家居消费热潮。据悉，9 月至 12 月,聚焦家电、家具、家纺、家装四大领域,湖北将投放 500 亿元个人消费贷款,同时,全省各大家居卖场和大型家具建材实体企业将开展系列家居促销活动。

(资料来源:垄上传媒)

在当今的市场竞争中,除了商品质量和销售价格的竞争之外,促销策略也是一种竞争手段。如何以较少的投入获得轰动的效果,已成为许多商家参与竞争、吸引顾客的又一热点。促销决策是市场营销的一项重要内容。如何将工商企业生产或经营的产品的相关信息迅速传递给消费者,并有效地对消费者进行外部刺激,增强消费者需求强度,影响消费者购买决策过程,诱导消费者购买产品,把潜在消费者转变为现实消费者,这些是本章所要阐述的内容。

第一节 促销组合

一、促销

（一）促销的概念

促销是指企业通过人员或非人员的方式，把企业产品及服务的相关信息传递给目标消费者，帮助消费者认识产品或服务带给其的利益，从而刺激和引发消费者的消费欲望和兴趣，使其产生购买行为的活动。

促销的主要任务是将产品和服务的相关信息传递给消费者，以达到扩大销售、增加效益的目的。促销作为一种沟通活动，其信息传递方式可分为两类。一类是单向传递，指单方面将产品或服务信息传递给消费者的方式，也就是以卖方→买方的方式传递产品或服务信息。另一类是双向传递，就是双方沟通信息，即以“卖方⇄买方”的方式传递产品或服务信息。这种方式的信息传递，一方面向消费者宣传介绍产品和服务，激发其购买欲望；另一方面同时直接获得消费者的反馈信息，从而不断改善产品和服务的适销对路程度，更好地满足消费者的需要。

促销要通过一定的方式施行。促销方式一般来说包括两大类：人员促销和非人员促销。非人员促销又包括广告、公共关系和营业推广三个方面。促销方式的运用是企业在确定促销策略过程中需要认真考虑的重要问题。促销策略的实施事实上是各种促销方式的具体运作。

对于促销的本质，我们主要可以从以下三个方面来理解。

1. 促销的核心是沟通信息

企业与消费者之间达成交易的前提条件就是沟通信息。如果企业没有将自己生产或经营的产品和服务等的相关信息传递给消费者的话，那么消费者就会对此一无所知，而面对市场上众多的满足消费者需求的同类产品，如若消费者连企业的产品都没有听过，当然就不可能发生后续的购买行为。企业只有将自己的产品或服务等的相关信息传递给消费者，才能引起他们的注意，并有可能刺激和诱导他们产生购买欲望。

2. 促销的目的是诱发和刺激消费者产生购买行为

在消费者可支配收入不变的前提下，消费者产生购买行为主要取决于消费者的购买欲望，而消费者购买欲望又与外界的刺激、诱导密不可分。促销正是针对这一特点，通过各种传播方式把产品或服务等的相关信息传递给消费者，以激发其购买欲望，使其产生实质的购买行为。

3. 促销方式分为人员促销和非人员促销

企业针对合适的产品，在适当地点，将适当的价格以及出售信息传递到目标市场，一般通过两种方式：一种是人员促销，即人员推销，就是推销员和顾客面对面地进行交流；另一种是非人员促销，即通过大众传播媒介在同一时间向大量消费者传递信息，主要包括广告、公共关系和营销推广等多种方式。这两种促销方式各有利弊，相互补充。此外，目录、通告、赠品、店标、陈列、示范、展销等也都属于促销方式。

（二）促销的作用

促销在营销中起着非常重要的作用。

（1）有助于沟通信息，消除生产者和消费者之间由时空和信息分离引起的矛盾。在现代市场营销中，信息流是商流和物流的前导。市场营销既以市场为起点，又以市场为终点，伴随营销活动始终的信息流动也遵循这一流程。当一种产品进入市场或将要进入市场的时候，生产者或经营者就要及时提供产品信息，主动介绍产品的性能、特点、用途、价格、使用方法、保管知识及企业可能提供的服务等，以引起社会各方面的关注，吸引消费者购买。否则，抱着“酒香不怕巷子深”“皇帝女儿不愁嫁”的传统营销观念，必然自绝于市场，犹如作茧自缚。因此，沟通信息是争取消费者的重要环节，也是密切营销企业与生产者、经营者、消费者之间的关系，强化分销渠道中各个环节之间的协作，加速产品流通的重要途径。

（2）有助于刺激、创造需求，开拓市场。需求是有弹性的，既可以扩大，也可以缩小；既可以诱发，也可以压抑。有效的促销活动不仅能够诱导和激发需求，而且能在一定条件下创造需求。当企业营销的某种产品处于低需求时，促销可以招揽更多的消费者，扩大需求；当需求处于潜伏状态时，促销可以起催化作用，将潜在需求转变为现实需求；当需求波动时，促销可以起到导向作用，平衡需求；当需求减少、销售量下降时，促销可以使需求得到一定程度的恢复。

（3）有助于突出企业和产品的特色。在激烈的市场竞争中，企业的生存与发展越来越需要强化自身的经济特色。与众不同、独树一帜，是多数企业成功的秘诀，而市场经济的快速发展又使产品向同质化方向发展。许多同类产品仅有细微的差别，甚至假冒伪劣产品也达到了以假乱真的地步，消费者往往不易察觉和辨认。在这种情况下，企业通过促销，突出宣传本企业经营的产品不同于竞争对手产品的特点以及它给消费者带来的特殊利益，显然有助于加深消费者对本企业产品的了解，帮助消费者从游移不定的状态中解脱出来，作出正确的购买决策，采取相应的购买行为。

（4）有助于稳定和扩大销售。追求稳定的市场份额是企业营销的重要目标之一。事实上，由于心理、宣传、服务、竞争等因素的作用，市场的起伏波动性很大，不利于企业稳定市场地位。对此，企业采取的对策之一，就是通过有效的促销活动来树立企业形象，提高企业在消费者心目中的地位和影响，提升营销产品的知名度。特别是在竞争激烈的情况下，企业的促销活动可以增强消费者购买企业产品的信心，稳定销售形势。

蒙牛是尽人皆知的响当当的大型乳制品企业。在蒙牛成就今日事业的过程中，一系列的营销策略功不可没。其中的促销策划更是处处充满新鲜和刺激，使其成为中国乳制品行业中最具有活力的企业之一。蒙牛的促销策略主要体现在以下几个方面。第一，巧用公关，抓住热点，制造轰动。中国第一艘载人航天飞船神舟五号成功发射并着陆的那一刻，许多人都注意到了，在央视的直播节目中，关于神舟五号的贴片广告中，频频出现蒙牛牛奶的广告。要知道，神舟五号承载了多少中国人遨游太空的梦想！紧接着就是蒙牛连篇不断的中国航天员“指定饮用牛奶”的广告；而在各地的销售终端，悬挂有航天标志的售点广告更是把视觉冲击的影响力带到了顾客的面前；与此同时，蒙牛还启动了包括新产品试用和赠品助威的促销攻势；在电视、报纸、杂志、互联网、路牌等广告媒体上，关于蒙牛的各种积极的软、硬广告向各类顾客涌来，让零售商、经销商、消费者目不暇接。经过与“神州五号”的成功“联姻”,蒙牛把自己推到了中国乳制品行业的最年轻、最有市场影响力的三大企业之一。

二、促销组合及影响促销策略的因素

促销组合是指企业有计划、有目的地把人员推销、广告、公共关系、营业推广等促销方式进行适当配合和综合运用,形成的一个完整的销售促进系统。四种方式各有长处和短处,促销的重点在不同时期、不同商品上也有区别。因此,在实际的策划过程中,企业应根据现实要求,对四种促销方式进行适当选择,综合编配,形成不同的促销组合策略。

(一)各种促销方式的特点

1. 人员推销

人员推销是一种传统的促销方式。它是指企业派出人员或委托推销人员,亲自向目标顾客对商品或服务进行介绍、推广宣传和销售。人员推销优于直接沟通信息,反馈意见及时,可当面促成交易。因此,它的作用不是仅仅出售现有货物,而是要配合企业的整体营销活动来发现顾客需求、满足顾客需求,把市场动向和顾客需求反馈回来,企业据此调整生产经营范围、结构,增强企业竞争能力。人员推销是购买过程后期最有效的一种促销手段,与广告相比,人员推销有以下三个方面的突出特性:一是人际接触,通过直接对话、双向沟通,使每一方都能觉察出对方的需要及特点并作出调整;二是培养关系,人员推销可将最初的买卖关系发展为深厚的友情关系,从而建立起长期的业务关系;三是及时反应,这种促销方式可使顾客在听取推销陈述后作出明确的反应。人员推销尽管具有上述几方面的优势,但也是一种最昂贵的促销方式。

2. 广告

广告是指企业通过一定的媒介物,公开而广泛地向社会介绍企业的营销形式和产品的品种、规格、质量、性能、特点、使用方法以及服务信息的一种宣传方式。在各种促销手段中,广告是一种大众化的信息沟通方式,作为普遍性媒体,广告具有覆盖面广、渗透力强的特点,广告是与地理上大量分散的购买者及时沟通的一种有效方式。但广告媒体众多,媒体成本差异也较大,如电视广告需要大量预算,而其他形式的广告,如报纸广告则可用较少的预算完成。它是商品经济的产物,是随着商品经济的发展而逐渐发展起来的。随着我国经济体制改革的不断深化,市场经济体制的建立,工商企业作为独立的商品生产者和商品经营者科学地运用广告,对传播信息、促进生产、引导消费、扩大销售、加速商品流通和提高经济效益都有着十分重要的作用。

3. 公共关系

公共关系是指企业通过种种活动使社会各界公众了解企业,以取得他们的信赖和好感,从而为企业创造一种良好的舆论环境和社会环境。公共关系的核心是交流信息,促进相互了解,宣传企业的经营方针、经营宗旨、经营项目、产品特点和服务内容等,提高企业的知名度和社会声誉,为企业创造一个良好的外部环境,以推动企业不断向前发展。公共关系的吸引力在于它具有较高的可信度。一般来讲,新闻报道和宣传介绍看上去比广告更加真实可靠。尽管市场营销人员不把公关活动看作主要的促销手段,但是与其他促销手段相配合的公关活动是十分有效的。

4. 营业推广

营业推广是指企业在比较大的目标市场中,为刺激早期需求而采取的能够迅速产生鼓励作用、促进商品销售的一种措施。营业推广的形式很多,大致可以分为三类:第一类是直接对消费者的,如展销、现场表演、赊销、消费信贷、现场服务、有奖销售、赠送纪念品或样品等;第二类是属于促成交易的,如举办展览会、供货会、订货会、物资交流会、购货折扣、延期付款、补贴利息、移库代销等;第三类是鼓励推销人员的,如推销奖金、红利、接力推销等。营业推广具有相当的广泛性。一般属于上述三种形式的促销方式都可以称为营业推广。它可通过奖券、竞赛和奖励等形式创造出更强烈、更大范围的消费行为。这种以让利、引诱来诱导消费者立即进行交易的促销方式,可提高正在下降的销售额,但这一手段的作用效果常常是短期的,对建立产品的长期品牌偏好没有显著效用。

促销的各种方式,各有其优点和缺点,见表 10-1。

表 10-1　各种促销方式优缺点比较分析

促销方式	优点	缺点
人员推销	直接沟通信息,反馈及时,可当面促成交易	占用人员多,成本高,接触面窄
广告	传播面广,形象生动,节省人力	只能面向一般消费者,难以立即促成交易
公共关系	影响面广,信任度高,可提高企业知名度和声誉	花费力量较大,效果难以控制
营业推广	吸引力大,激发购买欲望,可促成消费者当即采取购买行动	接触面窄,有局限性,有时会降低商品身份

这四种促销方式又可归纳为推式策略和拉式策略,而两类促销策略的形式和作用又是不同的。

实行推式策略的企业采取主动、直接的方式,由企业推销人员通过一定的渠道,将商品和服务推荐给消费者。其主要运用人员推销和营业推广方式把商品推向市场——从制造商推向批发商,从批发商推向零售商,直至最终消费者和用户(图 10-1)。实行推式策略要求推销人员针对不同的商品、不同的对象,采取不同的方式方法。该策略花费在现有产品、新开发的新产品、现有用户和潜在用户上的力量不是均等的,而是有针对性的。

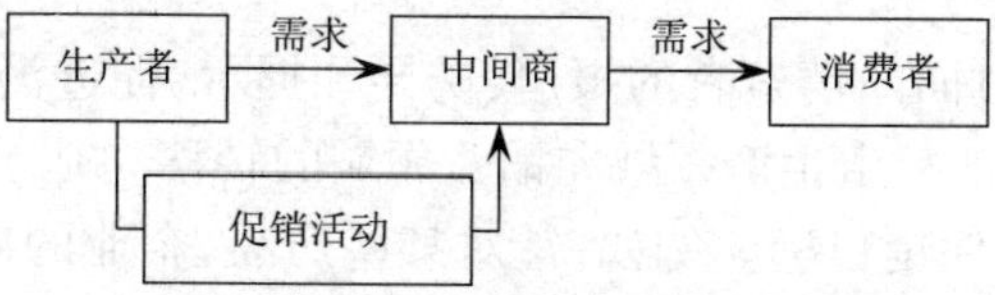

图 10-1　推式策略示意

实行拉式策略的企业采取间接的方式,通过宣传使消费者对商品或服务产生兴趣,如图 10-2 所示。企业主要的促销预算用于广告或其他宣传措施上,通过一系列的宣传报道,着重使消费者产生兴趣,吸引他们购买。实行拉式策略的企业必须注意库存情况和产品质量等。

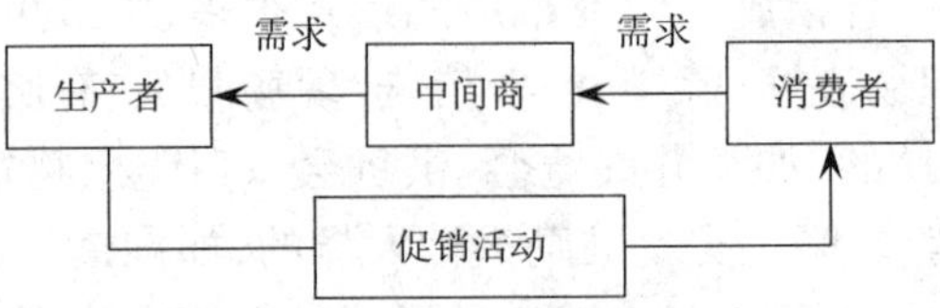

图 10-2　拉式策略示意

企业在促销过程中,究竟是实行推式策略,还是实行拉式策略,要根据具体情况而定。这两种策略四种促销方式各具特点,在促销中各有作用、相辅相成。工商企业应有计划地将各种促销方式有机地结合起来,适当选择、编配和运用,使之互相配合。人员推销必须借助广告介绍,才能引导更多的潜在消费者;广告最终也要通过人的推销活动,才能实现销售产品的目的。因此,促销组合实质上是综合运用四种促销方式,使之成为一个有机整体,发挥其整体功能。其结构模式如图 10-3 所示。

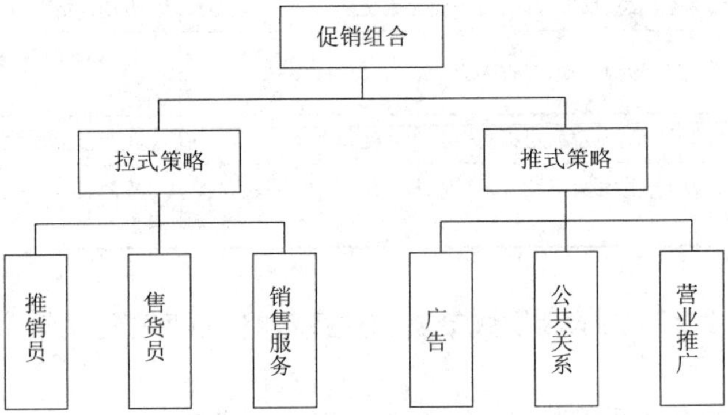

图 10-3　促销组合结构模式

(二)制定促销组合需要考虑的因素

四种促销方式不仅各具特点,而且它们还存在着密切的联系,各种促销方式相互补充、相互替代。营销人员在制定促销组合策略时,应综合考虑各方面的因素。

1. 促销目标

促销的总目标是通过面向消费者的报道、诱导和提示,促进消费者产生购买动机,影响消费者的购买行为,实现产品由生产领域向消费领域的转移。基于总目标,企业在特定时期对特定产品,又有具体的促销目标。例如,针对某些产品,企业的促销目标可以是引起社会公众注意,报道产品存在的信息;也可以是重点突出产品特点、性能,以质量、造型或使用方法吸引顾客;还可以强调售后服务优良等。总之,在进行促销组合时,企业要根据具体而明确的促销目标对不同的促销方式进行适当选择,组合使用,从而实现促销目标。

2. 产品性质

产品的性质不同,消费者的状况以及购买要求不同,因而采取的促销组合策略也不同。一般来说,具有广泛的消费者,价值比较小,技术难度也不大的消费品,促销组合中广告的成分要大一些;而有较集中的消费者,价值较大,技术难度也较大的工业品,运用人员推销方式的成分要大一些。

3. 产品市场生命周期

在产品市场生命周期的不同阶段，企业促销的重点和目标不同，要相应进行不同的促销组合。介绍期重点是让消费者了解产品，所以主要采取广告方式，同时也可以通过人员推销诱导中间商采购。成长期和成熟期重点是培养消费者的兴趣、偏好，多采取不同形式的广告介绍商品特点、效用。衰退期重点是促成持续的信任和刺激购买，多做广告效果已不大，适宜多采取营业推广的方式增进购买（见表 10-2）。

表 10-2　不同时期采取不同的促销方式

产品生命周期	重点促销目标	主要促销方式
介绍期	使消费者认识、了解产品	各种介绍性广告、人员推销、导入企业形象识别系统
成长期	提高产品的知名度	改变广告形式（如形象广告）
成熟期	增加产品的信誉度	
衰退期	维持信任、偏爱	以营业推广为主，辅以提醒性广告、减价等
市场生命周期各阶段	消除顾客的不满意感	改变广告内容，利用公共关系

4. 市场性质

市场地理范围、市场类型和潜在顾客的数量等因素决定了市场性质，市场性质又决定了促销组合策略。一般来说，向小规模本地市场促销，应以人员推销为主；若是广泛的市场，像全国市场或全球市场，则应以广告和文字宣传为主；市场比较集中，渠道短，销售力量强，产品须经过示范、退换的，应采用人员推销策略；产品销售分散，渠道多而长，产品差异性大，消费趋势已很明显，有必要快速告知消费者的，最好采用非人员促销策略；消费品市场买主多而分散，主要用广告和营业推广吸引顾客；生产资料市场的用户少而销售额却大得多，应以人员推销为主。

5. 促销预算

究竟用多少费用开展促销活动，对于不同的竞争格局、不同的企业和产品来说有所不同。企业一般采取按营业额确定比例的方法来确定促销预算。一般来说，竞争激烈的产品，如化妆品、口服液等，促销预算往往较大。预算额度从根本上决定了企业的促销方式。一般来说，广告的费用较高，人员推销次之，营业推广花费较少，公共关系的费用最少，但在不同时期它们的促销效果是不同的，企业在选择促销方式时，要根据企业的资金状况，以支持某一促销方式的顺利进行为标准，同时投入的促销费用要符合经济效益原则。

【小思考】

推式策略和拉式策略要求的主要促销对象是谁？

第二节　人员推销

一、人员推销的特点

人员推销是指通过推销人员深入中间商或消费者进行直接的宣传介绍活动,使其采取购买行为的促销方式。

人员推销是人类最古老的促销手段。远在小商品经济时代,商人的沿街叫卖、上门送货等就属于人员推销的性质。在商品经济高度发展的现代社会,人员推销这种古老的形式更焕发了青春,成为现代社会最重要的一种促销方式。

同非人员促销相比,人员推销的最大特点是具有直接性。推销人员无论采取与顾客面对面交流的形式,还是采取电话访问顾客的形式,都在通过自己的声音、形象、动作或拥有的样品、宣传图片等直接向顾客展示、操作、说明,直接与顾客交流。人员推销这种直接性的特点,决定了其实施过程中既具有优于非人员推销的一面,也有劣于非人员推销的一面。

人员推销的优点主要表现在以下几个方面。

(1)灵活性。推销人员与顾客保持直接联系,在促销过程中可以直接展示商品,进行操作演示,帮助安装调试,并且根据顾客反映出来的欲望、需求、动机和行为,灵活地采取必要的协调措施,对顾客的疑虑和提出的问题,也可以及时进行讨论和解答,刺激购买欲望,促成购买。

(2)针对性。广告等非人员推销手段面对的是广泛的社会公众,他们可能是也可能不是该产品的顾客。而人员推销在作业之前往往要事先对顾客进行调查研究,选择潜在顾客,直接针对潜在顾客进行促销活动,针对性强,可以减少浪费,促销绩效也比较明显。

(3)完整性。人员推销过程从市场调查开始,经过选择目标顾客,当面洽谈,说服顾客购买,提供服务,最后促成交易,反馈顾客对产品及企业的信息。这也就是企业产品销售的完整过程。人员推销的完整性是其他促销方式所不能具备的,因此,人员推销在收集、传递、反馈市场信息,指导市场营销,开拓新的市场领域等方面,具有特殊的地位和作用。

(4)情感性。推销人员在与顾客长期反复的交往过程中,往往能培养出亲切友好的关系。一方面,推销人员在帮助顾客选择称心如意的商品,解决产品使用过程中的种种问题时,使顾客对推销人员产生亲切感和信任感;另一方面,顾客对推销人员的良好行为予以肯定和信任,也会积极宣传企业的产品,帮助推销人员拓展业务,从而形成长期稳定的关系。

人员推销最主要的缺点表现在:当市场广阔而又分散时,推销成本较高;同时,推销人员的管理也比较困难;理想的推销人员很难得。由于人员推销具有上述优缺点,其在工业品和技术性较强、使用较为复杂的耐用消费品的推销中,尤为适用。

二、推销队伍设计

推销人员是企业与消费者之间的纽带。一方面,推销人员代表着企业,是企业的代表,因而对推销人员的一种流行的称谓是销售代表;另一方面,推销人员或销售代表又从消费者那里带回市场需求的有关信息。因此,企业应认真研究推销队伍的设计问题,确定推销队伍的结构和规模。

（一）推销人员的职责

1. 寻找顾客

推销人员不仅要了解和熟悉现有顾客的需求动向，提供产品满足消费者重复购买的要求，更重要的是尽力寻找新的目标市场，发现潜在顾客，从事市场开拓工作。

2. 传递信息

推销人员在推销过程中及时将企业提供的产品和服务的相关信息传递给顾客，为顾客提供资料，刺激顾客的购买欲望，以使其作出相应的购买决策。

3. 推销产品

推销人员通过与顾客的直接接触，运用推销的艺术，有效地分析顾客的需求及其所期望的最大利益，根据不同情况向他们提供各种奖励、折扣、优惠和服务等，从物质和精神上满足对方需求，诱导其购买所推销的产品。

4. 收集信息

企业所需要的营销信息，很大一部分源于顾客，推销人员活跃于企业与顾客之间，是企业收集信息的重要渠道之一。推销人员在推销产品过程中，应进行调查研究，与顾客保持经常联系，收集市场情报资料，反馈信息，及时向有关部门反映，为改进营销措施、制定营销决策提供依据。

5. 提供服务

推销人员应在推销过程中积极主动地为顾客提供售前、售中、售后服务，及时解决顾客在购买和使用产品过程中出现的问题。推销人员提供服务的过程，是企业推销零配件和其他产品的良好机会，有利于提高产品的市场占有率。

6. 建立和维护积极有益的关系

关系营销理论和实践都已经证实：推销人员必须重视发展与顾客的关系。关系营销理论认为，推销人员在推销活动中，如果能够善于建立与顾客的关系，将会对推销效率产生积极的影响。

（二）推销队伍的结构模式

随着市场经济的日益发展，市场状况复杂多变，企业需要把推销队伍的结构问题纳入企业销售战略的高度来认真研究。推销队伍的结构主要有以下几种。

1. 地区式结构

地区式结构按区域设置销售代表。几个销售代表或销售小组负责一个区域的商品销售。这是一种最简单的推销组织形式。这种结构的好处是：推销人员的责任明确，便于考核；推销人员活动区域稳定，有利于与当地客户建立联系；因推销人员固定在一个区域而减少费用开支。

这种结构模式最适合类似性较强的产品和市场。

2. 产品式结构

产品式结构按产品设置销售代表，每个推销人员（组）负责某种或某类产品的推销业务。随着产品技术的日益复杂、产品种类的增加以及产品间关联度的下降，推销人员要掌握全部产品的知识日益困难，按产品组成专门化的推销队伍有利于推销人员熟悉产品性能，有效组织销售。

这种结构模式适合产品技术性强、生产工艺复杂、营销技术要求高、产品品种多而买主又不大相同的企业。

3. 市场式结构

市场式结构按顾客的特点设置销售代表。企业可针对不同行业设置销售代表,便于销售代表长期了解该行业的需求特点;企业也可针对客户规模设置销售代表,便于面向大客户和小客户分别促销。市场式结构的好处在于每个销售代表对特定客户的需求可进行深入了解;市场式结构的缺点是,如果各类客户较为分散,则销售代表的费用开支较大。

4. 复合式结构

复合式结构将地区、产品、市场几种结构混合起来设置销售代表。这一类结构可以按地区—产品、地区—市场、产品—市场进行分工,也可按地区—产品—市场进行分工。复合式结构适应于顾客类别复杂而分散的企业,有利于增强企业营销能力。但由于形式复杂,一个销售代表往往要对数种产品经理或几个部门经理负责,容易造成多头领导、职责不清,特别是在不同部门人员的配合工作做得不好时,会直接影响推销效果,给管理带来一定的难度。

(三)推销队伍的规模

推销队伍是企业最具生产力也是最昂贵的资产之一。

一方面,企业的产品最终是由推销人员销售出去的,高质量的推销队伍为企业创造巨大的财富;另一方面,推销人员人数的增加又会使企业的成本增加。因此,需要将推销队伍的规模保持在适当的水平。

企业通常采用工作量法来确定推销队伍的规模。该方法的使用主要包括以下五个步骤:

①将顾客按年销售量分成大小类别;

②确定每类顾客所需的访问次数;

③各类顾客所需的访问次数即整个地区的访问工作量,即每年的销售访问次数;

④确定一个销售代表每年可进行的平均访问次数;

⑤将年总访问次数除以每个销售代表的平均访问次数即可得到所需的销售代表数。

三、人员推销的基本形式与策略

(一)人员推销的基本形式

一般说来,人员推销有以下三种基本形式。

1. 上门推销

这是最常见的人员推销形式。它是由推销人员携带产品的样品、说明书和订单等走访顾客,推销产品。这种推销形式,可以针对顾客的需要提供有效的服务,方便顾客,故为顾客所广泛认可和接纳。此种形式是一种积极主动的、名副其实的"正宗"推销形式。

2. 柜台推销

柜台推销又称门市推销,是指企业在适当地点设置固定的门市,由营业员接待进入门市的顾客,推销产品。门市的营业员是广义的推销人员。柜台推销是等客上门式的推销方式。由于门市里的产品种类齐全,能满足顾客多方面的购买需求,为顾客提供购买方便,并且可以保证商品安全无损,故此,顾客比较乐于接受这种方式。柜台推销适合零售小商品、贵重商品和容易损坏的商品。

3. 会议推销

会议推销指的是利用各种会议向与会人员宣传和介绍产品，开展推销活动。例如，在订货会、交易会、展览会、物资交流会等会议上推销产品均属会议推销。这种推销形式接触面广，推销集中，可以同时向多个推销对象推销产品，成交额较大，推销效果较好。

（二）人员推销的基本策略

在人员推销活动中，一般采用以下三种基本策略。

1. 试探性策略（或称“刺激—反应”策略）

试探性策略是在不了解顾客的情况下，推销人员运用刺激性手段引发顾客购买行为的策略。推销人员事先设计好能引起顾客兴趣、能刺激顾客购买行为的推销语言，通过渗透性交谈进行刺激，在交谈中观察顾客的反应；然后根据其反应采取相应的对策，并选用得体的语言，再对顾客进行刺激，进一步观察顾客的反应，以了解顾客的真实需要，诱发购买动机，引导其作出购买行为。

2. 针对性策略

针对性策略是指推销人员在基本了解顾客某些情况的前提下，有针对性地对顾客进行宣传、介绍，以引起顾客的兴趣和好感，从而达到成交的目的。因推销人员常常在事前已经根据顾客的有关情况设计好推销语言，这与医生对患者诊断后开处方类似，故又被称为“配方—成交”策略。

3. 诱导性策略

诱导性策略是指推销人员运用能激起顾客某种需求的说服方法，诱导顾客作出购买行为的策略。这种策略是一种创造性推销策略，它对推销人员要求较高，要求推销人员能因势利导，诱发、唤起顾客的需求并能不失时机地宣传介绍和推荐所推销的产品，以满足顾客对产品的需求。因此，从这个意义上说，诱导性策略也可称为“诱发—满足”策略。

四、推销人员的素质与培训

（一）推销人员的素质

推销人员的素质是指推销人员在商品销售过程中，其品质、作风、知识结构、性格等内在因素有机结合所表现出来的各种能力。一个合格的推销人员，应具备以下素质。

1. 思想政治素质

推销人员应具有强烈的事业心和责任感，具有集体利益高于个人利益的思想境界，具有公道、正派的思想作风和合作共事的精神。

2. 知识修养

推销人员经常与各种各样的顾客打交道，需要具备较宽的知识面。知识面一定程度上决定着推销人员的推销能力，所以推销人员应有旺盛的求知欲，善于学习并掌握多方面的知识，这样面对顾客才会游刃有余。一般来讲，一个优秀的推销人员应该懂得政治法律知识，懂得经济学、市场营销学和推销业务知识，懂得社会学、心理学等多种知识。

3. 实际工作能力

合格的推销人员应具有业务推销能力、处理人际关系的能力、为顾客服务的能力以及较强的应变能力。

4. 个性素质

推销工作的特殊性决定了对推销人员的特殊性格要求。合格的推销人员应该具有感情外露、热情奔放、活动能力强、能当机立断的外向型性格特征,沉默寡言、具有内向性格的人不宜做推销工作。

(二)推销人员的培训

人员推销的效果如何,关键在于推销人员的素质状况。精良的推销队伍来自优质的教育培训。企业不仅要对遴选确定后的推销人员进行认真的培训,而且要对原有的推销人员定期组织集训,以使其适应市场形势发展的需要。

培训推销人员,首先要制订良好的培训计划。为此,应考虑:培训计划的目标;培训的内容;由谁来主持培训;培训的时间;培训的地点;培训的方法;培训的效果评价。培训计划的制订要具有针对性,即根据继续培训、主管人员培训、新进人员培训等不同类型,确定不同的培训内容和培训方法。

推销人员培训的内容主要有:

①企业知识,包括企业的历史、战略目标、组织机构、财务状况、主要商品的销售情况与政策、市场竞争对企业的影响等;

②产品知识,包括企业营销商品的范围、结构,所推销商品的性能、用途、使用与保管方法等;

③市场知识,包括企业目标顾客的分布、需求特点、购买力水平、购买动机、购买行为、消费习惯以及市场情况、企业的市场地位、竞争者商品的市场地位与营销措施;

④推销技巧,包括推销原则和推销策略,推销人员的工作程序和责任,良好的个性,处理公众关系与人际关系的能力等。

推销人员的培训方法有集体培训和个别培训两种。集体培训的方法有:专题讲座、模拟演示、分组讨论、岗位练兵等。个别培训的方法有:在职函授,业余进修,请有经验的推销人员"传、帮、带",采用工作手册或其他书面资料教育等。

第三节 营业推广

一、营业推广的特征

营业推广是指为刺激需求而采取的能够迅速激励购买行为的促销方式。与其他促销方式不同,营业推广多用于一定时期、一定任务的短期特别推销。一般来说,人员推销、公共关系、广告等促销方式都带有持续性和常规性,而营业推广则常常作为上述促销方式的辅助手段,用于特定时期、特定商品的销售。作为一种短期的促销方式,营业推广一般具有两个相互矛盾的特征。

(1)强烈呈现。营业推广的许多方法往往把销售的产品在消费者的选择机遇前强烈地呈现出来,似乎告诉消费者这是一次不容错过的机会,购买该产品可以带来额外的好处。企业通过这种强烈的刺激,迅速消除顾客疑虑、观望的心理,打破顾客的购买惰性,使其迅速作出购买行为。

(2)产品贬低。由于营业推广的很多方法都呈现出强烈的吸引氛围,有些做法难免显出企业急于出售产品的意图，如果使用不当，就可能使消费者怀疑产品的品质，产生逆反心理。

营业推广这种刺激迅速购买的方式，暗含了一个基本的假设前提：消费者的购买欲望，是可以通过强烈刺激而释放或提前释放的。因此，企业在以其他方式促销的同时，短期内需要给予消费者一剂“兴奋剂”来消除其惰性，促使其购买。当然，这种方式的副作用就是可能造成产品贬低，因而要适可而止，适度开展。

二、营业推广的作用

近十余年来，营业推广在促销组合中的作用日益加强，营业推广的费用在企业促销费用支出中的比例越来越大，已远远超过广告费用支出。企业之所以对营业推广倍加青睐，是因为在日益剧烈的市场竞争中，营业推广发挥着独特的作用。

（一）加快新产品市场导入的进程

当消费者对刚进入市场的新产品还不够了解，不能作出积极的购买决策时，有效的营业推广措施，如免费试用、折扣优惠等，可以在较短时期内让消费者迅速了解新产品，促使消费者接受产品，从而加快市场导入的进程。

（二）强化消费者重复购买的行为

消费者首次购买某一产品，并不意味着其会再次购买该产品。但是，销售积分奖励、赠送购物券等多种推广形式的运用，则可以在很大程度上吸引消费者重复购买，进而养成对该产品的使用习惯。

（三）刺激消费者迅速购买

价格优惠、附赠品等多种方式，能形成强烈的利益诱导，可以在短期内刺激消费者的购买欲望，加速消费者购买决策的作出，从而在短期内迅速扩大企业的销售额。

（四）抵御竞争者的促销活动

当竞争对手大规模展开促销活动时，企业可以有针对性地选择营业推广的手段，抵御和反击竞争者的促销行为，保持顾客忠诚度，维持企业的市场份额。

必须明确的是，营业推广只是一种战术性的营销手段，它的运用只起到一种即时激励的作用，一般难以建立品牌忠诚度，也难以在销售大幅度下滑时发挥起死回生的作用。

三、营业推广的方式

营业推广包括对消费者进行营业推广、对中间商进行营业推广、对推销人员进行营业推广三种类型，每种类型又有多种方法。营业推广的方式五花八门、数不胜数，但围绕着对消费者进行短期利益诱导这个基本点，可以对各种各样的方法进行整理，形成几大系列，以利于有效利用并加以不断创新。营业推广方式可分为消费者推广方式、经销商推广方式和商业促销方式三类。

（一）消费者推广方式

消费者推广方式主要如下。

1. 赠送样品

赠送样品是企业新产品打入市场时常用的方式，尤其适用于小商品，如糖果、饮料等。除赠送外，样品也可以邮寄，在商店中附送，在街头散发，或以低价出售（如“买一送一”的方式）。赠送样品是介绍新产品最有效、最昂贵的方法。

2. 减价

产品进入成熟期后,企业常以减价来吸引顾客,扩大销量。减价的常用方法是在商品原价的基础上,提供给消费者一定的折扣,并在价格标签或商品包装上将折扣数标出,但必须说明企业并非出于质量问题才减价。

3. 交易印花

消费者在购买某一商品时,企业根据消费者购买商品的金额给予一定数量的印花,当消费者积累的印花达到一定数目时,可到指定地点兑换某些指定商品。

4. 发放优惠券

优惠券是授权持有者在购买某种商品或某种品牌的商品时,可享受一定折扣、免付一定金额的票据。企业可通过邮寄或附在其他商品中或随报纸、杂志发送等方式,将优惠券赠给有关顾客。专家认为,优惠券要提供15%~20%的优惠才有效,优惠券主要适用于成熟品牌的销售和新产品的早期试用。

5. 有奖销售

有奖销售通常是在收货时附送奖券,小额奖品可立即兑奖,大额奖品一般择期公开摇号抽奖,也可以将中奖标记预先封在商品包装内,消费者购买商品时,凭标记领奖。

6. 赠奖

赠奖是低价出售或赠送某种商品,以此作为对购买某种特定产品的激励的方式。赠奖的形式有以下几种。一种叫关联赠品,消费者购买甲产品,可免费或廉价获得乙产品,赠品既可置于包装内,也可附在包装上,倘若包装物本身是一个能重新使用的容器,也可作为一个赠品。另一种是免费邮寄赠品,就是企业在收到消费者购买某商品的凭证后,邮寄给他一份赠品。还有一种是把产品以低于正常零售价的价格出售给这一商品的购买者。有时,免费服务亦视作赠品。

7. 现金折扣

现金折扣和减价不同,减价是消费者从零售商那里购买商品时获得的价格折扣,现金折扣是购买过程结束之后消费者从厂商那儿得到的价格削减。当消费者把具体购买凭证寄给厂商后,厂商会把购买价格的一部分作为折扣返回给消费者。

8. 商品陈列和现场表演

商品陈列和现场表演是在销售现场的橱窗或柜台里专门布置某些商品,通过陈列或新产品使用示范等方式来激发消费者购买动机的推广方式。

9. 免费试用

免费试用是企业邀请潜在购买者免费尝试产品的方式,比如汽车经销商鼓励免费试车,以激发购买兴趣。

10. 质量保证

当消费者对产品质量比较敏感时,质量保证也是一种重要方式,企业如提供比竞争对手更长的质量保证期,就能吸引更多的消费者的注意。

11. 促销竞赛

促销竞赛是利用人们的竞争心理,通过组织相关的竞赛活动以达到促销目的的方式。促销竞赛包括:消费者竞赛、经销商竞赛、销售人员竞赛。消费者竞赛是通过组织消费者参与多种形式的竞赛活动，强化产品的顾客扩展，以达到促销目的的方式。经销商竞赛一方面可以激发经销商的合作兴趣，加大进货和分销力度，另一方面可以密切制造商与经销商的关系，加强彼此的协作。销售人员竞赛有利于提高销售人员个人或团队的销售量，同时也有利于销售人员之间的互相学习和共同提高。

12. 组合推广

组合推广是通过一些综合性的手段进行商品促销的方式。它主要包括：示范推介、财务激励、联合促销、连锁促销、会员制促销。示范推介是通过对产品的操作示范或组织产品推介活动等形式进行的促销活动。财务激励是通过消费信贷方式开展的促销活动。联合促销是两个以上的厂商共同开展的促销活动，如航空业与旅游业的联合促销活动。连锁促销是通过连锁方式进行的促销活动，比单个企业的促销活动，显然具有整体促销的效益。会员制促销是企业在一定时期给予会员一定折扣的促销方式，这有助于吸引顾客入会以享受长时期的优惠。

13. 廉价包装

包装不仅具有保护商品、吸引顾客的功能，而且还有直接的促销作用。工商企业可以采用简单包装、把小包装换成大包装、除去精美包装等方式，达到降低费用及商品降价的目的，吸引经济型顾客。此外，企业还可利用多用途包装、系列包装等，不断吸引顾客，提高重复购买率。

（二）经销商推广方式

制造商开展针对经销商的营业推广活动，是要达到以下目的：一是说服批发商和零售商经营制造商的某品牌商品；二是鼓励批发商和零售商购买比平常数量更多的商品，即大量进货；三是激发批发商和零售商通过广告、展示、削价等方式推销制造商品牌；四是刺激零售商及其销售人员的商品推销工作。常使用的经销商推广方式如下。

1. 购买折扣

购买折扣是在一定时期内，经销商每次购买得到的相对于报价的直接折扣，这种折扣使经销商获得利润或广告支出费用的补偿，可以鼓励经销商多经营老产品或有一定风险的新产品。

2. 津贴

津贴是制造商为感谢经销商的合作而给予其的利益上的一种补偿。存货津贴用以激励经销商增加从制造商的进货量；广告津贴是制造商对经销商代做产品广告的酬谢；陈列津贴是为酬谢经销商举办商品特别展示而给予的补贴。

3. 免费商品

在经销商购买某种产品达到一定数量时，制造商就为其提供一定数量的免费商品。

4. 推销奖金

当经销商或它们的推销队伍推销制造商产品时，企业要给予一定数额的推销奖金，以奖励那些推销有功人员。

除上述促销方式之外，对经销商的营业推广还包括商店布置、零售业务培训、经销商竞赛和合作广告等形式。

(三)商业促销方式

运用商业促销方式可获得吸引消费者购买或激励推销人员取得更大成绩的促销效果。主要促销方式如下。

1. 商业展览和业务会议

由行业协会牵头组织的商业展览和业务会议可以边展览边交易,通过这种订货会或展销会,可以接触到其他促销方式难以接触到的潜在顾客,发现新的销售渠道,争取向消费者销售更多的产品。

2. 销售竞赛(竞赛对象包括推销人员和经销商)

企业为有业绩的推销人员或经销商负责人制定竞赛目标,目的是提高他们一定时期内的销售业绩,表现优秀者可得到免费旅行、奖金或礼品等奖励。当然,企业所制定的竞赛目标是经过努力可以达到的,否则,推销人员和经销商便不会接受这种挑战。

3. 特殊广告品

特殊广告品是推销人员免费送给潜在顾客的价格低廉而有用的礼品。因这些物品经常使用,以此类物品为载体的公司名称和广告信息就会经常出现在消费者面前,使人产生好感。

四、营业推广方案的制定与实施

(一)营业推广方案的制定

企业在制定营业推广方案时,不仅要确定营业推广的目标,选择适当的推广形式,还要制定出具体的推广方案。主要内容包括:奖励规模、奖励范围、发奖途径、奖励期限以及营业推广的总预算。

1. 奖励规模

营业推广的实质就是对消费者、经销商和推销人员予以奖励,所以企业在制定具体营业推广方案时应首先决定奖励的规模。在确定奖励规模时,最重要的是进行成本—效益分析。假定奖励规模为1万元,如果因销售额扩大而带来的利润大大超过1万元,那么奖励规模还可扩大;如果利润增加额少于1万元,则这种奖励是得不偿失的。营业推广的这种成本—效益分析,可为制定有关奖励规模决策提供必要的数据。

2. 奖励范围

企业应决定奖励哪些现实的或潜在的顾客。

3. 发奖途径

企业还应决定通过哪些途径来发奖。例如,代价券可以放在商品包装里分发,也可以通过广告媒介分发或直接邮寄。在选择发奖途径时,既要考虑各种途径的传播范围,又要考虑其成本。

4. 奖励期限

如果奖励的期限太短,许多消费者可能由于恰好在这一期限内没有购买而得不到奖励,从而影响营业推广的效果;反之,如果奖励的期限太长,又不能促使消费者立即作出购买决策。

5. 总预算

确定营业推广预算的方法有两种:一是先确定营业推广的方式,然后再预计其总费用;

二是在一定时期的促销总预算中拨出一定比例用于营业推广。第二种方法较为常用。

（二）营业推广方案的实施与评估

在具体运用各种营业推广方式之前，如果条件允许，企业应对各种方式进行事先测试，以选择合适的方式。企业还应为每一种营业推广方式确定具体的实施方案。实施方案包括两个关键的时间因素：一是从准备到公布实施的时间；二是推广的时间，即 90%~95%的推广商品已经卖掉的时间，这个时间可能是一个月甚至几个月。

为了改进营业推广方法，企业要对推广方案进行评估。事实上，很多企业往往忽视这种工作。企业评估营业推广方案有以下四种方法。第一，对推广之前、推广期间和推广之后的营业情况进行比较。第二，对那些在推广时购买这个商品，而事后又转向购买其他品牌商品的顾客进行调查。第三，企业如果还要进一步研究，可以对消费者进行调查，考察有多少消费者还记得这次营业推广活动，他们的做法如何，多少人从中得到了好处，以及这次推广对于他们以后选择品牌起了什么作用。第四，企业还可以针对营业推广的作用、期限等进行细致的分析。有些大企业在有选择的地区之内，对其在全国范围使用的营业推广方法逐一进行评判，以便对不同策略的效果进行评价。

五、企业进行营业推广时应考虑的因素

（一）目标

营业推广必须有明确的目标。企业应当根据目标市场和整体策略来确定推广目标，依据推广目标制订周密的计划。当然，由于消费者、中间商、企业事业单位有各自不同的购买特点，在确定目标和制订计划时应区别对待，并把长期目标与短期目标有机地结合起来。

（二）费用

营业推广可以增加销售额，但也增加了费用。企业要权衡推销费用与营业收益，从而确定促销的规模和程度。

（三）对象

各种营业推广手段对于不同的对象，其作用是有很大差别的。实践证明，营业推广的对象主要是那些随意型顾客和价格敏感度高的顾客。对于已经养成固定习惯的老顾客，营业推广的作用要小一些。因此，对象的选择要因时、因地制宜。

（四）媒体

企业必须通过最佳的媒体来实施营业推广。比如，一张优惠券可以放在产品包装袋里赠送，也可以在购买产品时当场分发，或附在报刊广告中。又如，为了扩大某种商品销售，企业拟给予顾客 10%的价格折扣。但这一信息通过什么媒体传播出去，需要很好地研究。一般来说，媒体的选择必须考虑媒体的普及率及费用支出等情况，权衡利弊，从优确定。

（五）期限

营业推广的时间选择必须符合整体营销策略，并与其他经营活动相协调。如果时间太短，不少有希望的潜在买主，也许恰好在这个阶段没有采购欲，从而收效甚微；如果推广时间太长，又会给消费者造成一种印象，认为这不过是一种变相减价，因而失去吸引力。因此，时间选择要恰到好处，既要给消费者“欲购从速”的吸引力，又要避免草率行事。

（六）效果

营业推广的效果体现了营业推广的目的。每次营业推广后，都要对营业推广的效果进行评价。推广效果评价的一般方法有比较法(即比较推广前后销售额的变动情况)、顾客调查法、实验法等。企业可通过这些方法取得营业推广的成果资料,并与推广目标和计划进行分析比较,肯定成绩,找出问题,以便控制和调整营业推广过程,实现推广目标。

【案例 10-1】

陕西商洛镇安:火热开展年货促销节

2023 年 1 月 4 日,陕西省商洛市镇安县城区中心广场,年货琳琅满目,人头攒动,热闹非凡,镇安县 2023 年年货促销节启动仪式在此举行,现场人群竞相购买,乐开了怀。

为进一步加快"一厅四地"建设,激发市场消费活力,加大农特产品宣传推广,促进群众增收致富,镇安县围绕"陕靓消费促产业振兴·美好生活邀您来品"活动,充分抓住春节销售契机,以县域农特产品推销为中心,绿色食品销售为重点,通过线上和线下同步开展年货节系列活动,提升农特产品的知名度和美誉度,加快县域农产品销售步伐。

本次年货节促销活动包括启动仪式、网上年货节、线下年货节等,在启动仪式当天组织 10 名网红主播现场开展网络直播带货,推广春节大礼包,同时在广场设置 50 个展位,进行为期三天的农特产品展销。网上年货节统一活动标识、标志,组织国内电商企业、县域农产品生产企业、消费帮扶线上专馆、线上专区等建设主体积极参与年货促销,精选镇安 205 款有特色、有品量、标准化程度高的农特产品,进行网络直播带货,并以镇安特色菜品、特色小吃、特色家宴、特色年夜饭为重点,开展探店宣传、短视频推介;同时以镇安县金台山、塔云山、木王山、云盖寺古镇等景区,以及镇安县特色民宿、年俗文化为特色,开展网络宣传,吸引游客来镇安县旅游购物。线下年货节主要召开座谈会、产销对接会、联合开展促销等活动,让群众高高兴兴购年货,欢欢喜喜过大年。

据了解,本次年货节促销活动为期 26 天,县内外单位参与共计 150 余家,表彰奖励网红基地(打卡地)8 个、优秀电商机构(站点)10 个、网红产品 7 个和直播带货个人 5 人,现场与一批知名企业签订合作协议,达成合作意向,全面宣传推介镇安农特产品,提高县域产品外销动能。启动仪式当天销售大礼包等农特产品 520 余份,销售额达 65 万元,年货促销节活动预计将带动县域腊肉、牛肉、魔芋、核桃等农特产品销售额同比增长 30%,销售额突破 1 000 万元。

(资料来源:陕西农村报)

第四节 广告

一、广告的概述

(一)广告的定义

广告一词源于拉丁文,有注意、诱导的意思。1300—1475 年,英语"advertise"一词才开始出现,其含义为"某人注意到某事",后演变为"引起他人注意"。17 世纪英国商业兴盛时期,"advertise"一词才被广为使用;而将静止的"advertise"演进为动态的广告活动"advertising",就具有了现代广告的含义。现代广告是以支付广告费的形式,通过电视、广播、报纸、杂志等媒体,向消费者传播商品与劳务等的相关信息的一种促销手段。

(二)广告的构成要素

1. 广告主

广告是一种企业行为,它是企业为实现一定的营销目标而向现实或潜在的购买者传递商业信息所进行的活动。产生广告行为的企业被称为“广告主”。广告也包括非营利性组织的行为,如各类公益性广告。产生广告行为的非营利性组织也被称为“广告主”。任何广告均有明确的广告主。

2. 广告信息

广告主通过广告所要传递的信息一般分为:①商品信息,即有关商品品牌、特性、质量等的信息;②劳务信息,即有关劳务种类、方式等的信息;③观念信息,即信誉、形象等信息。

3. 广告媒体

广告的传播方式是非人员的大众传播方式。与人员推销时的人际传播不一样,广告是通过大众传播媒体进行的信息沟通,因此,它不以个人而以群体为传播对象。

4. 广告费用

做广告需要支付费用,广告在制作与发布过程中都需要发生制作费用及媒体刊播费用。

5. 广告目标

广告具有明确的针对性和目的性。广告的对象是消费者或目标顾客,其目的是刺激消费者的欲望,形成对营销商的产品、劳务的需求或对营销商有利的反应。

(三)广告的功能

广告作为一种经济现象,无处不有,无时不在。从营销的角度看,广告的功能主要有以下几点。

(1)介绍产品。

广告能使顾客了解有关产品的存在、优点、用途及使用方法等,有助于顾客根据广告信息选择适合自己的产品。同时,广告信息的传播,对培养新的需求和新的消费方式有一定作用,对扩大销售量和开发新产品具有重要意义。

(2)促进尝试性购买。

顾客使用产品是广告要达到的目的,广告能刺激、鼓励人们做第一次尝试购买。顾客只有通过尝试性购买和使用产品,才有可能成为企业的忠实顾客。

(3)开辟新市场、发展新顾客。

企业要发展壮大,就需要谋求扩大市场,拓展产品销路。对于新的细分市场,由于广告能广泛、经常地接近顾客,因而能起到开路先锋的作用。广告是进行市场渗透的有力武器。

(4)保持或扩大市场占有率。

广告可以让消费者经常感觉和认识到某种产品的存在。这是企业保持一定市场占有率的有效手段。

(5)树立或加深顾客对企业商标的印象。

顾客购买产品时,企业名称和商标往往是选择的重要依据。因此,企业名称和商标是否能赢得顾客的好感和信赖,直接关系着产品的销售情况。广告是确立理想的企业与商标印象的重要途径。

(6)消除顾客对产品的偏见,改善对产品的评价,确立好感。

(7)支持中间商,改善与中间商的关系。

总之,广告的作用是多方面的,在品种繁多的现代商品市场上,广告已经成为企业在竞争中取胜的必要手段。

(四)广告的种类

按沟通的直接目的,广告目标可分为提供信息、说服购买和提醒使用三种。相应地,广告的种类可分为告知性广告、说服性广告和提醒性广告。

1. 告知性广告

告知性广告是企业在市场开拓阶段为迅速让消费者或用户了解产品的名称、性能、特点等而做的广告,目的是提高产品的知晓度,诱导早期购买,建立初步需求。

2. 说服性广告

说服性广告是企业在产品生命周期的成长期所做的广告,目的在于介绍产品的实际使用效果,突出产品的特色和用途,从而建立起消费者或用户对企业产品品牌的选择性需求。这种广告多在市场竞争激烈时使用,所以又称竞争性广告。说服性广告的目标是为特定的品牌培养选择性需求,因而某些说服性广告已变成比较性广告,即企业将其产品或服务与竞争者的进行对比,通过与其他品牌的特定比较来突出自身的优势。

比较性广告可分为直接比较广告和间接比较广告,前者是企业将自己的产品与某一竞争者的产品进行对比;后者是将自己的产品与不指明的竞争者的产品进行对比。尽管间接比较广告没有指名道姓,但通常人们也明白广告中所指的竞争者。在世界各国,政府对比较广告的态度也不尽一致,英国、奥地利、瑞士等国允许使用比较广告;而法国、比利时、意大利和荷兰等国则禁止使用比较广告;德国法律虽规定有条件地允许比较广告存在,但比较广告在德国却极少见。

3. 提醒性广告

提醒性广告对成熟的产品或处于衰退期的产品非常重要,目的是提示消费者不要忘记他们曾经购买或消费过的产品,提醒他们继续购买,加深其对产品的印象,通常适用于历史悠久的老产品,已经行销多年并处于成熟或衰退期的产品,因竞争激烈已由紧俏转为滞销的产品,比如美国杜邦公司、壳牌石油公司经常通过提醒性广告,宣传传统产品,以减缓人们的遗忘速度。提醒性广告的另一种相关形式是强化性广告,目的是让消费者或用户相信他们已经作出了非常正确的选择。

二、广告媒体的种类

随着经济生活的日益丰富和科学技术的进步,可供企业传递广告信息的媒体和形式越来越多。常见的广告媒体有以下几类。

(一)印刷媒体

印刷媒体指以印刷品传播广告信息的媒体,包括报纸、杂志、产品说明书、样本、广告信、电话簿、挂历、台历、票证、火车时刻表、工具书插页等。

(二)电子媒体

电子媒体包括电影、电视、广播、幻灯、电子显示大屏幕等。这类广告媒体在现实生活中的作用越来越大,企业应给予重视。

(三)户外媒体

户外媒体包括广告牌、招贴、路牌、墙壁、霓虹灯、橱窗、气球、灯箱等。

(四)实物媒体

实物媒体包括商品、模型、包装装潢、礼品、标识徽章等。

(五)其他媒体

其他媒体如火柴盒、手提包、包装纸、购物袋、纪念册、运动衫、附赠品等,文体表演也是很好的广告媒体。

广告媒体的选择是一种创造性的活动,不应仅集中在某种个别媒体做广告,那些新奇的广告形式往往能收到意想不到的效果。有些企业在公厕里做广告,是因为人们在厕所里不可避免地会看到广告,宣传的效果相当不错。

三、主要广告媒体的特点

广告主为使广告信息得以有效传播,可以采用许多不同媒体。

(一)报纸

在传统四大媒体中,报纸无疑是普及性最广和影响力最大的媒体。报纸广告几乎是伴随着报纸的创刊而诞生的。随着时代的发展,报纸的品种越来越多,内容越来越丰富,版式更灵活,印刷更精美,报纸广告的内容与形式也越来越多样化,所以报纸与读者的距离也更近了。报纸成为人们了解时事、接收信息的主要媒体。报纸的主要特点如下。

1. 传播速度较快,信息传递及时

对于大多数综合性日报或晚报来说,出版周期短,信息传递较为及时。有些报纸甚至一天要出早、中、晚等好几个版,报道新闻就更快了。一些时效性强的产品广告,如新产品和有新闻性的产品,就可利用报纸及时地将信息传播给消费者。

2. 信息量大,说明性强

报纸作为综合性内容媒介,以文字符号为主、图片为辅来传递信息,其容量较大,说明性很强。对于一些关注度较高的产品来说,利用报纸的说明性可详细告知消费者有关产品的特点。

3. 易保存、可重复

由于报纸的特殊材质及规格,相对于电视、广播等其他媒体,报纸具有较好的保存性,而且易折易放,携带十分方便。一些人在阅读报纸的过程中还养成了剪报的习惯,根据各自所需分门别类地收集、剪裁信息。这样,无形中又强化了报纸信息的保存性及重复阅读率。

4. 阅读主动性

报纸把许多信息同时呈现在读者眼前,增强了读者的认知主动性。读者可以自由地选择阅读或放弃哪些部分;哪些地方先读,哪些地方后读;阅读一遍,还是阅读多遍;采用浏览、快速阅读或详细阅读。读者也可以决定自己的认知程度,如仅有一点印象即可,还是将信息记住、记牢;记住某些内容,还是记住全部内容。此外,读者还可以在必要时将所需的内容记录下来。

5. 权威性

消息准确可靠,是报纸获得信誉的重要条件。大多数报纸历史长久,且由党政机关部门主办,在群众中素有影响力和威信。因此,在报纸上刊登的广告往往能使消费者产生信任感。

6. 高认知卷入

多数报纸广告以文字符号为主,要了解广告内容,要求读者在阅读时集中精力,排除其他干扰。一般而言,除非广告信息与读者有密切的关系,否则读者在主观上是不会为阅读广告花费很多精力的。读者的这种惰性心理往往会降低他们详细阅读广告文案内容的可能性。换句话说,报纸读者的广告阅读程度一般是比较低的。不过当读者愿意阅读时,他们对广告内容的了解就会比较全面、彻底。

7. 注意度不高

在一份报纸中,有很多栏目,也有很多广告,它们竞相吸引读者的注意。这样,你的广告只有格外醒目,才容易引起人们的注意。否则,读者对广告可能视而不见。

8. 印刷难以完美,表现形式单一

报纸的印刷技术最近几年在高新科技的支持下,不断得到突破与完善。但到目前为止,报纸仍是印刷成本最低的媒体。受材质与技术的影响,报纸的印刷品质不如专业杂志、直邮广告、招贴海报等媒体的效果。报纸仍以文字为主要传达元素,表现形式相对于电视的立体、其他印刷媒体的丰富色彩,显然要单调得多。

(二)杂志

杂志也是一种印刷平面广告的媒体,尽管与报纸相比,它明显地缺乏时效性,而且覆盖面有限,但它印刷精美,具有光彩夺目的视觉效果,故深受特定受众的喜爱。杂志种类繁多,影响颇大,因此成为现代广告四大媒体之一。由于印刷技术的发展和人类思维的进步,以往的单纯平面设计模式不断被打破,新的设计形式不断出现,这都体现着杂志广告的广阔前景。杂志的主要特点如下。

1. 读者阶层和对象明确

杂志没有报纸那样大的普及率,但分类较细,专业性较强,这便于企业投放面向特定阶层的广告,更能做到有的放矢。同类杂志的读者,在质的方面大体相同,因此广告文案的制作也容易得多,反过来说,每一类杂志都拥有其基本的读者群,那么广告主就可以针对不同的消费者选择不同的杂志。所以,为了更好地利用杂志媒体,企业应该根据广告目标对象的要求对能利用的杂志进行分类。

一般来说,杂志的读者都有一定的文化水平,有较好的理解能力,而且凡是订阅某种杂志的人,对该杂志的性质与刊登内容都有一定了解和兴趣,相关专业的人对专业杂志刊登的东西容易接受,这样就有利于广告发挥作用。订阅杂志的人生活水平一般较高,有能力理解广告介绍的内容,所以在新产品开拓市场时,杂志媒体也是一个有效的媒体。

2. 杂志印刷精美,阅读率高,保存期长

杂志的用纸较好,尤其是广告用纸更为讲究,在广告的印刷上要比报纸精美得多,尤其是彩色广告,色彩鲜艳,引人注目,可以逼真地再现商品形象,激发读者的购买欲望。杂志广告大都用全页或半页,版面较大,内容多,表现深刻,图文并茂,便于把广告客户所要提供的信息,完整地表达出来。

杂志媒体比起广播、电视来说,生命长得多。广播、电视节目一播即逝,而杂志阅读时间长,常被人保存下来反复阅读,因此,杂志广告能反复与读者接触,让读者有充足的时间仔细研究广告的内容,加深人们的印象。

3. 杂志媒体版面安排灵活,颜色多样

在版面位置安排上,杂志可分为封面、封底、封二、封三、扉页、内页、插页,颜色可以是黑白的,也可以是彩色的,版面大小有全页、半页,也有 1/3、2/3、1/4、1/6 页的区别,有时为了适应广告客户做大幅广告要求,还可以做连页广告、多页广告,视觉冲击力强,影响巨大。

杂志与报纸一样,同属印刷媒体。这就决定了它们之间存在着一些共同的心理特性,包括阅读主动性、高认知卷入、保存性和可信性。但是杂志与报纸也存在着很大的差别。在内容上,杂志不像报纸以新闻报道为主,而是以各种专业知识和科普知识来满足各种类型读者的需要。在印刷质量上,杂志一般也优于报纸。因此,杂志具有一些不同于报纸的心理特性。

4. 读者针对性强

杂志内容有较大的倾向性、专业性,不同的杂志一般可以在广大区域里,拥有不同的和比较稳定的读者层。比如摄影杂志,读者以摄影行业和业余摄影爱好者为主,故有关摄影器材的广告,登在摄影杂志上,广告对象正与摄影杂志的读者接近,能有效地争取这些读者成为相关商品的顾客。

5. 知识性

许多杂志的内容以专业知识和科普知识为主体,因而容易使读者对杂志阅读产生知识性期待。这与报纸的消息性一样,杂志的知识性也成为杂志广告的一个心理特性。

6. 重复性

杂志的内容丰富多彩,长篇文章较多,读者不仅要仔细阅读,而且常常要分多次阅读,甚至保存下来日后再读。读者的多次翻阅增加了他们与杂志广告接触的机会,有利于在记忆中留下较深的广告印象。

7. 美感强,引人注目

杂志纸质较好,可以印上较美的彩色图片,较逼真地再现商品原貌。同时,杂志广告多是商业广告,广告登载量也不多,一般都集中刊登在一定的书页上,排列整齐美观,因此,杂志广告有较强的艺术感染力,引人注目,给人以美的享受。

8. 时效性差

杂志是定期刊物,发行周期较长,有周刊、半月刊、月刊、季刊、半年刊,甚至年刊,因而影响广告的传播速度。时效性强的广告,如企业开张广告、文娱广告、促销广告等,一般不宜选用杂志媒体,否则容易错过时机,收不到广告效果。

(三)广播

由于科技的发展,新媒体不断出现,广播媒体面临着越来越多的挑战和冲击,然而广播也有它的优越性,只有充分地了解这些特性,才能扬长避短,进一步挖掘这一媒体的潜力。

广播广告的主要特点如下。

1. 传播方式的即时性

广播广告传播速度最快。广播可使广告内容在信息所及的范围内,迅速传播到目标消费者耳中。不论身在何地,只要打开收音机,广告对象就可以立即收到。如果广告策略、战术的临时调整而需要紧急发布某些广告信息,例如发布展销会、订货会、折价销售等等时效性要求比较强的供求信息时,广播广告可以在数小时内完成播出任务,有时还可以做到现场直播。广播媒体的这种即时性的优势是其他媒体所无法取代的。

2. 传播范围的广泛性

由于广播广告是采用电波来传送广告信息的,电波可以不受空间的限制,并且广播的发射技术相对比电视简单得多,所以广播的覆盖面积特别广泛,它可以到达全世界的每一个角落。广播覆盖范围的广阔性使得人们不论在城市还是乡村,在陆地还是空中,都可以收听。广播不受天气、交通、自然灾害的限制,尤其适合一些自然条件比较复杂的地区。

3. 收听方式的随意性

收听广播最为简便、自由、随意。因为它不受时间、地点的限制,不管是白天还是晚上,不管你在哪里,也不管你在干什么,只要打开收音机,都可以收听广播的内容。科技的进步,使收音机越发向小型化、轻便化发展,有的只有火柴盒大小。从某种程度上说,广播媒体可以为受众所随身携带。

4. 受众层次的多样性

印刷媒介对受众文化水准、受教育程度的要求较高。而广播可使文化程度很低甚至不识字的人也能听得懂广告的内容,所以广播媒体的受众层次更显出多样性。

5. 制作成本与播出费用的低廉性

广播广告单位时间内信息容量大、收费标准低,所以广播是当今最经济实惠的广告媒体之一。同时,广播广告制作过程也比较简单,制作成本也不高。

6. 播出的灵活性

因为广播广告是诸媒体广告中制作周期最短的,所以广播广告可以根据竞争对手的举动来调整自己的战术行动,快速作出反应。广播广告是最为方便、最为得心应手的工具。而报纸和电视广告除了制作较为复杂以外,刊播时段和版面一般都比较紧张,需要提前预订。而广播广告在安排播出和调整时段上相对容易、灵活。

7. 激发情感的煽动性

广播靠声音进行传播,作用于人的听觉,它能给听众无限的想象空间,这也正是广播的魅力之所在。广播广告的特色正是通过刺激人的听觉感官,帮助听众产生联想,因为广播的声音是实在的、具体的,特别容易撩拨人的心弦,煽动他人的情绪,而广告也常在这种情形中不知不觉地完成其传达与说服的功能。

但是,广播广告也有稍纵即逝、传播方式单一等不足之处。

(四)电视

电视的主要特点如下。

1. 直观性强

电视是视听合一的传播媒体,人们能够亲眼见到各种事物并亲耳听到各种声音,这就是电视视听合一传播的结果。单凭视觉或单靠听觉,或视觉与听觉的简单相加都不会使受众产生如此真实、有信服力的感受。电视的这一种直观性,仍是其他任何媒体所不能比拟的。它超越了读写障碍,成为一种最大众化的宣传媒体。它对观众的文化知识水准没有严格的要求。即便不识字、语言不通,也基本上可以看懂或理解广告中所传达的内容。

2. 有较强的冲击力和感染力

电视是唯一能够进行动态演示的感性型媒体,因此电视广告冲击力、感染力特别强。电视媒体用真实记录的手段再现信息的形态,即用声波和光波信号直接刺激人们的感官和心理,以取得受众感知经验上的认同,使受众感觉特别真实,因此电视广告对受众的冲击力和感染力特别强,是其他任何媒体广告所难以达到的。

3. 受收视环境的影响大,不易把握传播效果

电视机不可能像印刷品一样随身携带,它需要一个适当的收视环境,离开了这个环境,也就根本阻断了电视媒体的传播。在这个环境内,观众的数量、与电视机荧屏的距离、观看的角度及电视的音量、器材的质量以及电视机天线接收信号的功能,都直接影响着电视广告的收视效果。

4. 瞬间传达,被动接受

全世界的电视广告长度差不多,都是以 5 秒、10 秒、15 秒、20 秒、30 秒、45 秒、60 秒、90 秒、120 秒为基本单位,超过三、四分钟的电视广告比较少,而最常见的电视广告则是 15 秒和 30 秒。这就是说一则电视广告只能在短时间之内完成信息传达的任务,这是极为苛刻的先决条件。而且观众又是在完全被动的状态下观看电视广告的,这也是电视区别于其他广告媒体的特点。

5. 费用昂贵

费用昂贵,一是指电视广告片本身的制作成本高,周期长;二是指播放费用高。就制作费而言,电影、电视片这种艺术形式本身就以制作周期长、工艺过程复杂、不可控制因素多(如地域、季节、天气、演员等)而著称,而电视广告片又比一般的电影、电视节目要求高得多。广告片拍片的片比通常是 100 : 1,可见仅胶片一项,电视广告片就要比普通电影、电视剧节目高出很多,而且为广告片专门作曲、演奏、配音、剪辑、合成,都要花大量的金钱。

就广告播出费而言,电视台的收费标准也很高。例如,美国的电视广告每 30 秒要 10 万~15 万美元,如果在特别节目中插播广告更贵,有的竞高达几十万美元。

6. 有较高的收视率

经济发达的国家和地区,电视机已经普及,观看电视节目已成为人们文化生活的重要组成部分。电视广告注意运用各种表现手法,使广告内容富有情趣,增强了视听者观看广告的兴趣,广告的收视率也比较高。电视广告既可以看,还可以听。当人们不留神于广告的时候,耳朵还是能听到广告的内容。广告充满了整个电视屏幕,也便于人们注意力集中。因此,电视广告容易引人注目,广告接触效果是较好的。

7. 利于不断加深印象

电视广告是一种视听兼备的广告,又有连续活动的画面,能够逼真地从各方面展现广告商品的个性。比如,广告商品的外观、内在结构、使用方法、效果等都能在电视中逐一展现,让观众身临其境,留有明晰深刻的印象。电视广告通过反复播放,不断加深印象,巩固记忆。

8. 利于激发情绪,增强购买信心和决心

由于电视广告展现的形象逼真,就像一位上门推销员一样,把商品展示在每个家庭成员面前,使人们耳闻目睹,对广告的商品容易产生好感,引发购买兴趣和欲望。同时,观众在欣赏电视广告的过程中,会有意或无意地对广告商品进行比较和评论,这有利于受众增强购买

们的注意。所以,企业要深入研究消费者的心理,充分吸引网民的无意注意。

3. 超大信息容量

一般而言,一个网站下面,会有许多链接。网页信息采取非线性文本形式,链接的方式能将不同的网页互相连接起来,组合成一个有机的整体,更为关键的是,网络广告所负载的信息,可以由广告受众自主选择,随心所欲。消费者的较强的主动性及网络承载的巨大的信息量就要求企业深知消费者的需要及根据不同类型消费者对信息进行分类,以便吸引广告受众点击,获取更多的广告信息,提高广告的效率。

4. 付费性

对于作为互动广告的网络广告而言,能不能吸引人是非常重要的,因为网络广告的受众是自己花钱上网来看你的广告的,只有你的广告具有十足的吸引力和亲和力,才能引起受众的极大兴趣。

5. 吸引有意注意

网络广告是一种非强迫性传播,它不像电视、广播、报纸、户外广告等具有强迫性,想方设法吸引人们的视觉和听觉,将有关信息塞进受众的脑子吸引人们的无意注意。网络广告作为一种传播活动,毫无疑问要吸引人们的无意注意,吸引人们在信息的海洋中注意它、点击它,但它独特的交互性主要吸引的是人们的有意注意并力求调动人们的自觉性和主动性。也就是说,在一般媒体上,广告找人看,而在网络媒体上,人找广告看。所以吸引消费者有意注意的程度水平是评价一则网络广告心理效果的重要指标。

6. 引起兴趣,满足需要

互联网是一个分众媒体,它提供的是一种双向的沟通方式,并能将信息按照用户的个人情况和需求进行个人化定制。人们在互联网上的行为是一种自主的信息消费行为,信息的选择和使用完全按照用户个人的兴趣和需要而决定。只有引起消费者的兴趣,满足消费者的某种现实需要或潜在需要的网络广告信息才能一步步吸引消费者深入点击,接收广告信息。因此,能否引起消费者的兴趣,满足消费者的需要是关系网络成败的一个重要因素。

7. 易辨认,易识别

网络广告最根本的特性是互动性,互动性广告的重心应在于互动信息的传递。超大信息容量是网络广告相对传统媒体广告的一个十分突出的特点。面对海量的信息,如何使消费者辨认、理解这些信息,提取自己所需要的信息,这也是评价一则网络广告不可或缺的指标。

8. 信息的针对性、亲和力

网络互动广告的一对一模式要求信息传播的个人化,让每个接触广告的人都感到,广告产品是专门为自己准备的,让广告信息走到每个人身边,贴近每个人的心,想其所想,爱其所爱。因此,广告信息具有针对性、个性、亲和力应是网络广告心理效果测评系统中的重要指标。

9. 引起在线购买

网络广告是一种针对目标市场进行广泛劝说的传播活动,和其他大众传播方式相比,网络广告有更明确的广告对象,网络技术可以帮助广告主选择用户,跟踪用户,多方面掌握用户资料,然后有的放矢,对症下药,因此可望成为一种最富针对性的促销行为。网络这种全天候、全球性的市场交流媒介，它不仅能建立品牌认知度，还能吸引人们来仔细打量一种产品，促成购买，并提供售后服务和售后支持。所以，网络广告是否能引起人们的直接在线购买行为也是评价网络广告的重要指标。

（八）手机短信广告

有人称手机短信为"第五媒体""第六媒体"。

短信群发基于中国移动、联通、电信直接提供的短信接口，实现与客户的指定号码进行短信批量发送和自定义发送的目的。短信群发的宗旨是为企业发展节约开支、提高效益，它将打折信息、促销活动、新品发布等相关信息发布到目标客户的手机上，为企业树立品牌形象或占有市场创造了无限商机，也能为企业大幅降低广告开支。手机短信"第五媒体"的地位，已经得到广泛的认同，与传统大众媒体具有共同之处，拥有庞大的受众群体。对于广告主而言，手机短信息广告具有以下不可替代的信息传播优势：①速度快；②分众性，回报高；③投资小；④精确性强；⑤蔓延性强；⑥灵活性强；⑦互动性强；⑧成本低；⑨瞬时轰动效应强。

短信平台的缺点如下。

（1）信息容量小、对人的吸引力小。

短信因为只能用文字编辑，缺乏相应的图像资料，所以相对略感乏味，并且现在短信广告泛滥，阅读率不太高。彩信的发送成本又太高。

（2）终端资料难收集。

短信平台需要有相应的号码才可以发送，而具体这些号码怎么收集以及收集后应该发给哪些客户就成为一个很重要的问题，所以短信平台的客户覆盖率达不到100%。

（九）邮寄广告

邮寄广告是广告的一种，它属于速效性的广告，是一种以邮寄的方式直接送达用户的印刷广告。在西方国家，居住在公寓楼里的人每天总会收到从邮局送上门来的一叠印刷精美的折页、样本、卡片之类的广告，大都是关于旅游、餐馆、饭店、航空或纪念品商店等方面的广告品。这种形式，近年来，在国内也逐渐兴起，企业也纷纷用邮寄广告形式，进行信息传播。

邮寄广告是建立在实名数据库基础之上的，主要优点如下。

（1）帮助企业准确找到目标消费者。

市场细分理论指导下的营销，能根据人口统计及消费者共同的心理特点，对不知名的顾客进行分类。而现在新一代高速计算机和数据库技术可以使企业能够将最终目标集中在最小消费单位——个人身上，实现准确定位。

（2）降低营销成本，提高营销效率。

由于数据库技术能够准确找出某种产品的目标消费者，企业可以降低广告宣传费用，增强竞争力。有关资料显示，用数据库技术筛选消费者，其邮寄宣传品的反馈率最高可以达到20%~30%。

（3）具有隐秘性。

传统的市场营销战略须通过大众传播来实施，因此不具有隐蔽性，策略易被竞争者掌握。邮寄广告营销，无须借助大众媒体，比较隐秘，一般不会引起竞争者的注意。即使竞争者掌握了自己的营销策略也为时已晚，因为营销广告和销售已经完成。这种隐蔽性对于试

（三）媒体的传播数量、质量与可用性

媒体的传播数量是指报纸、杂志的发行量，广播、电视的覆盖面等，它关系到信息传播与影响的范围。媒体的覆盖范围与目标市场范围应是一致的，倘若商品的目标市场只是某一局部地区，就不必选择覆盖全国的广告媒体。媒体传播的质量是指某一具体媒体在消费者心目中的声誉和威望，在某种程度上，它比媒体的传播数量更能直接影响到信息传播的效果。媒体可用性通常来自政府政策或法律方面的限制，同时也会受到一国经济、文化、社会等因素的制约。比如瑞典、挪威、丹麦等国政府规定禁止在电台和电视台做商业广告；南欧地区的居民对电视广告反感而喜欢看杂志，故商业广告多刊登在杂志上。

（四）媒体费用

媒体费用不仅取决于媒体自身的声誉和影响力，而且还取决于信息播放的时间、频率和广告持续时间。在大多数国家，媒体费用是可以通过谈判来协商的，但一般来讲，电视广告费用最高，报纸、杂志广告次之，邮寄广告的费用有时也很高，而广播广告的费用则比较低廉。再有，在视听媒体的黄金时间和报纸杂志的重要版面播放或刊登广告费用很高，企业应根据自己的财力和所要达到的传播效果，正确选择合适的媒体。

五、广告效果评价

规划和控制广告的关键是对广告效果的评价。合理的广告促销应先在一个或几个城市开展小规模的广告活动，评价其效果，然后再投入大笔费用在全国范围内铺开。广告效果评价包括沟通效果评价和销售效果评价两个方面。

（一）沟通效果评价

沟通效果评价是指对广告是否有效地将信息传递给了消费者进行的评价。沟通效果评价可分为事前测试和事后评估。

1. 事前测试

事前测试有三种方法，一种是直接评分法，即让消费者观看企业产品的各种备选广告，请他们给不同的广告打分，以此来测试广告效果。另一种是组合测试法，请消费者看或听一组广告，不限制时间，然后请他们回忆广告内容，其结果可表明广告内容中突出的地方以及易懂性、易记性。还有一种是实验室测试法，这是用仪器测量消费者对于广告内容的生理反应。但这类试验只能测量广告的吸引力，无法衡量消费者的信任感、态度和意图。

2. 事后评估

事后评估是在广告发布后对消费者进行的测试。一种是回忆测试，即让接触过广告媒体的人回忆最近几次刊播的广告及其产品，其结果可说明广告为人注意和容易记忆的程度。另一种是识别测试，即让接触媒体广告的顾客从若干广告中辨认哪个广告是他们过去曾经看过的，由此可说明广告在顾客头脑中留下的印象。

（二）销售效果评价

沟通效果评价可以帮助企业了解广告传递信息的结果，但却无法揭示其对销售额的影响，那么销售效果评价就是直接评估广告使销售额增加了多少。这比沟通效果评价更为困难，因为销售额的增长不仅受广告的影响，而且还受到其他各种因素的影响，如产品、价格、收入、渠道等。评价效果的难易取决于影响因素的多少，比如直销方式下销售效果比较容易衡量；而在运用品牌广告或企业形象广告时，销售业绩很难衡量。

【案例 10-2】

安徽整治校外培训广告 不得发布制造焦虑情绪培训广告

秋季开学在即。记者 22 日从安徽省市场监管局获悉，该省市场监管部门将对校外培训机构通过各类媒介发布的校外培训广告进行一次全面排查、系统整治，持续净化校外培训广告市场环境，为秋季开学保驾护航。

此次重点排查整治在主流媒体及其新媒体、网络平台以及公共场所、居民区等线上线下空间刊登、播发面向中小学（含幼儿园）的校外培训广告；在中小学校、幼儿园内开展商业广告活动；利用中小学生和幼儿的教材、教辅材料、练习册、文具、教具、校服、校车等发布或者变相发布商业广告；发布含有虚构师资实力、捏造资质荣誉、夸大培训效果等虚假或者引人误解内容的培训广告；发布含有对升学、通过考试、获得证书，或者对培训效果作出明示暗示的保证性承诺等内容的培训广告；发布含有误导公众教育观念、制造家长焦虑情绪等内容的培训广告。

据了解，今年以来，安徽全省市场监管部门共组织对 3 976 家校外培训机构开展自查自纠，排查清理校外培训广告 488 条、责令改正 163 条，组织行政指导会、约谈会 101 场次，依法查处违法校外培训广告案件 13 件。

（资料来源：中国新闻网）

第五节　公共关系

公共关系并非仅是企业市场营销的一部分。一方面，任何社会组织都有必要进行公共关系活动，公共关系活动并非只是营利性组织的专利；另一方面，企业生产经营活动的各方面都需要公共关系，公共关系具有多方面的作用和功能。但当人们着眼于公共关系在促进销售方面的作用时，公共关系就成了促销的一种手段，与其他手段并列。

一、公共关系的概念

公共关系作为一个重要的市场营销工具，是指在市场营销活动中正确处理企业与社会公众关系，树立企业良好形象，从而促进市场销售的活动过程。对于企业来说，公共关系就是为了更好地为公众利益服务，实现营销目标，经常与社会公众保持信息联系，注意公众的态度，并采取一系列措施去争取公众的理解和舆论的支持，建立良好的企业信誉的各项活动的总称。

重视公共关系在促销中的应用，是现代市场营销观念进一步发展的体现。因为企业以消费者为中心展开的市场营销活动，需要在企业与社会公众互相了解和协调的行动中有效贯彻。只有社会公众对企业方针、政策有一定理解和良好的印象，企业向潜在买主提供信息、进行宣传劝说的促销活动才能更加有效。良好的公共关系，是企业的无形财富。如果一个企业声誉卓著、有口皆碑，它的兴旺发达是水到渠成的。

企业公共关系是由三部分组成的，即社会组织、公众和信息传播。在公共关系活动过程中，这三个要素密切联系，不可分割。

（二）寻找甚至制造事件

寻找甚至制造某些事件是企业进行宣传所使用的一种特别技巧，企业可利用各种事件来吸引公众对企业产品及服务的注意，包括开办新闻发布会、讨论会、博览会、比赛、周年纪念活动、捐款或捐赠物品活动等。比如日本雅马哈公司在世界上称雄的产品，除了摩托车外，还有钢琴。为了突出这一产品形象，该公司在具有悠久音乐历史的欧洲设立了专门的琴房，每年还资助5名世界最优秀的青年钢琴家，并保持和他们的联系。这些举措使雅马哈钢琴始终位于世界顶尖产品的行列。

（三）编印出版物

出版物可以作为有效的沟通材料使企业和目标市场保持经常的接触，以吸引顾客对企业及其产品的注意，帮助企业在社会公众面前树立良好形象。企业利用各类出版物可以向国外公众宣传企业的历史、现状及发展前景，企业的经营宗旨、方针和目标，企业的产品种类和产品特点、性能与用途，企业的经济实力、技术与管理水平，企业与当地公众的良好合作关系，以及企业对当地社会的贡献，等等。这种形式是企业经常采用的能有效沟通信息并改善企业外部公众关系的一种重要手段。

（四）举行各种会议

企业可以举行产品和技术方面的展览会、研讨会和演讲会以及各种有奖比赛、纪念会等。这是提高企业和产品知名度的另一种方法。如美国克莱斯勒公司曾举行大规模的演讲会，促进了该公司汽车的销售，并刺激投资者购买该公司股票。

（五）参加公益活动

企业是社会的一分子，在主要从事生产经营的过程中，也应积极参加广泛的社会活动，以赢得社会公众的爱戴。如参与上级单位和社会机构组织的各类文化、娱乐、体育活动；参与免费产品咨询、维修、保养等服务活动；参与赞助办学、扶贫、救灾等公益性质的活动等。在市场上，公众越来越注重企业对社会的影响和贡献，企业在财力许可的条件下，支持目标市场的教育事业、慈善机构、体育比赛和文娱活动等，这些活动一经媒体报道就会广为传播，在较大范围内产生影响。现在国外许多大公司出于长远的战略考虑，为在中国公众心目中树立良好的形象，正在为某些与顾客购买行为无关的社会福利事业捐款，如可口可乐公司对中国进行“希望工程”的数次捐款；日本的东芝、日立，美国的柯达、IBM，德国的西门子等公司在中国市场营销时，总少不了“本公司竭诚为中国四化服务”之类的口号，目的是提高公司在中国消费者心目中的美誉度。通过公益活动建立公众好感，是那些打算在目标市场国长期经营下去的国际企业的重要营销策略之一。

在一次有关营销策略的研讨会上，美国营销学教授菲利浦·科特勒以“PENCILS”（铅笔）的巧妙比喻概括了公共关系活动的诸多表现形式，现分别做一些简要解释。

（1）P（Publication）：指发布宣传文字。这是典型的工商活动新闻报道。

（2）E（Event）：指旨在起推广作用的事件报道。某些企业往往独具匠心地创造某项事件，并通过对所谓事件的追踪报道达到促销效果。典型的案例是美国某猫食公司有意识地创造一只名猫Morri（莫丽丝），希望为那些有猫或爱猫的人塑造一个生气勃勃的生动逼真的猫的形象，让人觉得此猫是如此玲珑乖巧，惹人怜爱，以至尽人皆知。经过公关公司的精心设计，养猫的人更多了，猫食罐头公司的生意越来越红火。

（3）N（News）：指新闻报道。日本丰田汽车在国际汽车博览会上展出未来车型 FXV-11，吸引了众多观众围观，这一事件成为各媒体新闻报道的热点。瑞士“欧米茄”（OMEGA）手表厂为参加某比赛的运动员及工作人员按成本价供应一块纪念表，这成为一条轰动性新闻。西方一些汽车公司往往乐意将高级轿车赠送给来访的有关国家的政府首脑，因为这种赠送仪式常常是报纸上的头条和重要电视新闻，由此产生的影响不是普通广告所能比拟的。

（4）C（Community Relation）：指社会联系活动。美国麦当劳公司通过组织汉堡包球队、在儿童节举办游艺会等公关活动，努力在社区内为自己树立一个“好公民”形象。

（5）I（Identity Media）：指信息传播的媒介选择。信息内容应与媒介性质相符，科技产品新闻如果刊登在专业杂志上，效果要比刊登在一般报刊上好，再如 IBM 的管理制度、可口可乐的营销策略和宝洁公司的人员推销经验，应是管理类杂志的热门话题。

（6）L（Lobby）：指游说。这一活动在美国相当盛行。游说对象主要是政府或有关的官方机构，目的是希望政府的各项决策使企业处于比较有利的境地，至少不要使企业受到制裁。

（7）S（Social Cause Marketing）：指公益营销。如宣传吸烟有害，呼吁保护野生动物和减少空气、水、噪声等污染。科特勒特别强调了这类活动的作用，提倡企业从事此类活动。他认为，企业在这方面的日积月累，有助于在公众中提高自己的形象。

（六）建设企业文化

好的企业形象与企业文化的建设是分不开的。企业可以有计划、有步骤、有重点地建设企业文化，提高员工素质，活跃文化氛围，美化企业环境，从深层次有效地开展公共关系活动。如撰写书面材料、编制音像材料来介绍、宣传自己，定期举行员工文化娱乐活动，利用清晨升国旗，开表彰大会等形式增强企业凝聚力，等等。

除了以上列举的活动外，企业还可以通过导入企业形象识别系统来树立形象，开展公共关系活动。

四、公共关系的目标

（一）运用公共关系宣传促销

企业营销的成功，需要综合运用营业推广、广告、人员推销、公共关系等促销手段，其中营业推广、广告、人员推销，是促销的重要手段和策略，但它们往往给人以“王婆卖瓜，自卖自夸”之感，容易引起用户或顾客的逆反心理。与此相反，消费者越来越倾向于新闻界或第三者对企业或商品的赞赏和评价报道，并据此决定市场行为。他们认为，新闻界超脱于企业利益之外，是与企业和消费者无关的第三者，因此能站在公众的立场上对企业产品和企业形象作出真实、准确的评价，这样不但能提高企业产品的知名度，更能提高顾客对商品的信任程度。

（二）运用公共关系通过塑造企业形象促销

企业市场营销的成功，仅仅靠自身是不够的，还需要社会各界的大力支持和协作。没有供应商的支持和协作，企业就没有好的货源；没有银行的支持和协作，企业就没有资金的融通……为此，企业应借助公共关系，促使公众把自己看作遵纪守法、为公众和社会做贡献、注重社会利益的“公民”。如果企业在制定市场营销策略中不顾公众的利益，无视企业对社会环境造成的污染，只求企业自身利润的最大化，对社会福利事业漠不关心、一毛不拔，哪怕它

（2）试比较主要广告媒体。

（3）谈谈你对做个好推销员的理解。

（4）有哪些销售促进工具？影响其选择的因素有哪些？

二、应用题

（1）上至营销总监，下至一般推销员，营销人才的跳槽既发生在中小企业，也发生在大型企业，似乎已是家常便饭。营销人才连续多年一直在人才需求排行榜上名列前茅，有些企业甚至声称不愿再到人才市场招聘营销人才，理由居然是招不到。在就业形势严峻的情况下，这两种情况的存在，颇耐人寻味。

请分析上述现象。

（2）奥美广告于1948年创立，在100个国家有359个办事处，为全世界第六大代理商，以创意见长，并为客户制作具有销售力的广告。

"广告的最终目标就是销售产品，而品牌正是产品与使用者之间的关联，我们笃信品牌对销售所能产生的影响，为了帮助客户建立一个让消费者足以信赖的品牌，我们有一套独特的思考和工作方式来达成此目标，称之为'360度品牌管家'。我们所做的每一则广告都是建立品牌长期投资的一部分。"

以上是奥美的自我陈述，点击进入奥美网站，看看奥美是如何与客户共发展的，并分析"360度品牌管家"。

三、案例分析题

CCTV黄金时段广告招标

1994年，中国中央电视台（CCTV）首次尝试以招标的形式来解决黄金时段广告销售中的供不应求的矛盾，后来这种形式发展成CCTV广告经营的主要方式，至2008年已连续15年，CCTV的广告收入占中国电视媒体广告收入总额的1/3左右，而CCTV广告招标的收入占其广告总收入的2/3（2006年为63.3%，58.69亿元）。2009年CCTV黄金资源广告招标总额达92亿元。每年11月18日的CCTV黄金时段广告招标已经成为中国的电视媒体广告和企业营销竞争的重要风向标。2004年11月，世界著名的《华尔街日报》头版称CCTV广告招标是中国的品牌奥运会。该报记者杰费里·福勒（Geoffrey Fowler）评论说：中国本土企业与CCTV的结盟，是造成国际企业在中国市场陷于被动的原因之一。CCTV对中国经济的影响力可能被忽视了，至少被低估了。CCTV广告招标持续受到企业追捧和社会关注。参与投标的企业和地区逐年增加，新行业新企业不断进入，从民营企业发展到国有企业和跨国公司的参加。广告招标总额从1995年的3.3亿元发展到2009年的92亿元，几乎一直呈增长状态。中标行业和中标企业的分布也反映出中国市场上广告媒体投放的重心波动和竞争。CCTV广告招标运作也逐年完善，充分发挥自身的资源优势和品牌优势，由暗标到明标再到明暗标结合（暗标入围、明标竞位）。招标服务、客户服务、整合相关资源、市场推广策略等不断提升，体现出CCTV逐步走向以客户价值为中心的市场转型。

1. 为什么招标这一方式在CCTV的广告时段销售中能发挥重大作用并一直成长？

2. 从企业投放广告的角度，结合中国市场的环境，分析争夺标王的利与弊。

【营销实训】

一、实训目标

(1)加强对产品宣传的实践能力。

(2)锻炼广告策划能力。

(3)有创意地设计广告，培养创新精神。

二、实训内容

(1)成立若干广告策划小组，选择准备要做广告宣传的产品(可以跟有关的厂商联系，使本次训练更具有实践性)。

(2)为产品设计有创意的广告，小组间可以比拼，看看哪个组的广告更有新意，哪个组能够使做了广告的产品提高的销售额得到了实实在在的提高。

(3)对广告设计的反馈信息做整理，分析并总结广告的质量及其宣传力度对产品的销售有何帮助。

三、实训检测

(1)以策划小组为单位设计一份广告策划书。

(2)各个策划小组之间进行评价，评出优秀策划方案。

(3)教师评估。

【案例讨论】

大学生消费市场的促销策略研究

现代市场营销不仅要求企业发展适销对路的产品、制定吸引人的价格，使目标顾客易于取得他们所需要的产品，而且还要求企业积极开展促销活动。促销的实质是卖方企业与现实和潜在顾客之间进行信息沟通的过程。高校大学生消费市场(以下简称大学生市场)是以所有在校的大学生为消费主体的消费品市场。企业在进行促销组合设计时必须考虑大学生市场的特点，有针对性地促销策划。

一、大学生市场信息沟通的特点

大学生是一个特殊的青年消费群体，正处于一个由不成熟阶段向成熟阶段过渡的时期。经过调查研究发现，大学生市场具有自身鲜明的特点，如消费需求的跨层次性、消费行为的时尚性、消费内容的多样性、消费动机的复杂性、相关群体影响易形成从众行为等。在信息的传递和沟通上，大学生市场也有自身的特点，表现在：受到多年正规教育的影响，对精神生活的要求较高。大学生是同龄青年中受教育程度较高的群体，内心世界对自我尊重和自我实现的需求比较强烈，渴望得到外界的承认。大部分的同学居住在集体宿舍，上课时间相对统一，信息的获取渠道相近，信息交流频繁。调查表明：宿舍、教室、食堂是大学校园三大信息集散地。此外，互联网在大学生接触的媒介中的影响比较深。据调查，近80%的学生表示喜欢上网，45%的同学每周平均上网时间为2~8小时。至于上网的看法，近30%同学认为上网可以认识更多的朋友，25%的同学觉得上网能更快了解国内外新闻，25%的同学觉得网上的游戏很好玩，上网会影响学习、上网是无聊时的消遣方式等提法只有不到10%的同学认可，另外有20%的同学认为上网是目前的主流行为。

基于以上特点，我们认为通常企业针对青年市场主要以电视广告作为主要促销方式的做法对大学生市场而言效果并不明显。企业应该选择更贴近大学生的促销方式以增强互动和交流。

二、针对大学生市场的促销组合策略

各种促销方式有各自的优缺点，企业在制定促销组合策略时要对人员推销、广告、公共关系和营业推广等方式进行选择并搭配运用，使其成为一个有机的整体，发挥整体功能。

（一）以情动人、锁定目标市场的广告策略

现在的大学生是受到广告影响较大的一代人，对广告比较敏感，超过40%的大学生会尝试购买广告介绍的产品或直接根据广告选择所需产品，即使是坚持买自己平时喜欢的品牌、很少理会广告的品牌的忠实的大学生消费者，在品牌认知过程中也深深地受到广告的影响。

首先，广告策略要针对大学生的心理特点，在宣传中突出的年轻、有活力的形象要与消费者心目中的理想状况相近。其次，广告目标确定之后，要选择适当的媒体，把企业的信息传递给目标消费者。传统的媒体如电视、报纸都是大众媒体，传播面广，影响面也大，但是针对性略显不足。企业需要更贴近大学生消费者的广告媒体，直接将信息传递到目标市场。所以，企业应当重点考虑选择以下媒体广告。①互联网广告。新兴的广告媒体其成上低，针对性强。②校园内或附近的卖场POP广告。其主要形式有悬挂于天花板上的方条、店内旗帜、立式展示物、海报、特殊陈列架、特别布置物、特价标示牌等。由于POP广告布置在商店内外，它借助强烈的视觉传达效果，可以吸引路人进入店内，使顾客既能看到广告宣传又能见到实物。效果比较理想。③邮寄广告，即将印刷的广告物，如商品目录、商品说明书、订单、商业宣传单等通过邮政系统直接寄给目标大学生消费者。邮寄广告的显著优点是地理选择性和目标顾客针对性极强，提供信息全面，反馈快；缺点是可信度低，目标顾客为个人消费者，不能产生群体效应，成本也较高。大学生的集体生活正好可以降低邮寄广告影响力小的缺点，从而降低企业运营的成本。此外，企业可以采用电子邮件的方式传递信息，这种方式符合大学生的习惯，速度更快。

（二）激发热情、互动交融的活动策划

活动策划是企业开展公关活动最好的切入点。大学校园内现在的各类学生活动极为丰富，各种形式的竞赛、文体活动、讲座晚会和各类社团活动频频举行。这些活动吸引了大量学生参加，是企业进行产品宣传的很好时机。企业可以直接赞助学生活动，既有利于拉近企业与大学生消费者之间的距离，也有利于企业及其产品的扩大宣传，增强企业及其产品在大学生消费者中的认知度。一些特殊时机包括：新生入学、校运动会、毕业晚会等。企业还可通过策划参与性强的竞赛活动或娱乐活动吸引学生的参与。这样除了可打响商品的知名度以外，更可以增加销售，最后锻炼了学生的实践动手能力，容易取得学校的支持和鼓励学生参加。校内的营销活动最好具有延续性，得到大学生的认同。作为一项延续性活动，关键在活动主题的确定，要做到每次促销都有主题，活动主题既要新颖，与社会关注的热点相结合，又要与企业营销战略和定位相吻合，还要真正触及大学生的内心。只有这样才能既让大学生感兴趣、打动他们的心，又达到企业传播的目的。

（三）直入人心、刺激购买的营业推广策略

大学生由于经济状况的影响对价格比较敏感，也把购买到价廉物美的商品作为一种乐趣。营业推广策略是企业吸引忠诚消费者的有效手段，也是打动新顾客的主要方式，其方式多样，可灵活使用。企业常用的促销手段中最能为大学生接受的依次是降价促销、赠送礼品、有奖销售等。

1. 降价促销

降价由于办法简单，因此，在促销活动中，应用得最为广泛，但不能天天降价，一般最常见的有下列几种。一是将换季商品或库存较久的商品、滞销品或者外包装有破损的商品降价出售。二是在新店开张、传统节日、周年庆典时推出折扣商品。三是每周每月推出一款特价品，让消费者买到便宜又好的商品。四是批量价格优惠，这种方法一般用在使用频率较高的食品和日常生活用品上，对消费者批量购买商品时给予价格上的优惠，增加顾客一次性购买商品的数量。大学生可以以宿舍或班级为单位统一购买，获得优惠。降价促销容易引起消费者的购买增加，但可能影响顾客的忠诚度。

2. 示范宣传策略

利用大学生的求新求异消费心理，对于其不太熟悉的新商品，除了广告外，可专门在食堂前等学生聚集场所进行现场展示，演示商品的功能、使用方法，解答其提出的询问，制造活跃的气氛，激发消费者对新商品的兴趣。这种方式可以帮助缺乏商品知识和消费经验的大学生了解商品性能，引发即兴购买。同时，大学生受群体生活的影响易形成从众行为。关键是企业可以做好大学生群体中的“时尚消费者”和“意见领袖”的促销工作，通过他们的示范作用，来达到引导消费的目的。

3. 奖励活动促销

奖励活动促销是极有效果的促销活动，可在短期内对促销产生明显的效果，通常会使用有奖销售、集点赠送和以旧换新等方式。需要注意的是，活动的日期、奖品或奖金、参加资格、发奖方式等必须让消费者清楚，特别是中奖率不能低，以增强消费者的参与热情和信任感。

4. 免费试用和赠品

企业要迅速地向顾客介绍和推广产品，争取消费者的认同，可以设计免费品尝新包装、新口味的食品，或实行免费赠送、免费试用，鼓励顾客使用新商品，进而产生购买欲望。还可以设计一些带有企业形象标识的小礼品，如钥匙链、小卡通玩具等，在消费者购买一定数量商品时免费赠送。当消费者购买商品后，也可以附赠精美的包装。包装可以根据商品的形状及数量分别设计，可以是特别的包装盒或购物袋。

三、促销活动成功的基本要点

促销活动要取得成功需要企业慎重考虑和周密计划。企业需要了解竞争对手最新的促销意图以及与本公司有关的商品品牌的状况，并将反馈回来的信息加以综合分析，制定统一的促销方案。企业在针对大学生市场的促销活动中，必须掌握以下要点。

（一）树立以消费者为中心的促销新理念

企业应切实地把握消费者所关心的内容进行准确的市场定位，注重以消费者为中心的服务方式，突出“沟通”二字，站在消费者的立场上，以消费者的观点看待商品陈列、宣传及各项服务,为顾客最大限度地提供方便。

(二)促销活动的目的必须明确

企业每一次促销都有具体的目标,如刺激消费,宣传消费新观念、新生活方式以及与之对应的新商品等。这些目标是企业制定活动准则和评价促销效果的依据。

(三)根据企业的实力确定促销规模

首先要确定促销的规模,测算促销费用。这些必要的费用支出的大部分是用来进行刺激销售的,如折扣、赠物、降价等。这些费用支出要从销售额中得到补偿,所以促销活动方案的制定必须考虑企业的实际承受能力。

请你结合以上案例,总结分析:

1. 大学生消费市场促销策略所存在的问题有哪些?

2. 针对大学生消费市场促销策略所存在的问题,你有哪些具体的解决对策?

第十一章　市场营销新领域与网络营销

【本章重点】

1. 市场营销发展新领域的动向和特点。
2. 绿色营销、知识营销、关系营销、整合营销、体验营销的内涵与特征。
3. 网络营销的几种常用方法。
4. 网络营销在企业营销战略中的地位与作用。

【引例】

黑龙江首届网络达人直播大赛举行:劳动竞赛延伸到新就业形态领域

企业品牌全面推介、网红主播现场售卖、直播达人技能比拼……近日,由黑龙江省财贸轻工纺织工会、省绿色食品协会共同举办的第一届“龙江绿色食品品牌推广暨网络达人直播大赛”在哈尔滨举行。

据了解,此次大赛旨在推动劳动竞赛向非公企业和新就业形态领域延伸。竞赛将黑龙江省级优质农业品牌“黑土优品”与网红经济有效融合,用“展销推介+直播电商+绿色农产品”新模式,发掘并培育电商人才,提供更多就业机会,同时向全国推荐黑龙江特色食品,助力地方经济发展。

“正愁不会在网上卖货呢,工会组织的这次活动真是及时!”黑龙江省劳动模范、哈尔滨市阿城区刘氏黑蜂养殖场场长刘静波说,他们的产品很受当地消费者欢迎,但苦于找不到扩大销售范围的突破口。针对此类困扰,黑龙江博思品牌策划设计负责人金磊带领团队,从产品包装、专属品牌打造、网络销售技巧等方面为企业进行免费的专业指导和跟踪辅导。

北大荒集团汤原农场有限公司产业营销部副总经理赵晓娇说,这次带来的土鸡蛋、玉米糊、寒地大榛子等特色产品,不仅在网红的“加持”下大卖,也让他们学到了很多网络推广的技巧。

最终经过激烈角逐,3位主播夺得直播大赛的前三名。参与直播带货大赛的“网络达人”们还被授予“黑龙江绿色食品推广大使”称号。

（资料来源:工人日报）

深圳发力网络营销给力假日经济

“抢到券后,立即下单买了一台心仪的大疆无人机,另外还加购4组卡士酸奶,现在就等着快递到家。”(2022年)5月2日上午10点,90后晓铭在京东平台“拼手速”抢到满5 000减800和满100减50两张深圳消费券。她说,消费券叠加平台优惠,省了近千元。

“五一”假期进入第三天,在政府各类消费券、购置补贴等促消费“组合拳”带动下,深圳消费市场不断升温，各大商圈客流稳步恢复的同时，线上消费持续燃动。（2022年）5月1日上午10点，深圳通过京东平台发放首批购物消费券，迅速被抢空。

消费市场是经济运行的“基本平台”。数据显示，一季度，深圳限额以上单位通过互联网实现的商品零售额增长15.0%，占社会消费品零售总额比重提升至14.3%。

深圳正积极利用数字化、网络化等新营销、新工具，壮大新型消费，推动线上线下加速融合，为各类消费行业注入活力。深圳发放5亿元消费券的种类安排上，除了发放餐饮和文旅等消费券，促进实体消费回补，还通过在电商平台设立“深圳优品专区”，推广“深圳制造”产品，带动终端消费和工业制造的双重发展。

京东“深圳优品专区”覆盖电子、黄金珠宝、零食饮料等多个品类，华为、大疆、荣耀、创维、卡士等多个深圳品牌参与。来自京东的数据显示，（2022年）5月1日发券首日，消费券使用前两位为华为、荣耀，订单金额分别约为2 000万元、1 200万元。

此外，深圳紧抓“五一”假期消费旺季，推动线上消费提质增效。市商务局推动第四届双品网购节，组织天虹数科、美团优选、京喜、分期乐等10余家深圳各大电商平台、电商企业、品牌商家，通过开展一系列大力度、丰富多彩的线上促消费活动，同时推出沉浸式、体验式、互动式消费新场景，营造全城全渠道消费氛围，满足假期“深蹲”市民多元的消费需求。

从近期一系列促消费举措不难看出，深圳正聚焦新兴消费热点，深挖假日消费潜力，培育更多消费新业态、丰富假日活动新体验、提升假日经济影响力。多位业内人士在接受记者采访时表示，线上线下消费加速融合是大势所趋，需要找准着力点，发挥平台经济优势，赋能传统商贸，持续壮大新型消费，释放消费活力。

（资料来源：深圳特区报）

第一节　市场营销新领域

一、绿色营销

（一）绿色营销的概念

由于“绿色”一词有多种象征意义，从不同侧面对绿色营销概念的理解有所不同。从“绿色是自然之色、象征着环境保护”的角度进行描述，有学者认为，绿色营销是企业的一种经营哲学或一种行为观念，其中心含义是保护地球生态环境，打造人与自然、经济与生态环境的和谐关系，确保人类社会可持续发展。在这种意义上，绿色营销是指个体或企业在消费者利益、环境利益和自身利益有机统一的基础上，创造和发现市场机遇，采取相应的市场营销策略以满足顾客需求，并从中获得发展的过程。这种含义上的绿色营销有三条宗旨：一是节约材料耗费，保护资源；二是确保产品安全、卫生和使用方便，有利于人们的身心健康和生活品质提高；三是引导绿色消费，培养人们的绿色意识，优化人们的生存环境。从“永续经营”的角度来描述，有学者认为，绿色营销是指在经营中重视、充分利用并回收再生资源，使企业实现永续经营。其目的是求得企业、环境与社会和谐均衡共生。

从“绿色消费”的角度来描述，有学者认为，绿色营销是指以绿色观念为经营哲学，以绿色文化为企业价值观，以消费者的绿色消费为中心和出发点，通过制定和实施相应的营销策略，满足消费者的绿色需求，以实现企业的经营目标。

从管理科学的角度来描述，有学者认为，绿色是一个形象用语，泛指保护地球生态环境的思想或观念、计划、行动和行为等。绿色管理就是将环境保护的观念融于企业的经营管理之中，注重对生命、资源、环境的管理。企业实施绿色管理，要达到三个主要目标。

（1）资源利用最大化。企业通过集约型的科学管理，使所需的各种物质资源得到最有效、最大限度利用，使单位资源的产出达到最大、最优。

（2）废弃物排放最小化。企业通过实行以预防为主的措施和全过程控制的环境管理，使生产经营过程中的各种废弃排放物最大限度地减少。

（3）适应市场需要，产品绿色化。企业根据市场的需要，开发对环境、对消费者无污染和安全优质的产品。

以上三者相互联系、相互制约，资源利用得越充分，环境负荷就越小；产品绿色化，能够促进物资资源的有效利用和环境保护。

这三个目标的实现，最终使企业的发展目标与社会发展目标、环境改善协调同步，走上企业、消费者和社会可持续发展的三赢之路。实施绿色管理，要抓好以下几个关键环节：一是进行全员环境教育，树立绿色经营理念；二是建立企业环境管理新体系；三是大力推行清洁生产；四是开发符合市场需求的绿色产品。

还有学者从“利益相统”的角度来描述，认为绿色营销是指企业在市场营销过程中注重地球生态环境保护，促进生态与经济发展，为实现企业自身利益、消费者利益及社会利益三者的统一，对营销活动进行策划和实施的过程。

从“可持续发展”的内涵来描述，绿色营销观念的实质是强调企业在进行营销活动时，努力把企业的经济效益、环境效益与社会效益结合起来，尽量保持企业经营与人、自然环境和社会环境的和谐，不断改善人类的生存环境；尽量修正传统的非绿色消费和营销观念，不断完善整体产品的概念理论，开发货真价实的绿色产品，传播绿色文明。该观点认为，与可持续发展理论中的“生态持续”相比，绿色营销所要求的营销策略更具长远性、开放性和弹性，更加关注企业运作对自然生态环境所带来的正面与负面影响；并且通过全面倡导绿色观念，达到消费持续和企业经营持续，最终实现社会持续发展的目的。绿色企业的营销活动应以改善和提高人类的生活质量或品质，满足人类长远需要为目的，为促进社会公正、稳定、安全、文明、健康发展做贡献，并成为企业的自觉行动，这也是绿色市场营销观念的最终目的。

国内还有一些学者认为，绿色营销观念包括以下内容。

（1）要求企业在开展市场营销活动的同时，努力消除和减少生产经营对生态的迫害和影响，企业在选择生产技术、生产原材料、制造程序时，应尽量符合环境保护标准。

（2）在进行产品设计和包装设计时，应减少产品包装或产品设计所产生的剩余物，以降低对环境的影响。

（3）在分销过程中，应积极引导消费者在产品消费使用、废弃物处置等方面尽量减少环境污染。

（4）在产品售前、售中、售后服务中应注意节省资源，减少污染。

另有学者认为，绿色营销是指企业在营销活动中要体现“绿色”，即在营销中要注重对地球生态环境的保护，促进经济与生态的协调发展，为实现企业自身利益、消费者利益和社会利益以及生态环境利益的统一，对其产品、定价、分销和促销的策划与实施的过程。直观地说，就是把“无废无污”和“无不良成分”及“无副作用”贯穿于整个营销活动之中。

还有学者认为，绿色营销是指企业在整个营销过程中，充分体现环保意识和社会意识，向消费者提供科学的、无污染的、有利于节约能源和符合社会道德准则的商品和服务；并采用无污染或少污染的生产及销售方式，实现对生态环境和社会环境的保护与改善，确保消费者获得安全、卫生、方便、可靠的商品和服务，提高人们的生活质量，优化人类的生存环境。

绿色营销的概念还可以理解为企业以环境保护观念作为其经营哲学思想，以绿色文化为其价值观念，以消费者的绿色消费需求为中心和出发点，力求满足消费者绿色消费需求的营销策略的总称。

国外有学者认为，绿色营销是指运用营销工具实现企业目标及个人目标的方式，有利于保护、珍惜和爱护自然环境。绿色营销要求营销人员发挥更积极的作用，不仅要帮助人们意识到营销活动对自然环境的影响，更要鼓励人们参与实践，尽量减少有害于环境的消费活动及行为。

对绿色营销概念的理解，虽然从不同的角度有不同的表述，但其本质上是基本一致的。

广义的绿色营销是指企业营销活动中体现的社会价值观和伦理道德观，充分考虑社会效益，既自觉维护自然生态平衡，又自觉抵制各种有害营销。因此，这个意义上的绿色营销也指伦理营销。

狭义的绿色营销主要是指企业在营销活动中谋求消费者利益、企业利益与环境利益的协调，既充分满足消费者的需求，实现企业的利润目标，又充分注意自然生态平衡，实现经济与市场的可持续发展。因此，狭义的绿色营销又称为生态营销或环境营销。

(二)绿色营销的特点

绿色营销是指企业以环境保护为经营指导思想，以绿色文化为价值观念，以消费者的绿色消费为中心和出发点的营销观念、营销方式和营销策略。它要求企业在经营中贯彻自身利益、消费者利益和环境利益相结合的原则。

目前，西方发达国家对绿色产品的需求非常广泛，而发展中国家由于资金、消费导向、消费质量等方面的原因，还无法真正实现对所有消费需求的“绿化”。目前，发达国家已经通过各种途径和手段，包括立法等，来推行和实现全部产品的绿色消费，从而培养了极为广泛的市场需求基础，为绿色营销活动的开展打下了坚实的根基。以绿色食品为例，英国、德国绿色食品的需求完全不能自给，英国每年要进口该类食品消费总量的80%，德国则高达98%。这表明，绿色产品的市场潜力非常大，市场需求非常广泛，

绿色营销只是适应21世纪的消费需求而产生的一种新型营销理念，也就是说，绿色营销还不可能脱离原有的营销理论基础。因此，绿色营销模式的制定和方案的选择及相关资料的整合还无法也不能脱离原有的营销理论基础，可以说绿色营销是在人们追求健康、安全、环保的情况下所发展起来的新的营销方式和方法。

经济发达国家的绿色营销已经基本上形成了绿色需求—绿色研发—绿色生产—绿色产品—绿色价格—绿色市场开发—绿色消费为主线的消费链条。

1. 绿色营销以绿色消费为前提

绿色消费是人类消费需求的较高层次，在衣食住行等基本需求满足之后，消费者追求的是更健康、安全、清洁的生活环境，更高质量的生活环境，由此产生了绿色产品、绿色产业和

绿色营销。

2. 绿色营销以绿色观念为指导

与传统的营销观念相比,绿色营销观是企业营销观念由产品导向型转向顾客导向型基础上的又一次升华,它追求人类的长远利益与可持续发展,力求使经济发展目标同生态发展和社会发展的目标相协调,在研究自然环境与企业市场营销的相互作用时,具有鲜明的"绿色"特征。

3. 绿色营销以绿色科技为保证

绿色科技促进了绿色产品的开发,绿色产品的绿色程度体现在其生命周期的各个阶段,包括产品的设计,原料的获取,产品的生产、使用、销售和服务,以及废弃产品的回收及重用过程。对企业来说,发展绿色产品和绿色产业是其发展的必然选择。

4. 绿色营销倡导绿色的法律制度

在激烈的市场竞争中,绿色营销倡导健康的竞争机制,将消费者利益、企业自身利益、社会利益等结合起来,并遵循社会道德规范,实现企业社会责任。政府规范立法程序,制定企业实施绿色营销的政策,对企业绿色营销的实施起约束、监督的作用。企业在营销过程中应全面考虑以保护环境为主要内容的绿色因素,以期维护全社会的长远利益。

二、知识营销

(一)知识营销的概念

随着知识经济时代的到来、科学技术的日新月异,全球经济一体化趋势迅速加强,使知识和信息逐渐成为生产的基本要素。在这种背景下生产出的产品,知识量大,信息丰富,功能多,使用复杂。而广大消费者却不具备识别自己需求的能力和商品的相关知识,从而渴望通过一种快捷、有效的途径熟悉和掌握所购或欲购商品的性能、选购方法、使用和保养等知识。消费者因知识局限性而产生的新的深层次的需求,为知识营销创造了一个广阔的潜在市场。知识营销是营销创新的一项重要内容,是知识经济社会环境下应运而生的一种新的营销方式。

有的学者对知识营销做过这样的定义,认为知识营销是以创新产品为对象,以品牌为基石,以知识技术为媒体的营销理念,是一种不断向市场推出科技创新产品,并以科技知识为媒介强化创新产品的认知、使用、维护的全过程的营销活动。

知识营销是一种有效的市场竞争手段,它倡导"以知识推动营销,以知识赢得顾客,以知识培育市场"的理念,通过产品技术的创新和知识资本的积累,开展企业营销战略管理。

(二)知识营销的特点

(1)在营销思路上,知识营销以创造未确定的市场为目标,是一种外向型的营销模式;传统营销将占有已确定的市场为目标,是内向型的营销模式。

(2)知识营销以科普为先导,以知识拉动需求,培育和创造市场。相对于传统营销,知识营销更注重对消费者的引导,更注重通过供给来创造需求。

(3)知识营销的营销手段呈现信息化、科技化的特性,由此使得营销实施过程中的许多环节发生变化,形成新的营销格局。信息技术使得邮购营销、网络营销等新的营销手段不断出现,使消费者与企业之间一对一的沟通成为可能。

(4)知识营销以创新为核心。首先是市场理念的创新,企业的营销观念从过去那种满足顾客需求转变到利用知识创造顾客需求,变被动为主动;其次是市场占有观念的创新,关注的重点从市场份额的作用转向了企业主导市场的能力;再次是消费沟通的创新,传统的营销活动只停留在产品—消费者的表层上,企业只关心将产品推销到更多的消费者手中,知识营销更注重与消费者进行心与心的沟通,使消费者在购买产品的同时,获得与产品有关的知识技能,受到相关文化的熏陶,从浅层沟通转向深层沟通;最后是资源观念上的创新,新经济时代,市场已进入了微利时期,依靠内部资源,企业已难以获得成功,企业必须逐步建立知识供应体系,实施知识营销战略,提高营销效益。创新是企业在知识经济时代立于不败之地的根本途径,只有创新才能实现企业、社会、消费者利益的和谐统一。

三、关系营销

关系营销(Relation Marketing)是由美国市场营销学家杰克逊在20世纪80年代中期提出的,它以科学的理论和方法为指导。

关系营销将企业置于社会经济大环境中来考察企业的营销活动,认为企业营销是一个企业与消费者、供应商、分销商、竞争者、政府机构及其他公众发生互动的过程。关系营销以系统论为基本理想,以建立和发展同利益相关者之间的良好关系为核心,它强调企业要加强与各方在经济、技术及社会等方面的联系和交往,致力于建立长久、稳定、和谐的客户关系网。

关系营销具备以下几个基本特征。

1. 关系营销是一个双向的信息沟通交流过程

关系营销主体应主动与其他关系方接触和联系,相互沟通,交流情况,主动为关系方服务和解决问题,如企业通过向顾客有效地传递信息,满足顾客的需求,达到维系顾客的目的。

2. 关系营销是以协同为基础的战略过程

关系营销强调与利益相关者(即顾客、分销商、供应商、竞争者等)建立长期的、彼此信任的互利的关系,使企业从追求单方利益最大化转向追求各方利益的最优化。

3. 关系营销是以互利为目标的营销活动

关系营销的发生基于买卖双方相互之间利益上的互补,企业要进行关系协调,首先要了解双方的利益需求,寻求双方利益的共同点。营销关系双方依据经济发展规律,在市场上公开、公正、平等地进行等价交换,彼此建立起相互信赖、互惠互利的合作关系,并努力使双方的共同利益得到实现。

4. 关系营销是利用控制反馈的手段不断完善产品和服务的管理系统

通过建立以反馈为职能的管理系统,关系营销可以对企业的营销活动作出定性和定量的分析,及时掌握顾客、分销商以及营销系统中参与者的信息,了解环境的动态变化,为企业挖掘新的市场机会。

四、整合营销

(一)整合营销的基本内涵

整合营销又称"整合营销传播"(Integrated Marketing Communication, IMC),兴起于商品经济发达的美国,是一种实战型极强的操作性策略。1995年,保斯蒂安·楚德(Paustian Chude)首次提出了整合营销概念,他认为整合营销就是"根据目标设计企业的战略,并支配企业各种资源以达到企业目标"。菲利普·科特勒在《营销管理》一书中从实用主义角度揭示整合营销实施的方式,即企业里所有部门都为了顾客利益而共同工作。这样,整合营销就包括两个层次的内容:一是不同营销功能——销售、广告、产品管理、售后服务、市场调研等必须协调;二是营销部门与企业其他部门,如生产部门、研究开发部门等职能部门之间必须协同。

整合营销是欧美20世纪90年代营销传播界以消费者为导向的营销理念的具体体现,它的基本思想是以顾客需求为中心,通过企业营销工具和手段的有机结合,使产品价值链上的所有部门和企业都一致服务于顾客的利益,最大限度地满足消费者的需求。

(二)整合营销的特点

(1)整合营销以服务顾客为宗旨,使每一位顾客都能体验到企业高效、优质、一致的服务。它把消费者贯穿于整个营销传播活动的每一个环节,并实现与消费者的双向沟通。

(2)整合营销以系统化思想做指导,将整个营销沟通作为一个系统,对其进行计划、协调和控制。不仅关心局部,更注重全局,考察所有行动与方案的效果,使得营销资源在营销工具间得到最优配置,提高企业的组织管理水平。

(3)整合营销理念引入了整体观与动态观,要求企业用动态的观点看待市场,认清企业与市场之间的互动关系,并根据市场的变化及时调整发展战略。企业内部所有部门都应当相互配合,竭诚协作,形成一个紧密团结的整体。

五、体验营销

(一)体验营销的定义

体验营销是指企业通过让消费者亲身参与,通过看、听、触摸、使用的方式来刺激并调动消费者的感官和情感,从而满足消费者体验需求的一切营销活动。其主要的研究内容是如何在充分了解消费者内心期望的基础上,综合利用现代科技、美学、文化、自然风貌等多种手段营造良好的体验氛围和丰富的体验内涵,从而给消费者带来具有震撼性和冲击力的亲身体验。

总的来说,体验的形式可以划分为以下五种类型。

1. 知觉体验

企业通过视觉、听觉、触觉、嗅觉、味觉等使消费者获得良好的体验感受,从而增进对产品的认知,加深消费者对产品的正面印象,使其留下强烈的产品记忆。

2. 思维体验

企业以意想不到的创意表达对消费者进行精神层面的刺激,引起消费者情绪和思维上的变化,如惊讶、喜悦等,也可以是引发消费者对某一类话题的思考、启迪等;通过给予消费者思维上的冲击,在表达自身价值观的同时,树立品牌个性和品牌形象。

3. 行为体验

行为体验使消费者学习到另一种处理事务的方法,使消费者接触到更多的生活形态,从而引导消费者的生活观、价值观等。

4. 情感体验

企业以感性诉求的方式与消费者进行沟通,其关键是对消费者内在情感和情绪的把握,让消费者参与对爱情、友情、亲情等多种情感的诠释中,以情动人,使消费者在情感体验中产生共鸣。

5. 相关体验

消费者通过体验企业产品，达到自我改进的目的，并获得他人的认同，从而使消费者将企业与自我成功联系起来，进而建立品牌偏好。

（二）体验营销的特点

近年来，居民的收入水平迅速提高，生活品质也得到了极大提升。根据马斯洛的需要层次理论，此时消费者会更多地关注精神层面的享受而非单一的物质层面消费。对于心理上的效益的看重，导致消费者的价格敏感度进一步降低，而体验营销的几大特点正好可以满足消费者在这方面的需求。

1. 消费者主动参与

体验营销必须要有消费者的主动参与和配合，这也是体验营销区别于其他营销方式的重要特征。如果消费者没有主动参与的欲望，体验就变成了强迫，无法使消费者获得良好的参与体验。同时，消费者的积极性也与体验的质量密切相关。一般来说，主动参与性越高的消费者，越能获得正面积极的体验感受；而不够主动的参与者，则往往不会获得丰富的体验。

2. 消费者体验需求是关键

随着商品经济的不断发展，消费者在关注产品质量的同时，更看重在整个消费过程中获得良好的体验感受和体验的满足。在这一前提下，企业应当充分了解消费心理和体验需求，以消费者的体验需求为中心，设计各种购买服务流程和购买体验流程，使得消费者获得购买过程中的体验满足。

3. 感性与理性相结合

消费者并不总是时刻理性的。在体验营销的观念中，消费者是一个既理性又感性的综合体。因此，体验营销倡导的直接参与能够更好地与消费者建立情感上的联系，从而打动消费者，使其作出购买决策。

第二节　网络营销

【案例 11-1】

提升制造业企业网络营销能力　山东优选千家企业打造千个电商“爆款”

为进一步提升制造业企业网络营销能力，加快融入“双循环”新发展格局，山东确定开展“山东制造·网行天下”——“千品竞发、千企千亿”活动，全省优选 1 000 家企业，打造 1 000 个适用于电商市场的爆款产品，力争到 2022 年带动线上累计交易额突破 1 000 亿元。

“千品竞发、千企千亿”活动重点围绕通用装备、机械配件、纺织服装、家装建材、劳保用品、电力电缆、食品等产业领域及特色产业集群，在报名市场主体中优选 200 家瞪羚企业、300 家“专精特新”企业和 500 家左右其他市场主体。

服务机构和专家将对入选企业的产品进行诊断，为每家企业选取或设计一款适合电商平台推广的产品，“一企一策”制定网络营销方案，开展电商运营新模式培训，帮助建立网络营销专业运维团队,推动企业实现网络营销快速转型。

入选企业将与知名电商平台展开线上线下对接,举办直播订货会、山东超级工业城——采销对接大会、山东制造大店等活动,获得开通综合性店铺旗舰店权限、首页固定展示、活动引流、直播流量引导、优先推送等平台流量支持。山东省普惠中小企业公共服务中心(省中小企业公共服务平台)将成立"千品竞发、千企千亿"专项工作组,组织阿里巴巴、泰途千朗等专业电商服务机构,开展项目运营、企业甄选、营销策划、服务咨询等,负责活动的具体实施。省级将通过流量券补贴等方式,提升活动热度及影响力。每年在销售规模、成长性、品牌影响力等多维度方面成效突出的企业和特色产业集群,将获得奖励或重点支持。

(资料来源:大众日报)

21 世纪人类进入了数字化时代,全球范围内掀起了应用互联网的热潮,各大公司及企业积极利用网络技术来变革企业的经营理念和管理方法。网络营销正是适应网络技术的发展而产生的,它一出现便显示出巨大的发展潜力。

一、网络营销的概念

网络营销是企业整体营销战略的一个组成部分,是建立在互联网基础之上,借助互联网的特性来实现一定营销目标的一种营销手段。它以现代营销理论为基础,利用互联网的技术和功能,最大限度地满足客户需求,以达到开拓市场、增加盈利的目标的经营过程。网络营销的实质是利用互联网对产品的售前、售中、售后各环节进行跟踪服务,它自始至终贯穿在企业经营的全过程。

网络营销在英文中有多种表达方式,每种表达方式都有相应的侧重点和内涵,如"internet marketing"强调的是以互联网为工具的市场营销;"web marketing"指网站营销,着重于网站的推广,站点与顾客的沟通;"cyber Marketing"指网络营销是在虚拟的计算机空间进行运作;"e-marketing"指与电子商务(e-business)相对应的电子化、信息化、网络化的营销活动。现在常用的翻译方式是"online Marketing"和"internet Marketing",且专指国际互联网营销。

二、网络营销的特点

目前,互联网正迅速渗透到社会政治、经济、文化各个领域,进入人们的日常生活,并带来社会经济、人们生活方式的重大变革,为企业营销带来新的契机,越来越多的企业认识到互联网对企业经营发展不可替代的重要作用。作为一种全新的营销方式,网络营销具有传统市场营销方式不可比拟的优越性,这客观上决定了网络营销必然具有强大的生命力,也必将成为 21 世纪企业营销的主流、全球企业竞争的锐利武器。

(一)与国际市场的距离缩短

互联网覆盖全球市场,通过它企业可方便快捷地进入任何一国市场,推销自己的产品和服务,网络营销为企业架起了一座通向国际市场的通道。由于网络的开放互联性质,通信实现了信息全球化,网络可以到达一般渠道无法到达的地方。通过互联网,企业可以发现世界各个角落的潜在顾客,企业的潜在顾客也可以轻松且低成本地了解企业的资料并达成交易。因此,网络营销为企业提供了选择范围最大的全球化市场。

(二)减本增益

企业通过互联网进行商品的买卖,使其业务在一种"虚拟市场"的网络环境下进行,节省了营销与渠道成本,使企业具有低成本的竞争优势。网络营销加强了企业与供应商的信息交流,降低了采购成本;建立了企业与消费者之间的直接联系,减少了交易环节及销售费用;完成了企业内部信息的共享和交流实时化,实现统一管理,降低了管理成本;网络营销使企业和消费者即时沟通供需信息,使无库存生产和无库存销售成为可能,从而降低库存成本。

(三)信息沟通高效便捷

网络就是信息高速公路,企业可以借助网络多方面收集顾客的需求信息,尤其是个性化的信息,迅速地作出反应,同样也可以通过网络平台把产品或服务传递给消费者,这些信息传递不仅数量大、迅速和快捷,而且几乎不受时间和地点的限制。以网络为媒体的信息内容十分丰富,网络虚拟市场的信息往往是多媒体形式的,不仅有产品和价格信息,还有相关的知识文化信息。

(四)消费者的选择空间大

在互联网上,消费者可以根据自己的需求在全球范围内不受地域和时间限制,快速寻找满意的产品,并进行充分比较,以节省交易时间与交易成本。此外,互联网还可以帮助企业实现与消费者的一对一沟通,便于企业针对消费者的个别需求,提供具有特色的个性化服务。

(五)竞争更公平

网络为企业提供了一个真正平等、自由的市场体系,使其具有面临消费者的机会和获取世界各地信息的机会,竞争在网上变得透明而清晰,信誉成了网上竞争新的焦点。来自消费者的信任,绝不会因为是商业巨子还是无名小卒而有所差别。任何企业都不受自身规模的绝对限制,都能平等地获取世界各地的信息,平等地发展自己。利用互联网,中小企业只需花极小的成本,就可以迅速建立起自己的全球信息网和贸易网,将产品信息迅速传递到以前只有财力雄厚的大公司才能接触到的市场中去。因此,网络营销成为刚刚起步且面临强大竞争对手的中小企业的一个强有力的竞争武器。

三、网络营销的常用方法

(一)搜索引擎营销与搜索引擎优化

1. 搜索引擎营销(SEM)

用户通过网站获取信息有两种主要方式:直接通过网址访问和通过搜索引擎查询。其中,用户搜索信息的过程就为搜索引擎营销提供了机会。

所谓搜索引擎营销,就是当用户利用搜索引擎进行信息搜索时,在搜索结果中展示的信息获得用户的关注,并且吸引用户通过点击搜索结果链接到网站,获取更详细的信息,从而实现网站或产品的推广。例如,用户通过搜索引擎检索“生日礼物送什么好”,这很可能表明该用户希望通过搜索引擎了解有关生日礼物的介绍或推荐作为购买决策的参考。在这样的搜索结果页面出现的企业/网站信息,如果获得了用户的关注和点击,就意味着企业/网站通过搜索引擎实现了推广的目的。

2. 搜索引擎优化(SEO)

搜索引擎优化(Search Engine Optimization, SEO),从表面的含义来看,就是让网站更容易被搜索引擎收录,并且当用户通过搜索引擎进行检索时在检索结果中获得好的排名,从而达到网站推广的目的。这是对搜索引擎优化的初级认识,但这样的认识不仅不够全面,而且很容易引起争议。因为许多从事搜索引擎优化的人员专门针对搜索引擎的规则缺陷对某些关键词进行排名,这不仅干扰搜索引擎检索排名的公正性,而且对用户通过搜索引擎获取信息形成误导,也损害了搜索引擎服务商的利益。

真正意义上的搜索引擎优化应该是按照规范的方式,不仅网站设计要符合搜索引擎信息的一般规律,更重要的是为用户通过搜索引擎获取信息提供方便,让用户最终可以通过网站获取有价值的信息,通过以用户为核心的网站优化指导思想进行网站基本要素的优化设计,最终实现基于搜索引擎自然检索方式的网络营销目的,达到提升网站访问量、产品推广、获得潜在用户的效果。

作为网络营销的一种手段,搜索引擎优化的根本目的是让用户利用搜索引擎这种互联网工具获取有效信息。总而言之,搜索引擎优化是网站优化的组成部分,是通过对网站栏目结构、网站内容、网站功能与服务、网页布局等网站基本要素的合理设计,使得用户更加方便地通过搜索引擎获取有效的信息。

(二)网络营销导向的企业网站研究

企业官方网站是构建企业官方网络营销信息源的主要平台之一,也是企业网络营销的核心资源。在以企业网站为基础的网络营销体系中,企业网站的建设、维护、推广、运营管理的成败关系到企业网络营销的成败。

1. 创建网站

对于大多数企业来说,网络营销的第一步是创建网站。最基本的类型是企业(或品牌)网站。设计这些网站的目的是形成顾客信誉、收集顾客反对意见和对其他销售渠道进行补充,而不是直接销售产品。典型的这类网站会提供各种丰富的信息和其他功能,以便尽量回答顾客的提问,建立更紧密的顾客关系,培养顾客对企业或品牌的好感。

比如,消费者不能在宝洁品牌网站上购买产品,但是可以了解如何使用污渍清除棒(包括视频演示),观看最新的广告,与其他人分享“Tide To Go!”有关的故事。联合利华的网站不销售多芬产品,但为那些有兴趣从事女性自尊事业的人提供了一个地方,分享想法、观看广告和恶搞视频,比如“多芬的进化”或“猛攻”,以及下载自尊测评工具和规范手册。她们甚至可以注册参加免费的培训,接受指导,成为一位多芬女孩真正美丽工厂的助手。这些网站曾经被当作数字“弹出广告”而被置之不理,现在吸引了大量的消费者,与那些华丽的消费者网站甚至传统的大众媒体展开了竞争。

还有一些企业创建营销网站。这些网站吸引消费者进行互动,促使他们直接购买产品或取得其他营销成果。比如, SonyStyle.com 的访问者可以在几十种索尼产品中进行搜寻,了解更多具体的产品,阅读专家对产品的评价。访问者可以查阅最近的热点交易,进行在线订购和信用卡支付,所有这些都只需点击几下鼠标。

MINI USA 经营了一个营销网站 www.MINIUSA.com。如果潜在顾客点击进入,厂商就会立刻询问他是否购买汽车,并请求与他建立长期关系。该网站提供大量的有用信息和互动的销售属性,包括展示 MINI 最新车型的详细、有趣的介绍,设计专属的 MINI 汽车工具,提供销售商的地址和服务信息,甚至是提供对一辆 MINI 车从工厂到递送的一系列过程进行跟踪的工具。

2. 设计有效的网站

除了简单的创建一个网站,企业必须设计具有吸引力的网页,并想方设法吸引顾客访问、浏览并经常登录。为了吸引访问者,企业通过线下印刷品和广播广告,以及通过其他网站的广告和链接大力地推广其网站。但是,今天的网民会很快地抛弃那些不合格的网站。创造足够价值和刺激体验的关键因素是让访问网站的消费者在此逗留并再次访问。这意味着,企业必须持续更新他们的网站以保持其时尚、新鲜和有用。

关键的挑战就是设计一个让人第一眼看到就会被吸引并足够有趣、让人想再次访问的网站。许多营销者创建的网站五彩缤纷、生动精致,结合了文字、声音和具有吸引力的动画。一位专家建议,为了吸引新的访问者和鼓励再次访问,网络营销应该关注网站设计的 7 C 原则。

(1)组织(Context):网站布局和设计。

(2)内容(Content):网站包含的文字、图片、声音和视频。

(3)社群(Community):网站使用者之间的沟通方式。

(4)客制化(Customization):为不同使用者提供量身定制的网站或允许使用者个性化转化其网页的能力。

(5)沟通方式(Communication):网站提供的"网站到使用者""使用者到网站"或双向沟通的方式。

(6)连接(Connection):网站被其他网站链接的程度。

(7)商业(Commerce):网站进行商业交易的能力。

为了保证顾客的再次访问,企业需要围绕另外一个"C"——持续更新(constant change)进行设计。

一个网站至少应该便于使用、外观专业以及形式上具有吸引力。但是,网站最终还必须是有用的。提及网上冲浪和网上购物,大多数人重视网站实际内容而非网站样式,重视网站功能而非华丽的外表。因此,有效的网站包含深入和有用的信息、帮助购买者发现和评估感兴趣的产品的互动工具、与其他相关网站的链接、不断更新的促销优惠和令人愉悦的娱乐特征。

(三)网络广告

网络广告是常用的网络营销方法之一,主要价值表现在品牌推广、网站推广、销售促进、在线调研、顾客关系及信息发布六个方面。网络广告策略既可以独立采用,也可以与其他网络营销方法相结合,网络广告是网络营销内容体系中不可缺少的组成部分。网络广告涉及的内容非常广泛,如网络广告设计、网络媒体投放策略、网络广告效果监测等。网络广告本身自成体系,成为网络营销中一个相对完整的分支。

下面以表格的形式对比介绍各种网络广告的形式及其特点,如表 11-1 所示。

表 11-1 主要网络广告的形式及其特点

形式	网络广告的作用及其特点
展示性广告	在网页上以静态和综合超链接的方式展示企业广告内容或者企业形象等的网络广告形式。该广告形式是出现最早、最传统而且多年来一直具有较高市场份额的网络广告形式,其主要作用在于提升企业品牌形象和企业品牌知名度
赞助式广告	赞助式广告的形式多种多样,如内容赞助、节目赞助、节日赞助以及活动赞助等。该广告形式主要是为了提高企业形象或者扩大产品知名度
分类广告	一般分类广告都放置在专业的分类广告网站或者是综合性网站开设的相关频道或栏目,主要借助平台的大流量吸引更多消费者关注企业。由于分类广告按照主题分类,消费者可以自主选择感兴趣的主题,因此不容易在心理上让消费者排斥
引导式广告	主要指广告服务商向广告客户提供与广告客户相关的客户购物查询要求或者消费者的信息(如地理位置、联系方式以及行为方式)的广告。这部分网络广告收入一般以消费者的行动如消费者应用、浏览、参与(如抽奖)或者注册作为广告客户支付广告服务商费用的依据。该广告形式对对投资回报率 ROI 有要求的企业比较有吸引力
邮件广告	利用企业的客户电子邮件资源或者第三方电子邮件列表,将各种形式的广告以直接发送广告邮件或者将广告内容搭载进新闻邮件、订阅期刊或者软件升级等形式发送给邮件所属人。该广告形式针对性较强,费用低廉,广告内容可以个性化定制
富媒体广告	富媒体并不是一种具体的媒体形式,而是指具有动画、声音、视频或交互性的信息传播方法,包含下列常见的形式之一或者几种的组合:流媒体、声音、Flash,以及 Java、JavaScript、DHTML 等程序设计语言。富媒体可应用于各种网络服务中,如网站设计、电子邮件、弹出式广告、插播式广告等。富媒体在多样性和互动性等方面也有显著的优势。因此,富媒体广告的点击率明显比其他网络广告形式的点击率高
搜索引擎广告	搜索引擎广告包括了关键词广告和网站优化两个方面的内容。由于搜索引擎广告是在客户作出搜索行为时依据客户的个性化搜索需求显示的网络广告,不仅广告的针对性显著且广告转化率也相对其他网络广告形式更高,被业界认为是性价比较高的网络广告形式之一。因此,该网络广告形式近年来一直占据网络广告市场的主要地位
数字视频广告	数字视频广告采用数码技术将广告以视频的形式展现在互联网上,可以是在网页上投放的视频广告,也可以是在网络视频分享网站等多种流媒体上投放的视频广告。该广告具有表现形式新颖且感官冲击力强、内容丰富、互动性强、实时信息更新快等优点,不仅带给客户记忆深刻的新奇体验,也可显著提高客户的眼球吸引力和心理占有率

随着互联网应用模式及用户上网行为的演变,网络广告的形式也将不断发展变化,应用于社会化网络及无线设备的新型网络广告模式将不断涌现,如多种形式的微博广告、在线百科、微信广告、手机客户端广告、移动网络广告等。

(四)E-mail 营销

E-mail(电子邮件)营销是最早的网络营销方式之一,尽管电子邮件的使用率受到即时信息及微博等互联网服务的影响,但到目前为止,E-mail 营销仍然是网络营销信息传递的有效方式之一,也是常用的顾客服务手段之一。

按照发送信息是否事先经过用户许可来划分,E-mail 营销可分为许可 E-mail 营销(Permission E-mail Marketing, PEM)和未经许可的 E-mail 营销(Unsolicited Commercial Marketing, UCE)。未经许可的 E-mail 营销也就是通常所说的垃圾邮件,正规的 E-mail 营销都是基于用户许可的。本书所讲的 E-mail 营销指许可 E-mail 营销。

E-mail 营销是在用户事先许可的前提下,通过电子邮件的方式向目标用户传递有价值信息的一种网络营销手段。E-mail 营销强调三个基本因素:基于用户许可、通过电子邮件传递信息、信息对用户是有价值的。三个因素缺少一个,都不能称之为有效的 E-mail 营销。

开展 E-mail 营销的基础之一是拥有潜在用户的 E-mail 地址资源。这些资源可以是企业内部所有(内部列表)的,也可以是合作伙伴或者专业服务商所拥有(外部列表)的,因此 E-mail 营销的重要内容之一就是用户邮件地址资源的获取而有效管理及应用。

在 E-mail 营销活动中,内部列表和外部列表 E-mail 营销过程也存在一定的差异,表 11-2 对两种列表 E-mail 营销的过程进行了简单的比较。

表 11-2 内部列表和外部列表 E-mail 营销过程的比较

E-mail 营销的阶段	内部列表 E-mail 营销	外部列表 E-mail 营销
(1)确定 E-mail 营销的目的	需要在网站规划阶段制定,主要包括邮件列表的类型、目标用户、功能等内容。一旦确定,具有相对稳定性	在营销策略需要时确定营销活动目的、期望目标。每次 E-mail 营销活动的目的、内容、形式、规模等可能各不相同
(2)建设或者选择邮件列表技术平台	邮件列表的主要功能需要在网站建设阶段完成,或者在必要的时候为网站增加邮件列表功能,也可以选择第三方的邮件列表发行平台	不需要企业自己建设和维护邮件发行系统,由服务商提供
(3)获取用户 E-mail 营销地址资源	通过各种推广手段,吸引尽可能多的用户加入列表。邮件列表用户 E-mail 地址资源属于企业的营销资源,发送邮件不需要额外支付费用	不需要自己建立用户资源,而是通过选择合适的 E-mail 营销服务商,在服务商的用户资源中按照一定条件选择潜在用户列表。一般来说,每次发送邮件均需要向服务商支付费用
(4)E-mail 营销的内容设计	在总体方针的指导下来设计每期邮件的内容,一般为营销人员的长期工作	根据每次 E-mail 营销活动需要制作邮件内容,或者委托专业服务商制作
(5)邮件内容发送	利用自己的邮件发送系统(或者选定的第三方发行系统),根据设定的邮件列表发行周期按时发送	由服务商根据服务协议发送邮件
(6)E-mail 营销效果跟踪评价	自行跟踪分析 E-mail 营销额效果,可以定期进行	由服务商提供专门的分析报告,可以是邮件发送后的实时在线查询,也可能是一次活动结束后统一提供的监测报告

(五)微博营销

【案例 11-2】

“葡萄妹妹”陈莉瑾:在田间地头书写精彩

作为全国“一村一品”示范村,位于福建省宁德市福安市赛岐镇的象环村是闽东葡萄大面积种植的发源地,被誉为“南国葡萄之乡”,这里的葡萄种植面积达 2 350 亩(约合 1.57 平方千米)。

陈莉瑾毕业后不久,就回乡从事葡萄种植与销售。但第一次从福州市场卖完回家,她哭了。那日,她的葡萄没卖完,第二天由于新鲜度的流失,一筐葡萄最终只能以 5 元的价格贱卖。

身为“90后”的陈莉瑾，第一次深刻体会到父亲种植葡萄的不易。她这才发现，尽管象环葡萄早已名声在外，但家乡的果农们依旧在“苦等”收购，“好果”并不意味着就能卖出“好价”。

彼时，恰逢微博等网络社交媒体逐渐兴起，陈莉瑾想，何不借助微博的“朋友圈”卖葡萄？这样不仅能扩大销售区域，还能通过订单数合理安排采摘，保证水果的新鲜度。她马上结合社交媒体的特点，在葡萄丰收前以“直播”形式“晒”出葡萄各个生长阶段的情况。独特的营销方式吸引了众多博友，也带动了她家的葡萄销售。微博营销第一年，她就卖出了200多箱葡萄，翌年增至600多箱，第三年猛增到5 000多箱。

如今在福建福安，越来越多返乡创业大学生、青年等加入“新农人”行列，他们通过“互联网+农产品”打开葡萄产业的上行通道，当地涌现出多个葡萄营销专业村和电商专业村，形成了一支以“葡萄妹妹”陈莉瑾等为代表的农村电商微商队伍，电商销售额达3亿多元。和陈莉瑾一样同为“90后”返乡创业大学生的陈坛祥，如今在象环也通过葡萄种植圆了“致富梦”，他的专业合作社葡萄种植面积达270亩（0.18平方千米），年产量约300吨，正通过淘宝、微信等渠道销售，带领村民脱贫致富。

百里葡萄海，万民致富源。一批又一批“新农人”不断涌现，正续写着滴水穿石、久久为功的闽东精神。

（资料来源：福建日报）

常见的比较规范化的微博账户形式有以下几种。

1. 企业官方微博

官方微博是最基本的企业微博形式，即以企业官方信息发布的方式运营的企业微博。现在大多数网站及知名企业都开设了自己的官方微博，如当当网、携程旅行网、联想、海尔等。

2. 企业分支机构及职能部门微博

每一个部门、每一个产品、每一个网站、每一个品牌都可以开设自己的专属微博，这些在大企业中已经普遍采用，如中国电信客服、中国电信广东客服等。

3. 企业领导人微博

有影响力的企业领导人微博，对于企业微博营销具有十分重要的意义。像王石、任志强这样的地产大亨，只要随便发几条消息，即使没有提及企业的任何内容，其网络营销价值也不可低估。

4. 企业员工微博

每个员工都可以有自己的微博，甚至多个微博账户，如工作微博账户、个人生活与社交微博账户等。尽管员工微博账户的影响力可能无法与企业领导人相比，但由于多个员工的群体联动优势，企业员工微博仍然是微博营销不可忽视的重要力量。

5. 行业资讯微博

以发布行业资讯为主要内容的微博，往往可以吸引众多用户的关注，类似于通过电子邮件订阅的电子刊物（邮件列表）或者RSS（简易信息聚合）订阅之类，微博内容成为营销的载体，订阅用户数量决定了行业资讯微博的网络营销价值。

一般来说，微博营销包括以下六个基本步骤。

（1）选择用户数量大、有影响力、集中了目标用户群体的微博平台，在此平台上开设企业微博账号，获得发布信息的基本资格。

（2）完善微博账户设置，体现企业的基本信息，让别人通过微博简介等信息可以了解企业的基本信息并产生信任感，如品牌名称、核心产品、独特优势、与品牌相关的个性URL等。

（3）获得尽可能多的关注者（有些微博平台可能称之为粉丝、听众等），关注者的数量越多，企业微博信息获得关注和传播的机会越大，当然这不是一朝一夕之功，需要与微博内容建设一样付出长期不懈的努力。

（4）微博信息源创作及发布。与企业网站和博客的内容创建一样，有价值的微博内容是微博受到用户关注的基础，这是一项持久的、连续的工作，保持微博的持续更新以及用户关注是微博营销的基本功。

（5）充分利用微博平台的各种网络推广机会营造企业微博营销环境，如关注并参与各种热点活动、发起各种活动与微博用户进行互动等，都有利于进一步扩大微博的影响力并不断积累更多的用户资源。

（6）将病毒性营销的原理应用于微博活动中，通过微博用户网络资源放大微博传播效应，如获得影响力较大的用户转发、引发多数用户的共鸣而使其自愿转发等。

一个人发几条微博并不难，难的是长期坚持不懈地将微博当做互动营销工具持续地运转，浅尝辄止无法体现微博营销的价值。相对于一般规模的企业网站，企业微博的运营难度可能更高，因为要保持信息的实效性和微博运营人员的互动性等，就需要付出更多的精力。

（六）移动营销

在我国互联网的发展过程中，PC互联网（即传流互联网）已日趋饱和，移动互联网却呈现井喷式发展之势。截至2014年4月，我国移动互联网用户总数达8.48亿户，在移动电话用户中的渗透率达67.8%；手机网民规模达5亿，占总网民数的八成多，手机保持第一大上网终端地位。5G技术的不断完善，给移动商务带来新的发展机遇的同时，也为移动营销的发展提供了更好的保障。

美国移动营销协会（American Mobile Marketing Association，MMA）对移动营销的定义是：利用无线通信媒介作为传播内容、进行沟通的主要渠道所进行的跨媒介营销。移动营销的目的主要是增大品牌知名度、收集客户资料数据、增大客户参加活动或者拜访店面的机会、改进客户信任度和增加企业收入。

移动营销（Mobile Marketing）也称无线营销，是一种新型的关系营销，指面向移动终端（手机或平板电脑）用户，在移动终端上直接向分众目标受众定向和精确地传递个性化即时信息，通过与消费者的信息互动达到市场营销目标的行为。

移动营销是在强大的云端服务支持下，利用移动终端获取云端营销内容，达到“一对一”的互动营销目的。移动营销是互联网营销的一部分，它融合了现代网络经济中的“网络营销”（Online Marketing）和“数据库营销”（Database Marketing）理论，为各种营销方法中最具潜力的部分。移动营销包括多种形式，例如短信营销（Short Message Service）、彩铃营销、彩信营销、声讯营销、流媒体营销、基于APP的营销、移动搜索营销、蓝牙/红外线营销、移动游戏营销等等。

一般来说，移动营销在实施的过程中需要注意的问题表现在以下三个方面。

（1）制作富有创意的APP。与消费者沟通最有效的方式之一是进驻用户的桌面，企业可以制作富有创意的手机客户端，通过广告平台等渠道进行曝光，让用户下载并且持续使用。

（2）充分发挥移动设备的互动、分享功能。移动设备的一大特性是随时随地可以进行互动和分享，消费者一旦认可广告方案，就会主动地分享给好友，使广告主达到病毒式营销和口碑营销的目的。

（3）让用户获得真正的实惠。只有让用户在参与营销的过程中获得真正的实惠，才会更好地激发用户互动、分享的欲望。以天翼院线通为例，用户使用院线通订购电影票，不仅可以以优惠的价格购票，还可以免去排队购票的麻烦，甚至能够使用APP选择座位。

四、网络营销策略

尽管网络营销具有很强的竞争优势，但并不是每个公司都适合进行网络营销，公司能否实施网络营销要考虑公司的业务需求、目标规模、顾客购买状况、技术支持等。开展网络营销时，仍以4P（产品——Product，价格——Price，渠道——Place，促销——Promotion）为主体，同时贯彻4C（消费者——Consumer，成本——Cost，便利——Convenience，沟通——communication）思想。

（一）网络营销产品策略

网络营销是在网上虚拟市场开展的。在网络时代，个性化消费成为主流，市场主导地位从企业转向了消费者，企业面临着日益上升的开发、生产和营销费用。为此，企业要对网络营销的展品和服务进行定位，要通过网络市场调研充分了解消费者的需求，让消费者全程参与产品的开发过程。网络营销的产品和服务应尽量信息化和标准化，并充分利用互联网所具有的双向沟通特性进行定制营销，使得消费者通过互联网在企业的引导下对产品和服务进行选择、设计。

（二）定价策略

在网络营销中，由于企业生产成本降低，流通环节减少，价格竞争较为激烈，消费者会在网上广泛搜集信息，货比多家，这使得网上产品价格趋于较低水平。为此，企业首先要以消费者能接受的成本来定价。先由消费者给出能接受的价格，然后由企业根据该成本组织生产和销售。其次议价将会是企业产品定价最常见的方式。价格取决于产品对用户的价值，合理的价格表现为较低的价位、周到的服务和技术支持。

（三）渠道策略

网络营销最大的革命在渠道上面，网络销售渠道就是借助互联网将产品从生产者转移到消费者的中间环节，起点是制造商，终点是消费者和用户。一个完善的网络营销渠道应由订货系统、供货网络、生产网络、分销网络和服务网络组成。消费者通过企业的订货系统发出订单，然后经供货网络输入原材料，再经生产网络加工生产，由分销网络将产品送给消费者，最后由服务网络解决售后服务问题。

（四）促销策略

在网络促销策略中最具创造力的方式是网络广告，它不同于报纸、杂志、电视这类传统媒体广告，它将商品的特点、功能、价格等信息放在网络上，由消费者在自己需要时进行查询。网络广告信息呈现立体化和多方位化，丰富多彩。网络广告改变了传播者与接收者之间的关系,由原来单向转为双向互动的信息交流。另外,传统的促销策略如打折、优惠、推行会员制等也可用于网络促销,通过建立链接、发送电子邮件、发布新闻等来宣传网络营销站点,树立企业网上品牌形象,实现网络营销目标。

【本章小结】

现代市场营销的发展和变革建立在当前社会生产力高度发达、社会财富日益丰富、人民生活水平显著提高的基础上。美国营销大师唐·舒尔茨称当前的市场为“21世纪市场”。21世纪市场是消费者统治的市场,是互动以及不断发展的。但我们现在的市场营销和营销方法还是按历史市场来设计的,我们的营销观念还存在诸多与新经济不相适应的方面。应该看到当前一个时期甚至未来,营销领域的变化和发展无不要求营销观念必须适应社会、适应市场、迎合客户需求,从而最大限度地谋求利润,使得企业能长期持续的健康发展。这也是国内外专家、学者和实践者们一致的诉求。

【思考与练习】

一、论述题

(1)简述绿色营销的主要特点。

(2)知识营销的内涵是什么?

(3)关系营销应处理好哪些关系?

(4)简述网络营销的几种常用方法?

二、应用题

分别登录一个新闻网站、一个企业网站、一个专题网站、罗列不同网站上的营销信息,分析它们之间的不同及合理性。

三、案例分析题

耐力运动器材公司材料

耐力运动器材有限公司(以下简称“耐力公司”)是一家以生产、销售、出口运动健身器材为主营业务的中小公司,其主要产品是折叠式家用健身器材,可以帮助都市人摆脱时间紧张、居室狭小、预算不足等诸多约束,随时在家中进行健身运动,以达到健康、健美、长寿和精神放松的目的。

随着互联网的飞速发展,耐力公司的经营决策者意识到互联网蕴藏着无穷的商机,投资建立了公司网站并运用搜索引擎、BBS(网络论坛)等网络营销工具开展网络营销,以扩大产品的市场影响力和市场覆盖范围。但公司的网站访问量甚小,甚至有客户反映难以通过搜索引擎找到公司网站。公司对此非常不解。

此外,耐力公司在多年经营过程中已经积累了大量客户资源。这些客户使用的产品许多到了更新换代的年限。公司为了更好地服务新老顾客,策划了“以旧换新”“买二赠一”等活动。如何把这些信息准确及时地送达给相应的客户也成为困扰公司的一大难题。

(1)公司可以选择哪些搜索引擎关键词以提高网站访问率?

(2)公司如何运用邮件列表开展营销活动?

（3）公司如何不断吸引新客户加入邮件列表?

【营销实训】

技能训练:网络信息搜集训练

一、实训目标

（1）认识利用网络信息的必要性,了解信息搜集的主要渠道。

（2）掌握使用搜索引擎搜索特定信息的方法和利用网络搜索结果完成实际任务的技巧。

二、实训内容

通过网络搜索相关信息资料,写一篇介绍网络营销成功案例的报告。

学生事先了解使用互联网的基本知识,了解网络的登录设置及下载方法;教师给学生准备必要的网络基础知识,确定任务的要求。

三、实训检测

（1）登录互联网并选择搜索工具。

（2）搜索网络营销相关信息。

（3）通过不同搜索渠道搜索有关网络营销的信息。

（4）选择下载相关资料并建立专门文件夹存储。

（5）利用下载资料撰写案例报告并提交。

【案例讨论】

社群成就小米奇迹

2010年4月6日,小米科技公司正式成立。2012年初,正式迈进智能手机行业,创建了以智能手机、软件、硬件、互联网信息技术为主要产品,以及相关产品配件及周边物品的产品生态链条。小米公司只用了5年就实现了品牌价值暴涨180倍,创造了举世瞩目的惊人成就。在2014年12月,小米手机的销量在国内手机市场曾经超越了手机销量排行榜的冠、亚军苹果与三星,在手机市场已成为全球领先的智能手机制造企业。2016年,小米公司市场估值高达520亿美元,登顶价值最高的新创公司行列,当之无愧地成为市场上成长最为迅猛的公司之一。

在"社群商业"热火朝天的今天,小米确实创造了社群经济的奇迹。公司成立之初,小米就聚集了一批忠实的发烧友,小米的产品和他们紧密地绑在了一起。从小米的社群化运营中,我们能窥见怎样的商业逻辑?

让用户高度参与

当初做MIUI时,雷军曾要求团队不花一分钱,将用户做到100万。那时,黎万强只能将目光瞄准了论坛,找人注册了上百个账号,到各大手机论坛灌水发消息。最终,他挑选了100位种子用户,这群人便是早期MIUI设计和研发的参与者。众所周知,小米诞生之初就是"为发烧友而生"的。小米的早期投资人、晨兴资本的刘芹曾说过,十几年以来,晨兴资本的投资主题一直都是：寻找中国消费方式变迁和互联网技术创新带来的变革的结合点。小米最符合这一点。如今，消费者已经不再关注产品的功能和技术了，而是热衷于更深层次的情感需求。正如“罗辑思维”创始人罗振宇所说：“工业时代承载的是产品的具体功能，而互联网时代承载的是趣味和情感。”发烧友这个群体，对于小米意味着什么？他们不仅高度参与产品的改进和测试，还是小米手机的第一批用户和传播者。多重身份，让这群人成为小米的第一批种子用户。几年来，这一群体不断扩大。为了激发用户的参与感，小米甚至冒着很大的风险，成立了针对发烧友的“荣誉开发组”，让他们试用未发布的开发版，甚至参与绝密产品的开发。

“全渠道”用户运营

2014年，依靠100个种子用户起家，至今小米论坛上的人数已经超过3 000万。对于数量庞大的用户，小米是如何运营的呢？2014年，小米社区举办了18场“爆米花会”，1 000多场民间同城会活动。同样在这一年里，“米粉”组建了312个同城会，72组公益活动，全国的成员数达90万，小米社区总贴数破2.2亿。忠实的手机用户、粉丝，手机发烧友，购机意见领袖，构成了小米的用户群。针对不同的用户群，小米通过线上线下的各种平台将他们聚合在一起。小米的线上平台，有MIUI论坛、小米论坛、小米网。其中：MIUI论坛用于MIUI信息发布，以及用户的线下活动发布和MIUI系统的交流；小米论坛包括各种主题的论坛板块，是线下组织同城会以及“爆米花”活动的组织交流发布平台；小米网主要提供手机以及周边产品的销售，同时也作为前两者的入口。在线下，小米通过官方物资支持、民间志愿组织等形式，建立了三种组织：一是MIUI俱乐部，以市为单位成立，粉丝志愿申请成为部长，定期组织活动，小米负责提供物资支持；二是小米同城会，同样也以市为单位成立，但规模更大，线下活动更大众化；三就是小米“爆米花”，由小米官方组织的大型线下活动，包括抽奖、游戏、才艺、互动等形式，连小米的合伙人都参与其中。

这些社群，小米为什么能够有效地组织起来？事实上，这也是很多效仿者想学却做不到的。第一，合伙人的高度参与。在很多活动上，小米的合伙人会和“米粉”一起狂欢。比如，在2014年的“爆米花”年度盛典上，为了兑现前一年的诺言，小米总裁林斌身穿肉色肌肉男外套围绕舞台疯狂地“裸奔”了一圈。同时，所有合伙人身穿彩色西装，大跳《小苹果》。而传统企业的高管能做到这些吗？第二，给予“米粉”荣誉感。在每年“爆米花”年度盛典上，“米粉”都会成为主角。“米粉”从全国各地聚集而来，展示自己的才艺。每年，小米还会评选出一年中表现最活跃的“米粉”，被称为MIBOY、MIGIRL。第三，让“米粉”管理“米粉”。黎万强曾在《参与感》一书中写道：让用户去帮助和管理用户，官方团队反而要在背后辅助核心用户团队。以小米校园俱乐部为例，俱乐部部长诞生于各大高校，他们主要负责产品体验、小米品牌建设并定期组织线上线下活动。优秀的部长还能获得专属校园组身份与聘书，甚至可以享有到小米实习及工作的机会。

雷军称，小米的核心战略，包括三大核心业务和“连接一切”。核心业务是手机、电视和智能家居。“连接一切”，是指小米计划未来投资入股100家硬件公司，向其开放品牌和流量，以覆盖更多智能硬件领域。正如润米咨询董事长、《互联网十（小米案例版）》一书作者刘润所评价的那样，用户主权时代已经到来。在小米，用户深度参与产品，从而打造性价比高的产品，是用户主权时代尊重用户的基本点，也是小米快速发展的基石。

（资料来源：谢丹丹. 社群成就小米奇迹[J]. 中外管理，2015（6）：44-45.）

（1）小米公司为什么能够创造社群营销奇迹？

（2）社群管理要注意哪些问题？

（3）结合案例，简析社群营销的流程。

（4）在消费者权利日渐增大的情况下，企业如何引导、吸引更多的消费者？

（5）小米公司社群营销的成功，为其他企业提供了哪些启示？

宜家家居的国际营销

瑞典宜家（IKEA）是20世纪中少数几个令人炫目的商业奇迹之一，自1943年开始从一点“可怜”的文具邮购业务开始，不到60年的时间就发展到在全球共有180家连锁商店、分布在42个国家、雇用7万多名员工的企业航母，成为全球最大的家居用品零售商，还赢得了英图博略（Interbrand）发布的TOP100全球最有价值品牌中排名第44位的荣誉。

“宜家的市场策略是为中国人提供廉价的家居解决方案。”这是宜家在中国市场的营销目标。在今天的宜家店里，代表降价商品的黄色标识正在增多。宜家在中国的新策略的核心，是通过产品与成本，也就是更多、更好、更便宜的商品实现中国市场份额的增加。为了迎合中国百姓的口味，宜家正加速推出新产品，即更多简单实用的新产品。据不完全统计，宜家保持着15%的产品更新率。宜家采取的策略是非常稳健的，先进行精品、高档的形象铺垫，然后进行循序渐进的价格滑落，这使顾客始终感觉宜家产品的价格不太高，同时又不让顾客觉得是便宜货，保持着“有价值的低价格”的策略点。为了获得足够的访问量，宜家家居店需设在交通便利繁华的地区，并具备一定规模。

宜家与众不同之处是它所经营的家具不是成品，而是以组件的形式出售的，顾客可以自己拿起特殊的工具，自己设计喜欢的家具，这对于当时自主设计成风的欧美市场来说，是一种独创的销售方式。早在1985年，宜家便成功地打入美国市场，当时是在费城郊区设第一家商店，欧美的消费者认为自己动手组装自己中意的家具是一种享受，所以，在弗吉尼亚州的宜家店开业仅1年左右，销售额就达到4 000万美元。

“全球化营销”和“当地化营销”是成功的跨国公司并行不悖的原则。我们将面临一个被科特勒博士称为“双枝营销”的时代，而且这个时代还会持续很久。宜家家居在中国市场的成功除了倡导自主设计这种对于国人来说比较新奇的销售方式外，更加凸显的是宜家所独有的个性和颇具人文关怀的经营理念：更美好的日常生活。宜家旨在提供种类繁多、美观实用、老百姓买得起的家居用品。

（1）宜家提出的“市场策略是为中国人提供廉价的家居解决方案”，你认为是否符合中国市场的需求状况？

（2）宜家推行自我设计的销售模式，是否意味着这是一种高成本的销售模式？

（3）在全球化时代，企业如何处理好“全球化营销”和“当地化营销”的关系？